Hohenheim

Klaus Behling

SPIONE IN UNIFORM

Die Alliierten Militärmissionen
in Deutschland

Hohenheim Verlag
Stuttgart · Leipzig

Mitarbeit: Andrea Behling

Die Deutsche Bibliothek – CIP Einheitsaufnahme
Ein Titeldatensatz für diese Publikation ist bei der
Deutschen Bibliothek erhältlich

Satz: Satz & mehr, Besigheim
Druck und Bindearbeiten:
Ludwig Auer GmbH, Donauwörth
Printed in Germany
ISBN 3-89850-121-3

Inhalt

PROLOG
AUF VORPOSTEN IM FEINDESLAND

Es kracht fürchterlich, dann fliegen weiße Blechteile eines BMW durch die Luft. Ein bis unters Dach mit Schlamm bespritzter Ford hat den Wagen bei Tempo 100 auf dem Berliner Ring gerammt. Scheinbar unbeeindruckt fährt er weiter. Ein „Lada" heftet sich an sein Heck, doch der Ford mit der US-Flagge auf dem überdimensionalen Nummernschild gibt Gas und verschwindet in Richtung Potsdam.

Es ist ein heißer Tag im Juni 1973. US-Major Lynn Hansen konstatiert zufrieden, daß der Rammhaken vorn an seinem Wagen wieder einmal seinen Dienst geleistet hat. „Die Stasi hatte uns vorn, seitlich und von hinten eingekreist. Damit unsere Überwacher mit uns mithalten konnten, fuhren sie sogar West-Wagen. Dann gingen plötzlich alle Fahrer vom Gas und wollten uns zum Anhalten zwingen!"

Gut dreißig Jahre später kann der inzwischen 68jährige Offizier über die brenzlige Situation lachen: „Die konnten uns im Grunde genommen gar nichts. Als Angehörige der amerikanischen Militärmission durften wir uns im Osten frei bewegen, so wie die Russen im Westen auch. Und wenn uns jemand zu nahe kam, wurde eben gerammt. Das hat die andere Seite genauso gemacht!"

Von den deutschen Behörden hatte dabei niemand etwas zu befürchten, und so bleibt auch nach diesem Zwischenfall auf der Autobahn nur das übliche Nachspiel in der Villa der außenpolitischen Abteilung des Oberkommandos der Gruppe der Sowjetischen Streitkräfte in Potsdam zu absolvieren.

Es läuft immer nach dem gleichen Muster ab. Der amerikanische Oberst strafft sich und nimmt Haltung an: „Das US Europa-Kommando hat mich beauftragt, beim Oberkommando der Gruppe der Sowjetischen Streitkräfte in Deutschland mit vollem Nachdruck gegen die wiederholte Belästigung der USMLM beim Oberkommando der Gruppe der Sowjetischen Streitkräfte in Deutschland durch die Behörden der sowjetisch besetzten Zone zu protestieren." Sein Gegenüber in sowjetischer Uniform bestätigt militärisch knapp: „Das Oberkommando der Gruppe der Sowjetischen Streitkräfte in Deutschland nimmt Ihren Protest zur Kenntnis." Die beiden Obristen salutieren und machen eine exakte Kehrtwendung.

Szenen wie diese haben sich in den Jahren zwischen 1947 und 1990 dutzendfach zugetragen. Über vierzig Jahre haben die amerikanische, britische und französische Militärmission in der DDR und die sowjetischen Missionen in Frankfurt am Main beim US-Oberkommando, in Baden-Baden bei den Franzosen und im westfälischen Bünde beim Hauptquartier der Briten die direkten Verbindungen zwischen den einstigen Verbündeten des Zweiten Weltkriegs aufrechterhalten.

Man kennt und schätzt sich, und wenn die offizielle Botschaft überbracht ist, folgt oft ein persönliches Wort. „Kak schisn? Wie geht's?" fragt dann schon mal der amerikanische Colonel den sowjetischen Polkownik in fließendem Russisch. Und der quetscht sein „Okay, fine" so amerikanisch wie jeder GI heraus. Die Männer wissen, daß sie an der Nahtstelle zwischen den hochgerüsteten Militärblöcken in Ost und West einen wichtigen Job zu tun haben. Das soll professionell geschehen, auch wenn manchmal unangenehme Zwischenfälle zu regeln sind. Wer miteinander redet, schießt nicht – dieser Grundsatz bewährt sich über all die Jahre. Und einig sind sich die Offiziere ohnehin, daß es weder die Deutschen im Westen noch deren Landsleute im Osten irgend etwas angeht, was sie miteinander zu besprechen haben. Die haben ihre eigenen Erfahrungen mit den Offizieren in den fremden Uniformen. Was die Militärs eigentlich so treiben, wissen die wenigsten. Trotzdem wird viel über sie erzählt.

„Von einem Amerikaner in einem goldglänzenden Straßenkreuzer habe ich am 8. März 1966 meinen ersten Kaugummi bekommen", erinnert sich ein Mann aus Fahrland bei Potsdam. „Es war ein Achtzylinder Sting Ray mit vier versenkbaren Scheinwerfern. Für ein Foto von dem Super-Auto habe ich mein Gagarin-Bild mit eingedruckter Unterschrift gegeben." „Die Russen hier in Bünde fielen kaum auf. Sauer waren wir damals, das war wohl 1957, nur, als sie in ‚Klein-Moskau' ihren ‚Eisernen Vorhang' aus Sackleinwand mitten über die Straße zogen. Und unsere Zigarren konnten die auch gut brauchen. Einmal, bei einem kleinen Auffahrunfall, haben sich die vier Leute im Auto damit eingenebelt, weil einer durch die Scheiben von draußen fotografieren wollte", erzählt ein Rentner.

„Bei uns am Heiligen See konnten wir früher unsere Trabis und sogar die Haustüren offenstehen lassen. Die Engländer und Franzosen in ihren Villen am Ufer waren so gut bewacht, da konnte gar nichts passieren. Volkspolizei in Uniform und Stasi in Zivil. Manchmal saßen die sogar in Westwagen vor den Häusern", berichtet eine Potsdamerin.

„Diese dreisprachigen Schilder, deutsch, russisch und englisch hier in Frankfurt-Niederrad, das erinnerte immer so ein bißchen an die Sektorengrenze in Berlin. Ansonsten war es meist ruhig. 1968, nach dem Einmarsch in die Tschechei gab's mal eine Demo. Da gingen ein paar Scheiben zu Bruch, aber das war lange nicht so schlimm wie damals die Hausbesetzer", weiß ein Kaufmann.

„Das war im Juni 1965, da haben wir den Amis in Fahrland mächtig die Hölle heiß gemacht. Hunderte von Demonstranten gegen den Vietnamkrieg. Wir sind von der Akademie mit Lkws hingefahren worden und haben dann das Sternenbanner verbrannt. Unsere Genossen von der VP haben so getan, als wollten sie uns wegjagen. Dabei stand die schwarze Farbe, mit der wir ‚Ami go home' an die Wände geschrieben haben, im Polizeiauto", schwärmt ein früherer DDR-Funktionär.

„Baden-Baden ist ja wohl eine etwas bessere Gegend. Da gehörte der Iwan schon damals nicht her", mäkelt eine Dame:

„Aber immerhin waren sie zurückhaltend. Keine Vergewaltigungen, kein Uhrenklau, was man sonst immer so hört. Die durften auch gar nicht raus aus ihrem Stützpunkt hinter dem häßlichen grünen Zaun.“ (1)

Erinnerungen an die Alliierten Militärmissionen in Deutschland. Bis zur Beendigung ihrer Tätigkeit umgibt sie der Schleier des Geheimnisvollen. Das fängt schon beim Namen an. „Militärmission“ oder kurz „MILMIS“ nennt man sie im Westen, von „Militärverbindungsmissionen“, abgekürzt „MVM“, spricht der Osten. Doch das ist noch lange nicht alles: als „BRIXMIS“ wird die britische Vertretung in Potsdam von den Besatzungstruppen Ihrer Majestät geführt, „SOXMIS“ das sowjetische Pendant in Bünde genannt. Die Franzosen sprechen von der „MMFL“ („Mission militaire Française de liaison“), und die Amerikaner kürzen sie „USMLM“ – „United States Military Liaison Mission“ – ab. Im Gegenzug wird von „SMM“, der „Soviet Military Mission“, oder auch in deutsch der „Sowjetischen Militärmission“ gesprochen. Gemeint ist immer dasselbe: Die kurz nach dem Krieg auf der Grundlage von zweiseitigen Abkommen eingerichteten Vorposten in den verschiedenen Besatzungszonen, die längst wieder zu Feindesland geworden sind.

In jenen Jahren herrscht Chaos in Deutschland. Flüchtlingsströme bewegen sich durchs Land, die Bevölkerung hungert, Epidemien grassieren, lebensgefährliche Ruinen beherrschen die Stadtbilder, und überall suchen vom Krieg zerrissene Familien nach ihren Angehörigen. In keiner Besatzungszone funktioniert die Verwaltung. Es fehlen vertrauenswürdige Leute, kaum ein Telefon funktioniert, und es gibt weder Autos, noch Benzin. Die Besatzungstruppen haben neben der mit ihrem Sieg errungenen Verantwortung für Deutschland auch eigene Probleme. Die Kampfverbände müssen ausgetauscht, das Besatzungsregime organisiert werden. Die im Krieg verrohten Sitten sollen wieder Recht und Gesetz weichen. Die Grenzen zwischen den Machtbereichen der Amerikaner,

Briten und Franzosen einerseits und den Sowjets andererseits sind kaum markiert. Noch arbeiten die bisherigen Verbündeten zusammen, aber immer wieder kommt es zu Differenzen und Übergriffen. Solche Fragen will man schnell und unbürokratisch regeln. Und es herrscht auch schon etwas Mißtrauen gegeneinander. Werden die gemeinsamen Beschlüsse der Vier Mächte eingehalten, wer wird künftig Deutschland regieren, und wie verhalten sich die einzelnen Besatzungsmächte zueinander?

Mit den Militärmissionen sollen Fenster geöffnet werden, um direkt vor Ort einen Blick auf die Entwicklungen der jeweils anderen Seite der Front werfen zu können. Dabei sind sich alle darüber einig, daß die ganze Sache auf der militärischen Ebene stattfinden soll. Damit wurden im Krieg gute Erfahrungen gemacht, Militärs finden oftmals schneller eine gemeinsame Sprache als Politiker. Die Alliierten möchten, daß es Aufgabe der Militärmissionen werden soll, die Verbindung zwischen den Oberkommandierenden zu halten und die Interessen der eigenen Landsleute in den verschiedenen Besatzungszonen wahrzunehmen. (2)

Dazu werden ihnen in mühsam ausgehandelten, bilateralen Abkommen beste Arbeitsbedingungen eingeräumt. Die Missionen erhalten – wie sonst nur diplomatische Vertretungen – den Status als exterritoriales Gebiet. Die Missionsangehörigen genießen Immunität. Das bedeutet nicht nur Steuerbefreiung in Deutschland und den Ausschluß von strafrechtlicher Verfolgung, sondern gibt auch umfangreiche Sicherheit für Aktivitäten, die sich am Rande der Legalität bewegen. Ob in flagranti bei der Spionage erwischt oder nur von der Polizei mit 180 Sachen geblitzt – den Sowjets im Westen oder den Amerikanern, Briten und Franzosen im Osten droht bei allen Delikten allenfalls die Ausweisung als „unerwünschte Person“.

Geregelt wird, wie die zweisprachigen Ausweise und die Auto-Kennzeichen auszusehen haben, wer die Verpflegung liefert und bezahlt und wie die Kontakte organisiert werden. Zeitlich unbegrenzte und örtlich uneingeschränkte Bewegungsfreiheit in der jeweiligen Besatzungszone wird garantiert. Mit den Amerikanern vereinbaren die Sowjets die Freizügigkeit sogar „wo immer und wann immer es gewünscht wird, über Land und Straßen". (3) Ausgenommen bleiben nur ständige oder zeitweilige Sperrgebiete. Sie werden ausreichend gekennzeichnet. Von den zuständigen Oberkommandos erhalten die Militärmissionen die jeweils aktuellen Karten darüber. Besuche im Hauptquartier und in von den Besatzungsmächten direkt verwalteten Unternehmen sind rechtzeitig anzukündigen, eine Antwort ist spätestens innerhalb von 72 Stunden zu erteilen.

Für die Kommunikation mit dem eigenen Hauptquartier steht eine Funkanlage in der Mission zur Verfügung. Fällt sie aus, wird das Oberkommando, bei der die Mission akkreditiert ist, Hilfe leisten. Bei Fahrten durchs Land dürfen auch die dort vorhandenen Telefonnetze benutzt werden. Übernachtungen in Hotels und Einkäufe sind ebenfalls ohne Einschränkungen erlaubt.

Auf der Basis der Gegenseitigkeit stellen die Hauptquartiere Räumlichkeiten, technische Ausrüstungen und einheimisches Hilfspersonal zur Verfügung. (4)

Als Standort der Missionen werden beschlagnahmte Villen genutzt. Im Osten ziehen die Amerikaner in ein Palais am Lehnitzsee in Neufahrland bei Potsdam, das bis 1945 von Prinz Friedrich von Hohenzollern bewohnt worden war. Die Franzosen residieren zunächst in der Potsdamer Geschwister-Scholl-Straße 43–45 und ziehen dann in die Seestraße 40–42 um. Dort, direkt gegenüber dem Marmorpalais im „Neuen Garten", auf dem Grundstück 34–37, befindet sich auch die BRIXMIS. Alle Missionen verfügen so über repräsentative Quartiere in bester Lage. Dennoch wohnen die westlichen Missionsangehörigen in der Regel im nahen West-Berlin, wo sie besser die Vorteile der Infrastruktur ihrer Truppen nutzen können.

Die sowjetischen Militärmissionen im Westen ziehen mehrfach um. Die Vertretung beim US-Oberkommando wird zunächst in requirierten Häusern im Frankfurter Stadtteil Niederrad, in der Neuwiesenstraße, untergebracht. 1955 waren deren Besitzer in der inzwischen souveränen Bundesrepublik jedoch nicht mehr bereit, auf ihr Eigentum zu verzichten. Deshalb erfolgte erst die Verlegung in die Gerauerstraße, später dann in die Goldammerstraße. Dort hatte der Bund im Rahmen des „Schlußfreimachungsprogramms" für die Amerikaner ein Militärareal errichtet, für das diese dann Miete zahlten. So konnten die Forderungen der Eigentümer der bislang beschlagnahmten Häuser befriedigt werden.

Die sowjetische Militärmission in der französischen Besatzungszone ist zuerst im Zentrum von Baden-Baden stationiert. Das stört den Bürgermeister, denn die Gäste im nahen Kurhaus könnten sich von der Anwesenheit der Militärs gestört fühlen. Mit Einverständnis des französischen Botschafters wird die Mission deshalb im Januar 1957 nach Baden-Oos, in die Nähe der dort befindlichen Kasernen, verlegt. Das ist wiederum den Sowjets zu weit abseits. Sie ziehen nach Baden-Baden zurück und finden ihr endgültiges Quartier dort in der Zeppelinstraße.

In der britischen Besatzungszone ist Bad Salzuflen der erste Standort der SOXMIS. Bevor sie 1957 nach Bünde umzieht, arbeitet die sowjetische Militärmission noch einige Zeit in der Andreasstraße in Lübbecke. (5)

Während die USMLM in Neufahrland und die SMM in Frankfurt am Main jeweils am Ende von Sackgassen liegen, und so gut zu überwachen sind, befürchtet die Britische Rhein-Armee in den ersten Jahren Sicherheitsprobleme. Das ist ein Grund für die zahlreichen Umzüge der Sowjets. Ende 1969 möchte sie deren Mission deshalb am liebsten in die 1500-Seelen-Gemeinde Hubbelrath, knapp zehn Kilometer von Düsseldorf entfernt, verlegen. Bei einem gemeinsamen Mittagessen mit den sowjetischen Offizieren am

17. September 1969 fühlen die britischen Militärs diplomatisch vor, doch die sowjetischen Offiziere lehnen rundweg ab. Ihnen mache der weite Weg aus Bünde zum britischen Hauptquartier nichts aus. Noch eine Chance, die gefürchteten Sicherheitsprobleme zu lösen, gibt es, als das Land Nordrhein-Westfalen wenig später eine Autobahn plant, die quer durch das Missionsgelände führen soll. Doch auch diesmal bleiben die Sowjets stur. Und als die ganze Geschichte dann durch eine Indiskretion auch noch öffentlich bekannt wird (6), machen sie völlig dicht. Schließlich ist die mächtige Sowjetunion eine der Siegermächte des Krieges, ihre Vertreter lassen sich nicht wie Schachfiguren hin und her schieben.

So bleibt alles beim alten, und die sowjetischen Militärmissionen im Westen sind, wie deren Pendants im Osten, jene Einrichtungen der einstmals Verbündeten, die ohne eine wesentliche Veränderung ihrer Strukturen am längsten arbeiten.

Mit den anderen in West-Berlin stationierten Militärmissionen teilen sie lediglich den Namen. Deren Existenz beruht nämlich auf dem Abkommen über den Kontrollmechanismus in Deutschland vom 14. November 1944. Im Artikel 8 dieser Übereinkunft sichern die Verbündeten des Zweiten Weltkriegs allen interessierten Nationen mit berechtigten Interessen die Möglichkeit zu, beim nach dem Sieg zu schaffenden Alliierten Kontrollrat Militärmissionen zu akkreditieren. Diese Regelung wird in die Erklärung der Alliierten über das Kontrollverfahren in Deutschland vom 5. Juni 1945 übernommen. Damit haben alle mit den Besatzungsmächten verbündeten Staaten die Möglichkeit, ihre Interessen direkt vor Ort zu vertreten und ihre Forderungen an das geschlagene Deutschland bei den Siegern vorzubringen. Diese sind überdies für die Unterbringung, Verpflegung und alle technischen Arbeitsmöglichkeiten der Militärmissionen zuständig. Im zerstörten Berlin ist das von entscheidender Bedeutung.

Streit mit den Sowjets gibt es allerdings darüber, wer alles berechtigt ist, solch eine Vertretung zu eröffnen. Sie plädieren dafür, daß nur politische, nicht aber wirtschaftliche Gründe den Ausschlag geben dürfen. Umstritten ist auch die Zulassung von Missionen neutraler Staaten. Moskau lehnt sie grundsätzlich ab. Im Oktober 1945 einigen sich die Besatzer schließlich darauf, daß all jene Länder Militärs nach Berlin schicken dürfen, die unmittelbar zum Sieg über Deutschland beigetragen haben. Noch im selben Jahr entsenden Australien, Kanada, Griechenland, Indien, die Niederlande, Polen, Norwegen. Brasilien, China, die Tschechoslowakei, Dänemark, Belgien und Luxemburg ihre Militärmissionen in die ehemalige Reichshauptstadt. Um ihr in Deutschland investiertes Kapital zu schützen, erhalten später auch Neuseeland, Südafrika und Jugoslawien das Recht, solche Missionen in Berlin einzurichten. Nach dem Auszug der Sowjets aus dem Alliierten Kontrollrat 1948 akkreditieren die von ihnen bislang abgelehnten und ehemals mit dem Deutschen Reich verbündeten oder neutralen Staaten Italien, Portugal, Schweden, Schweiz und Spanien ihre Militärmissionen bei den Amerikanern, Briten und Franzosen. So sind insgesamt schließlich 21 Länder in Berlin präsent, um Deutschland die Rechnung für den verlorenen Krieg zu präsentieren. (7)

Als Militär-Vertreter kommt 1947 auch der spätere Bundeskanzler Willy Brandt in die geteilte Stadt. Er wird Presseattaché an der norwegischen Militärmission. Ein Aufnäher auf dem linken Ärmel seiner Uniformjacke weist ihn als „Civilian Officer" aus. Geführt wird Willy Brandt als Major. Eigentlich sollte er nur den Rang eines Hauptmanns bekleiden, doch für den höheren Dienstgrad gab es auch mehr Sold. Deshalb hatte der deutsche Emigrant darauf bestanden. (8)

Der völkerrechtliche Status dieser Vertretungen bei den Besatzungsmächten ist nirgendwo geregelt. In der Praxis arbeiten sie sehr bald wie Konsulate, und die meisten Missionen – wenn sie sich nach Erledigung ihrer Aufgaben nicht ohnehin zurückziehen – wandeln sich bis Anfang der siebziger Jahre auch in Konsulate um. Eine Ausnahme bilden nur die polnische, jugoslawische und tschechische Militärmission, die inzwischen von Diplomaten im Range von Gesandten geleitet werden.

Die Offiziere aus der amerikanischen, britischen und französischen Militärmission im Osten blicken ebenso wie die Sowjets im Westen etwas mitleidig auf ihre internationalen Kollegen herab. Wenn diese auch Uniform tragen, mit militärischer Überwachung oder gar Aufklärung haben sie nichts zu tun. Ihr Bewegungsradius bleibt auf West-Berlin begrenzt, ihr Job gleicht dem von biederen Konsularbeamten. Ein BRIXMIS-Veteran: „Wenn uns im Osten die Kugeln um die Ohren pfiffen, saßen die schon beim Drink mit ihren Girls im Big Eden am Ku-Damm." (9)

Daß die Männer direkt im „Feindesland" überhaupt die früher verbündeten und inzwischen wieder als Bedrohung empfundenen gegnerischen Truppen hautnah beobachten konnten, verdankten sie der komplizierten Lage nach dem verlorenen Krieg. Deutschland existierte nicht mehr. Amerikaner, Briten, Franzosen und Sowjets haben gemeinsam die Regierungsgewalt. Eigentlich gibt es viel zu besprechen und noch mehr zu regeln, doch das wird immer komplizierter.

ERSTES KAPITEL
DIE VIER MÄCHTE IN BERLIN

Diesmal ist alles ganz anders. Kein sowjetischer Soldatenstiefel knallt im Paradeschritt aufs Pflaster der Kaiserswerther Straße in Berlin-Dahlem, niemand salutiert, als die rote Fahne mit Hammer und Sichel vor dem Gebäude der „Alliierten Kommandantura Berlin“ am Mast niedergeht. Ein Rotarmist rafft das Tuch achtlos zusammen, als es mit Wucht herunterrauscht. So, als ob man es nie wieder benutzen wollte. Es ist der 13. August 1948.

Knapp zwei Monate vorher, am 16. Juni 1948, hatte der US-Stadtkommandant Oberst Howley nach 13 Stunden die 93. Sitzung der gemeinsamen Verwaltungsbehörde der Vier Mächte in Berlin verlassen. Er teilte seinen sowjetischen, britischen und französischen Kollegen mit, er sei müde. Daraufhin ging auch der sowjetische Vertreter, Oberst A. I. Jelisarow, ohne einen neuen Termin für die nächste Sitzung zu hinterlassen. Der Alliierte Kontrollrat – die oberste Regierungsinstanz der Alliierten in Deutschland – hatte bereits am 20. März 1948 zum letzten Mal getagt. Bis dahin faßte er wichtige Beschlüsse zur Auflösung der NSDAP, Beseitigung der Nazi-Gesetze und Zerschlagung der militärischen Strukturen im besiegten Deutschland. Amerikaner, Briten, Franzosen und Sowjets setzten sie gemeinsam durch. Nun schienen die Gesprächsthemen ausgegangen zu sein.

Die inzwischen seit einigen Monaten arbeitenden Alliierten Militärmissionen in Ost und West bleiben von den aufziehenden politischen Gewitterwolken unbeeinflußt. Sie haben sich als diskreter Kanal für die Regelung unliebsamer Zwischenfälle bewährt, zum Beispiel bei Fahnenfluchten von Rotarmisten in den Westen oder Randale von amerikanischen GIs im Osten. Das alles funktioniert jedoch nur bei strengster Diskretion, und deshalb ist öffentlich zu dieser Zeit von den Offizieren auf den jeweiligen Vorposten gar nichts zu hören.

Sie arbeiten unauffällig weiter, obwohl die Siegermächte seit Monaten getrennte Wege gehen. Im Westen streben Amerikaner, Briten und Franzosen den Zusammenschluß ihrer Besatzungszonen zu einem gemeinsamen Wirtschaftsraum mit einer eigenen Währung an. Am 18. Juni 1948 beschließen sie eine separate Währungsreform, am 20. treten die entsprechenden Gesetze in den westlichen Besatzungszonen in Kraft.

Einen Tag vor diesen Beschlüssen, am 17. Juni, hatten die Generäle Clay für die USA, Robertson für Großbritannien und Koenig für Frankreich ihrem sowjetischen Kollegen Sokolowski noch versichert, daß keine Einführung einer neuen Währung in den West-Sektoren Berlins beabsichtigt sei. Nun kommt sie doch.

Das ist für die Sowjets eine bedrohliche Überraschung. Sie wollen im Osten ihr Gesellschaftsmodell etablieren. Die neue Währung im Westen könnte das sabotieren. Die dort ungültig gewordene Reichsmark fließt jetzt massenhaft in den Osten, wo sie weiter als offizielles Zahlungsmittel gilt. Um einen kompletten Ausverkauf zu verhindern, werden ab 24. Juni deshalb briefmarkengroße Kupons auf die Reichsmark-Scheine geklebt. Zwei Tage später ist diese „Tapetenmark" dann auch im östlichen Teil Deutschlands ungültig. (1)

Berlin ist geteilt, die gemeinsame Verwaltung durch die Verbündeten des Zweiten Weltkriegs beendet. Mit den unterschiedlichen Währungen zerreißen auch die bisher noch ineinander verzahnten Wirtschaftsbeziehungen zwischen der Ost- und den West-Zonen und den verschiedenen Teilen Berlins.

Angesichts dieser Entwicklung versucht Kreml-Chef Josef Wissarionowitsch Stalin, das derweil leidig gewordene West-Berlin-Problem mit Gewalt zu lösen. Am 24. Juni 1948 sperren sowjetische Truppen alle Land- und Wasserwege zwischen den West-Zonen und den West-Sektoren von Berlin. Diese „Berliner

Blockade“ soll die Westmächte zur Rücknahme ihrer Entscheidungen bewegen. Das klappt nicht. Sie errichten eine Luftbrücke und fliegen bis zum 12. Mai 1949 – dem Tag, an dem die Sowjets ihre Aktion wieder aufgeben – insgesamt 1,44 Millionen Tonnen Lebensmittel, Kohle und andere überlebenswichtige Produkte ein.

Sowjets und Westmächte haben sich schon lange vorher argwöhnisch belauert. Im Kontrollrat und der „Alliierten Kommandantura“ herrscht bereits tiefes Mißtrauen, als nach außen noch Einigkeit demonstriert wird. Das belegen inzwischen bekanntgewordene Dokumente. So instruiert zum Beispiel ein sowjetischer General einen 1947 zum Einsatz im Kontrollrat vorgesehenen Major der Roten Armee, ohne ein Blatt vor den Mund zu nehmen: „Sie müssen sich im voraus, ein für alle Mal, merken, daß alle ihre künftigen Mitarbeiter im Kontrollrat Agenten der kapitalistischen Spionagedienste sind. Also – keinerlei persönliche Bekanntschaften, keine Privatgespräche. Ich nehme an, daß Sie das wissen, möchte Sie aber noch einmal daran erinnern. Reden Sie so wenig wie möglich. Hören Sie dafür um so mehr zu. Wer zuviel redet, dem reißen wir die Zunge mit der Wurzel aus. Bei uns haben die Wände Ohren. Denken Sie daran.“ (2)

Auch die Westmächte gehen – sicher nicht zu Unrecht – davon aus, daß sie es auf sowjetischer Seite mit Geheimdienstleuten zu tun haben. Der Ton in den gemeinsamen Gremien wird immer gereizter, die Lage spitzt sich weiter zu. Sowjets und Westmächte schieben sich die Verantwortung dafür gegenseitig in die Schuhe. Am 16. Juni 1948 stellt Marschall Wassili Sokolowski, Moskaus Mann vor Ort, wütend das Ende der Zusammenarbeit fest: „Es wird eine Lage geschaffen, bei welcher nur sowjetischerseits vor dem Kontrollrat Rechenschaft erstattet werden kann, während man sich von seiten der Amerikaner und Engländer weigert, dem Kontrollrat über die Handlungsweise in den von diesen Mächten besetzten Zonen Deutschlands Rechenschaft zu erstatten.“ (3)

Dann rafft er geräuschvoll seine Akten zusammen und erklärt mit hochrotem Kopf: „Durch ihre Handlungsweise haben diese drei Delegationen wieder einmal bestätigt, daß der Kontrollrat als Organ der obersten Gewalt in Deutschland, das die Viermächteverwaltung dieses Landes verwirklicht, faktisch nicht mehr besteht.“ (4) Zornig verläßt der Marschall nach diesen Worten das Kontrollratsgebäude und fährt nach Karlshorst ins sowjetische Hauptquartier. In das Haus am Kleistpark in Schöneberg kehrt er nie wieder zurück.

Für die Westmächte ist das eine gute Gelegenheit, die ungeliebte Zusammenarbeit mit den Sowjets zu beenden, ohne das Gesicht zu verlieren. Als knapp fünf Monate später auch die Sitzung der „Alliierten Kommandantura“ platzt, können sie die alleinige Verantwortung dafür den einstigen Verbündeten zuschieben. Das geschieht in der „Erklärung der Kommandanten der Westsektoren von Groß-Berlin vom 21. Dezember 1948 über die Fortführung der Tätigkeit der Alliierten Kommandantur der Stadt Berlin“. Darin kündigen die Amerikaner, Briten und Franzosen an: „Wenn die Sowjetbehörden sich jetzt oder später entschließen sollten, sich an die Abkommen zu halten, an die die Vier Mächte gebunden sind, könnte die Tätigkeit der Viermächte-Verwaltung Berlins wiederaufgenommen werden. Während ihrer Abwesenheit werden die drei westlichen Alliierten die Funktionen der Alliierten Kommandantur ausüben, obwohl klar ist, daß es ihnen auf Grund der sowjetischen Obstruktion zur Zeit nur möglich sein wird, ihre Entscheidungen in den westlichen Sektoren durchzuführen.“ (5)

Der beginnende kalte Krieg läßt seinen Eishauch durch Berlin wehen, der verbale Schlagabtausch gehört dazu. Über die Alliierten Militärmissionen in Ost und West redet aber auch jetzt niemand. Diese effektiven gegenseitigen Informationskanäle werden aus allen Auseinandersetzungen herausgehalten. Dennoch ist an eine gemeinsame Verwaltung der Stadt nach den Vorfällen im

Kontrollrat und der „Alliierten Kommandantura", der Währungsreform und der Blockade nicht mehr zu denken. In Deutschland stehen die Zeichen auf Teilung. Die Bildung neuer Staaten wird vorbereitet. Die Weiche dafür war bereits mit der Operation „Terminal", der Potsdamer Konferenz der vier Großmächte, gestellt worden. Obwohl ihr Gemeinsames Kommuniqué am 2. August 1945 noch die Absicht verkündete, Deutschland als wirtschaftliche Einheit zu erhalten, wurde die Verantwortlichkeit für die Reparationszahlungen an die Zonenbefehlshaber übertragen. Damit war der entscheidende Schritt zur wirtschaftlichen Teilung Deutschlands getan. Nun folgt ihr die politische Teilung. Das hat Auswirkungen auf Berlin.

Für den amerikanischen, britischen und französischen Sektor in Berlin erlassen die Westmächte am 14. Mai 1949 das sogenannte „Kleine Besatzungsstatut". Darin wird die Verwaltung West-Berlins zwar noch als „Stadt Groß-Berlin" bezeichnet, auf den früheren Viermächte-Status jedoch kein Bezug mehr genommen. Die ehemals gemeinsame Kommandantur aller vier Siegermächte arbeitet als Organ der Amerikaner, Briten und Franzosen weiter. Mit einer neuen Geschäftsordnung vom Juni 1949 schaffen sie das bisher gültige Prinzip der Einstimmigkeit ab. Ab Februar 1950 erscheint ein eigenes „Amtsblatt der Alliierten Kommandantur". Zur Verwaltung der Stadt werden sieben Komitees, von der Öffentlichen Sicherheit, über Wirtschaft und Finanzen bis hin zu Erziehung und Kultur, und fünf Unterkomitees gebildet, die alle Verwaltungsfragen im Westen der Stadt regeln. Alliierte Verbindungsoffiziere mit Büros direkt im Rathaus Schöneberg sorgen dafür, daß die Politik der Westmächte über Gesetze und Verordnungen durchgesetzt wird. (6) Das Hinterland für die westlichen Militärmissionen in der gerade gegründeten DDR ist damit ebenfalls gesichert.

Auch die Sowjetunion verwaltet ihre Besatzungszone und ihren Sektor Berlins in diesen Jahren nach Besatzungsrecht. Die

Befehle gehen von der Sowjetischen Militäradministration in Deutschland (SMAD) aus, die für die gesamte „Sowjetisch Besetzte Zone“ (SBZ) zuständig ist. Sie hat ihren Sitz in Berlin-Karlshorst. Parallel zur dortigen Zentrale gibt es eine territoriale Gliederung der SMAD. Sie umfaßt fünf Landesverwaltungen, die Kommandantur für Ost-Berlin, 18 Bezirkskommandanturen, 14 bezirksunterstellte Stadtkommandanturen und pro Bezirk noch einmal zwischen 4 und 15 Kreis-Kommandanturen mit entsprechenden Unterstrukturen. Das ist mit einem hohen Personalaufwand verbunden. Arbeiten im September 1945 im zentralen Apparat der SMAD etwa 5000 Personen, sind es Ende 1946 bereits knapp 50 000. Ihre Zahl sinkt bis 1949 auf etwa 15 000 Personen ab. Dennoch sichert sowohl dieser Personalaufwand, als auch die kleinteilige Verwaltungsstruktur eine effektive Umsetzung der Befehle der Sowjets. (7)

Wie schnell ihre Administration reagieren kann, zeigt sich am 17. Juni 1953. Nur Stunden nach Beginn des Aufstands gegen das SED-Regime rollen sowjetische Panzer durch Ost-Berlin, und Standgerichte werden eingesetzt. Zu dieser Zeit ist die Periode der rein militärischen Verwaltung des besetzten Deutschlands bereits abgelaufen. Auf dem Territorium der vier Besatzungszonen bestehen zwei neue deutsche Staaten. Sie verfügen zwar nur über eine eingeschränkte Souveränität, trotzdem war die Umstellung der bisherigen Kontrollmechanismen durch die Besatzungsmächte eine wichtige Voraussetzung für ihre Gründung. Die drei Westalliierten kündigen bereits am 1. Juli 1948 den Erlaß eines Besatzungsstatuts an, das die Beziehungen zwischen ihnen und der am 20. September 1949 gegründeten Bundesrepublik Deutschland regelt. An die Stelle der Militärgouverneure, die dem jeweiligen Verteidigungsministerium ihres Heimatlandes unterstanden, treten nun die Hochkommissare. Sie sind von den jeweiligen Außenministerien eingesetzt und bekommen von dort ihre Weisungen.

Dieser Umbau des Besatzungssystems erfolgt auch in West-Berlin. Die Stadtkommandanten werden nun zu persönlichen Vertretern des amerikanischen, britischen oder französischen Hochkommissars. In dieser Funktion haben sie für die Durchsetzung der Besatzungspolitik in ihren jeweiligen Sektoren Berlins zu sorgen.

Gleichzeitig sind die Stadtkommandanten die Vertreter des entsprechenden militärischen Oberkommandos und so für die an der Nahtstelle des kalten Krieges stationierten Truppen zuständig. Mit dem am 26. Mai 1952 unterzeichneten Deutschlandvertrag wird das Besatzungsstatut aufgehoben. Die Alliierten Hohen Kommissionen werden aufgelöst. Die bisherigen Besatzungstruppen bleiben stationiert, jetzt aber auf vertraglicher Grundlage. Die Bundesrepublik erhält zwar die „volle Macht" über ihre inneren und äußeren Angelegenheiten, nicht jedoch die volle Souveränität.

Auf die Arbeit der Alliierten Militärmissionen haben all diese Umstrukturierungen kaum Auswirkungen. Es ändern sich lediglich einige Befehlswege und Formen der interalliierten Zusammenarbeit.

Offiziell endet die Besatzungszeit für die Bundesrepublik Deutschland erst mit dem Inkrafttreten der Pariser Abkommen am 5. Mai 1955. Sie waren am 23. Oktober 1954 unterzeichnet worden und öffneten den Weg in die NATO. In diesem „Generalvertrag" sichern sich die Westmächte ihre Rechte aus der Besatzungszeit. Dazu legt der Artikel 2 fest: „Im Hinblick auf die internationale Lage, die bisher die Wiedervereinigung Deutschlands und den Abschluß eines Friedensvertrags verhindert hat, behalten die Drei Mächte die bisher von ihnen ausgeübten und innegehabten Rechte und Verantwortlichkeiten in bezug auf Berlin und auf Deutschland als Ganzes einschließlich der Wiedervereinigung Deutschlands und einer friedensvertraglichen Regelung." (8) Das gilt bis zur Wiederherstellung der deutschen Einheit, die deshalb 1990 nur mit der Zustimmung der vier Siegermächte des Zweiten Weltkriegs erfolgen kann.

Damit ist auch der Grundstein einer Sonderbehandlung West-Berlins gelegt, denn die Teilstadt ist kein konstitutiver Bestandteil der Bundesrepublik und wird nicht von ihr regiert. Die Westmächte behalten die oberste Gewalt in ihren Sektoren. Das wird mit der von der Alliierten Kommandantur am 5. Mai 1955 abgegebenen „Erklärung über Berlin" aktenkundig gemacht. Zu den Rechten der Alliierten gehören unter anderem alle Fragen, die die Sicherheit der Stadt, ihren Status, die Entmilitarisierung und die Besatzungskosten betreffen. Auch die Befehlsgewalt über die West-Berliner Polizei und die Beziehungen zu ausländischen Behörden bleiben in der Verantwortung der Amerikaner, Briten und Franzosen. Sie erlauben die Übernahme der Gesetzgebung der Bundesrepublik, betonen aber, daß im Notstandsfall die volle Macht ausschließlich bei ihnen liegt. Organisatorisch fällt die bisherige Verantwortlichkeit der Hochkommissare nach Auflösung der Alliierten Hohen Kommission nun an die Botschafter der Westmächte. Sie werden somit neben ihrer Funktion als oberste Repräsentanten ihres Landes bei der Bundesregierung gleichzeitig Missionschefs im jeweiligen Sektor West-Berlins. Damit bleiben auch für die alliierten Vorposten im Osten klare Befehlsstrukturen erhalten. Die ständigen Vertreter des amerikanischen, britischen und französischen Botschafters, die Gesandten (bei den Franzosen im diplomatischen Rang eines „ministre délégué"), fungieren in West-Berlin als stellvertretende Stadt-Kommandanten. Da sich die Botschafter in der Regel in Bonn aufhalten, sind sie die ständigen Repräsentanten der Alliierten vor Ort. Dieser, mit der „Erklärung über Berlin" einmal gesetzte Rechtsrahmen, bleibt ebenfalls bis zur deutschen Einheit am 3. Oktober 1990 uneingeschränkt gültig. (9)

Eine rechtliche Hürde bei der Truppenstationierung im Westteil Berlins tut sich durch den Beitritt der Bundesrepublik zur NATO auf. Wegen der bestehenden Rechtslage kann West-Berlin kein Mitglied werden. Deshalb gibt der Nordatlantikrat am 22. Oktober 1954 eine Schutzerklärung für die Teilstadt ab, in der ihre Sicherheit garantiert wird. Ab 1958 wird sie alljährlich wiederholt.

Doch es gibt noch ein Problem. Die in Deutschland stationierten ehemaligen Besatzungstruppen der Amerikaner, Briten und Franzosen werden nun zu NATO-Stationierungskräften. Die haben aber in West-Berlin nichts zu suchen. Man hilft sich mit einem Trick: Werden NATO-Kontingente der Westmächte routinemäßig zum Truppenaustausch nach West-Berlin geschickt, verwandeln sie sich schon auf den Zufahrtswegen wieder in Besatzungstruppen, deren Aufenthalt ja vertraglich geregelt ist. Das betrifft auch das Personal der drei Militärmissionen. Für die westlichen Stadtkommandanten bedeutet der NATO-Beitritt die zusätzliche Unterstellung unter die Oberkommandierenden der jeweiligen NATO-Streitkräfte in Europa. (10)

Der Einfluß auf sämtliche Geschicke des Westteils Berlins ist so gesichert.

Dieses Anliegen verfolgen auch die Sowjets in den von ihnen besetzten Teilen Deutschlands. Sie sind dabei rein geographisch im Vorteil, denn im Gegensatz zu West-Berlin liegt Ost-Berlin inmitten ihrer Besatzungszone. Das erlaubt den Unterhalt einer kleinen, unauffälligen Garnison mit zuletzt nur etwa 3000 Soldaten.

Rechtlich werden die Beziehungen zum Magistrat von Ost-Berlin und der provisorischen Regierung über die Sowjetische Kontrollkommission (SKK) geregelt. Sie entsteht im November 1949 analog zu den Hohen Kommissionen der Alliierten im Westen und löst die SMAD ab.

Bereits am 11. November 1949, also nur gut einen Monat nach Gründung der DDR am 7. Oktober 1949, übergibt General Wassili I. Tschuikow, bisher Chef der Sowjetischen Militäradministration in Deutschland und nun SKK-Vorsitzender, die „Verwaltungsfunktionen, die bisher der SMAD zustanden" an die provisorische Regierung der DDR. Dabei betont er die Einschränkung: „... soweit diese Tätigkeit nicht den Potsdamer Beschlüssen und den Verpflichtungen zuwiderläuft, die sich aus den gemeinsamen Beschlüssen der Vier Mächte ergeben." (11) Weil Ost-Berlin besatzungsrechtlich nicht zur DDR gehört, wird die Verantwortlichkeit für die Verwaltung des sowjetischen („demokratischen") Sektors dort einen Tag später vom Militärkommandanten, Generalmajor Alexander G. Kotikow, an den Magistrat übertragen. Oberbürgermeister Friedrich Ebert verpflichtet sich, „sie im Geiste des Abkommens von Potsdam und aller auf Berlin bezüglichen Viermächte-Vereinbarungen ehrlich zu handhaben." (12) Davon wollen die DDR-Machthaber später nichts mehr wissen.

Bis zu ihrer Auflösung am 25. März 1954 hält die Sowjetische Kontrollkommission die DDR an der kurzen Leine. In jenen Jahren wird im Kreml darüber nachgedacht, ob die Aufgabe des ostdeutschen Teilstaates nicht ein angemessener Preis für ein entmilitarisiertes, neutrales Gesamtdeutschland sein könnte. Doch aus dem Westen gibt es dazu keine positiven Signale. „Lieber das halbe Deutschland ganz, als das ganze Deutschland halb", meint Konrad Adenauer, und so ist nach dem Tod Stalins 1953 von der eventuellen Preisgabe der DDR keine Rede mehr.

Nun will Moskau die Rolle ihres westlichen Vorpostens stärken. Deshalb wird die SKK in eine „Sowjetische Kommission für deutsche Angelegenheiten" umgewandelt. Sie soll „dem deutschen Volk zeigen, daß die sowjetische Regierung konsequent und entschieden den Weg beschreitet, dem deutschen Volk souveräne Rechte zu geben". (13) Der als Chef dieser „Hohen Kommission" fungierende „Hohe Kommissar" untersteht nun nicht mehr dem Militär, sondern dem Moskauer Außenministerium. Allerdings ist er auch für die „Aufrechterhaltung der ... Verbindungen mit den Vertretern der Besatzungsbehörden der USA,

Großbritanniens und Frankreichs in den Fragen gesamtdeutschen Charakters, die sich aus den vereinbarten Beschlüssen der Vier Mächte über Deutschland ergeben" (14) verantwortlich. Damit stellt Moskau klar, daß es nicht daran denkt, seinen Einfluß in Ostdeutschland nun etwa zu begrenzen. Dazu gehört auch, daß die inzwischen im stillen recht effektiv arbeitenden Militärmissionen in diesem Zusammenhang gar nicht erwähnt werden. Bei Dingen, die nicht extra besprochen werden, bleibt alles so, wie es ist – so eine international übliche Diplomatenregel. Und wenn die Sowjets die Militärmissionen nicht erwähnen, heißt das, sie denken auch nicht im entferntesten daran, sie eventuell abzuschaffen.

Das ändert sich auch nicht, als für die DDR mit der sowjetischen Souveränitätserklärung am 25. März 1954 und dem am 20. September 1954 abgeschlossenen „Vertrag über die Beziehungen zwischen der Deutschen Demokratischen Republik und der UdSSR" das Ende der Besatzungszeit kommt. Die „Sowjetische Kommission für deutsche Angelegenheiten" wird zwar am Tag des Vertragsabschlusses aufgelöst, doch volle Selbstbestimmung für die DDR gibt es nicht. Die Souveränitätserklärung schränkt in ihrem Artikel 2 ein: „Die Sowjetunion behält in der Deutschen Demokratischen Republik die Funktionen, die mit der Gewährleistung der Sicherheit im Zusammenhang stehen und sich aus den Verpflichtungen ergeben, die der Sowjetunion aus den Viermächteabkommen erwachsen." (15) Gleichzeitig bestätigt die DDR ihre Verpflichtungen, „die mit dem zeitweiligen Aufenthalt der sowjetischen Truppen auf dem Gebiet der DDR in Zusammenhang stehen". (16) Diese Einschränkungen in der Selbstbestimmung des kleineren deutschen Staates werden auch im Vertrag über die Beziehungen wiederholt.

Der Zugriff auf die Alliierten Militärmissionen ist damit den DDR-Oberen eindeutig untersagt. Als sie dennoch ihre Grenzen dabei testen, sorgen die Sowjets stillschweigend dafür, daß das sehr schnell unterbleibt. Die Sonderrechte der Sieger – besonders in Berlin – sollen nicht angetastet werden. In Moskau wird nämlich zu dieser Zeit überlegt, wie sich das künftige Verhältnis zu West-Berlin gestalten soll.

Die Grundidee besteht dabei darin, die Halbstadt wie einen eigenen Staat zu betrachten. Der sowjetische Stadtkommandant, Generalmajor Andrej S. Tschamow, macht deshalb am 26. Juni 1956 einen Antrittsbesuch beim Regierenden Bürgermeister West-Berlins, Otto Suhr – so wie es das diplomatische Protokoll verlangt, wenn ein offizieller Posten in einem anderen Staat angetreten wird. Nach Rücksprache mit den Westmächten erfolgt sogar ein Gegenbesuch Otto Suhrs.

Doch die diplomatischen Trippel-Schritte bringen nicht den erhofften Erfolg; West-Berlin bleibt „Frontstadt im kalten Krieg", die offene Grenze lebensbedrohend für die DDR. Deshalb will Nikita Chruschtschow die Verhältnisse ohne jede politische Rücksichtnahme klären. Am 27. November 1958 läßt er eine Note übergeben, die für die Westmächte als einzige Provokation erscheint. In dem Papier steht, daß die separate Politik der Westmächte den Viermächte-Status Berlins zerstört habe und demzufolge das Besatzungsstatut für den amerikanischen, britischen und französischen Sektor fragwürdig geworden sei. Als Lösung schlägt die Sowjetunion vor, West-Berlin in eine freie, entmilitarisierte Stadt umzuwandeln. Wenn dies nicht binnen sechs Monaten geschehe, würden die Sowjets ihre Verantwortlichkeiten in Berlin auf die DDR übertragen.

Dieses Ansinnen ruft den einhelligen Protest der Westmächte hervor. Sie denken nicht daran, auf ihr Standbein mitten in der DDR zu verzichten. Ostentativ nehmen sie ihre Rechte auch im Ostteil der Stadt wahr. Daran sind auch die Offiziere ihrer Militärmissionen in Potsdam und Neufahrland beteiligt. Mit täglichen Fahrten über die Glienicker Brücke testen sie die Stimmung an der Nahtstelle zwischen Ost und West. Jeder weiß, daß in dieser aufgeladenen Situation jeder noch so kleine Zwischenfall ein Funke am Pulverfaß Berlin sein könnte.

Doch die Sowjets geben nicht so schnell auf. Sie erlauben der DDR-Führung, die Integration Ost-Berlin in die DDR zu befördern und nehmen ihren Stadtkommandanten behutsam aus dem öffentlichen Blickfeld. So soll ihre inzwischen vertretene These unterstrichen werden, daß Besatzungsrecht nur noch im Westteil der Stadt gelte. (17)

Das Gerangel um den Status Berlins findet mit dem Mauerbau am 13. August 1961 seinen vorläufigen Höhepunkt. Einerseits übertragen die Warschauer-Pakt-Staaten die Ausführung ihres Beschlusses zur Schließung der Grenze zwischen den beiden Teilen Berlins den „bewaffneten Organen der DDR“ (18), die ja eigentlich in Ost-Berlin gar nichts zu suchen haben, andererseits garantieren die Sowjets den Westmächten, daß deren Rechte von der Grenzschließung nicht beeinträchtigt werden.

So entsteht letztlich eine Interessenbalance zwischen Ost und West, die zwar zerbrechlich ist, dennoch aber über all die Jahre bis zum Fall der Mauer am 9. November 1989 hält.

Trotzdem verzichten auch die Sowjets mit der Genehmigung des Mauerbaus nicht auf ihre Vier-Mächte-Rechte in West- und Ost-Berlin. Sie lösen ihre Kommandantur und die Garnison im Ostteil der Stadt mit einem Beschluß vom 22. August 1962 zwar auf, teilen den Westmächten aber gleichzeitig mit, daß alle Fragen, „die mit der Kontrolle des Personen- und Güterverkehrs der Garnisonen der USA, Großbritanniens und Frankreichs von und nach West-Berlin, mit der Bewachung der deutschen Hauptkriegsverbrecher in Spandau und mit dem Schutz des Ehrenmals der Sowjetsoldaten im Tiergarten zusammenhängen“ (19), dem Stab der „Gruppe der Sowjetischen Streitkräfte in Deutschland“ übertragen werden.

Moskau wünscht also keine einseitige Beendigung der Viermächte-Vereinbarungen über Deutschland als Ganzes. Deshalb wird auch die Existenzberechtigung der gegenseitigen Militärmissionen niemals in Frage gestellt. Sie haben ihre Wurzeln in der unmittelbaren Nachkriegszeit, und keine der vier Siegermächte hielt es damals für nötig, die Deutschen im Osten wie im Westen darüber genau zu informieren.

Die geheimen Abkommen der Sieger

Polizeisirenen heulen, Dutzende von Uniformierten springen aus den offenen Wagen und schwingen ihre Gummiknüppel, einige Schüsse knallen. Auf dem Potsdamer Platz in Berlin-Mitte werden Schieber, aber auch nur verdächtige Passanten zusammengetrieben und auf Lkw verfrachtet. Sowjetische Militär-Polizei prescht in die Westsektoren vor und verhaftet Westberliner Polizisten. Sogar ein Mitglied der US-Militär-Regierung wird festgesetzt. Es ist der 20. August 1948.

Silberlöffel gegen Brot, „Lucky Strike" für selbstgeschneiderte Unterwäsche aus Fallschirmseide oder West-Mark gegen Ost-Mark – der Potsdamer Platz in Berlin-Mitte ist in diesem Sommer noch immer ein florierender Schwarzmarkt. Das liegt an seiner einmaligen Lage zwischen Ost und West. Hier stoßen der sowjetische, amerikanische und britische Sektor von Berlin direkt aneinander. Der Platz selbst mitsamt seinen Ausbuchtungen am „Lenné-Dreieck" zwischen Hotel „Esplanade" und Tiergarten, der Potsdamer Bahnhof und die Ruine vom „Haus Vaterland" bis hinüber zum Schöneberger Ufer gehört zum Machtbereich der Sowjets. Der westlich angrenzende Teil zwischen Link- und Bellevue-Straße untersteht den Briten. Und der amerikanische Sektor stößt im spitzen Winkel zwischen Köthener- und Stresemannstraße auf das Dreisektoreneck. Hier fühlen sich die Schieber und Spekulanten sicher, denn es gibt zahlreiche Trampelpfade zwischen den Trümmern, um sich durch Wechsel von einem in den anderen Sektor schnell einer Verhaftung entziehen zu können. (20)

Das haben diesmal jedoch nur wenige geschafft. Die Polizeiaktion kam überraschend, doch der Protest des amerikanischen Stadtkommandanten Oberst Howley folgt auf dem Fuß. Alle Festgenommenen müssen wieder freigelassen werden. Am 21. August 1948 sichern die Briten ihre Sektorengrenze am Potsdamer Platz sogar durch einen Drahtzaun – ein westlicher Vorläufer der späteren Mauer.

Sowjets und Amerikaner sind froh, daß sie zu dieser Zeit bereits den diskreten Informationskanal über die gegenseitigen Militärmissionen haben. Obwohl es in den gemeinsamen Gremien der Vier Mächte in Berlin zu dieser Zeit bereits mächtig knirscht, erinnern sich viele noch an das freundschaftliche Verhältnis zwischen Amerikanern und Sowjets unmittelbar nach dem Krieg. Die Sieger Dwight D. Eisenhower und Georgi Schukow sind damals ebenso befreundet, wie die wenig später eingesetzten Kommandeure Lucius D. Clay und Wassili D. Sokolowski. In Potsdam wird am 7. November 1945 der 28. Jahrestag der „Großen Sozialistischen Oktoberrevolution“ feucht-fröhlich gemeinsam gefeiert, und die guten Kontakte erlauben die unbürokratische Regelung mancher Probleme. So einigen sich Clay und Sokolowski am 16. August 1946 darüber, wie mit ihren jeweiligen Bürgern zu verfahren sei, die illegal die noch schlecht markierten Sektorengrenzen in Berlin überschreiten. Immerhin betraf das rund 20 000 Fälle pro Monat, die bislang meist Verhaftungen und langwierige Verhöre nach sich zogen. Auch bei der Erfassung alliierter Kriegsgräber in der sowjetisch besetzten Zone – zum Beispiel auf dem Waldfriedhof in Stahnsdorf bei Berlin – kommt man sich näher.

Wenn diese Kontakte inzwischen auch frostiger geworden sind, weiß die politische und militärische Führung in Moskau wie in Washington, daß es eine Menge praktischer Fragen zu regeln gibt. Wie das genau geschehen soll, ist unter den Alliierten umstritten. Noch während des Krieges sehen vor allem die Amerikaner die Notwendigkeit, auch geheimdienstliche Informationen über die deutschen Pläne und Untergrund-Aktivitäten auszutauschen. Aus ihrer Sicht wächst der Zwang zur Zusammenarbeit, je enger sich der Ring der Roten Armee und der westlichen Alliierten um den immer kleiner werdenden Rest Deutschlands schließt. Es geht nun um die Koordination der Luftwaffen, das Verfahren mit Gefangenen und Flüchtlingen und die Grenzen der Gerichtsbarkeit zwischen den einzelnen Hauptquartieren. Und dann ist da noch „Talisman" – so das amerikanische Codewort für fortgesetzte deutsche Feindseligkeiten nach der zu erwartenden Kapitulation. Die Generäle in allen vier Hauptquartieren wissen, daß sie durch „Talisman"-Aktivitäten versprengter deutscher Einheiten und verbohrter Nazis auch nach dem Sieg noch Opfer unter ihren Soldaten zu befürchten haben, die in der dann herrschenden Euphorie für die Moral gefährlich werden könnten.

Um all diese Fragen rechtzeitig zu regeln, erwägen die Amerikaner die Bildung einer gemeinsamen Institution mit den britischen und sowjetischen Militärs. Das lehnen die Briten jedoch strikt ab, und auch die Sowjets sind zurückhaltend. So bleibt schließlich die seit 1943 in Moskau arbeitende amerikanische Militärmission die wichtigste Koordinationsstelle.

In den letzten Kriegsmonaten werden die Wünsche der Militärs nach mehr Zusammenarbeit überdies auch noch von der Skepsis der Politiker gebremst. Überrascht registrieren die Amerikaner die sowjetische Federführung beim Versuch der Errichtung eines kommunistischen Regimes in Rumänien. Die Sowjets reagieren mißtrauisch auf die Gerüchte einer Teilkapitulation der Deutschen Wehrmacht in Italien, und die Briten werten das passive Verharren der Roten Armee vor Warschau, als dort der Aufstand von der SS blutig niedergeschlagen wird, als Verrat an der polnischen Exil-Regierung in London. (21)

Diese Differenzen und Animositäten ändern jedoch nichts an der gemeinsamen Überzeugung, daß auch nach dem Krieg zusammengearbeitet werden muß, um das geschlagene Deutschland überhaupt kontrollieren zu können. Sie findet im Abkommen über den Kontrollmechanismus in Deutschland vom 14. November 1944 ihren Niederschlag. Im Artikel 2 ist dort festgelegt, daß jeder Oberbefehlshaber in seiner Besatzungszone Heeres-, Luftwaffen- und Marine-Repräsentanten der anderen beiden Oberbefehlshaber für Verbindungsaufgaben zur Seite gestellt bekommt. (22) Diese Vereinbarung zwischen Amerikanern, Briten und Sowjets wird später auch auf die Franzosen übertragen. Im Sommer 1945 wird General Eisenhower angewiesen, auf der Grundlage dieses Abkommens Verhandlungen mit den anderen Oberkommandierenden über die Errichtung von Militärmissionen aufzunehmen. Zunächst ist daran gedacht, Vertreter der Hauptstäbe zu etablieren. Sie sollen nicht unbedingt militärische Fachleute, sondern eher „Diplomaten" mit reicher politischer Erfahrung sein und alle drei Teilstreitkräfte repräsentieren.

Am 14. Juli 1945 schreibt er Marschall Schukow in dieser Angelegenheit einen Brief und schlägt die Einrichtung von Militärmissionen vor. Zwei Wochen später, am 27. Juli, stimmt der sowjetische Oberbefehlshaber prinzipiell zu.

Dann tut sich eine ganze Weile nichts, denn die Sowjets zögern, unbeschränkte Reisefreiheit in ihrer Besatzungszone zu gewähren. Sie melden sich erst im Februar 1946 wieder bei den Amerikanern. Die haben sich inzwischen Gedanken zum künftigen Aufgabenspektrum der Missionen gemacht. Im Gegensatz zu früheren Überlegungen orientieren sie sich nun auf ihren ausschließlich militärischen Charakter. Alle politischen Fragen sollen in Berlin im Alliierten Kontrollrat diskutiert werden. Damit wollen sie eine Vermischung von Zuständigkeiten und Verhandlungskompetenzen vermeiden. Als Hauptaufgabe für die Mission sehen die Amerikaner die Unterstützung ihrer Behörden bei der Klärung von Problemen mit dem sowjetischen Hauptquartier und die Überwachung der Ausführung der vierseitigen Abkommen in der sowjetischen Besatzungszone. Darüber hinaus hoffen sie auf die Lösung eines ganzen Spektrums weiterer Aufgaben. Sie reichen von der Registrierung von Kriegsgräbern über Unterstützung bei der Zeugenvernehmung zu Kriegsverbrecherprozessen in der amerikanischen Besatzungszone und Hilfe bei Gefangenentransporten bis hin zur Auslieferung von militärischen und zivilen Gefangenen und dem Schutz von amerikanischen Militärzügen in der SBZ. Im September 1946 sind die grundsätzlichen Fragen über die Errichtung der Militärmissionen geklärt. (23)

Moskau arbeitet zu dieser Zeit intensiv daran, seine Macht im Osten Deutschlands zu festigen. Die Zwangsvereinigung von KPD und SPD zur SED, die Bodenreform und die Enteignungen von Industrievermögen belegen das. Aus der Sicht des Kreml ist es zweifellos zu erwarten, daß dadurch die Beziehungen zu den Verbündeten aus dem Krieg politisch abkühlen werden. Deshalb sehen sich die sowjetischen Politiker schon einmal nach möglichen Differenzen zwischen Amerikanern, Briten und Franzosen um. Der amerikanische Vorsprung in der Atom-Rüstung wird von der Sowjetunion als Bedrohung empfunden und im Hinblick auf das amerikanisch-britische und amerikanisch-französische Verhältnis als Widerspruchspotential gewertet. Daraus erwartet man auch Auswirkungen auf die Zusammenarbeit in Berlin. Niemand weiß, wie lange das dort bestehende Kräftegleichgewicht aufrechterhalten werden kann. Ein Informationskanal durch den sich immer spürbarer niedersenkenden Eisernen Vorhang hindurch liegt mehr denn je im sowjetischen Interesse. Seine Vorteile wären größer als die zu befürchtenden Nachteile, die sich aus der Bewegungsfreiheit fremder Offiziere im eigenen Territorium zwangsläufig ergeben. Deshalb wollen die Sowjets die Abkommen über die Militärmissionen nun schnell unter Dach und Fach bringen. (24)

Der Generalstabschef und 1. Stellvertreter des Oberbefehlshabers der sowjetischen Besatzungstruppen, Michail S. Malinin, wird beauftragt, die Verhandlungen zügig abzuschließen. Bereits am 16. September 1946 unterzeichnet er mit Brian H. Robertson, dem stellvertretenden Militärgouverneur der britischen Besatzungszone, ein entsprechendes zweiseitiges Abkommen. Gegenseitig zugelassen werden 31 Missionsmitglieder, davon ein Missionschef, zehn Offiziere und zwanzig Soldaten.

Am 3. April 1947 folgt der Abschluß des entsprechenden Abkommens mit Frankreich. Für die Sowjetunion unterzeichnet ebenfalls Malinin, für Frankreich sein Pendant in der französischen Zone, Charles Jean Roger Noiret. Beide Seiten gestehen sich gegenseitig 18 Missionsmitglieder zu, davon ein Missionschef, fünf Offiziere und zwölf Soldaten. Nun steht nur noch die Übereinkunft mit den Amerikanern aus.

Der ausformulierte Entwurf des entsprechenden Abkommens liegt bereits seit Februar 1947 vor. Er wird auch von den zuständigen Geheimdienstleuten der Vereinigten Staaten geprüft. Deren Bedenken richten sich vor allem gegen die Bestimmung, daß die Missionsmitglieder Rechte ihrer Staatsangehörigen in der jeweiligen Besatzungszone wahrnehmen können. Es wird befürchtet, die Sowjets könnten so Zugang zu den Flüchtlingslagern im Westen erhalten. Dennoch bleibt dieses Recht erhalten, in der späteren Praxis spielt es keine gravierende Rolle. So haben die darum geführten Diskussionen letztlich nur die Verhandlungen verzögert.

Nun drängt die Zeit, denn die entsprechenden Dokumente mit den Franzosen und Briten sind ja längst unter Dach und Fach. Deshalb wird das sowjetisch-amerikanische Abkommen schließlich am 5. April 1947 von Michail S. Malinin und dem amerikanischen Generalstabschef Clarence R. Huebner unterzeichnet.

Weder Sowjets, noch Amerikaner, Briten oder Franzosen halten es für nötig, die deutschen Nachkriegsbehörden über den Inhalt dieser Abkommen – die ja immerhin ganz massiv deutsche Interessen betreffen – auch nur zu informieren. Selbst als die beiden deutschen Staaten ihre Souveränität zurückerhalten, ändert sich das nicht. So begründen die Briten ihre dürren Auskünfte über die sowjetische Militärmission in Bünde an die Bundesregierung damit, daß sie den Abkommenstext nicht ohne Zustimmung der Sowjets zur Einsichtnahme geben können, weil er vertraulich („confidential") sei. Eine Kopie des Robertson-Malinin-Abkommens wird erst 1965 inoffiziell dem Auswärtigen Amt übergeben und bleibt als „geheim" eingestuft. Der Text des französischen Noiret-Malinin-Abkommens ist im Westen auch weiterhin unbekannt. Vom amerikanischen Huebner-Malinin-Abkommen tauchen hin und wieder Abschriften ohne Quellenangaben auf, der Originaltext bleibt jedoch unter Verschluß. Diese merkwürdige Situation führt dazu, daß Juristen des Auswärtigen Amts im Zusammenhang mit der Aufnahme der diplomatischen Beziehungen zwischen der Bundesrepublik und der Sowjetunion im August 1955 befürchten, die westlichen Militärmissionen könnten nun bei der Ost-Berliner Regierung akkreditiert werden! (25)

Im Osten dürfte der Text der zweiseitigen Abkommen über die Errichtung der Militärmissionen wesentlich früher bekannt gewesen sein. Er gehörte von Anfang an zur Ausrüstung der Tour-Gruppen in der DDR, und so blieb es über die gesamte Dauer der Tätigkeit der Missionen. Bei Übergriffen auf die amerikanischen, britischen und französischen Autos fällt deshalb der Abkommenstext der Stasi immer wieder in die Hände. So vermerkt zum Beispiel eine „Aufstellung über die sichergestellte Spionagetechnik und Aufklärungsmittel am 13. 3. 1988" unter anderem auch „das Abkommen über die Missionen in deutsch und englisch." (26)

Da bereits in den frühen fünfziger Jahren Dokumente der Missionen von der Stasi „sichergestellt" wurden, kann vermutet werden, daß die Abkommen seit langem bekannt sind. In Diplom-Arbeiten von Stasi-Offizieren an der Juristischen Hochschule Potsdam wird aus den Abkommen zitiert und als Quelle angegeben: „Deutsche Übersetzung der zweiseitigen Abkommen über den Austausch von Militärverbindungsmissionen (liegt in der HA VIII/5 vor)." (27)

Doch auch die frühzeitige Kenntnis des Abkommenstextes ändert nichts daran, daß ostdeutschen Behörden wie auch die westlichen die eingeschränkte Souveränität ihrer Staaten einfach akzeptieren müssen. Alles, was mit den Militärmissionen zusammenhängt, wird zwischen den einstmals Verbündeten aus dem Zweiten Weltkrieg direkt ausgehandelt. Es gehört zum Geheimdienstkrieg an der Nahtstelle der beiden mächtigsten Militärbündnisse der Welt. Dessen Fronten haben ihre Wurzeln in einer Zeit, als in Deutschland die Nazi-Wehrmacht noch um den „Endsieg" kämpfte.

Die unsichtbare Front

Ein kurzer, trockener Knall aus der „Makarow" des Henkers beendet an einem Morgen im Juni 1960 in Moskau das Leben von Oberstleutnant Pjotr S. Popow. Am 7. Januar hatte ihn der Militärsenat des Obersten Gerichtes der UdSSR zum Tode verurteilt. Sieben Jahre lang hatte Pjotr S. Popow für die amerikanische CIA in der Nachrichtendienstlichen Hauptverwaltung des Generalstabs der sowjetischen Streitkräfte (GRU) spioniert.

Seit über einem Jahrzehnt beherrscht der kalte Krieg das Verhältnis zwischen Sowjets und Amerikanern. Auf beiden Seiten sind die verschiedenen Geheimdienste mit ihren weitverzweigten Strukturen in diesen Krieg eingebunden. Aus den einstigen Waffenbrüdern sind längst erbitterte Gegner geworden.

Ohne die Hilfe der Alliierten Militärmissionen wäre die Spionage Pjotr S. Popows nicht möglich gewesen. Doch bis zu ihrem Einsatz werden vor allem in Berlin unsichtbare Fronten zwischen den Geheimdiensten aufgebaut, die sich bereits in der Zusammenarbeit der Amerikaner und Sowjets im Kampf gegen Hitler abzeichnen.

Am 23. Dezember 1943 reist General William Donovan, Chef des CIA-Vorgängers OSS (28) nach Moskau. Er will eine nachrichtendienstliche Zusammenarbeit zwischen den Verbündeten vereinbaren. Dazu trifft der Geheimdienst-General zwei Tage später seinen sowjetischen Kollegen Pawel Fitin, den Chef der Auslandsverwaltung des Volkskommissariats für Staatssicherheit, dem späteren KGB. Die Männer verstehen sich. Sie vereinbaren, künftig geheime Informationen auszutauschen und erwägen sogar die Einrichtung von Verbindungsmissionen in Moskau und Washington. Das verhindert dann allerdings FBI-Direktor J. Edgar Hoover, und deshalb springt die US-Militärmission in der Sowjetunion als Informationskanal ein.

Das Mißtrauen des FBI-Chefs ist berechtigt. Die Amerikaner vertrauen den mit ihnen verbündeten Sowjets, doch die spielen von Anfang an mit gezinkten Karten. William Donovan ahnt davon nichts.

Das Gespräch zwischen ihm und Fitin dolmetscht ein Mann, der als Oberst Alexander Ossipow vorgestellt wird. In Wirklichkeit heißt er Gaik B. Owakimian und trägt den Spitznamen „der gerissene Armenier". Er ist kein simpler Dolmetscher, sondern Pawel Fitins Stellvertreter, zuständig für die Spionage im angloamerikanischen Raum. 1941 war er in den USA wegen Spionage verhaftet worden, kam nach dem deutschen Angriff auf die Sowjetunion aber wieder frei. Nun leitet „der gerissene Armenier" die Infiltration des OSS durch sowjetische Agenten. Unter dem Decknamen „Isba" („Hütte") ist der im Juli 1941 gegründete Dienst bereits lange vor dem Ende des Krieges von zahlreichen Sowjet-Spionen unterwandert. (29) Die Amerikaner haben nichts davon gemerkt.

Nach dem Sieg ist das ein Vorteil für die sowjetischen Geheimdienste. Sie kommen direkt mit den kämpfenden Einheiten nach Deutschland. Für die nun einsetzende Konfrontation mit den Amerikanern, Briten und Franzosen spielt die militärische

Abwehr der Roten Armee, „Smersch“ (30), die wichtigste Rolle. „Smersch“-Offiziere der Ersten Belorussischen Front bauen in Potsdam das Hauptquartier der Spionageabwehr der Streitkräfte auf, das bis zum Abzug des letzten sowjetischen Soldaten in Deutschland am 31. August 1994 in Betrieb bleibt. Dessen Aufgabe ist es, für die politische Zuverlässigkeit und die Sicherheit in der Armee zu sorgen. Dazu gehört auch die Untersuchung von Fällen westlicher Spionage gegen sowjetische Einrichtungen.

In Berlin beginnt diese Tätigkeit mit dem Einmarsch der West-Alliierten am 4. Juli 1945. Gleichzeitig mit den Truppen trifft per Flugzeug an diesem Tag auch eine erste Gruppe von amerikanischen Geheimdienstmitarbeitern auf dem Flughafen Tempelhof ein. Der steht noch unter sowjetischer Kontrolle, und bevor die Männer ihr erstes Hauptquartier im Föhrenweg in Berlin-Dahlem, dem ehemaligen Kommandostand von Generalfeldmarschall Wilhelm Keitel, überhaupt erreichen, sind sie schon für die sowjetischen Karteien fotografiert.

Die Amerikaner haben es schwerer mit der Einrichtung ihrer „Berlin Operations-Basis“ (BOB). Ihre Militärs fürchten, sie stören damit die ihnen damals noch als gut erscheinende Zusammenarbeit mit den Sowjets. Dennoch verdient sich die Berliner Operations-Basis bald ihre ersten Sporen. Obwohl erst 1947 mit George Belic der erste russisch sprechende US-Offizier bei der BOB stationiert wird, gilt der Überwachung des sowjetischen Militärs von Anfang an höchste Aufmerksamkeit. Unter dem Decknamen „Grail“ sammeln über 250 kurzfristig angeworbene, ostdeutsche Agenten der BOB in der Nähe sowjetischer Garnisonen, Flugplätze und Übungsgelände in der SBZ Informationen und machen Fotos. Allerdings gelingt es der sowjetischen Abwehr sehr schnell, in die verschiedenen Agentenringe einzudringen. Bereits im Herbst 1946 erfolgen umfangreiche Verhaftungen. Die letzten vier ehemaligen BOB-Agenten kehren erst 1955 aus der Sowjetunion nach Deutschland zurück. (31)

Gefragte Experten sind zu dieser Zeit für beide Seiten ehemalige Angehörige der Abwehr- und Aufklärungsapparate der Nazis. Weil den Amerikanern die Anwerbung von früheren SS- und Gestapo-Leuten verboten ist, interessieren sie sich besonders für einstige Abwehr-Offiziere der Wehrmacht, die 1944 zwangsweise in die SS eingegliedert wurden und deshalb nicht als fanatische Nazis gelten.

In diesen Kreisen suchen auch die Sowjets ihre Agenten. Der prominenteste Fall ist die Anwerbung von Heinz Felfe, der bis zu seiner Verhaftung 1961 als KGB-Maulwurf im Bundesnachrichtendienst arbeitet. Der Mann mit dem BND-Decknamen „Friesen" ist Jurist und hat während der Nazi-Zeit im Amt VI des Reichssicherheitshauptamts als Leiter des Referats Schweiz/Liechtenstein gearbeitet. An seinen ersten Kontakt zu den Sowjets erinnert er sich so: „Etwa 1947, noch vor der Währungsreform, begegnete ich sowjetischen Hochschuloffizieren, die mich menschlich beeindruckten. Wir führten oft heftige politische Diskussionen, aber es gab auch fröhliche studentische Feste. Diese persönlichen Kontakte ließen Vertrauen zu den sowjetischen Offizieren entstehen, so daß ich nicht zögerte, ihnen meine Vergangenheit und Tätigkeit zu schildern. Sie machten mir keine Vorwürfe, obwohl ich doch in einer der berüchtigsten Einrichtungen Hitlerdeutschlands gearbeitet hatte. Jeder, so meinten sie, der sich aufrichtig für den Frieden einsetzte, sei als Freund willkommen." (32) Klingt diese Aussage auch recht pathetisch, belegt sie doch, mit welcher Systematik die sowjetischen Geheimdienste bereits zu einer Zeit potentielle Mitarbeiter suchten, in der offiziell noch Zusammenarbeit mit den Amerikanern, Briten und Franzosen propagiert wurde. Trotzdem wurden Spionage-Kandidaten geködert und langwierig überprüft. Heinz Felfe: „Aber erst zwei Jahre später kam es zu einem offenen Gespräch mit Offizieren der Sicherheitsorgane." (33) Darüber wundert er sich noch Jahre später: „Rückschauend muß ich sagen, daß mich das große Vertrauen, das mir von sowjetischer Seite entgegengebracht wurde, erstaunte. Schließlich war ich ja Angehöriger der SS gewesen und hatte im faschistischen Nachrichtendienst gearbeitet. ‚Wieso wunderte dich das', antworteten sie mir viel später auf meine diesbezügliche Frage. ‚Wir kannten dein Vorleben. Wir wußten, daß wir mit dir zurechtkommen würden.'" (34)

Dieser Pragmatismus ist typisch für die Arbeit der sowjetischen Geheimdienste. Im Fall Felfe zahlt er sich aus; 1951 tritt ihr Mann in die Organisation Gehlen, dem Vorläufer des Bundesnachrichtendienstes, ein und arbeitet dort jahrelang als Agent Moskaus. Nach seiner Verhaftung wird Heinz Felfe 1962 vom Bundesgerichtshof zu 14 Jahren Haft verurteilt und 1969 gegen 21 westliche Agenten ausgetauscht.

Solch hochkarätige Agenten anzuwerben, gelingt den Amerikanern zu dieser Zeit nicht. Sie werten es inzwischen als Fehler, die Zeit ihrer Besatzung in Teilen Ostdeutschlands nicht für den Aufbau eines Informantennetzes genutzt zu haben und stützen sich nun bei der Informationssammlung vor allem auf SBZ-Flüchtlinge und sowjetische Überläufer.

Das bleibt auch ein Schwerpunkt, nachdem die Berliner Operations-Basis noch vor der Gründung der CIA am 18. September 1947 in die Zweige SI (Nachrichtenbeschaffung) und X-2 (Spionageabwehr) umorganisiert wird.

Vor diesem Hintergrund dürfte die Arbeitsaufnahme der westlichen Militärmissionen in der Sowjetisch Besetzten Zone und nachmaligen DDR für die Alliierten von größerer Bedeutung als die Einrichtung der sowjetischen Militärmissionen im Westen gewesen sein. Sie erlauben von Anfang an einen direkten Blick auf die Geschehnisse vor Ort und kompensieren so wenigstens teilweise die riesigen Probleme der Westmächte beim Eindringen in die straff organisierten und effektiv abgeschotteten Sicherheitsapparate der Sowjets.

Die Amerikaner sind auf Kleinarbeit angewiesen. Ihr Schwerpunkt in Berlin ist das zweieinhalb Quadratkilometer große sowjetische Sperrgebiet in Karlshorst. Von hier aus operiert die Auslandsaufklärung des KGB und – neben dem Standort Potsdam – die strategische Aufklärung der GRU.

Als die BOB anfängt, sich für Karlshorst zu interessieren, liegt ihr nur ein Pharus-Stadtplan von Berlin aus dem Jahr 1943 vor. Er wird durch Luftaufnahmen der US Air Force aktualisiert. Der so entstandene Überblick über das Gelände wird dann Stück für Stück durch Mosaiksteinchen ergänzt, die in Karlshorst tätige deutsche Zivilangestellte beschaffen. Nach BOB-Schätzungen haben trotz strenger Sicherheitsmaßnahmen 1958 immer noch etwa 400 Deutsche Zugang zum Sperrgebiet. Und so besorgen Putzfrauen aus dem auf dem Gelände befindlichen sowjetischen Funktionärs-Hotel die Meldezettel, ein Kraftfahrer parkt regelmäßig seinen Lkw gegenüber dem KGB-Gebäude und fotografiert mit einer Kamera in einer Stullenbüchse die ein- und ausgehenden Geheimdienstler, und ein Hausmeister räumt halb verbrannte Dokumente aus einem Kanonenofen in einer GRU-Wohnung. Wanzen werden angebracht, und KGB-Techniker finden sogar im Kronleuchter im Büro des KGB-Residenten Witali W. Korotkow (als „Alfred 2“ übrigens auch Führungsoffizier von Heinz Felfe) ein Mikrofon.

Der Aufwand lohnt sich. So gewinnt BOB zum Beispiel 1955 einen deutschen Agenten, der in der Abfertigung von sowjetischem Frachtgut für den Standort Karlshorst arbeitet. Weil jeder Truppenteil den dabei vorgeschriebenen Papierkrieg auf seine Weise erledigt, kann er die Dienststellen der Absender identifizieren. Bis 1960 bekommen die Amerikaner so von ihm Angaben über 1331 KGB-Mitarbeiter, 156 Leute von der GRU, 431 Angehörige der sowjetischen Botschaft mit Geheimdienstanbindung, 199 von der Handelsmission und 170 Militärberater. Im September 1960 ermöglichen ihm die Amerikaner die Übersiedlung in den Westen.

Solch ein Happy-End ist bei Geheimdienstoperationen an der unsichtbaren Front in Berlin eher ungewöhnlich. (35)

Hohe Haftstrafen für enttarnte CIA-Spione im Osten sind an der Tagesordnung. Für den Westen wächst dadurch die Bedeutung ihrer Militärmissionen hinter dem Eisernen Vorhang. Durch ihre Immunität geschützt, erledigen sie solche Kleinigkeiten, wie etwa das Notieren von Nummern sowjetischer Militär-Lkw, für das ostdeutsche „Hilfskräfte“ mit Haftstrafen von bis zu acht Jahren belegt werden, völlig ungefährdet. Die Überwachungsfahrten der Missionen werden immer intensiver und besser organisiert. Dabei geht ihnen manchmal sogar ein dicker Fisch ins Netz.

Für die britische Militärmission in Potsdam ist der 10. Januar 1956 ein ganz normaler Tag. Auf dem Programm steht eine Ausfahrt nach Stralsund. Die BRIXMIS-Offiziere wollen sich im Hafen umsehen.

Dort spricht sie ein Mann an, der ihnen einen Brief und ein Notizbuch mit der Bitte übergibt, dies an die CIA weiterzuleiten. Die Briten übergeben das Material an die Berliner Außenstelle ihres Geheimdienstes Secret Intelligence Service (SIS). Von dort gelangt es an den BOB-Chef Bill Harvey und dessen Stellvertreter David Murphy, zuständig für Sowjetoperationen. Die CIA hatte eine ihrer wichtigsten Quellen in der GRU wiedergefunden: Oberstleutnant Pjotr. S. Popow.

Zum ersten Mal hatte sich der sowjetische Geheimdienstoffizier am Neujahrstag 1953 den Amerikanern angeboten. In seinem damaligen Stationierungsort Wien steckte er einen Brief in das Auto eines Mitarbeiters der US-Botschaft. Gegen Geld, das er angeblich für die Bezahlung einer Abtreibung bei seiner Freundin brauchte, wollte er Informationen liefern. Popows Schreiben wurde an die Wiener CIA-Mission weitergeleitet, der CIA-Mann George Kisevalter, Deckname „Grossmann“, als sein Führungsoffizier eingesetzt. Nach dem Abzug der Sowjets aus Österreich riß der Kontakt der CIA zu Popow ab.

Ende 1955 wird der GRU-Offizier Popow in die DDR versetzt und nach Schwerin kommandiert. Mit Hilfe der britischen Militärmission nimmt er die Verbindung zur CIA wieder auf. Die CIA-Zentrale in Langley setzt sofort George Kisevalter nach Berlin in Marsch, damit er wieder die Führung Popows übernimmt.

Das ist nicht so einfach, denn auch die Engländer wollen den wertvollen Spion behalten. Der britische Tour-Offizier hatte sich für den 24. Januar 1956 erneut mit Popow in Stralsund verabredet, um eine stabile Verbindungslinie aufzubauen. Die Amerikaner bitten ihre Verbündeten, den Chef der US-Mission in Potsdam, Oberst Al Bellony, an dieser Reise teilnehmen zu lassen. Das geschieht und die Quelle Popow beginnt schließlich wieder zu sprudeln. Sie gewinnt an Bedeutung, als der Russe im April 1957 in die Operativ-Gruppe der GRU in Berlin Karlshorst versetzt wird und dort Ende Juni seinen Dienst in dem Referat antritt, das die illegalen GRU-Spione im Westen führt.

Über Pjotr S. Popow gelangen unter anderem solche Spitzeninformationen wie der Text der Geheimrede Nikita Chruschtschows auf dem XX. Parteitag der KPdSU über die Verbrechen Stalins an die Amerikaner. Er liefert auch eine Rede von Marschall Georgi Schukow, in der dieser vor der Weitergabe sowjetischer Militärgeheimnisse an die Nationale Volksarmee der DDR warnt und sowjetische Militärstrategien für den Vorstoß bis an den Ärmelkanal am zweiten Tag eines möglichen dritten Weltkriegs erläutert.

Der sowjetische Geheimdienst-Oberstleutnant Popow bezahlt seinen Verrat schließlich mit dem Leben. (36)

Sein Fall belegt aber, daß die westlichen Militärmissionen im Osten – wie die sowjetischen Militärmissionen im Westen auch (37) – hin und wieder direkt in die Aktivitäten der Geheimdienste eingegriffen haben. Das wurde bis zur deutschen Einheit von allen Seiten vehement abgestritten. Dennoch ist es kein Wunder, daß die bloße Existenz der Offiziere in den feindlichen Uniformen deshalb und wegen vieler weiterer Zwischenfälle den Regierenden in beiden Teilen Deutschlands stets ein Dorn im Auge war. Allerdings unterscheiden sich die Reaktionen in Ost und West erheblich voneinander.

Adenauer steckt zurück

Ein Hochzeitskleid muß her. Für Ina Ehlert ist das im Frühjahr 1947 die allergrößte Sorge. Am 10. April soll Hochzeit sein. Ihren Liebsten hat sie im Schöneberger Fernmeldeamt in der Winterfeldstraße kennengelernt. Tom Lathrop lag dort mit seiner Fernmeldekompanie. Er ist Funktechniker, und die dunkelhaarige Telefonistin Ina fällt ihm nicht nur wegen ihrer guten Englischkenntnisse auf. Bald wird aus der Romanze mit dem deutschen „Fraulein" Liebe. Die beiden wollen heiraten. Das ist im besetzten Berlin nicht ganz einfach. Schließlich ist Tom Soldat der Besatzungsmacht, und der Krieg erst kaum zwei Jahre vorbei. Der GI läßt sich deshalb aus der Army entlassen und bleibt als Zivilist im Dienst der Streitkräfte. Trotzdem muß er etliche Sicherheitsüberprüfungen über sich ergehen lassen und diverse Genehmigungen einholen. Schließlich gibt die Militärregierung ihr „okay" für die Hochzeit mit der „Kriegsbraut".

Die hat in diesen Wochen ganz andere Sorgen. Das Kleid! Nicht einmal auf den florierenden Schwarzmärkten am Alex und vor dem Reichstag gibt es vernünftigen Stoff. Umgefärbte Wehrmachtsuniformen aus Zellwolle sind zu haben, mehr nicht. Auf ihren Streifzügen durch das zerbombte Berlin findet Ina Ehlert eines Tages eine zerstörte Wohnung. Sie erstarrt. Das ist es. Die Brokattapete an der Wand, dazu die passenden schweren Vorhänge! Vorsichtig wird der steife Stoff geborgen. Ein langes, goldgelbes Abendkleid entsteht daraus mit spitzem Ausschnitt und gerafftem Dekolleté. Für einen halblangen Gehrock reicht der Stoff auch noch.

Ina Ehlert und Tom Lathrop sind glücklich. Am 29. Juni 1947 schifft sich das junge Paar in Malmö auf der schwedischen „Gripsholm“ ein und reist nach Amerika. Bei der Ankunft in New York trägt Ina ihr goldenes Kleid. (38)

So harmonisch sind die Beziehungen zwischen den Deutschen und ihren Besatzern in diesen Jahren nicht immer. Sie haben das Sagen im Land, und das bleibt auch nach der Gründung der Bundesrepublik so.

Erst als Anfang der fünfziger Jahre die Mühlen der eigenen Verwaltung langsam zu mahlen beginnen, erkundigen sich die Deutschen bei ihren neuen Freunden nun auch, was es denn eigentlich mit den sowjetischen Militärmissionen in der Bundesrepublik auf sich hat.

Dazu führen die Alliierten am 5. März 1952 ein Gespräch mit Kanzler Konrad Adenauer. Briten und Amerikaner haben sich vorher darauf verständigt, den Deutschen klarzumachen, daß die Missionen mit ihren Arbeitsmöglichkeiten und Immunitäten unter die Verantwortlichkeit der drei Mächte für ganz Deutschland fallen. Die Bundesrepublik habe dem eigentlich nur noch zuzustimmen.

Doch der alte Mann am Rhein zögert. Erst als John McCloy als oberster Amerikaner in Deutschland zusichert, man würde alles tun, um die sowjetischen Missionen auf ein Minimum zu begrenzen, die Bundesregierung über deren Aktivitäten zu informieren und die Beziehungen auf rein militärischer Ebene zu pflegen, steckt Adenauer zurück. Dieses „halbe Einverständnis“ – so die Bewertung des Gesprächs durch den Hohen Kommissar McCloy – wird jedoch nirgendwo schriftlich fixiert.

Der Bundeskanzler fürchtet nicht nur die Russen. Ihm macht auch die Anwesenheit von tschechischen und polnischen Offizieren in deren Missionen in West-Berlin Sorgen. Sie könnte einer kommunistischen Infiltration dienen. Briten und Amerikaner beruhigen ihn. Die Streitkräfte Ihrer Majestät wären allenfalls an der Präsenz der sowjetischen Missionen interessiert, um die eigenen Leute im Osten halten zu können, erläutert der britische Hochkommissar, und der Amerikaner McCloy notiert zu dem Gespräch: „Einig, daß jedenfalls nur ein Minimum zugelassen. Also soweit möglich Zulassung.“ (39)

Dennoch sind sich Amerikaner und Briten im Vorfeld der Pariser Verträge nicht sicher, ob eine souveräne Bundesrepublik die Missionen auf ihrem Territorium künftig überhaupt tolerieren würde. Noch pessimistischer sehen das die Franzosen. Aber alle drei sind sich einig, daß für sie der unverstellte Blick in den Osten äußerst wichtig ist und deshalb unbedingt erhalten werden soll. Sie verabreden in dieser Frage ein gemeinsames Agieren gegenüber der jungen Bundesrepublik. Sollten nach Gewährung der vollen Souveränität Probleme entstehen, würden sich die Alliierten auf den Truppenstationierungsvertrag berufen. Dort ist von der Stationierung westalliierter Truppen und anderer „Entsendestaaten“ die Rede. Die jeweiligen zweiseitigen Abkommen zwischen Amerikanern, Briten und Franzosen und den Sowjets – darunter auch die über den Austausch der Militärmissionen – werden nicht erwähnt. (40) Aus der Sicht der Alliierten reicht der wenig konkrete Hinweis aus, um eine Präsenz der Sowjets im Westen einzuschließen.

Für die deutsche Verwaltung sind die Sowjets im Land zwar ärgerlich, aber nicht so bedeutsam, daß sie die Verhandlungen um die Souveränität damit belasten wollen. Außerdem verfügt die Bundesrepublik noch nicht über eigene Streitkräfte, so daß das Problem zu dieser Zeit für sie nicht brisant ist. Deshalb beschränkt sich die Rechtsabteilung des Auswärtigen Amts darauf, über das State Department beim Pentagon nachzufragen, auf welcher Rechtsgrundlage die sowjetischen Militärmissionen eigentlich agieren. Die Amerikaner appellieren nun an das Verständnis der neuen Verbündeten. Im April 1955 erklären sie, daß die souveräne Bundesrepublik zwar den Rückzug der Missionen verlangen könnte, dies aber bedeuten würde, für „uns und unsere Freunde" viel Aufklärungskapazität zu verlieren, „die nicht durch andere Mittel zu ersetzen wäre". (41) Gleichzeitig wird dem deutschen Geheimdienst vom US-Botschafter der Aufklärungswert der westlichen Missionen im Osten erläutert, um so auch über diesen Kanal die weitere Akzeptanz der sowjetischen Missionen im Westen zu befördern.

Das gelingt, und so können die Amerikaner am 7. April 1955 der Bonner Regierung ein Aide-mémoire zu den sowjetischen Militärmissionen übergeben. Diese Art von diplomatischen Schriftstücken dient dazu, einseitig bestehende Positionen als „Erinnerungshilfe" darzulegen. Eine Antwort darauf wird im Regelfall nicht erwartet. In ihrem Aide-mémoire informieren die Amerikaner als wichtigste Vertreter der Alliierten über die Personalstärke der drei Missionen und die wichtigsten Inhalte der bilateralen Abkommen mit den Sowjets, wie Immunität, Steuerfreiheit, Bewegungsfreiheit und Verbindungen zum sowjetischen Hauptquartier. Versprochen wird lediglich, der Bundesregierung nach Inkrafttreten der Pariser Verträge regelmäßig die Stärke der Missionen bekanntzugeben.

Weitere Auskünfte werden nur noch mündlich durch das Amt des Rechtsberaters, des Britischen Hohen Kommissars, erteilt. Der damit beauftragte Mr. Perkins betont die Rechte der Alliierten: Beschränkungen in der Freizügigkeit der Sowjets könnten ausschließlich von den Westmächten vorgenommen werden. Gleichzeitig stellt er aber in Aussicht, daß es auch nach der deutschen Wiederbewaffnung keine Schwierigkeiten geben würde, da „die alliierten Militärbefehlshaber zweifellos bereit seien, etwa dahin gerichteten Wünschen in möglichst weitem Umfang Rechnung zu tragen". (42)

Damit ist die deutsche Seite zufrieden. Eine Bewertung des Status der sowjetischen Militärmissionen steht erst wieder auf der Tagesordnung, als die Bundesrepublik 1955 die Aufnahme diplomatischer Beziehungen mit der Sowjetunion vorbereitet.

Das löst einen Streit im Auswärtigen Amt aus. Die Rechtsabteilung ist der Meinung, die Missionen hätten ihre Rechtsgrundlage im „einseitig ausgesprochenen gesamtdeutschen Vorbehalt der Alliierten“ (43), im Artikel 2 des Deutschlandvertrags festgehalten. Daraus ziehen sie die Schlußfolgerung: „Der Aufenthalt der Missionen und der Umfang ihrer Privilegien hängen also davon ab, ob und in welchem Ausmaß die drei Mächte den gesamtdeutschen Vorbehalt in dieser Beziehung gegenüber der Bundesrepublik aufrechterhalten.“ (44) Die Bundesrepublik habe deshalb ohne alliierte Zustimmung keine Möglichkeit, „den Status der Missionen zu verändern, weil sie weder an den Viermächtevereinbarungen noch an dem gesamtdeutschen Vorbehalt, den sie zwar hingenommen, aber nicht vertraglich anerkannt hat, beteiligt ist“. (45) Deshalb werde das Verhältnis zu den Sowjets im Westen „weder durch die Eröffnung diplomatischer Beziehungen als solche, noch durch etwaige, mit der Sowjetunion aus Anlaß der Aufnahme diplomatischer Beziehungen getroffene Vereinbarungen berührt“. (46)

Das sieht die zuständige Länderabteilung anders. In einer Denkschrift vom 30. Januar 1956 erklärt deren Chef, Dr. Meissner: Es sei „anormal, daß nach Herstellung diplomatischer Beziehungen zwischen souveränen Staaten beim Gastland nicht akkreditierte Missionen des Entsendungsstaates unter Inanspruchnahme des Rechts der Exterritorialität bestehen bleiben“. (47) Bemängelt wird, daß die Bundesrepublik weder das Recht, noch die Möglichkeit habe, die Sowjets im Land zu kontrollieren. Sie könne sie auch nicht „denjenigen Beschränkungen unterwerfen, die sich auf Grund der Gegenseitigkeit gegenüber der sowjetischen Botschaft aller Voraussicht nach als notwendig erweisen werden“. (48) Überdies kämen die Aufklärungsergebnisse der Westmächte im Osten ohnehin nur den Alliierten zugute, die auch andere Informationsquellen hätten. Deshalb sollte mit den Westmächten über den Fortbestand der Missionen verhandelt werden.

Die Kontroverse wird amtintern beigelegt. Die Rechtsabteilung macht noch einmal nachdrücklich klar, daß die rechtliche Grundlage der Missionen nicht bestritten werden kann. Die Politische Abteilung sieht die ganze Sache pragmatisch. Sie stellt das alliierte Interesse am Erhalt der Missionen im Osten in den Mittelpunkt ihrer Betrachtungen und verweist auf die positiven psychologischen Effekte durch die Anwesenheit westlicher Offiziere in der DDR. Die Diplomaten sind sich sicher, daß die Amerikaner, Briten und Franzosen die Auflösung der Missionen ohnehin ablehnen würden: „Es sei daher untunlich, einen unsere Souveränität berührenden Antrag den Alliierten zu unterbreiten, obwohl dessen Ablehnung mit Gewißheit zu erwarten ist.“ (49)

In den Hauptquartieren der Westmächte will man sich in diesen Jahren in den Umgang mit den Militärmissionen überhaupt nicht hineinreden lassen. Die Briten zeigen sich besonders rigide im Umgang mit den deutschen Behörden. Von den vagen Versprechen, die der Jurist Perkins vor den Pariser Verträgen angedeutet hat, ist nun keine Rede mehr. Ende 1956 verfassen sie einen „Letter of Instructions“ für die deutschen Bundes- und Landesbehörden. Er legt fest, wie sich die deutsche Polizei gegenüber den sowjetischen Offizieren zu verhalten hat und betont die ausschließliche Zuständigkeit aller drei Alliierten für alle Belange der Missionen. Auch die Amerikaner beharren auf ihren Rechten. Lediglich im Ton sind sie etwas moderater. Es gibt trotzdem keine Belege darüber, daß die Sicherheitsinteressen der inzwischen entstandenen Bundeswehr für sie auch nur die geringste Rolle spielten. (50)

Besonders skeptisch wird der Aufbau bewaffneter Kräfte in der Bundesrepublik durch die Franzosen beobachtet. Das mag unter anderem in der Reaktivierung zahlreicher früherer Generäle der Wehrmacht für die neue Bundeswehr begründet sein. So weigert sich zum Beispiel Frankreichs Staatspräsident Charles de Gaulle noch 1962 bei einem Staatsbesuch Konrad Adenauers, dem in dessen Begleitung anwesenden General Hans Speidel die Hand zu geben. Speidel war 1940 bis 1942 Chef des Kommandostabs beim deutschen Militärbefehlshaber Frankreichs, General Otto von Stülpnagel, in Paris und ist inzwischen Chef der europäischen Landstreitkräfte der NATO. De Gaulle verursacht einen Eklat und fordert von Konrad Adenauer ultimativ die Ablösung Hans Speidels. Sein Wunsch wird mit der vorzeitigen Abberufung des Generals erfüllt. (51)

In der sich in diesem Vorgang beispielhaft andeutenden Grundhaltung der Franzosen kann durchaus einer der Gründe dafür liegen, daß sie sich beim Umgang mit den Militärmissionen gerade von den Deutschen nicht in die Karten sehen lassen wollten. Ein ehemaliger sowjetischer Missions-Offizier erinnert sich: „Wir hatten mit Frankreich gemeinsame Traditionen aus dem Großen Vaterländischen Krieg, zum Beispiel das Luft-Geschwader Normandie-Njemen. Das hat unsere Arbeit in Baden-Baden erleichtert. Es gab Zeiten, in denen fast schon kameradschaftliche Verhältnisse zu spüren waren." (52) Ende der fünfziger bis Mitte der sechziger Jahre wird über die sowjetischen Missionen in der Bundesrepublik im Auswärtigen Amt und bei dessen Gesprächen mit anderen Bundesministerien immer mal wieder diskutiert. Doch inzwischen haben sich die Betrachtungsperspektiven etwas verändert. Die Bundesrepublik Deutschland sieht sich in ihrer Souveränität durch die Existenz der Missionen kaum noch beeinträchtigt. Bei allen Überlegungen berücksichtigt sie den Wert der amerikanischen, britischen und französischen Mission in der DDR für die Verbündeten und schlußfolgert daraus, daß die Präsenz der Sowjets dafür letztlich in Kauf genommen werden müsse. In den alliierten Vorbehalten des Deutschlandvertrags sieht sie nun einen Punkt, der irgendwann einmal für eine deutsche Wiedervereinigung wichtig werden könnte. Auch wenn daran in jenen Jahren niemand ernsthaft denkt, bleiben doch die Vier-Mächte-Vereinbarungen aus der unmittelbaren Nachkriegszeit von lebenswichtigem Interesse für die deutsche Politik. Sie sind die Grundlage dafür, daß Amerikaner, Briten und Franzosen überhaupt über den östlichen Teil und Sowjets über den westlichen Teil Deutschlands sprechen können, was mit den Zwei-Plus-Vier-Verhandlungen 1990 dann auch geschieht.

So wird schließlich der Bestand der sowjetischen Militärmissionen im Westen auf Dauer als gegeben hingenommen, ohne daß die Bundesrepublik sie formell jemals anerkennt. (53)

Für die Amerikaner stehen Rolle und Aufgaben ihrer Militärmission in der DDR – und damit automatisch auch die der Sowjets im Westen – noch einmal grundsätzlich nach dem Abschluß des Abkommens über den Stop von Nukleartests mit der Sowjetunion vom 3. April 1963 auf dem Prüfstand. Zu diesem Abkommen können alle interessierten Staaten der Welt beitreten, was die DDR auch am 8. August 1963 und die Bundesrepublik zwei Wochen später tut. Aus der Logik des Abkommens ergeben sich weitere Gespräche darüber, wie dessen Einhaltung überprüft werden soll. Die Amerikaner halten acht Beobachtungsposten in der DDR für nötig, zögern aber, diese Aufgaben ihrer Militärmission zusätzlich zu übertragen. Sie ziehen sogar deren Auflösung und eine Entsendung neuer Beobachter mit einem noch zu definierenden Status in Betracht, doch schließlich erweisen sich all diese Überlegungen als verfrüht. Über das Test-Stop-Abkommen wird zwar weiter verhandelt, doch die mit Moskau in dessen Folge ausgehandelten Verträge vom 3. Juli 1974 und vom 28. Mai 1976 werden nicht ratifiziert.

Eine offizielle gegenseitige militärische Überwachung wird erst mit dem Stockholmer Abkommen von 1986 vereinbart. Danach soll über Manöver, an denen mehr als 13 000 Soldaten und 300 Panzer teilnehmen, informiert werden. Sind über 17 000 Soldaten dabei, werden Beobachter eingeladen. Sie erledigen ihre Aufgaben – wie die westlichen Beobachtungs-Offiziere 1987 bei den Manövern des Warschauer Pakts in der DDR – unabhängig von den Militärmissionen. (54) Durch dieses Abkommen ändert sich aber deren Aufgabenspektrum und Aufklärungsstrategie (55), denn nun können sie andere Schwerpunkte setzen.

Militärische Informationen über die Aufrüstung im Osten sprudeln jedoch vor dem Stockholmer Abkommen ebenso wie danach. Die Bundesrepublik fühlt sich von den Erkenntnissen der westlichen Missionen in der DDR aber ausgeschlossen. Auf der Bonner Hardthöhe wird deshalb schon 1968 erwogen, einen Bundeswehr-Militärattaché nach Moskau zu entsenden. Davon halten die Amerikaner gar nichts. In internen Gesprächen verweisen sie darauf, daß der Offizier offiziell kaum Informationen erlangen würde und durch seine Entsendung die Gefahr bestünde, die Militärmissionen in Potsdam zu verlieren. Deren Verlust sei nicht zu kompensieren. Das sehen die Bonner Verbündeten ein, und so wird erst 1980 ein deutscher Militärattaché an der Botschaft der Bundesrepublik Deutschland in der Sowjetunion installiert. (56)

Eine Möglichkeit, die fortdauernde Existenz der gegenseitigen Militärmissionen noch einmal zu bestätigen, ergibt sich mit den Verhandlungen der Vier Mächte um Berlin ab 1970. Für Moskau sind sie eine Gratwanderung zwischen der Bündnistreue zur DDR und der angestrebten und seit langem ausstehenden Entwicklung politischer Beziehungen mit der Bundesrepublik. Im Kreml fällt die Entscheidung gegen die DDR-Interessen. (57) Auch nach über 20 Jahren Existenz der DDR lassen sich die Sowjets in ihre globalen politischen Machtspiele nicht hineinreden. Und aus Ost-Berlin schon gar nicht. Die DDR wird von sowjetischen Diplomaten damit vertröstet, daß nur durch Verhandlungen aller vier ehemaligen Verbündeten des Zweiten Weltkriegs der Einstieg in die umfangreiche internationale Anerkennung des kleineren deutschen Teilstaats möglich sei. Deshalb wird im Ost-Berliner Außenministerium zähneknirschend zur Kenntnis genommen, daß Moskau seinen Mann in Ost-Berlin, Pjotr Abrassimov, lediglich als „Botschafter“, nicht aber in der offiziellen Funktion des „Botschafters der Sowjetunion in der DDR“ zum Verhandlungspartner der drei westlichen Botschafter macht. Für diese ist das eine wichtige Geste des Entgegenkommens, denn schließlich nehmen die Botschafter der Alliierten als Nachfolger der Hohen Kommissare auch die gemeinsame Verantwortung der Amerikaner, Briten, Franzosen und Sowjets in ganz Berlin wahr.

Um welche alliierten Rechte und Vereinbarungen es sich im einzelnen handelt, wird in den Verhandlungen nicht detailliert diskutiert. Auch im „Vierseitigen Abkommen“ findet sich letztendlich nur ein allgemeiner Bezug darauf. Er wiederholt sich im Zusammenhang mit dem Beitritt von DDR und Bundesrepublik Deutschland zur UNO in einer globalen Umschreibung des Fortbestands der alliierten Rechte in Deutschland. Beide Formulierungen werden von der DDR befriedigt zur Kenntnis genommen und als diplomatischer Erfolg der Sowjetunion gewertet. (58)

Die Existenz der Militärmissionen ist damit – ohne sie in diesen Abkommen auch nur im geringsten zu erwähnen – gesichert, denn schließlich basieren sie auf den „Nachkriegsabkommen“ der Alliierten, die ja Verhandlungsgrundlage waren. Eine nochmalige Diskussion darüber vermeiden die Amerikaner, Briten und Franzosen, indem sie 1972 nach Errichtung der vollen diplomatischen Beziehungen mit der DDR bis zur deutschen Einheit auf die Entsendung von Militärattachés nach Ost-Berlin verzichten.

Weshalb sowohl im Osten, als auch im Westen immer mal wieder irgendwo Offiziere in fremden Uniformen auftauchen und emsig fotografieren, gehört für viele Deutsche in beiden Teilen des Landes inzwischen zu den Folgen des verlorenen Krieges. Wie die Dinge eigentlich zusammenhängen, interessiert die meisten nicht, und das Aufbegehren gegen die Fremden im Land findet allenfalls noch hinter verschlossenen Türen in Diskussionen unter Diplomaten statt.

Dabei hat der „Kampf gegen die Überreste des Zweiten Weltkrieges“ die DDR weit mehr als die Bundesrepublik beschäftigt. Sie wurde bis zur Einheit von ihrer ehemaligen Besatzungsmacht, der Sowjetunion, stets an der kurzen Leine gehalten und hatte mit der über zwanzig Jahre verzögerten internationalen Anerkennung viel größere Probleme, ein souveränes Selbstbewußtsein zu entwickeln, als „der Klassenfeind“ im Westen. Deshalb versucht Walter Ulbricht schon beizeiten, „die Freunde“ zu bewegen, wenigstens die Schmach der Präsenz von westlichen Offizieren in seinem Machtbereich zu tilgen.

Walter Ulbricht probt den Aufstand

Der kalte Krieg tobt in den fünfziger und sechziger Jahren auch auf ostdeutschen Kinoleinwänden. Da erbeuten pfiffige Stasi-Agenten bei trotteligen amerikanischen Geheimdienstlern „For eyes only“-Dokumente, skrupellose Saboteure bringen wertvolle Pferde heimlich über die offene Sektorengrenze in Berlin und lösen „Alarm im Zirkus“ aus, und profitsüchtige Schieber kaufen in Ost-Berlin wertvolle optische Geräte als „Ware für Katalonien“. In einer so aufgeheizten Atmosphäre ist es hilfreich, wenn solche Horror-Szenarien auch einmal mit echten Namen und Zahlen belegt werden können. Eine Möglichkeit dazu glauben die SED-Propaganda-Krieger im Februar 1955 gefunden zu haben. Am 15. des Monats meldet die „BZ am Abend“: „Beamte der USA-Mission kauften HO-Optiken engros!“ Das Ost-Berliner Lokalblatt bezieht sich auf einen Beitrag des „Deutschlandsenders“ und listet auf: „Die Amerikaner tätigten die Geschäfte unter Mißbrauch ihrer diplomatischen Funktionen. Mr. Fred P. Meyer kaufte mit dem Ausweis Nr. 357 Ferngläser und Fotoapparate im Werte von 10 336 DM. Mr. P. D. Coffaro (er hatte gleich zwei Ausweise – Nr. 193 und Nr. 354), Mr. George Zonoff (ebenfalls mit zwei Ausweisen – Nr. 427 und 468) und Mr. Kunz waren weitere Stammkunden.“ (59) Sie alle hätten „Optische Geräte im

Gesamtwert von 61 504 DM ... in HO-Spezialläden aufgekauft und verschoben". (60)

Die Amerikaner reagieren sofort. Ein Sprecher des europäischen Hauptquartiers der US-Army in Heidelberg weist darauf hin, daß die Mitglieder der amerikanischen Militärmission in Potsdam seit deren Bestehen Einkäufe im sowjetisch besetzten Gebiet getätigt haben. Dabei hätten keinerlei Einschränkungen bestanden, und die Einkäufe seien völlig legal. (61) Er beruft sich auf das sowjetisch-amerikanische Abkommen über die Errichtung der Missionen vom 5. Februar 1947. Dort ist im Punkt 12 festgelegt, daß die Missionsmitglieder in den jeweiligen Besatzungszonen mit der vor Ort üblichen Währung einkaufen dürfen. Und natürlich vergißt der amerikanische Offizier auch nicht, darauf hinzuweisen, daß die Mitglieder der sowjetischen Militärmissionen im Westen ebenfalls das Recht haben, gegen Westmark einzukaufen und davon auch reichlich Gebrauch machten. (62)

Doch im Grunde geht es gar nicht um die Ferngläser und Fotoapparate. Das macht Deutschlandsender-Kommentator Herbert Gessner mit seiner Bewertung dieser Einkäufe deutlich: „Die DDR ist ein souveräner Staat, und die Angehörigen der amerikanischen Militärmission haben seine Gesetze genauso zu respektieren, wie jeder deutsche Bürger." (63)

Genau das ist aber eben nicht der Fall. Die DDR und die Bundesrepublik unterliegen, auch nachdem die Besatzungszeit offiziell beendet ist, immer noch Einschränkungen in ihrer Souveränität, die aus den Nachkriegsvereinbarungen der Siegermächte stammen. Dagegen läuft Ost-Berlin immer wieder Sturm, und das Getöse um die Einkäufe der Amerikaner gehört dazu.

Walter Ulbricht, Moskaus Statthalter in Ost-Berlin, fühlt sich in diesen Jahren stark. Als seine Macht am 17. Juni 1953 wankte, retteten ihn sowjetische Panzer. Nun will er zeigen, was er kann. Dabei kam Ulbricht die Entwicklung im Westen zu Hilfe.

Im ungeliebten deutschen Nachbarland geht die Integration der Bundesrepublik in das westliche Bündnis Schritt für Schritt voran. Deshalb wird die DDR für Moskau zum wichtigen Vorposten gegen West-Europa. Erstmals betont der „Vertrag über die Beziehungen zwischen der Deutschen Demokratischen Republik und der UdSSR“ vom 20. September 1955, daß das Verhältnis zu Moskau auf der „Grundlage der Gleichberechtigung, der gegenseitigen Achtung, der Souveränität und der Nichteinmischung in die inneren Angelegenheiten“ (64) entwickelt werden soll.

Der DDR wird sogar die Bewachung und Kontrolle der auf DDR-Gebiet liegenden Verbindungswege zwischen der Bundesrepublik und West-Berlin anvertraut. Das macht die DDR-Oberen übermütig. Sie scheinen die Vier-Mächte-Rechte „vergessen“ zu haben und deklarieren Ost-Berlin zur „Hauptstadt der DDR“, Volkspolizisten beginnen damit, das alliierte Militärpersonal und deren Autos zu kontrollieren. Bei den Angehörigen der amerikanischen, britischen und französischen Militärmission klappt das nicht, denn die wissen durch ihren Job in der DDR, daß das den ostdeutschen Behörden verboten ist. Unerfahrene West-Besatzer lassen sich da schon eher einschüchtern.

Dieses gewachsene Selbstbewußtsein der DDR-Führung ist den Sowjets zuviel. Sie unterbinden ohne großes Aufsehen die Übergriffe auf die westlichen Besatzer. Daß sie an ihren Beziehungen zu den Westmächten nichts ändern wollen, haben sie am 20. September 1955 im Beschluß ihres Ministerrats über die Auflösung der Hohen Kommission für Deutschland extra betont: „Die Aufrechterhaltung der entsprechenden Verbindungen mit den Oberkommandierenden der Truppen der USA, Großbritanniens und Frankreichs, die sich auf dem Territorium der Deutschen Bundesrepublik befinden, verbleibt bei dem Oberkommandierenden der Gruppe der Sowjetischen Streitkräfte in Deutschland.“ (65) Damit ist der sowjetische Wunsch nach Fortbestehen der gegenseitigen Militärmissionen erneut eindeutig formuliert.

Daß die Vier-Mächte-Rechte von bilateralen Vereinbarungen zwischen Moskau und Ost-Berlin nicht berührt werden, steht auch in den folgenden Verträgen über Freundschaft und Zusammenarbeit vom 12. Juni 1964 und vom 7. Oktober 1975.

Für die DDR ist das alles ein Ärgernis, an dem sie aber nichts ändern kann. Wegen der alliierten Luftkontrolle über Berlin darf der Flughafen der „Hauptstadt“ nur außerhalb, in Schönefeld, liegen. Die uneingeschränkten Zugangsrechte der amerikanischen, britischen und französischen Militärs lassen uniformierte Soldaten und Offiziere im Ost-Berliner Stadtbild auffallen, und die Fahrten der Militärmissionen überall in der DDR machen deren Bürgern deutlich, daß der Westen immer noch ein wachsames Auge auf die einstige sowjetische Besatzungszone wirft.

Im DDR-Außenministerium in der Berliner Luisenstraße werden die „offenen Probleme“ in den Beziehungen mit „den Freunden“ immer wieder aufgelistet. Eine Basis dafür sehen die ostdeutschen Diplomaten im „Abkommen über Fragen, die mit der zeitweiligen Stationierung sowjetischer Streitkräfte auf dem Territorium der Deutschen Demokratischen Republik zusammenhängen“ vom 12. März 1957.

In diesem Papier ist erstmals davon die Rede, daß die Sowjets irgendwann einmal abziehen werden, und da scheint es geboten, sich rechtzeitig Gedanken darüber zu machen, wie es dann weitergehen soll. Auch die gebetsmühlenartig wiederholten Freundschaftsbekundungen nähren die ostdeutschen Hoffnungen, vielleicht doch noch zur oft beschworenen Gleichberechtigung in den Beziehungen zu kommen.

Daran denken die Sowjets allerdings nicht. Ihre Truppen tragen im Laufe der Jahre zwar verschiedene Bezeichnungen, der Hinweis „... in Deutschland“ bleibt aber bis zu ihrem Abzug 1994 erhalten. Auch alle Versuche der DDR, die Lufthoheit über ihrem Territorium zu erlangen, werden konsequent zurückgewiesen.

Im Büro Walter Ulbrichts wird trotzdem immer wieder überlegt, wie der Zugriff auf die alliierten Rechte zu bewerkstelligen sei. Da liefert Nikita Chruschtschow im November 1958 mit seinem Berlin-Ultimatum eine Steilvorlage. Um seiner Forderung nach Umwandlung West-Berlins in eine „freie, entmilitarisierte Stadt“ Nachdruck zu verleihen, droht er mit dem Abschluß eines separaten Friedensvertrags mit der DDR, denn ein offizieller Akt zur Beendigung des Zweiten Weltkriegs steht ja immer noch aus.

Das ist das Stichwort für Walter Ulbricht. Solch ein Friedensvertrag sollte aus seiner Sicht vor allem die „Überreste des Zweiten Weltkrieges“ beseitigen. Dazu zählt die DDR auch die Existenz der Militärmissionen. Im Entwurf eines Positionspapiers aus dem Büro Ulbricht vom 4. Februar 1959 wird deshalb festgestellt: „Mit der faktischen Auflösung des Kontrollrates, der Zerstörung der Vier-Mächte-Beschlüsse über Deutschland durch die Westmächte und der Bildung von zwei Staaten in Deutschland ist die Grundlage für die Existenz und die Tätigkeit der Militärmissionen beseitigt worden.“ (66) Sie sollten aufgelöst werden, „da ein Besatzungsregime nicht mehr besteht“. (67) Ausführlich wird dargelegt, daß die DDR die Missionen nie anerkannt habe, diese nichts anderes täten, als sich in die inneren Angelegenheiten der DDR einzumischen und sie allenfalls nur noch als Verbindungsglied zum sowjetischen Oberkommando geduldet werden könnten. Gleichzeitig beauftragt Ulbricht die Stasi, Beweise für die „Spionagetätigkeit“ der westlichen Militärs herbeizuschaffen.

In mehreren Briefen bohrt Walter Ulbricht bei Nikita Chruschtschow immer wieder nach, doch der hält sich bedeckt. In Gesprächen zwischen Diplomaten erläutern die Sowjets, daß sie keine Beschneidung der Rechte der Westmächte wünschen, um so keine Repressionen gegen die eigenen Leute im Westen zu provozieren. Doch die diskreten Hinweise, die Finger von den Militärmissionen zu lassen, werden in Ost-Berlin geflissentlich überhört.

Im Sommer 1960 will sich Ulbricht per Note sogar direkt an die Regierungen der USA und Großbritanniens wenden und sich über die Tätigkeit der Missionen beklagen. In einem Entwurf des diplomatischen Papiers vom 18. August 1960 wirft der 1. Stellvertreter des DDR-Außenministers, Otto Winzer, den Amerikanern Spionage, das Anwerben von Agenten in der DDR, die Vorbereitung eines militärischen Überfalls und die Herbeiführung eines Bürgerkriegs vor. Die Sowjets sind über eine solche Eigenmächtigkeit entsetzt und pfeifen die DDR zurück. Sie haben inzwischen festgestellt, daß sie mit ihrem Ultimatum gegen West-Berlin nicht durchkommen und der Abschluß eines Separatfriedensvertrags mit der DDR ihren globalen Interessen erheblich schaden würde. Nun bauen sie auf Verhandlungen mit dem neugewählten amerikanischen Präsidenten John F. Kennedy.

Als Walter Ulbricht in einem neuerlichen Brief vom 18. Januar 1961 an Nikita Chruschtschow „die Aufhebung der Vereinbarungen zwischen der UdSSR und den Westmächten über die Militärmissionen der Westmächte auf dem Territorium der DDR" (68) fordert, wird Moskau etwas deutlicher. Der sowjetische Staats- und Parteichef teilt in seiner Antwort mit, daß es noch einige Zeit brauche, um zu sondieren, wie Kennedy zum Abschluß eines Friedensvertrags mit beiden deutschen Staaten und zur "Normalisierung der Lage in West-Berlin" stehe. Der einseitige Friedensvertrag mit der DDR bleibe als Option, sei aber nur noch zweite Wahl.

Die Frage der vollen Souveränität für den kleineren deutschen Staat ist damit erst einmal wieder auf die lange Bank geschoben.

Walter Ulbricht will nicht einsehen, daß sein Aufstand gegen die westlichen Militärmissionen damit praktisch mißlungen ist. Einen Monat nach dem Bau der Mauer am 13. August 1961 meldet er sturköpfig nach Moskau, daß nun „der erste Teil der Aufgabe zur Vorbereitung des Friedensvertrags durchgeführt ist...". (69) Der „Gegner" habe „weniger Gegenmaßnahmen unternommen, als es zu erwarten war“, und „die Entsendung von 1500 Mann amerikanischer Banditen wird die Westberliner mehr stören als uns“. (70) Walter Ulbricht fühlt sich stark wie nie zuvor. Mit der Mauer hat er endlich die ersehnte Kontrolle über sein Land. Nun soll der Friedensvertrag unbedingt der nächste Schritt sein, denn nur er kann der DDR die uneingeschränkte Souveränität und damit die Garantie auf einen dauerhaften Bestand bringen. Das schreibt er dem „teuren Genossen Chruschtschow“ und teilt dabei gleichzeitig seine Meinung zur Lage in Berlin mit: „Wir bereiten uns auf den Abschluß des Friedensvertrags vor ... Die Westberliner Kommandanten versuchen durch verschiedene Proteste in der Öffentlichkeit den Eindruck zu erwecken, daß ein Vier-Mächte-Status in Berlin noch existiert.“ (71) Das sieht er aber ganz anders: „Am besten wäre es, wenn solche Beschwerden überhaupt nicht mehr angenommen würden. Wenn die Westmächte Wünsche haben, können sie diese der Sowjetregierung mitteilen.“ (72) Auch wäre es an der Zeit, endlich die Kontrolle über die Luftkorridore zu übernehmen.

Im Kreml ist man über Ulbrichts Gedrängel ungehalten. „Die Freunde“ sehen ihn als engstirnigen Provinzfürsten, der nur eigene Interessen kennt und keinen Blick für weltpolitische Zusammenhänge hat. Für sie liegt das Hauptproblem ihrer Sicherheit schon lange nicht mehr in Berlin, sondern in der atomaren Hochrüstung. Darüber muß mit den Amerikanern verhandelt werden, und dazu sind die Fühler bereits ausgestreckt. Ulbricht stört dabei und bekommt am 28. September 1961 von Chruschtschow erst einmal eine Absage zum Problem der Lufthoheit: „Unter den gegenwärtigen Bedingungen, da die Maßnahmen zur Sicherung und Kontrolle der Grenzen der DDR mit West-Berlin erfolgreich durchgeführt wurden, ... sollten Schritte vermieden werden, die die Situation verschärfen könnten.“ (73)

Doch Ulbricht bleibt stur. Sehr genau hat er eine gewisse sowjetische Zurückhaltung im Zusammenhang mit dem Mauerbau registriert. Als am 23. August 1961 von der DDR die Zahl der Kontrollpunkte zu West-Berlin ohne vorherige Genehmigung „der Freunde“ auf sieben reduziert und für Ausländer nur noch der „Checkpoint Charly“ zugelassen wurde, bügelte Ulbricht sogar den Protest von Sowjet-Botschafter Michail G. Perwuchin kalt ab. Der Diplomat hatte unter Berufung auf die Vier-Mächte-Beschlüsse „Einwendungen“ gegen diese Maßnahme erhoben. Ulbricht an Chruschtschow: „Diese Argumente konnten wir jedoch nicht anerkennen. Wir lassen uns von den taktischen Gesichtspunkten leiten, in unseren Sicherungsmaßnahmen schrittweise so weit zu gehen, daß es nicht zu ernsthaften Komplikationen kommt.“ (74) Friedliche Lösungen zu West-Berlin ließen sich nach Ulbrichts Meinung ohnehin erst finden, „wenn zunächst das Vorfeld künftiger Vereinbarungen bereinigt wird, das heißt, es ist notwendig, zunächst die Souveränität der Deutschen Demokratischen Republik und ihrer Hauptstadt im wesentlichen herzustellen“. (75)

Inzwischen weiß er, daß Chruschtschow nicht mehr auf den Abschluß eines Friedensvertrags bis Ende 1961 drängt. Dennoch hält der SED-Chef an seinen Forderungen fest und ordnet sie nun als Probleme ein, die im Vorfeld eines solchen Vertrags zu lösen seien: „Die Lage hat sich so entwickelt, daß es offenkundig notwendig geworden ist, daß zur Schaffung der Voraussetzungen für den Abschluß des Friedensvertrags eine Reihe von Maßnahmen zur Beseitigung einiger Überreste des Krieges in der Hauptstadt der DDR getroffen werden.“ (76) Dazu fordert er neben der Einstellung der Sendungen des RIAS und der Reduzierung der westlichen Truppen: „Außerdem steht noch auf der Tagesordnung die Beseitigung solcher Reste des Krieges wie die Militärmissionen, die in der DDR ihr Unwesen treiben.“ (77)

Mit dieser Politik legt Walter Ulbricht gegenüber der Sowjetunion ein deutschlandpolitisches Engagement an den Tag, das im Westen weitgehend unbemerkt bleibt. Für die Bundesrepublik ist er niemals mehr als Moskaus Erfüllungsgehilfe. Als er zehn Jahre später mit Billigung der Sowjets von Erich Honecker entmachtet wird, verstellt diese Bewertung im Westen den Blick für die tatsächlichen Hintergründe seines Sturzes, dessen Wurzeln nicht zuletzt in der für Moskau zu selbstbewußten Politik der sechziger Jahre liegen.

Walter Ulbrichts geschmeidiges Einschwenken auf den neuen Kurs der sowjetischen Außenpolitik nach dem Mauerbau kann daran nichts mehr ändern. Moskau will keinen Ärger in Berlin, und als ostdeutsche Grenzer am 11. März 1962 den britischen Corporal Douglas Day an der Grenze bei Kleinmachnow lebensgefährlich verletzen (78), steckt Ulbricht auch im Hinblick auf die Militärmissionen zurück. Drei Wochen später schreibt er an Nikita Chruschtschow: „Die Zwischenfälle mit Offizieren der westlichen Militärmissionen in den Grenzgebieten der DDR sind sehr unangenehm. Wir haben deshalb den Befehl gegeben, daß gegenüber Kraftwagen von Militärmissionen, auch wenn sie sich im Sperrgebiet befinden, von der Schußwaffe nicht Gebrauch gemacht werden darf." (79)

Für die DDR bleibt der „Kampf gegen die Überreste des Zweiten Weltkrieges" aber auf der Tagesordnung. Man weiß jedoch auch, daß dieses Problem an einen Friedensvertrag gebunden ist, und der steht für die Sowjets längst nicht mehr im Mittelpunkt ihrer Politik. Trotzdem werden im Außenministerium und im Verteidigungsministerium dazu immer wieder Positionspapiere erarbeitet und den sowjetischen Diplomaten vorgetragen. Sie reagieren darauf mit ebenso höflichem, wie vielsagendem Schweigen.

Es wird erst wieder bei den außenpolitischen Konsultationen am 18. Juli 1963 gebrochen. Der sowjetische Außenminister Andrej Gromyko macht seinem ostdeutschen Kollegen Lothar Bolz unmißverständlich klar: „Die sowjetische Seite halte zum gegenwärtigen Zeitpunkt eine Veränderung des Verkehrs der Angehörigen der Militärmissionen nicht für zweckmäßig." (80) Der Minister begründet das damit, daß Maßnahmen gegen die Missionen in der DDR zu Konsequenzen für die sowjetischen Missionen im Westen führen könnten und damit nicht nur die Sowjetunion, sondern alle Warschauer-Pakt-Staaten mehr verlieren als gewinnen würden. Sein Stellvertreter, Wladimir S. Semjonow, ehemaliger politischer Berater von SMAD und SKK und bis 1954 Botschafter in Ost-Berlin, erklärt in der Nachmittagssitzung, „daß es angesichts der Ausführungen des Genossen Gromyko vom Vormittag wohl nicht notwendig sei, diese Fragen noch einmal aufzuwerfen". (81)

Im vertraulichen Vermerk des Ost-Berliner Außenministeriums zu diesen Konsultationen wird festgehalten: „Über die Militärmissionen in Potsdam: Es besteht Einmütigkeit darüber, daß es nicht zweckmäßig ist, die in bezug auf die Missionen gültigen Regeln zu ändern." (82) Auch wenn die Zugangsrechte der West-Alliierten von der DDR gegenüber den Sowjets in den folgenden Jahren immer mal wieder angesprochen wurden, an der Existenz der Militärmissionen rüttelte niemand mehr.

Doch die Zeiten ändern sich und bringen frischen politischen Wind. Mit der Bildung der Großen Koalition in Bonn am 30. November 1966 regieren im Westen erstmals Sozialdemokraten mit. Aus Moskauer Sicht könnte das mittelfristig zu einer Veränderung der westdeutschen Haltung zur Sowjetunion führen.

Für Walter Ulbricht sind das Hirngespinste. Er fühlt sich als lebendiges Denkmal des Weltkommunismus. Stalin, Chruschtschow oder gar Adenauer – für ihn sind das alles Figuren der Vergangenheit. Ulbricht meint zu wissen, wie Politik funktioniert. Und die Beteiligung der Sozialdemokraten an der Regierung, das ist für den Kommunisten doch nichts anderes als ein neuerlicher Verrat an den Interessen der Arbeiterklasse. Sein Urteil über die Große Koalition im Westen ist vernichtend: „Den Herren Adenauer und Strauß ist es gelungen, die Revanchepolitiker in der sozialdemokratischen Parteiführung für die Notstands- und Bunkergemeinschaft mit der CDU/CSU zu gewinnen. Im Zeichen des Chauvinismus und Revanchismus wird eine Front der reaktionären Kräfte organisiert." (83)

Das sieht man in Moskau ganz anders. Nach dem Krieg ist der sowjetische Machtbereich bis an die Elbe ausgeweitet worden, doch das ist völkerrechtlich nicht besiegelt. Jetzt deutet die Beteiligung von Sozialdemokraten an der Bundesregierung an, daß dies nun bald geschehen könnte. Nach Jahren der außenpolitischen Stagnation gibt es etwas zu verhandeln, und das wird seinen Preis haben. Ob man ihn bezahlen will, ist zu entscheiden, wenn er genannt ist. Der Statthalter in Ost-Berlin soll dieses Geschäft nicht stören. Inzwischen traut er sich sogar, die sowjetischen Genossen zu belehren. Er, der Lenin noch persönlich gekannt hat. Verteidigungsminister Marschall Andrej A. Gretschko spricht der Kreml-Führung aus dem Herzen, als er im kleinen Kreis 1969 lapidar feststellt: „Der Alte taugt nichts mehr." (84) Ulbricht muß weg, denn die Beziehungen Moskaus zum Westen sollen endlich geregelt werden. Dafür muß die DDR in Berlin bezahlen.

„Ende gutt, alles gutt"

27. November 1970. Ein dunkler Daimler mit dem Stander der Bundesrepublik Deutschland nähert sich in rascher Fahrt dem Berliner Grenzübergang Heinrich-Heine-Straße. Der Pfeifenraucher im Fond läßt den Slalom durch die Grenzsperren über sich ergehen und präsentiert dem DDR-Kontrolloffizier am Schlagbaum seinen Personalausweis. Er ist auf den Namen Egon Bahr ausgestellt.

Der Staatssekretär aus dem Bundeskanzleramt ist auf dem Weg zu seinem Ost-Kollegen Michael Kohl, Staatssekretär beim Ministerrat der DDR. Die beiden wollen über die künftigen Beziehungen zwischen der DDR, Ost-Berlin und West-Berlin verhandeln.

Egon Bahr weiß, daß er an der Grenze provoziert. Der Übergang ist für Bürger des Westteils der geteilten Stadt nicht zugelassen. Prompt fragt ihn der Grenzer dann auch, ob er denn keinen Diplomatenpaß habe. Natürlich hat der Staatssekretär einen, doch den hat er absichtlich nicht mitgenommen. Egon Bahr: „Der Mann tat mir leid; denn er durfte mich nicht durchlassen." (85) Trotzdem beharrt er auf der Passage nur mit dem West-Berliner Personalausweis: „Ich riet ihm, Staatssekretär Kohl anzurufen und auszurichten, ich würde nach Bonn zurückfahren, wenn ich hier nicht durchkäme, und einen neuen Termin vereinbaren. Nach zehn Minuten kam er mit rotem Kopf zurück: ‚Sie können passieren'." (86)

DDR-Unterhändler Michael Kohl ist wütend, und die Retourkutsche bleibt nicht aus. Egon Bahr wird nicht vor dem Eingang des DDR-Ministerratsgebäudes in der Jüdenstraße begrüßt, wie es eigentlich die diplomatische Höflichkeit geboten hätte. Karl Seidel, der im DDR-Außenministerium zuständige Abteilungsleiter für die Beziehungen zur „BRD", erinnert sich an den auf dem Fuße folgenden Nadelstich, der ihm inzwischen als „heute kleinkariert anmutende Festlegung" (87) erscheint: „Das Portal sollte sich beim Nahen der bundesdeutschen Delegation wie von Zauberhand öffnen. So geschah es dann auch." (88)

Dieser Kleinkrieg hat Methode. Egon Bahr will mit seiner Aktion auf die Absurdität der Verhältnisse in und um Berlin hinweisen, die DDR hingegen zeigen, daß das andere Deutschland für sie ganz normales Ausland ist, zu dem erst noch völkerrechtlich übliche Beziehungen hergestellt werden müssen.

Das ist ein komplizierter Prozeß, der in diesen Tagen erst ganz am Anfang steht. Schon eine gemeinsame Bezeichnung des Verhandlungsgegenstands ist schwierig. „Berlin (West)" sagt der Westen und unterstreicht so, daß es um Berlin als Ganzes und den Westteil im besonderen geht. Schließlich sind die einstigen Alliierten des Zweiten Weltkriegs für die ehemalige deutsche Hauptstadt immer noch gemeinsam zuständig. Als „Westberlin", mit dem ganz großen „West-" und ein bißchen „-berlin" klein hinten dran, möchte die DDR die ganze Sache abhandeln. Das läßt sich jedoch der Westen nicht gefallen. „West-Berlin" wird gerade noch als geographische Bezeichnung akzeptiert, doch wo es „West" gibt, muß auch irgendwo „Ost" sein. „Ost-Berlin" ist aber wiederum für die DDR nicht akzeptabel, schließlich heißt es offiziell „Berlin, Hauptstadt der DDR". Für seriöse Verhandlungen taugt das alles nicht: Die westliche Seite will über die Berlin (West) umgebenden Gebiete sprechen und meint damit das der DDR und das Ost-Berlins. Für die östliche Seite ist dieser Plural ein rotes Tuch, denn sie sieht DDR und Ost-Berlin als Einheit. Gelöst wird das Problem letztendlich, indem man die ganze Sache einfach „das betreffende Gebiet" nennt. Nun kann sich jede Seite dabei das denken, was ihr am besten in den politischen Kram paßt.

Bevor es allerdings zu den Verhandlungen über die Beziehungen zwischen West-Berlin und der DDR kommt, muß der Osten eine Kröte schlucken: Das Abkommen zwischen Sowjets, Amerikanern, Briten und Franzosen über den Westteil der geteilten Stadt.

Seit Beendigung der Berlin-Blockade im Mai 1949 hatte es keine Verhandlungen der Vier Mächte über Berlin mehr gegeben. Trotz Gründung der beiden deutschen Staaten, vieler Krisen und dem Mauerbau 1961 blieb das Alliierte Kontrollratsgebäude am Kleist-Park in Berlin-Schöneberg verwaist. Grundsätzliche Fragen waren in der unmittelbaren Nachkriegszeit gelöst worden, der kalte Krieg hatte neue Erfahrungen beschert. Egon Bahr: „Die Vier Mächte konnten damit leben, denn ihre Interessen waren gewahrt und durch keinerlei Unsicherheiten oder Unbequemlichkeiten der Deutschen behindert. Im Gegenteil wurde es gefährlich für sie, an den labilen Zustand zu rühren: Chruschtschow hatte erfahren, daß ein Hinausdrängen der Westmächte eine große Konfrontation heraufbeschwören konnte, und die Westmächte wußten, wie schwach ihre Position auf der Insel im ‚roten Meer' war. In keiner der vier Hauptstädte gab es Lust, über Berlin zu verhandeln." (89)

Das ändert sich in Moskau, als in der Bundesrepublik eine neue Ost-Politik Regierungsprogramm wird. Bereits auf dem Godesberger Parteitag der SPD im April 1969 erklärt Willy Brandt, daß seine Partei für eine Respektierung der Realitäten eintrete. Mit der Formel „Wandel durch Annährung" umschreibt Egon Bahr schon 1963 in seiner Rede während einer Tagung an der Evangelischen Akademie in Tutzing den Kern dieser Politik. Eine „Aggression auf Filzlatschen" sieht der inzwischen zum DDR-Außenminister avancierte Otto Winzer schon damals darin. Jetzt scheint die Möglichkeit ihrer praktischen Umsetzung gekommen, denn auch die FDP unter Führung von Walter Scheel, seit 1966 in der Opposition, tritt für eine aktivere Ost-Politik ein.

Am 28. September 1969 gewinnt die SPD die Bundestagswahl mit 42,7 Prozent der Stimmen, die FDP bekommt 5,8 Prozent. Damit reicht es zu einer knappen Mehrheit von 12 Stimmen für eine SPD/FDP-Koalition. Nun wird die neue Ost-Politik in die Praxis umgesetzt. Dabei steht der Abschluß eines Vertrags über die künftigen Beziehungen mit der Sowjetunion an zentraler Stelle.

Das wäre für Moskau der Einstieg in eine völlig neue Phase der Entwicklung der Beziehungen zum Westen. Für den gelten noch immer die im Zweiten Weltkrieg verlorenen Ost-Gebiete als „zeitweilig unter sowjetischer und polnischer Kontrolle" stehend, die Oder-Neiße-Grenze zwischen der DDR und Polen wird nicht anerkannt. Die seit 24 Jahren existierende europäische Nachkriegsordnung steht völkerrechtlich auf tönernen Füßen. Diese Situation hätte solch ein Vertrag schlagartig verändert. Das weiß auch die DDR. Botschafter Karl Seidel: „Die Sowjetunion war am Ausgleich mit der BRD interessiert, da Brandt und Bahr ihr anboten, den politisch-territorialen Status quo zu akzeptieren; darüber hinaus erhoffte sie von einer Europäischen Sicherheitskonferenz eine zusätzliche Anerkennung des europäischen Status quo." (90) Die Deutschland-Experten im Kreml sind elektrisiert. Juri Kwizinskij, damals Botschaftsrat an der sowjetischen Botschaft in der DDR und später Botschafter in der Bundesrepublik: „Bonn bot uns einen Leckerbissen an, aber um ihn zu verspeisen, mußte in Berlin bezahlt werden." (91) Das konnte nur auf Kosten der DDR gehen, und das weiß Egon Bahr auch ganz genau: „Sie sollte für den Moskauer Vertrag bezahlen und viele ihrer heiligen Kühe schlachten: Ihre völkerrechtliche Anerkennung vor Aufnahme von Verhandlungen, die strikte Ablehnung, mit Bonn über Berlin zu reden, als ob die Bundesrepublik an der Spree etwas zu sagen hätte, oder ihre Souveränität auf den Zugangswegen." (92)

Das Vertragsangebot an die Sowjetunion erweist sich als geschickter diplomatischer Schachzug der Bundesrepublik, der die DDR aus den Verhandlungen über Berlin ausschaltet. Karl Seidel: „Die BRD ... machte die Erfüllung der sowjetischen Wünsche von einer Einigung in der Berlin-Frage abhängig. Darüber konnten aber nur die drei Westmächte mit der Sowjetunion verhandeln. Damit wurde der Fortgang der Bonner Ostpolitik von den Westmächten abhängig." (93)

Für diese ändert sich durch das Viermächte-Abkommen nichts. Ihr politisches Interesse beschränkt sich darauf, die bestehenden Vereinbarungen lediglich noch einmal zu wiederholen. Nach dem Mauerbau rechnet auch im Westen niemand mehr damit, die Sektorengrenze von Ost nach West wieder durchlässig machen zu können. Das sieht auch Egon Bahr so: „Für die Alliierten stand an oberster Stelle eine sowjetische Bestätigung ihrer Auffassung vom Vier-Mächte-Status der gesamten Stadt, dessen Jungfräulichkeit ich seit dem Mauerbau nicht mehr für wiederherstellbar hielt." (94) Der Bundesrepublik geht es um handfeste Interessen in West-Berlin, für deren Durchsetzung sich mit den Ostverträgen nun eine einmalige Chance auftut. Dabei sind die

Amerikaner, Briten und Franzosen ihren deutschen Verbündeten gern behilflich. Egon Bahr: „An zweiter Stelle stand das Ziel, West-Berlin aus einem Zustand zu befreien, der dem Osten jederzeit ermöglichte, politischen Druck durch Schikanen auf den Autobahnen auszuüben. Völlige Einigkeit bestand in dem (dritten) Ziel, endlich den Zugang für den zivilen deutschen Verkehr ungehindert zu machen ... An vierter Stelle rangierte das Ziel, den Osten zur Aufgabe seiner Forderung von einer selbständigen politischen Einheit West-Berlins zu bewegen, also anzuerkennen, daß die Stadt zur Bundesrepublik gehört." (95) Und schließlich sollten auch noch die Arbeitsplätze für die rund 20 000 Bundesbediensteten im Westteil der Stadt sicherer werden.

Verhandelt wird von der Bundesrepublik direkt mit dem sowjetischen Botschafter Valentin Falin und dem amerikanischen Botschafter Kenneth Rush in Bonn. Das ist für die DDR eine höchst unbefriedigende Situation, denn schließlich geht es nicht zuletzt um ihre Interessen. Doch daran kann sie ebenso wenig ändern, wie an der Tatsache, daß die wichtigsten Impulse für das Abkommen immer wieder von Bonn ausgehen. Der westdeutsche Verhandlungsführer Egon Bahr weiß das geschickt zu verbergen: „Eine deutsche Führungsrolle war uns bewußt, auch wenn wir selbst im kleinsten Kreis das Wort nicht in den Mund zu nehmen wagten." (96)

Die Ausschaltung der DDR-Genossen ist auch für die sowjetischen Diplomaten ganz selbstverständlich. Valentin Falin: „Gemeinsam verfaßte Entwürfe juristischer Formeln sandten wir nach Moskau, Washington und das Bonner Kanzleramt. Sie brauchten Bestätigung von oben." (97)

Am 3. September 1971 wird das Vierseitige Abkommen von den Botschaftern Pjotr Abrassimov für die Sowjetunion, Kenneth Rush für die USA, Roger William Jackling für Großbritannien und Jean Sauvagnargues für Frankreich unterzeichnet. Zufrieden sagt Sowjet-Botschafter Abrassimov sein „Ende gutt, alles gutt" in die Mikrofone der wartenden Journalisten vor dem Kontrollratsgebäude.

Das sieht man im DDR-Außenministerium nicht so euphorisch. Über hundert Meinungsverschiedenheiten hat es allein bei der Übersetzung des Abkommenstextes gegeben, und ob es denn nun zwischen Bonn und Berlin „Bindungen“ oder nur „Verbindungen“ gebe und die Halbstadt „kein Bestandteil der BRD“ oder nur „kein konstitutiver Teil“ sei, bleibt bis zum Schluß offen. Die Westmächte interessiert dieser Streit nicht mehr so stark. Valentin Falin teilt Bundeskanzler Willy Brandt mit: „Bei aller Wichtigkeit einer genauen deutschen Übersetzung kann für den Fall von Differenzen zwischen beiden deutschen Staaten in der Interpretation der Regelungen nur der von den Botschaftern unterzeichnete Originaltext als Grundlage der Wahrheitsfindung dienen.“ (98)

Er bleibt bis zum Ende der Teilung Berlins verbindlich. Die Querelen um die Übersetzung werden durch entsprechende Fußnoten und Klammer-Bemerkungen abgemildert, und am 3. Juni 1972 tritt das Abkommen in Kraft. Es ist der Einstieg in das Vertragswerk zwischen den beiden deutschen Staaten. Dieses beginnt mit dem Transitabkommen und führt schließlich zur Unterzeichnung des „Vertrags über die Grundlagen der Beziehungen zwischen der Deutschen Demokratischen Republik und der Bundesrepublik Deutschland“ am 21. Dezember 1972 im Festsaal des Hauses des Ministerrats der DDR. Damit ist der Weg beider Staaten in die UNO und zur internationalen Anerkennung der DDR frei.

Für die Militärmissionen im Osten und im Westen sind diese Verhandlungen völlig bedeutungslos. Ihre Tätigkeit ist seit über zwanzig Jahren fixiert, und der Umgang miteinander hat seine festen Bahnen gefunden. Dennoch sind sie für die sowjetischen, amerikanischen, britischen und französischen Offiziere nicht uninteressant, denn das langsam wachsende neue Verhältnis zwischen der DDR und der Bundesrepublik bestimmt das Umfeld, in dem sie künftig tätig sind. Kann es dabei auch nicht um eine Einschränkung oder Behinderung ihrer Aktivitäten gehen, spielen doch wachsendes Selbstbewußtsein, gegenseitige Rücksichtnahme und das Verhältnis zu den jeweiligen Bündnispartnern beider deutscher Staaten eine Rolle. Anfang der siebziger Jahre erinnert man sich weder in Bonn, noch in Ost-Berlin gern an das Ende des Zweiten Weltkriegs und die damit verbundenen Regelungen. Dennoch sind sie für die Lage in und um Berlin immer noch ohne Einschränkungen zu respektierendes Recht.

Das hindert das Ministerium für Staatssicherheit der DDR jedoch nicht daran, das damals in der DDR herrschende Gefühl, endlich auch auf internationalem Parkett eine Rolle zu spielen, in verstärkte Aktivitäten gegen die „feindlichen Militärverbindungsmissionen“ umzusetzen. Dabei ist manch bittere Pille zu schlucken.

Frustrierte Freunde

Eigentlich ist es bei der Beratung der führenden Stasi-Genossen mit ihren sowjetischen Kollegen Anfang Juli 1969 so wie immer. Beim üblichen „gemütlichen Beisammensein“ fließt der Wodka in Strömen, Eisbein und Sauerkraut sorgen für die entsprechende Unterlage, und vom Minister bis zum letzten Familienmitglied wird auf alle getrunken, die für einen Toast herhalten können. Nach anderthalb Stunden werden die Krawatten gelockert, und wie immer ruft das vom deutschen „Halstuch“ stammende russische Wort „Galstuck“ für den Schlips Heiterkeit hervor. Emsig kramen die Stasi-Genossen in ihren Russischkenntnissen, um „den Freunden“ mal zu zeigen, was die noch so alles von den Deutschen gelernt haben: „jefretor“ für den Gefreiten, „schlaggbaum“ oder „rjucksack“ – die Stimmung ist gelöst, und schließlich wird zusammen wieder einmal von der kühnen Division gesungen, die durchs Gebirge und die Steppe zog ...

Am nächsten Morgen herrscht dann mehr üble Laune, als sie der zu erwartende Kater ohnehin hervorgerufen hätte. In den gemeinsamen Sitzungen flackert offener Frust auf. Diskutiert wird die Zusammenarbeit bei der Überwachung der in der DDR tätigen westlichen Militärmissionen. Die Stasi hat sie auf Schritt und Tritt im Visier, aber wenn sie mal zugreift, gibt es regelmäßig Ärger. Sofort werden sie vom sowjetischen Botschafter in der DDR, Pjotr Abrassimov, zurückgepfiffen. Unter DDR-Funktionären wird der Mann aus Moskau wegen seiner Eingriffe in die DDR-Angelegenheiten hinter vorgehaltener Hand „Regierender Botschafter" genannt. Auch der Stasi macht er Sorgen, und so hält sie im Protokoll der Beratung fest: „Bisher war es so, daß wir Maßnahmen eingeleitet haben, doch am nächsten Tag sagte uns Genosse Abrassimov, daß sie nicht ihren Interessen entsprechen. Wir müssen also einen gemeinsamen Standpunkt finden, einen Genossen bei den Freunden mit hoher Verantwortung, der diese Fragen mit uns beraten kann." (99)

Damit artikulieren sie eine Unzufriedenheit mit dem Verhalten der Sowjets, die schon über zehn Jahre schwelt. Bereits am 20. Juli 1959 beschwert sich Walter Ulbricht in einem Brief an Nikita Chruschtschow über die Nachsicht der sowjetischen Offiziere gegenüber ihren westlichen Kollegen: „Die bisherige Praxis ist eine solche, daß die Mitarbeiter der westlichen Militärmissionen, wenn sie in Sperrgebieten der Nationalen Volksarmee festgestellt wurden, durch den Mitarbeiter für Staatssicherheit dem sowjetischen Ortskommandanten übergeben wurden, der sie dann nach einem mündlichen Hinweis ohne weiteres freiläßt. (Das Spionagematerial bleibt in ihrem Besitz.) Da die Mitarbeiter der imperialistischen Militärmissionen wissen, daß ihnen nach der bestehenden Ordnung von den Sowjetorganen das Spionagematerial nicht abgenommen wird, treten sie gegenüber den deutschen Staatsorganen in vielen Fällen frech auf." (100)

Solcherart Frust über „die Freunde" findet auch bei der Beratung im Juli 1969 Eingang ins Protokoll: „Sie kennen uns alle. Wir haben in den zurückliegenden Jahren alles unternommen, was operativ möglich war – unsichtbar und auch was offiziell möglich war, sanft und mit Gewalt, in der Presse veröffentlicht und vieles mehr, aber alles, was wir machten, war heute richtig und morgen falsch ..." (101)

Das Klagen bleibt nicht ungehört. Die Sowjets sichern zu, einen verantwortlichen Offizier für die Zusammenarbeit mit der Stasi zu benennen. Sie wollen sich von den DDR-Genossen zwar nicht allzu sehr in die Karten gucken lassen, sind aber aus rein praktischen Erwägungen, zum Beispiel bei Verkehrsunfällen von Missions-Fahrzeugen, durchaus kooperationswillig. Das belegt eine russische Vorlage für eine Beratung im Juni 1969: „Wie die Praxis der Arbeit zeigt, kommen in der Regel Mitarbeiter der Polizei oder des MfS der DDR als erste zur Unfallstelle. Wir haben die Vorstellung, daß die deutschen Freunde – ohne die Ankunft der sowjetischen Vertreter abzuwarten – die Untersuchung zu den Tatsachen des Vorfalls in vollem Umfang beginnen sollen und dabei unter Ausnutzung der an Ort und Stelle entstandenen Situation (Fehlen von Zeugen, Zustand der Insassen des Fahrzeugs, Notwendigkeit, das Fahrzeug von innen zu inspizieren, medizinische Hilfe zu erweisen usw.) Maßnahmen ergreifen, um technische Hilfsmittel nachrichtendienstlicher Tätigkeit und andere operativ interessante Materialien, wenn diese gefunden werden können, an sich zu nehmen." (102)

Mehr als solch kleine Zugeständnisse, die zudem noch aus der Erfahrung der praktischen Arbeit bei der Überwachung der Missionen unumgänglich erscheinen, wollen die Sowjets aber nicht machen. Während der Beratung am 5. Juli 1969 bieten sie gerade einmal an: „Wenn es für die deutschen Genossen von Vorteil ist, so könnte dieser (sowjetische) Offizier mit Verspätung eintreffen." (103) Die Hoheit bei allen Maßnahmen gegen die Amerikaner, Briten und Franzosen bleibt auf jeden Fall bei den Sowjets. Das Ansinnen der Stasi, deren Einsatzkräfte in sowjetische Uniformen einzukleiden, lehnen sie rundweg ab.

Ein besonderes sensibles Thema zwischen Sowjets und Stasi ist die zeitweilige Festnahme der westlichen Militärs bei deren Erkundungsfahrten.

Die geheime Dienstanweisung 2/60 von Erich Mielke zum Umgang mit den „Westlichen Militärverbindungsmissionen“ vom 20. Februar 1960 zählt sechs Punkte auf, bei deren Verletzung „die Angehörigen der bewaffneten Streitkräfte des Ministeriums des Innern, der Nationalen Volksarmee und des Ministeriums für Staatssicherheit in Uniform“ die Amerikaner, Briten und Franzosen vorläufig festnehmen dürfen. Dazu gehören natürlich Aktivitäten gegen die in den bilateralen Abkommen zwischen den Sowjets und den Westmächten fixierten Auflagen, wie das Eindringen in ständige oder zeitweilige Sperrgebiete der sowjetischen Truppen. Die Stasi erweitert den Kreis der Delikte aber noch wesentlich und bezieht beispielsweise auch das Eindringen in NVA-Sperrgebiete, die Verletzung der öffentlichen Ordnung der DDR und der Straßenverkehrsordnung, Propagandaaktionen gegen den Sozialismus, das Mitnehmen fremder Personen in Missions-Fahrzeugen, das Fotografieren von Industrieanlagen und anderes mit ein. (104)

Die Sowjets sind in der Praxis jedoch oft nicht bereit, bei solcherart Vorwürfen gegen die Missionen aktiv zu werden. Für sie stehen stets die möglichen Sanktionen gegen ihre eigenen Missionsangehörigen in der Bundesrepublik im Mittelpunkt ihres Handelns. Daraus erwächst bei kleineren „Delikten“ – etwa der oftmals von der VP gemessenen Überschreitung der in der DDR festgelegten Höchstgeschwindigkeit von 100 km/h auf den Autobahnen – Zurückhaltung gegenüber den Soldaten und Offizieren der Missionen.

Auch im Verfahren nach der vorläufigen Festnahme gibt es Differenzen zwischen der Hoffnung der Stasi und dem Handeln der „Freunde“. In der Dienstanweisung 2/60 heißt es: „An den Festnahmeort ist deshalb von den Festnehmenden ein Vertreter der nächstliegenden Standortkommandantur oder sowjetischen Militärgarnison zu rufen, der unter Beteiligung der Festnehmenden die Untersuchungen durchführt." (105)

Die sowjetischen Offiziere denken jedoch meist nicht im Traum daran, eine solche „Beteiligung" der Stasi zuzulassen.

Der Übereifer der Stasi, belegt durch zahlreiche Übergriffe auf Angehörige der Alliierten Militärmissionen Anfang der sechziger Jahre, führt immer wieder zu barschen Vorwürfen der sowjetischen Truppenführung gegen die DDR-Behörden. Bei diesen Auseinandersetzungen herrscht der Ton der Besatzer, die ihr Verhältnis zum besetzten Osten Deutschlands dann kurzerhand mit Befehlen und Weisungen regeln. Aufgrund solcher Vorkommnisse, die im jeweiligen Fall auch auf der Führungsebene der SED zu Ärger führen, erläßt Erich Mielke 1962 eine Ergänzung zu seiner Dienstanweisung 2/60 und präzisiert: „Festnahme im Sinne dieser Bestimmung bedeutet, Angehörige der westlichen Militärverbindungsmissionen, die sich unbefugt in ständigen oder zeitweiligen Sperrgebieten oder im Grenzgebiet aufhalten oder in anderer Weise gegen die gesetzlichen Bestimmungen verstoßen, sind anzuhalten und solange aufzuhalten, bis ein zuständiger sowjetischer Offizier eintrifft und die Untersuchung durchführt." (106) In den anderen „bewaffneten Organen" der DDR, die analoge Befehle oder Dienstvorschriften zum Umgang mit den westlichen Militärs hatten, dürften ähnliche „Präzisierungen" erfolgt sein.

Damit sind den DDR-Behörden die Zähne gezogen, ihre Funktion reduziert sich nun mehr oder weniger auf die eines Wachmanns, der zwar mit aufpassen, aber kaum eingreifen darf. Das ändert sich auch nicht, als die DDR – inzwischen weltweit anerkannt und dadurch mit entsprechendem Selbstbewußtsein versehen – ganz normale souveräne Rechte eines Staates wahrnehmen will. So möchte sie zum Beispiel 1984 die Grenzübergangsstelle (GÜST) über die Glienicker Brücke nach West-Berlin schließen – die Brücke ist baufällig geworden. Davon wären die

Alliierten Militärmissionen im Osten betroffen. Die wollen ihren kurzen Weg in den Westen jedoch nicht verlieren und schreiben deshalb dem sowjetischen Oberkommando einen Brief. Daraufhin teilt dieses der DDR kurz und bündig mit: „Der Stab der GSSD wünscht in der derzeitigen internationalen Situation keine Veränderung an der für die MVM vorgesehenen GÜST." (107) Gleichzeitig wird von den Militärs auch der „Vertreter des Komitees für Staatssicherheit der UdSSR im MfS" eingeschaltet. Er hat, „analog auf dieses Problem" hinzuweisen und den Ost-Berliner Genossen klarzumachen: „Das Komitee für Staatssicherheit der UdSSR wünscht in dieser Frage (Vier-Mächte-Verantwortung) keine weiteren Aktivitäten seitens des Außenministeriums der DDR, konkret auf die vorgesehene Schließung der GÜST. Es wird der Wunsch zum Ausdruck gebracht, daß über den Genossen Minister ein diesbezüglicher Einfluß auf die Staatlichen Organe der DDR ausgeübt wird." (108) Die Stasi versteht den als Wunsch verpackten Befehl und vermerkt, daß diese Information sofort an die zuständigen DDR-Behörden weitergegeben werden soll, „damit diese Linie der Freunde auch operativ richtig verstanden (wird) und zum Tragen kommt. Das heißt, die Freunde wünschen, daß die ‚Brücke der Einheit' auch weiterhin die Grenzpassage für das Personal der drei westlichen MVM bleibt und daß die notwendigen Reparaturarbeiten durchgeführt werden". (109) Diese Art der „Zusammenarbeit" wird bis zum Ende der DDR gepflegt. Dabei wird das Erwischen in flagranti immer mehr zum einzigen Grund, der ein „Aufhalten" der Missionsfahrzeuge rechtfertigt: „Die Festnahme der MVM-Angehörigen ist nur außerhalb ihrer Fahrzeuge und im Zusammenhang mit der Durchführung spionage-relevanter Handlungen beziehungsweise bei anderen Verletzungen der zweiseitigen Abkommen gestattet. Dabei haben alle körperlichen Gewaltanwendungen zu unterbleiben, ausgenommen jene, die zur Unterbindung der Flucht der MVM-Angehörigen notwendig sind, welche aber auch keine

Gefährdung für Leben und Gesundheit der MVM-Angehörigen darstellen dürfen. Diese operative Maßnahme darf nur durch Angehörige der GSSD realisiert werden. Grundlage für sie ist das Vorliegen eindeutiger Beweise, die durch die operativen Beobachter zu erarbeiten sind, sowie das Überraschen bei der Realisierung von Spionagehandlungen." (110)

Die Sowjets haben also das Sagen, die DDR hat sich danach zu richten. Daran ändern in diesem politischen Bereich weder die herzlichen Freundschaftsbekundungen, noch die Verträge über Freundschaft und Zusammenarbeit etwas. In Moskau wird keine Einschränkung der Vier-Mächte-Verantwortung für Deutschland erwogen.

Von der uneingeschränkten gemeinsamen Verantwortung für Deutschland als Ganzes gehen auch die Amerikaner, Briten und Franzosen aus. Sie ist über all die Jahre bis zur Wiederherstellung der deutschen Einheit die Grundlage für die praktische Arbeit der Militärmissionen in Ost und West.

ZWEITES KAPITEL
DIE RUSSEN IM WESTEN

Kühler Oktoberwind läßt die schwarze Oberfläche der Else kräuseln. Das Flüßchen sieht wie ein Reibeisen aus und plätschert leise an die Uferböschung. Immer wieder sieht Dorothea Manz auf die Uhr. Die 23jährige hat ein Rendezvous. Mitternacht ist lange vorbei. Im westfälischen Bünde sind um diese Zeit die Bürgersteige hochgeklappt. Von irgendwoher pfeift eine Lokomotive.

Das Mädchen ist aufgeregt. Dieser 10. Oktober 1956 soll ihr Leben verändern. Sie will sich heimlich mit dem Mann treffen, der ihr versprochen hat, sie zu heiraten.

Dort hinten, nahe den Else-Wiesen, wird er sie in die Arme nehmen. Die Engländer haben in der Gegend ihre Häuser. „Auf dem Bruch" heißt sie. Und auch die Russen. Gut zwei Dutzend von ihnen leben mit ihren Familienangehörigen in Bünde. Sie gehören zur sowjetischen Militärmission, die beim Oberkommando der britischen Streitkräfte in deren Besatzungszone akkreditiert ist.

In der Mission arbeitet auch der alleinstehende Hauptmann Alexander Krasnin. Rund 100 Meter von den Häusern entfernt ist Dorothea Manz mit ihm verabredet. Vor ein paar Monaten haben sie sich zum ersten Mal getroffen. Der gelernten Stenotypistin, die als Angestellte in einem Kaufhaus arbeitet, gefiel der schmucke Offizier. Ein ernsthafter, manchmal sogar ein bißchen melancholischer Mann. Von den Birken in seiner Heimat hat er ihr erzählt und von der unendlichen Weite Rußlands. Als Alexander bald vom Heiraten und einem gemeinsamen Leben in Deutschland träumt, weiß Dorothea, daß er es ernst meint.

Der Hauptmann offenbart seine Liebe dem Polit-Offizier der Mission. Der verbietet sofort jeden weiteren Kontakt mit der jungen deutschen Frau. Sie ist die Tochter eines früheren Abwehr-Offiziers der Wehrmacht. Ihr Vater ist zwar seit einiger Zeit tot, doch die Sowjets vermuten, daß der Geheimdienst hinter der Bekanntschaft der beiden stecken könnte.

Als Alexander Krasnin seiner Dorothea von dem Verdacht erzählt, fließen Tränen. Auch der Russe will nicht auf seine große Liebe verzichten. Gemeinsam werden Fluchtpläne geschmiedet. An diesem 10. Oktober 1956, um zwei Uhr nachts, soll es soweit sein.

Plötzlich hört Dorothea Manz Krach aus einem der Missionsgebäude. Eine Haustür wird von innen aufgerissen. Fahles, kaltes Licht fällt auf die Engel-Straße in Bünde. Starr vor Entsetzen sieht die junge Frau, wie mehrere Sowjetoffiziere in Uniform einen ihrer Kameraden festhalten. Schreie schallen durch die Nacht. Es ist Alexander. Schläge prasseln auf ihn nieder. Er versucht, sich zu befreien. Umsonst. „Sobaka, töi", „Du Hund", ist immer wieder zu hören. Alexander wird zurück ins Haus gezerrt. Die Tür fällt krachend ins Schloß. Inzwischen haben sich doch noch einige Nachtschwärmer vor der Mission versammelt. „Freilassen, laßt den Mann raus!" Die Leute ahnen, daß sie zufällig Zeugen eines mißlungenen Fluchtversuchs geworden sind. Dorothea Manz weiß es. Tränen schießen ihr in die Augen, sie schluchzt. Ein sowjetischer Offizier kommt aus der Mission. Er versucht die aufgebrachten Bündener Bürger zu beruhigen. Das gelingt. Langsam wird es in den nächtlichen Straßen der kleinen westfälischen Stadt wieder ruhig.

Acht Tage später sieht Dorothea Manz ihren Alexander Krasnin ein letztes Mal. Mit zwei Lederkoffern und einer Aktentasche steht der sowjetische Hauptmann auf dem Bahnhof in Baden-Baden. Zurückkommandiert in die Heimat.

Noch hat Dorothea die Hoffnung nicht ganz aufgegeben. Doch Alexander kann auch beim Abschied nicht lügen: „Ich kehre nie zurück!" sagt er leise. (1)

Der Polit-Offizier hat ihm mit Vergeltung gegen seine in der Sowjetunion lebenden Eltern gedroht, wenn er sich dem Befehl zur Heimkehr widersetzen würde. Alexander Krasnin weiß, daß ihn in Moskau das Militärgericht erwartet. Dennoch steigt er in den Zug nach Osten. Dorothea Manz sieht ihn nie wieder, bekommt keinen einzigen Brief oder irgendein anderes Lebenszeichen von ihrem Geliebten. (2)

Meist sind die Begegnungen zwischen Deutschen und Sowjets in der Bundesrepublik nicht so romantisch, und sie gehen auch nicht so tragisch aus. Trotzdem sind sie oft mit Ärger verbunden, denn die deutschen Behörden tun am liebsten so, als gäbe es die fremden Offiziere gar nicht.

Das spürt Praktikant Jürgen Epp im Januar 1965 in Baden-Baden. Auf der abschüssigen Bernhardstraße kommt ein Opel-Rekord ins Rutschen. Erst streift er einen Wagen auf der linken Straßenseite, dann knallt er auf den geparkten Fiat-Panda des jungen Mannes – 2360 Mark Blechschaden. Eine Kasko-Versicherung hat Jürgen Epp nicht, doch das scheint zunächst kein Problem zu sein.

Der Fahrer des Opels gibt unumwunden seine Schuld zu. Doch dann wird es kompliziert, denn er verweigert der deutschen Polizei einen Blick auf seinen Ausweis: Wassilij Adamowitsch Zakelnik ist Offizier bei der sowjetischen Militärmission in Baden-Baden. Das ist an seiner braunen Uniform mit den breiten Schulterstücken deutlich zu erkennen. Für die deutschen Behörden muß sie als Ausweis genügen. Die Polizei alarmiert deshalb die französische Gendarmerie und holt sie zum Unfallort.

Für Jürgen Epp wird der kleine Blechschaden damit zum Riesenärger, denn niemand weiß so genau, wer nun eigentlich dafür aufkommen muß. Er überträgt Rechtsanwalt Peter Evers aus Gaggenau den Fall. Der Jurist addiert zu der Schadenssumme noch die Kosten für Epps Mietwagen und sein Honorar und reicht die Gesamtrechnung in Höhe von 3830 Mark beim Amt für Verteidigungslasten (AfV) ein.

Bei früheren Unfällen mit den Sowjets war es so, daß von dort der Schaden geregelt wurde. Das Amt für Verteidigungslasten hat dann seinerseits beim französischen Oberkommando, das ja für die sowjetische Militärmission in seiner Besatzungszone zuständig ist, für Rückerstattung gesorgt. Und schließlich flossen solche Schadensfälle in den großen Topf der Besatzungskosten ein.

Doch damit ist nun Schluß. Das AfV teilt Anwalt Evers lediglich lapidar mit, daß die Franzosen neuerdings Zahlungen für die Sowjets ablehnen und auch ein direkter Anspruch gegen die Mission oder über die Sowjet-Botschaft in Bonn ausgeschlossen sei.

Dabei verweist das Amt auf ein Urteil des Landgerichts Offenburg vom Dezember 1962. Damals hatte ein durch die Sowjets Geschädigter, als diese nicht zahlen wollten, die Bundesrepublik Deutschland auf Schadensersatz verklagt. Die Richter prüften das NATO-Truppenstatut, den Deutschlandvertrag und die anderen einschlägigen gesetzlichen Grundlagen und wiesen die Klage ab; vom Status der Sowjets in der Bundesrepublik war dort nämlich nirgendwo etwas zu lesen.

Rechtsanwalt Peter Evers hat eine Gesetzeslücke entdeckt, und Jürgen Epp kann nun lange auf sein Geld warten. Im zuständigen Referat 503 des Auswärtigen Amtes weiß man angeblich nichts über den „höchst unbefriedigenden Zustand" solcher Fälle. Und auch als der badische CDU-Bundestagsabgeordnete Bernhard Friedmann auf Drängen Epps schriftlich bei der Bundesregierung anfragt, ob denn nicht „eine generelle Regelung für derartige Fälle" herbeigeführt werden könne, bleibt die Antwort lapidar. Staatsminister Lutz Stavenhagen teilt lediglich mit, der Betroffene möge sich an das Oberkommando wenden, bei dem die betreffende sowjetische Militärmission akkreditiert ist. Anwalt Evers: „Genau das, was bereits getan worden ist!" (3)

Auch acht Jahre später bleiben deutsche Unfallopfer nach Zusammenstößen mit den Sowjets meist auf ihren Schäden sitzen, weil es darüber einfach keine Regelungen gibt. So wie Franz Jäger aus Taufkirchen bei München. Der technische Angestellte will im Frühjahr 1973 mit seiner Familie in seinem VW-Käfer zum

„Alten Wirt“ im nahegelegenen Pframmern fahren. Plötzlich kommt ein dunkelgrüner Opel Rekord aus einem Waldweg geschossen. Das Vorderteil des Käfers ist kaputt. Die vier uniformierten Sowjets aus dem Wagen „F 4“ sehen sich den Schaden an und bieten spontan 100 Mark Entschädigung an. Das lehnt Franz Jäger ab. Er holt die oberbayrische Landpolizei. Die nimmt den Schaden auf und meldet die Sache auf dem Dienstweg bis in das bayrische Innenministerium und an den Militärischen Abschirmdienst (MAD). Die Beamten dort interessieren ganz andere Dinge als die 1702,15 Mark Reparaturkosten von Franz Jäger. Er bekommt sie nicht ersetzt. (4)

Solche und Dutzende ähnlicher Erlebnisse, die dann auch stets weidlich in der Presse ausgeschlachtet werden, führen dazu, daß das Verhältnis zwischen den sowjetischen Militärmissionen und der Bevölkerung in der Bundesrepublik gespannt bleibt. Die Sowjets erinnern an den verlorenen Krieg, und daran möchte in den Jahren des Wirtschaftswunders niemand mehr denken. „Wohlstand für alle“ hat Wirtschaftsminister Ludwig Erhard versprochen, und die Erfolge seiner Politik lassen das Selbstbewußtsein wachsen. Die NATO-Partnerschaft mit den USA, Großbritannien und Frankreich verwischt das Bild von der faktisch immer noch bestehenden Besatzung, und die Sowjets im Westen passen da dann überhaupt nicht mehr hinein. Also versucht man, so zu tun, als wären sie gar nicht da. Nur die Abwehrspezialisten in den deutschen Behörden interessieren sich noch für die Autos der sowjetischen Militärmissionen (SMM), obwohl sie offiziell dafür gar nicht zuständig sind. In den Kasernen der Bundeswehr hängen große Plakate mit Warnungen: „Siehst Du ein Fahrzeug der SMM, melde es sofort Deinem Dienstvorgesetzten oder der nächsten Dienststelle der Bundeswehr beziehungsweise der Stationierungsstreitkräfte.“ (5) Gefragt sind Kennzeichen, Fahrtrichtung und “Besonderheiten des Verhaltens der Personen“ in den Missions-Wagen. (6) Darüber möchte der MAD auch bei dem

Unfall von Franz Jäger Bescheid wissen. Die Abwehr-Offiziere stellen fest, daß der Waldweg, aus dem der sowjetische Wagen ohne Beachten der Vorfahrt kam, direkt zu dem streng bewachten Korps-Depot Hohenbrunn der Bundeswehr führt und auch, daß das abgeschirmte Gelände der Rüstungsfirma Messerschmitt-Bölkow-Blohm (MBB) nicht gerade weit entfernt ist.

Aus solchen Mosaiksteinchen entsteht schließlich über die Jahre ein Bild davon, was die fremden Offiziere in der Bundesrepublik so alles interessiert. Dennoch bleiben bis zum Abzug der Missionen nach der deutschen Einheit viele weiße Flecken.

Die NATO-Windrose im Visier

Die Felder an der Autobahn Hamburg – Lübeck sind in den ersten Septembertagen 1974 abgeerntet. Vom „goldenen Herbst" ist noch wenig zu spüren, nur die Nächte sind schon empfindlich kühl. Die drei Männer in ihrem beigefarbenen Opel Rekord 1900 auf dem Parkplatz bei Stapelfeld scheint das nicht zu stören. Ein baumlanger Kerl zieht eine Lederjacke über sein olivgrünes Uniformhemd, ein anderer wäscht sich die Hände mit Wasser aus einem Kanister und macht dann im Kofferraum des Wagens ein Tonbandgerät klar. Immer wieder verschwindet einer der Männer seitwärts in den Büschen.

Dort hinten, irgendwo auf dem flachen Land Schleswig-Holsteins, läuft seit dem 10. September das NATO-Manöver „Mutige Wache 74". Rund 40 000 dänische, deutsche, amerikanische und britische Soldaten üben die Verteidigung der Nordost-Flanke ihres Bündnisses.

Erst beim zweiten Blick fällt im Dunkeln des Autobahn-Parkplatzes auf, daß die drei Männer sowjetische Uniformen tragen. Auf ihrem Auto-Kennzeichen prangt die rote Fahne mit Hammer und Sichel, es trägt die Nummer 33. Das weist sie als Mitglieder der beim Oberkommando der britische Beatzungstruppen in Deutschland akkreditierten sowjetischen Militärmission aus. Ihr

Standort ist Bünde in Westfalen. In sieben grau verputzten Spitzdach-Häusern zwischen Engel- und Behringstraße residieren dort zu dieser Zeit acht Offiziere und zehn Unteroffiziere, neun Ehefrauen und zehn Kindern, sind auch dabei.

Seit ihrer Abfahrt in Richtung Norden haben die Briten die fremden Offiziere beobachtetet, doch sie halten sich zurück. Colonel Woodman, Pressesprecher der britischen Rhein-Armee: „Die Sowjets kundschaften hier Vormarschwege und deutsche Verteidigungsstellungen aus. Solange sie die Finger von britischen Einrichtungen lassen, haben wir kein Interesse." (7)

So harmlos gehen die Erkundungsfahrten nicht immer aus. Ein Jahr später, es ist der 9. September 1975, gibt es dabei Verletzte. Ein blauer Ford-Taunus mit zwei uniformierten sowjetischen Offizieren und einem Fahrer fährt in ein militärisches Sperrgebiet ein. Es ist wegen des französisch-deutschen Manövers „Große Rochade" extra eingerichtet worden. Die Männer fotografieren Kasernen. In der Nähe liegende Bundeswehrsoldaten entdecken sie. Der Ford wendet und versucht mit überhöhter Geschwindigkeit zu fliehen. Dafür ist der Motor des Sowjet-Wagens in der DDR extra frisiert worden. Er schafft locker 200 km/h, aber die Straßenverhältnisse sind kompliziert. In einer Spitzkehre prallt das Auto gegen eine Leitplanke und wird zertrümmert. Hauptmann Kourinow und Oberleutnant Kurabelnikow erleiden Schnittwunden und Prellungen. Sofort wird der Unfallwagen von deutschen, amerikanischen und französischen Soldaten umringt. Sie fotografieren die Eindringlinge. Hektisch reißt einer der Offiziere einen belichteten Film aus seiner Kleinbild-Kamera. Wenig später versorgt ein Bundeswehrarzt die Sowjets mit NATO-Mullbinden. Dann werden sie in ein französisches Militärhospital eingeliefert.

Die Sache hat ein Nachspiel. Am 14. Oktober bestellt der französische Oberbefehlshaber den Chef der bei den Franzosen für deren Besatzungszone akkreditierten sowjetischen Militärmission in Baden-Baden, General Artamosow, ins Hauptquartier und rügt ihn für den Vorfall. Der Russe bleibt gelassen und klagt über das neuerdings immer schlechter ausgebildete Personal: Die jungen Offiziere könnten ja heutzutage nicht einmal mehr richtig die Karten lesen. Manchmal halten sie die Blätter aus Versehen einfach verkehrt herum, und so passiere es eben, daß sie sich hin und wieder verfahren! (8)

Das glaubt ihm der Franzose zwar nicht, aber er läßt es dabei bewenden. Schließlich gibt es solcherart Zwischenfälle auch mit den französischen Soldaten und Offizieren in der Militärmission in Potsdam zu Dutzenden. Wer beim Spionieren erwischt wird, wird verjagt, ansonsten passiert meist nicht viel. Das wird in Ost und West kaum unterschiedlich gehandhabt. Nur manchmal entsteht ein bißchen Frust dabei, wie im Frühjahr 1987 in Alsfeld. Über sechs Stunden hält ein amerikanischer Major einen sowjetischen Oberst und dessen Oberfeldwebel fest, weil er ihn beim Fotografieren von Einheiten der 3. US-Panzerdivision geschnappt hat. Er beschimpft ihn, macht ihm Vorhaltungen. Das gefällt dem Oberst gar nicht, schließlich steht der Major zwei Ränge unter ihm. Genervt zündet er sich eine Papyrossi nach der anderen an. Schließlich drängen ein paar GIs die Russen in ihr Auto und eskortieren sie aus der Stadt.

Der Opel rollt zurück nach Frankfurt-Niederrad. Dort, in der Goldammerstraße, einer etwa 150 Meter langen Sackgasse, hat die für die amerikanische Besatzungszone Deutschlands zuständige sowjetische Militärmission ihr ständiges Hauptquartier. (9)

Den eingespielten Rhythmus der sowjetischen Aufklärungsfahrten in der Bundesrepublik stören solche Zwischenfälle kaum. Weit über tausend Ausfahrten unternimmt jede Mission pro Jahr. Die Kasernen aller Teilstreitkräfte, Depots, Flugplätze, Munitionslager und Konzentrierungsräume werden nach Anzeichen für bevorstehende oder bereits ausgelöste Alarmstufen inspiziert. Von höchstem Interesse sind Raketenstellungen, Truppenübungsplätze, besonders für Panzer, Verladebahnhöfe, Übersetzstellen, alle nur möglichen Transportwege, unterirdische Militär-Anlagen und natürlich alles, was auch nur im Entferntesten mit den Kernwaffen der Westmächte zu tun haben könnte. (10)

Wo genau beobachtet, fotografiert, in Karten eingetragen oder mit Infrarot-Nachtsicht-Kameras gefilmt wird, stellt sich meist nur dann heraus, wenn etwas passiert. So zum Beispiel, im September 1975, als ein Ford-Taunus der Sowjets in der Sperrzone der Bundeswehrkaserne „Eberhard Sinckh" bei Reutlingen gegen eine Leitplanke prallt. Ganz in der Nähe liegt dort ein Raketen-Bataillon mit Atomsprengköpfen. (11)

Alle Fahrten dienen dazu, den Gegner an der heißesten Nahtstelle im kalten Krieg, der Grenze zwischen den beiden deutschen Staaten, nicht aus den Augen zu lassen. Deshalb sind den sowjetischen Militärmissionen im Westen direkt vom Verteidigungsministerium in Moskau Schwerpunkte vorgegeben, die über die gesamte Zeit ihrer Stationierung in der Bundesrepublik ihre Gültigkeit behalten. Dazu gehören das Sammeln von Informationen über die Struktur, Personalstärke, militärische Ausrüstung, den moralischen Zustand und die Dislozierung aller dort stationierten deutschen und ausländischen Kampfverbände ebenso, wie das Ausspionieren der Führungs-, Kontroll- und Kommunikationssysteme der verschiedenen Kommandoebenen und das Beobachten des Zusammenwirkens alliierter Verbände mit der Bundeswehr. Von besonderem Interesse ist neue Technik, deren Einführung in die Truppenpraxis und die Erprobung der vorhandenen technischen Ausrüstungen. Aufmerksam registriert werden Spezialeinheiten und alle Anzeichen, die auf deren Aufstellung hindeuten. Baustellen, besonders die unterirdischer Anlagen, werden solange regelmäßig überwacht, bis man weiß, was dort genau entsteht, welche Materialien verwandt werden und wer baut. Ein weiterer Aufgabenkomplex ergibt sich aus der Vorfeld-Aufklärung für die in der DDR stationierten sowjetischen Truppen. Das beginnt mit dem Ausmessen von Straßen – beispielsweise durch plötzliches Wenden auf Landstraßen und Kreuzungen, um so den Radius von Kurven bestimmen zu können – umfaßt das Prüfen der Belastbarkeit von Brücken und geht bis hin zum Ausspähen von Luft-Landeplätzen, Möglichkeiten für Flußüberquerungen und zur Aufklärung von vorgefertigten Minen- und Sprengschächten, die einen eventuellen Vormarsch gefährden könnten. Als Schwerpunkt gelten weiterhin die militärischen Reaktionen der NATO auf die Aufklärungsoperationen der Sowjets und ihrer Verbündeten. Besonders alle Aktivitäten, die vom Gebiet der DDR aus erfolgen, werden im Auge behalten. Das hat seinen Grund: Sicherheit beruht in diesen Jahren auf dem ausbalancierten Gleichgewicht der Kräfte in Ost und West. (12)

Gesteuert und koordiniert werden die Aktionen von der „Nachrichtendienstlichen Hauptverwaltung des Generalstabes der sowjetischen Truppen", abgekürzt GRU. (13) Ihr sogar innerhalb der sowjetischen Truppen extra abgeschirmter, streng geheimer Sitz befindet sich bis 31. August 1994 direkt beim Hauptquartier der GSSD, zunächst in Berlin-Karlshorst, später in Wünsdorf. Die Abwehreinheiten der GRU, die auch an Operationen im Westen beteiligt sind, haben neben Standorten in Schwerin, Magdeburg, Leipzig und Karl-Marx-Stadt (heute Chemnitz) ihre Zentrale in Potsdam. Sie residieren im Gebäude des früheren „Augusta-Stifts" in der Straße „Am Neuen Garten" 30 bis 32. In der Zeit der Besatzung trug sie den russischen Namen: „Uliza Bibliotetschnaja" („Bibliotheksstraße").

Das etwa 16 ha große Gebiet in Potsdams „Nauener Vorstadt" wurde im August 1945, kurz nach der Potsdamer Konferenz der Alliierten, von der Roten Armee requiriert. Mit Wachtürmen gesichert und durch Mauern, Stacheldraht und Stahltore hermetisch abgeriegelt, unterstellte die sowjetische Führung das einstige Nobel-Viertel gleich nach dem Krieg dem NKWK/MWD (14), den Vorläuferorganisationen des Staatssicherheitsdienstes

KGB. (15) Innerhalb weniger Jahre entstand daraus dann das sowjetische „Militärstädtchen Nr. 7“. (16)

Es wird angenommen, daß ein großer Teil der in den sowjetischen Militärmissionen in der Bundesrepublik stationierten Offiziere direkt der GRU unterstanden und von dort ihre Aufträge erhielten. Dabei dürften unter anderem auch Informationen eine Rolle gespielt haben, die durch die von diesem Geheimdienst verwaltete Funkabhöranlage auf dem Brocken im Harz gewonnen wurden. Von dort aus ließen sich Flugbewegungen bis in den Raum Frankfurt am Main verfolgen.

Die GRU war die letzte sowjetische Einheit, die am 31. August 1994 aus Deutschland abzog. Obwohl der Marschbefehl erst sehr kurzfristig erteilt worden sein soll, hinterließ sie im Gebäude des „Augusta-Stifts“ – ebenso wie an ihren anderen Standorten – keinerlei Spuren, die Rückschlüsse auf ihre Tätigkeit erlaubten. Alle Akten waren vernichtet oder ausgelagert, sogar Strom- und Datenleitungen wurden gekappt und entfernt.

Das mag mit der Brisanz der GRU-Arbeit im Westen zusammenhängen.

Sie wird langfristig geplant und von Schwerpunkten bestimmt. Besonders aktiv werden die sowjetischen Späher vor Ort aber immer dann, wenn bei der NATO die regelmäßig veranstalteten Manöver anstehen.

Höchste Anspannung herrscht für die Offiziere in den sowjetischen Militärmissionen bei den strategischen NATO-Stabsübungen WINTEX/CIMEX, die alle zwei Jahre – letztmalig 1989 – meist zwischen Ende Februar und Anfang März stattfinden.

Die Ablaufpläne dieser Manöver lagen in aller Regel rechtzeitig in Moskau und Ost-Berlin vor, beschafft von den „Kundschaftern an der unsichtbaren Front“. Der tatsächliche Manöverbeginn konnte aber immer erst dann angenommen werden, wenn Nachrichten aus der Funkaufklärung, Quellen in den Truppen und Stäben, andere Informanten und eben auch die Beobachter aus den Missionen genügend übereinstimmende Informationen geliefert hatten, die die geplanten Aktivitäten bestätigten. Sie wurden dann in den Stäben des Warschauer Pakts zu einem „Lagebild“ zusammengefaßt. Dabei gab es bei den großen Winter-Manövern kaum Überraschungen.

Die Manöverlage bei WINTEX/CIMEX ging stets von einem Angriff des Ostens aus, der dem Warschauer Pakt zunächst Geländegewinne im Westen bringt. Als Antwort sollten im Verlauf einer „vorbedachten Eskalation zur Wiederherstellung der Abschreckung“ (17) insgesamt 25 Kernwaffenschläge gegen die DDR, Polen, Ungarn und die Sowjetunion erfolgen. Auch wenn die „Kriegshandlungen“ in diesem Fall nur am Sandkasten durchgespielt werden, haben die sowjetischen Militärmissionen im Westen zu prüfen, ob aus der Übung nicht doch Ernst werden könnte. Um das zu erfahren, haben sie eine ganze Reihe von festgelegten Aufgaben zu lösen, die sich seit Kriegsende bis zum Ende des Ostblocks kaum ändern. Dazu gehört die permanente Kontrolle der Objekte und Einrichtungen der NATO-Truppen und der Marschwege. Besondere Aufmerksamkeit galt militärischen Marschstraßen abseits des Autobahn- und Fernstraßennetzes und der Magistralen der Bahn.

Gleichzeitig erfolgt eine verstärkte topografische Aufklärung des Geländes für präventive Erstschläge. Bereitstellungs- und Konzentrierungsräume werden überprüft, Beobachtungspunkte an Verladebahnhöfen eingerichtet und Fahrtstrecken für Verfolgungsfahrten von Zügen festgelegt. Selbst der kleinste Puzzle-Stein ist in solch einer Situation wichtig. So werden von den Offizieren Reifen- und Kettenspuren vermessen, Abfälle gesammelt und harmlose Anwohner ausgehorcht. Fotoapparate mit Objektiven unterschiedlicher Brennweiten, Video-Kameras, passive Nachtsichtgeräte mit Brennweiten bis zu einem Kilometer, Ferngläser unterschiedlicher Lichtstärken, Tonbandgeräte mit speziellen Geräuschmikrofonen, Funkgeräte mit einer Sendeleistung zwischen 100 mW und 3 Watt und Funkabhörgeräte zur Überwachung von Frequenzen ziviler und militärischer Kommunikation gehören dabei zur Grundausstattung, die ständig in den Missions-Fahrzeugen mitgeführt wird.

Ganz besondere Aufmerksamkeit genießen in solchen Spannungsperioden Flugplätze. Dort geht es nicht nur darum, die handelnden Flugzeugtypen und deren logistisches System zur Versorgung mit Munition und Treibstoff zu erkunden, sondern auch um das Feststellen von Ausweichpisten und die Identifizierung der eingesetzten Radarsysteme. Auch dabei ist permanente Kleinarbeit gefragt. Bei den Kontrollfahrten werden ständig neue Fotos geschossen, ihr Vergleich läßt dann zum Beispiel Veränderungen an Antennenanlagen oder andere Details erkennen. (18)

Eine Änderung dieser Aufklärungstaktik ist seit 1987 festzustellen. Die im Zuge der Abrüstungsvereinbarungen vereinbarte gegenseitige Entsendung von Militärinspektoren stellt für die sowjetische Militärmission – wie übrigens auch für die Alliierten Militärmissionen im Osten, nur mit entgegengesetzter Zielstellung – die Aufgabe, vorab herauszufinden, welche NATO-Technik vor diesen Inspektoren möglichst verborgen werden soll und inwieweit demzufolge die Angaben der Gegenseite glaubhaft sind.

Deshalb wird nun nicht mehr so viel während der Manöver selbst, sondern in deren Vorfeld spioniert. Es erfolgt die Aufklärung der vorgesehenen Handlungsräume der Truppen und ihrer Marschwege. Dazu sind meist mehrtägige Aufklärungsfahrten der sowjetischen Militärmission nötig. Nach der Übung wird dann geprüft, ob die Soldaten und Offiziere wieder in ihre Heimatstandorte verlegt werden.

Der Erfolg dieser Spionage vor Ort hängt immer davon ab, welche Manöverplanungen vorab bekannt sind. Großeinsätze sind für die Sowjets deshalb auch immer im Herbst angesagt, wenn die NATO ihre „Autumn-Forge"-Manöver („Herbstschmiede") abhält. Sie dauerten bis zu acht Wochen und reichten manchmal bis in Räume von 10 km vor der DDR-Grenze hinein. Übungen einzelner Waffengattungen oder kombinierte NATO-Gruppen bezogen dabei bis zu 10 000 Mann ein. Es gab aber auch Zeiten, in denen sich mehrere große Teilmanöver überschnitten und so bis zu 250 000 Mann, bis an die Zähne bewaffnet, im Einsatz waren.

Da vom Warschauer Pakt stets die Möglichkeit eines NATO-Angriffs unterstellt wurde, sehen die Sowjets hier eine besonders große Gefahr, aus der Bewegung heraus einen Vormarsch gen Osten zu entwickeln. Deshalb beobachten ihre Militärmissionen nicht nur das Ausrücken gefechtsbereiter Einheiten, sondern auch das Verhalten der in den Kasernen zurückbleibenden Truppen. Sie versuchen herauszubekommen, ob weiter normaler Dienst herrscht, oder zum Beispiel eine Ausgangssperre auf erhöhte Gefechtsbereitschaft hindeutet. (19)

Innerhalb von „Autumn-Forge“ läuft alljährlich das „Unternehmen Reforger“ der NATO. Es beinhaltet das Heranbringen von Verstärkungen aus den USA und aus Großbritannien. Die Brisanz dieser Aktion liegt darin, daß sie sehr leicht zu einer Fehleinschätzung der gegnerischen Kräfte führen kann. Deshalb hängt es ganz wesentlich von den Erkenntnissen der Aufklärer im Westen ab, ob „Reforger“ vom sowjetischen Generalstab als normale Übung eingeschätzt wird, oder auch die Sowjets im Osten Verstärkung für nötig erachten, weil sonst das Kräftegleichgewicht gestört wäre. Werden dabei also vor Ort falsche Einschätzungen getroffen, kann aus einer eigentlich bekannten Manöverlage sehr schnell ein gegenseitiges Aufschaukeln der Militärpotentiale an der ohnehin äußerst sensiblen deutsch-deutschen Grenze erfolgen.

Deshalb wird die Aufklärung durch die sowjetischen Militärmissionen ebenso rücksichtslos betrieben, wie der Versuch ihrer Verhinderung durch die NATO und ihre Verbündeten. Das erfährt im Oktober 1975 die dreiköpfige Besatzung eines Missionswagens. Sie spioniert im Manövergebiet bei Plochingen während des gerade laufenden deutsch-amerikanischen Manövers „Reforger V". Die deutsche Polizei entdeckt den Wagen, die Russen versuchen zu fliehen. Nach 30 km Verfolgungsjagd stellt die Polizei das Auto bei Wendlingen, östlich von Stuttgart unter Einsatz von Maschinenpistolen. Die sowjetischen Missionsangehörigen werden erst durch eine Streife der US-Militärpolizei wieder befreit. (20) Immer wiederkehrende Routine ist für die sowjetischen Militärmissionen in allen drei Besatzungszonen der Bundesrepublik die Beobachtung der NATO-Alarmübungen „Active Age". Sie finden zweimal jährlich statt, stets unter Einbeziehung der Bundeswehr. Obwohl auch der Zeitplan dieser Manöver streng geheim ist, weiß das sowjetische Oberkommando über seine Spione meist etwa zwei Stunden nach Auslösen des Alarms Bescheid.

Die Aufgabe der Sowjets in der Bundesrepublik besteht nun vor allem darin, die Intensität des Alarms aufzuklären. Er erfolgt in drei Stufen. Die erste Stufe umfaßt dabei das Herstellen der Gefechtsbereitschaft in den Objekten. Diese Phase ist am schwierigsten zu beobachten, weil die militärischen Areale ja von der Außenwelt abgeschirmt sind. Überdies entscheiden bei „Active Age" die einzelnen Kommandeure selbst über Art und Umfang der Übungsaktivitäten, so daß die Aufklärer der Gegenseite hier immer einen gewissen Überraschungsfaktor einkalkulieren müssen. Er klärt sich im Regelfall während der zweiten Stufe der Übung. Sie besteht im Ausrücken der Truppen und ihrer Technik in die vorgesehenen Konzentrations- und Bereitstellungsräume. In der dritten Stufe führen dann die Einheiten ihre militärischen Handlungen und Übungen durch. Dabei beobachten die sowjetischen Offiziere, ob neue Technik zum Einsatz kommt und wie das Zusammenspiel der Truppen klappt.

Zum Ende von „Active Age" wird nachgeprüft, ob sich die beteiligten Truppenteile tatsächlich wieder in ihre Kasernen zurückziehen oder möglicherweise Einheiten an anderen Standorten mobilisiert werden. Besonders aktiv werden die Missionen, wenn diese Übungen zeitlich ausgedehnt werden. Das ist oftmals in Spannungsperioden der Fall, wie zum Beispiel nach der Verhängung des Kriegsrechts in Polen am 13. Dezember 1981. (21)

Die Berichte der sowjetischen Militärmissionen unterliegen noch heute der Geheimhaltung und sind in den russischen Archiven nicht zugänglich. Dennoch läßt sich aus der Analyse ihrer bekanntgewordenen Aktivitäten die Schlußfolgerung ziehen, daß auf sowjetischer Seite über Jahrzehnte die Angst vor einem Überraschungsangriff aus dem Westen das bestimmende Element ihrer Aufklärungstätigkeit war. Deshalb interessieren sich die Militärmissionen neben der Beobachtung der Manöver und Übungen und der Routine-Aufklärung für alles, was auf westlicher Seite an Vorbereitungen auf den Ernstfall erfolgt. Dabei scheint ihnen immer wieder das Ahrtal ganz besonders am Herzen zu liegen.

Auto-Wandern im Ahrtal

Daß Horst Meixner aus Bonn einmal zu den 3000 wichtigsten Deutschen gehörte, durfte er damals nicht einmal seiner Frau erzählen. Genau so viele Leute hätten nämlich einen Atomkrieg in einem Bunker um ein paar Wochen überlebt.

Er erinnert sich: „Ende der siebziger Jahre wurde ich zum ersten Mal gefragt, ob ich bereit sei, an einer Übung in der sogenannten Dienststelle Marienthal teilzunehmen. Zusammen mit anderen, beim Bundestag angestellten und auf ihre Sicherheit überprüften Beamten sollte ich im Verteidigungsfall für das Notparlament arbeiten.“ (22)

Bis 1989 wird dieser Verteidigungsfall in den WINTEX/CIMEX-Manövern regelmäßig geübt. Dazu ziehen im Frühjahr rund 2000 Geheimnisträger bis zu 18 Tage in den größten Atombunker der Welt im Ahrtal bei Bonn ein. Sie doubeln die Politiker vom „Bundeskanzler-üb“ – die Rolle „übungshalber“ spielt ein echter Staatssekretär, 1987 war es zum Beispiel Waldemar Schreckenberger („Schrecki“) aus dem Kanzleramt – bis hin zum „Regierungssprecher-üb“. Das alles ist aber auch noch Jahre später streng geheim.

„Rosengarten“ nennt der Verfassungsschutz den Ort am Ende einer kleinen Stichstraße, die bei Marienthal aus dem Ahrtal abbiegt und geradewegs auf den „Rotweinwanderweg“ zu führen scheint, „Ausweichsitz der Verfassungsorgane des Bundes im Krisen- und Verteidigungsfall zur Wahrung von deren Funktionstüchtigkeit“ (AdVB) heißt er offiziell. Benutzt wird nur der Tarnname „Dienststelle Marienthal“. Erst am 8. Dezember 1997 (!) gibt der Bundestag deren Existenz offiziell bekannt. Bis dahin mußten auch alle an den Übungen Beteiligten schweigen.

Als Horst Meixner zum ersten Mal im Bunker einrückt, fühlt er sich unwohl: „Meine größte Sorge war es damals, bei späteren Fahrten nach West-Berlin Probleme mit der Einreise zu bekommen. Natürlich gingen wir davon aus, daß man in der DDR wußte, wer an den Übungen teilnahm.“ (23)

Diese Sorge ist nicht unbegründet. Als die Bunker ab Mitte der sechziger Jahre gebaut werden, ist ein Vorarbeiter dabei, der die ostdeutsche Armeeaufklärung informiert. In der Mil-ND-Zentrale in der Ost-Berliner Oberspree-Straße wird seither das Ahrtal nicht mehr aus den Augen gelassen. Die NVA-Offiziere wissen, in welcher Kneipe Bunkerwart Ernst Braun sein Bier trinkt, wann die Luft- und Wasserfilter gewechselt und die Wolldecken gezählt werden. Und natürlich auch, wann in den Bunkern immer wieder einmal der Ernstfall geübt wird. Darüber informiert ein in der Gegend stationierter Beobachter. Er arbeitet bei der Gewässeraufsicht, die in die Manöver einbezogen wird und der Bundeswehr zuarbeiten soll. (24)

Diese Informationen dürften brühwarm an „die Freunde“ weitergereicht worden sein. Die Sowjets konnten dann ihre Militärmission zum Auto-Wandern ins Ahrtal schicken, denn obwohl die Busse mit den Bundesregierungs-Statisten nach einem ausgeklügelten Alarmplan anrollten, um größere Personenbewegungen vor den Bunker-Eingängen zu vermeiden, bleibt das Unternehmen nicht geheim. Horst Meixner: „Mit einer guten Kamera konnte jeder die Eintreffenden am Bunker fotografieren.“ (25) Erst die hermetisch abgeschlossenen Tore trennten die Besatzung dann völlig vom Rest der Welt: „Ein Radio mitzunehmen, war verboten. Es gab keine Tageszeitungen und kein Telefonat nach draußen. Man war praktisch völlig von der Außenwelt abgeschnitten.“ (26) Eben genau so, wie es bei einem Atomkrieg der Fall gewesen wäre. Dafür sind die Bunker gebaut.

Über neunzehn Kilometer unterirdische Gänge, davon allein vier Kilometer in den Hauptstollen, sind 83 000 Quadratmeter Nutzfläche zu erreichen. Zwischen den 879 Büros und 936 Schlafzellen gibt es 25 000 Türen, die wichtigsten sind bis zu 25 Tonnen schwer. Vorrats- und Konferenzräume gehören ebenso zur Ausstattung des Bunkers, wie verschiedene Werkstätten, Ersatzteillager, Friseursalon, eine Leichenverbrennungsanlage und ein Fernsehstudio. Sogar an eine Kapelle ist gedacht, für eine Bibliothek hat es aber wohl bei dem gut drei Milliarden Mark teuren Bau nicht gereicht. Die spartanische Ausstattung der Wohnräume ist dagegen gewollt: Vierbettzimmer und Gemeinschaftswaschräume sind die Regel. Nur der Bundeskanzler hat ein einzelnes, schmales Feldbett, ein Telefon und eine Dusche, der Bundespräsident sogar eine Suite mit Bad und knallroten Polstermöbeln. Das Herzstück der unterirdischen Kommandozentrale ist ihr strategisches Zentrum. Von hier aus soll im Kriegsfall regiert werden. Daß auf den aushängenden Landkarten bis zuletzt „Königsberg/Pr.“ und „unter fremder Besatzung“ steht, ist in einem Atomkrieg wohl ohnehin bedeutungslos. (27)

Genau den hätte es nämlich bei einem von den Sowjets gefürchteten NATO-Angriff gegeben. Die bis in die achtziger Jahre gültige Militärdoktrin des Warschauer Pakts sah die Vernichtung des Angreifers auf seinem Territorium vor. Dazu sollten konventionelle und atomare Waffen eingesetzt werden.

Deshalb interessieren sich die sowjetischen Offiziere in der Bundesrepublik besonders für alle Schutzmaßnahmen der Gegenseite, und dabei spielen die Bunker im Ahrtal eine zentrale Rolle. Sie sind auf eine enge Kooperation mit den Spähern aus der DDR angewiesen, denn die können sich im Westen wesentlich unauffälliger als die Militärs in ihren Uniformen bewegen.

Bis zur Wende leistet die DDR den Offizieren der „Nachrichtendienstlichen Hauptverwaltung des Generalstabes der sowjetischen Streitkräfte“ (GRU) logistische Unterstützung. Das ist sogar in einem geheimen Abkommen zwischen DDR-Verteidigungsminister Heinz Keßler und dem Oberkommandierenden des Warschauer Pakts, Sowjet-Marschall Viktor Georgewitsch Kulikow, festgeschrieben. Aufgabe der deutschen Seite ist es danach, den „Freunden“ die besonderen „Regime“-Verhältnisse in Deutschland – also das Umfeld, in dem die Spionage betrieben wird – zu erläutern. Außerdem wird Hilfe bei Übersetzungen und organisatorischen Abläufen geleistet. Neben dem GRU-Hauptquartier in Potsdam unterhalten die Sowjets in Berlin-Karlshorst, am Sitz des KGB-Hauptquartiers für die DDR, eine etwa zwanzigköpfige Gruppe von GRU-Offizieren. Sie ist für die strategische Aufklärung zuständig und untersteht weder dem KGB noch dem Stab der sowjetischen Streitkräfte in Deutschland, sondern direkt der Führung des Kreml. Dort werden auch die Erkenntnisse der sowjetischen Militärmissionen zu solch wichtigen strategischen Einrichtungen, wie es die „Dienststelle Marienthal“ ist, verarbeitet.

Daneben wird die Truppenaufklärung von der GSSD selbst betrieben. Die „Gruppe der Sowjetischen Streitkräfte in Deutschland“ ist organisatorisch einer militärischen Front gleichgestellt und umfaßt fünf Land- und eine Luft-Armee. Eine gesonderte Abteilung „Agenturaufklärung“ beim Stab der GSSD hat ihre

Strukturen in allen sechs Armeen und versucht vor allem Agenten anzuwerben, die im Ernstfall hinter den feindlichen Linien aktiv werden sollen. Auch für sie dürften entsprechende Hinweise dazu von den Vorposten aus dem „Operationsgebiet" jederzeit willkommen gewesen sein. (28)

Richtig sauer sind die sowjetischen Missionsoffiziere jedoch darüber, daß ihre Erkenntnisse von der Führung des Geheimdienstes offenbar immer wieder „korrigiert" werden, um besser in das politische Bild vom „Aggressor im Westen" zu passen. Dies zeigt sich regelmäßig alle Jahre, wenn die GRU-Spitze mit den Aufklärungschefs der anderen Warschauer-Pakt-Staaten zusammentrifft, um langfristige Pläne und Konzeptionen abzustimmen.

Die Sowjets gehen dabei stets von wesentlich höheren möglichen Truppenverstärkungen im Ernstfall aus, als dies die Aufklärungsergebnisse belegen. So rechnen sie zum Beispiel allein in Süddeutschland mit der Heranführung von zwei zusätzlichen Armeekorps der Amerikaner. Die NVA-Aufklärer sind dagegen davon überzeugt, daß höchstens ein Korps herbeigeschafft werden kann. Auch bei der Einschätzung der Kriegsstärke der Bundeswehr gibt es Differenzen. Traut die NVA ihr gerade einmal sechs zusätzliche Divisionen aus Reservisten und dem Heer zu, halten die Sowjets eine Aufstockung um zwölf Divisionen und zwei zusätzliche Armeekorpsstäbe für möglich. Die sowjetischen Offiziere im Westen bestätigen aus ihren Erfahrungen eher die Erkenntnisse ihrer NVA-Kollegen. Die Ignoranz ihrer Führungsstellen regt sie auf: „Wir haben uns manchmal schon gefragt, wozu wir dort jeden Schützenpanzer und Lastwagen zählen, wenn unsere Götter mit den Generalsbiesen dann doch wieder ihre eigenen Zahlen erfinden." (29) Entscheidend für alle Planungen des Warschauer Pakts – und damit auch für die Manöver der verbündeten Streitkräfte des Ostens – sind die „politischen" Zahlen des sowjetischen Oberkommandos. Das Vereinte Oberkommando (VOK) des Warschauer Pakts – nur als Führungsinstrument in Friedenszeiten vorgesehen – erhielt niemals echte Zahlen zum militärischen Gleichgewicht, und im Ernstfall wären alle Truppen ohnehin direkt dem sowjetischen Kommando unterstellt worden.

Für die Leute vor Ort bleibt jedoch kaum Zeit, den Frust zu pflegen. Besonders dann nicht, wenn die WINTEX/CIMEX-Manörver laufen. Jedes noch so kleine Detail ist gefragt. Die Sowjets halten nicht sehr viel von der soldatischen Härte der Westler, die nach ihrer Meinung ohne Bohnenkaffee, regelmäßiges warmes Essen und angemessene Sanitäranlagen keine Krisenlage durchstehen würden. Deshalb interessiert sie auch besonders, wie denn so die Stimmung im Bunker ist.

Das weiß Politiker-Statist Horst Meixner: „Manche Kollegen mußten schon nach wenigen Tagen wegen Schlaf- und Konzentrationsstörungen, gestiegenem Blutdruck oder Aggressionen vorübergehend oder endgültig den Bunker verlassen. ‚Bunkerkoller' nannte man das. Eine halbe Stunde zwangsweiser Aufenthalt an der frischen Luft brachte aber mehr Probleme als er behob, denn anschließend mußte man sich wieder eingewöhnen. Schwer vorzustellen, wie man in einer echten Streßsituation reagiert." (30)

Die Männer im Berg finden ihre eigenen Möglichkeiten, den Streß ein wenig zu mildern: „Es herrschte Alkoholverbot. Damit war es aber spätestens am dritten Tag vorbei. Irgendwer hatte Rotwein von der Ahr organisiert." (31) So erfahren auch die Winzer auf den umliegenden Rebhängen von den streng geheimen Übungen. Wenn dann „rein zufällig" ein Weinfreund vorbeiwandert, wird schon einmal über die Unruhe in der sonst so stillen Gegend gesprochen. Dort wimmelt es in den Manövertagen von Geheimdienstlern des Verfassungsschutzes und Militärischen Abschirmdienstes (MAD), um den „Rosengarten" vor unbefugten Blicken zu schützen. Am Bunkereingang haben die Verfassungsschützer sogar ein Plakat mit markigen Worten angebracht: „Vorsicht auch jenseits der Grenze. Den Verrat liebt man. Den Verräter nicht." (32)

Brechen die Sowjets zu einer Auto-Wanderung im Ahrtal auf, müssen sie alle Register ziehen, um ihre Verfolger abzuschütteln. Das ist oft geübte Routine.

„‚Kommandirowka', Dienstreise, haben wir unsere Fahrten genannt, und daß wir dabei stets unter Beobachtung etlicher Aufpasser standen, war uns immer klar. Wir haben den UKW-Sprechfunkverkehr abgehört und uns ansonsten nicht um die Leute geschert. Schließlich hatten wir unseren diplomatischen Status, und im übrigen haben die Amerikaner, Briten und Franzosen in der DDR nichts anderes gemacht, als wir im Westen!" erinnert sich ein ehemaliger Missions-Offizier. (33)

Trotzdem geht es bei den Fahrten manchmal wie bei den Verfolgungsjagden im Krimi zu. Mit einem kurzen Halt vor oder hinter Kreuzungen, Kurven und Abzweigungen wird geprüft, ob sich ein Verfolger an den Missionswagen gehängt hat. Um ihn abzuschütteln, wird dann auch schon mal die Autobahn über einen Feldweg verlassen oder über den Mittelstreifen gewendet. Geschwindigkeitsbegrenzungen ignorieren die Sowjets ohnehin, und wenn es geht, werden auch schmale Wald- und Feldwege befahren, um der Aufmerksamkeit auf den Straßen zu entgehen.

Davon schwärmt der ehemalige „Kommandant" eines sowjetischen Missions-Opel noch heute: „Gerade in den Tälern an Mosel und Ahr gibt es herrliche Wege abseits der Touristenrouten. Manchmal haben wir einen ganzen Tag in irgendeinem Weinberg gelegen und in aller Ruhe die Straße beobachtet." (34) Doch solch romantische Ausflüge, die ohnehin von der Erinnerung kräftig vergoldet sein dürften, bleiben selten. Die Angst vor einem Überraschungsangriff aus dem Westen sitzt bei den Sowjets auch dreißig, vierzig Jahre nach dem Zweiten Weltkrieg, der sie 22 Millionen Tote gekostet hat, noch ganz tief. Sie wird nicht erst mit dem Bau der Führungsbunker im Ahrtal erneut geschürt.

Schon vor der Wiederbewaffnung der Bundesrepublik und der DDR in den fünfziger Jahren interessieren sich die sowjetischen

Militärmissionen im Westen vor allem für solche Truppenbewegungen der Alliierten, die sie als Bedrohung eigener Positionen empfinden.

Solch eine Aktion ist das Unternehmen „Mainbrace“. Ab 1. September 1952 wird dabei im Raum Flensburg, Kiel und Bremerhafen in einem kombinierten See- und Truppenmanöver das Anlanden von Soldaten und Technik und das Errichten von Brückenköpfen geübt. Die Sowjets analysieren diese Aktivitäten auf der Grundlage der von ihren Missionen gelieferten Informationen unter dem Gesichtspunkt einer möglichen Bedrohung ihrer Westflanke.

Gleichzeitig wird damit begonnen, eigene Offensivhandlungen vorzubereiten. Für die Erforschung und Entwicklung moderner Kampfsysteme werden topografische Angaben und Informationen über Geländemerkmale eines möglichen Gefechtsfeldes und Zielkennzeichnungen für Waffensysteme gebraucht. Die Militärmissionen sind über Jahre neben dem Ausspähen des Gegners damit beschäftigt, entsprechende Daten zu sammeln und zu analysieren und sich immer wieder mit der „visuellen Aufklärung des Primärgefechtsfeldes“ (35) zu befassen.

Von zunehmendem Interesse für die sowjetischen Militärmissionen in Bünde, Baden-Baden und Frankfurt am Main werden im Laufe der Jahre die in der Bundesrepublik stationierten Kräfte der NATO zur elektronischen Kriegsführung („Electronic Warfare“). Von den Computer-Abstrahlungen in den Lagezentren bis hin zur mobilen Funkstation wird vom Osten im Westen und vom Westen im Osten alles gemessen, was sich messen läßt. Die flächendeckende Überwachung durch den Osten erfolgt dabei durch die längs der Grenze installierten Lauschposten, wie unter anderem die GRU-Station auf dem Brocken und die von der DDR und CSSR gemeinsam betriebene Peilbasis mit Standorten in Teutschenthal bei Halle und Trebon bei Budweis, die bis zu 630 Kilometer von der Grenze entfernte Ziele erfassen kann.

Die Aufgabe der Beobachter vor Ort ist es dabei, rechtzeitig auch nur die kleinsten Veränderungen aufzuspüren. Deshalb werden immer wieder Antennenanlagen und Flugzeuge von den Angehörigen der Militärmissionen fotografiert. Die gründliche Auswertung der Bilder läßt manches Detail erkennen. So ist beispielsweise auf Fotos von NATO-Kampfflugzeugen ein Außenlastbehälter zu sehen. Er beherbergt einen Düppelwerfer. Dieses Gerät stößt metallbeschichtete Glas- oder Kunststoffstäbchen, Staniol-Streifen oder entsprechend präparierte Drahtstücke („Düppel“) aus. In der Atmosphäre bilden sie ein Wolke von Dipolen um das Flugzeug, das dann auf dem Radarschirm nur noch als weißer Fleck erscheint. Andere Modelle täuschen in der Umgebung des tatsächlichen Ziels Hunderte weitere Ziele vor und dienen so als elektronische Abwehr. Sie wird ständig weiterentwickelt. Neuere Technik sieht die Ablösung der Düppelwerfer durch Fackelwerfer vor. Sie lösen sich automatisch aus, wenn das Flugzeug vom Feuerleitsystem des Gegners erfaßt oder mit Infrarot gesteuerten Raketen beschossen wird. (36) Ein Schnappschuß von dem entsprechenden Außenlastbehälter kann also Aufschluß darüber geben, ob bereits eine Umrüstung erfolgt ist oder nicht.

Wie wertvoll auf solche Art und Weise gewonnene Erkenntnisse tatsächlich sind, hängt wesentlich vom technischen Standard der elektronischen Ausrüstung vom Lagezentrum bis hin zu den Spionen vor Ort ab. Mit dem stetig wachsenden technologischen Abstand des Ostens zum Westen wird es immer schwieriger, die Know-how-Lücke zu schließen. Bei solchen Systemen, wie denen der AWACS-Aufklärungsflugzeuge der NATO gelang dies nicht einmal in Ansätzen.

Die Sowjets trauen aus dem Kreis ihrer Verbündeten der DDR noch am ehesten das notwendige Know-how in der Elektronik zu. Seit Mitte der achtziger Jahre wird massiv gedrängt, tragbare Gerätesätze mit Laserentfernungsmesser, Nachtsichtbeobachtungs- und Wärmepeilgeräten bis zur Einsatzreife zu entwickeln. (37) Solche

Geräte hätten den sowjetischen Offizieren im Westen bei ihren Erkundungsfahrten beim Beobachten aus den Autos heraus sicher gute Dienste geleistet, doch diese Wünsche bleiben unerfüllt. Ihre westlichen Kollegen im Osten profitieren da offenbar mehr vom technischen Fortschritt. 1986 notiert die Stasi erstaunt: „Am 18. 12. 1986, 13.18 Uhr fuhren Angehörige der USA-MVM mit dem Fahrzeug Nr. (geschwärzt) von Skaup/Großenhein/Dsdn (Dresden – Anmerkung des Autors) mit hoher Geschwindigkeit in Richtung Skäßchen. 14.12 Uhr stand das Fahrzeug bei der Ortschaft Dorf der Jugend. Die Insassen des MVM-Fahrzeuges hatten Sicht zum Flugplatz der GSSD Großenhain und beobachteten startende und landende Maschinen vom Typ SU-24. Der Offizier arbeitete mit einem bisher nicht identifizierten Gerät, aus dem zeitweise ein Lichtstrahl hervortrat." (38) Das dürfte eines der begehrten und im Osten noch unbekannten Laser-Meßgeräte gewesen sein.

Ohne großartige technische Ausrüstung können sich dagegen die Sowjets bei der Beobachtung der Bundeswehr nützlich machen, auch wenn das nach den bilateralen Abkommen mit den Alliierten über die gegenseitige Einrichtung der Missionen ausdrücklich nicht zu ihren Aufgaben gehört. Ein sowjetischer Missionsveteran: „Natürlich haben wir nicht die Augen zugemacht, wenn sich bei der Bundeswehr attraktive Foto-Motive boten. So wie die NVA mit unserer Technik ausgerüstet war, hatte die Bundeswehr neben ihren eigenen Rüstungsentwicklungen auch all das, was wir über die NATO wissen wollten. Nur: Bei den oft lustlosen Deutschen wurde nicht so aufgepaßt, wie zum Beispiel bei den Amerikanern. Wir haben an manchen Flugplätzen sogar zivile Wachleute gesehen. Solche, die sonst auch Läden und öffentliche Toiletten bewachen!" (39)

Von allerhöchstem Interesse ist für die Sowjets dabei das „Luftgestützte, hochfliegende, abstandsfähige Primäraufklärungssystem mit langer Flugdauer", kurz „Lapas" der Bundeswehr. Sie hätte sich damit unabhängiger von den amerikanischen

AWACS-Flugzeugen gemacht. Das wertet Moskau als eine Erhöhung der Bedrohung.

Das Lapas-Projekt sollte in zwei Versionen genutzt werden. In einer Bauart stand die Fernmelde- und elektronische Aufklärung im Mittelpunkt, in der anderen die Punkt- und Flächenaufklärung für die Teilstreitkräfte. Geplant war, mit den Geräten an Bord von Turboprop-Maschinen des Typs Egrett D 500 bis zu 200 Kilometer in den Osten hineinzusehen.

Seit etwa 1988 haben die NVA und damit aller Wahrscheinlichkeit nach auch die Sowjets Informationen darüber, daß es Unregelmäßigkeiten bei der Vergabe der Lapas-Aufträge gibt. Die am Projekt beteiligte „Grob Luft- und Raumfahrt GmbH und Co. KG“ soll das Insiderwissen des früheren Luftwaffeninspekteurs Eberhard Eimler und zweier pensionierter Beamter der Rüstungsabteilung des Bonner Verteidigungsministeriums genutzt haben, um bei Lapas ins Geschäft zu kommen. Der Vier-Sterne-General Eimler verlebte zum Beispiel den Jahreswechsel 1988/89 – also anderthalb Jahre vor seiner Pensionierung am 30. September 1990 – auf Kosten des Unternehmers Grob in Brasilien. Die ganze Affäre kommt erst im Januar 1993 ans Tageslicht. Das führt dazu, daß Verteidigungsminister Volker Rühe (CDU) die Baupläne stoppt und die Vertragsunterzeichnung bei der amerikanischen Firma, die die Elektronik liefern soll, absagt. Der Staatsanwalt ermittelt, und die SPD-Opposition verlangt einen Untersuchungsausschuß des Bundestags. Doch schließlich glätten sich die Wellen auch wieder, denn nach dem Zusammenbruch der DDR und der Sowjetunion ist Lapas ohnehin nicht mehr so wichtig.

Die frühzeitig entdeckten Unregelmäßigkeiten bei diesem Rüstungsprojekt lassen in den östlichen Geheimdienstzentralen die Alarmglocken schrillen. Wenn bei solch einem Projekt irgendwo irgend jemand auch nur den geringsten Dreck am Stecken hat, ist das immer ein Ansatzpunkt für Agenten. Automatisch ist alles gefragt, was an Informationen greifbar ist, und so dürften auch die sowjetischen Offiziere im Westen – sicher ohne konkrete Kenntnis der Hintergründe – ihren Part geleistet haben. Fotos von der Egrett D 500 haben sie zumindest hundertfach geschossen, bestätigt ein ehemaliger Aufklärer: „Der Typ wurde von uns mehrfach ausdrücklich verlangt." (40)

Ob die neugierigen Autotouren durch das Ahrtal oder das Fotografieren an den Bundeswehrstandorten, für die deutschen Behörden ist das alles ein unlösbares Ärgernis. Zwischen ihnen und den sowjetischen Militärmissionen bestehen – ebenso wie zwischen den Alliierten Militärmissionen im Osten und den DDR-Behörden – keinerlei rechtliche Beziehungen. Offiziell versucht die Bundesrepublik deshalb, die Spione in Uniform einfach zu ignorieren. So antwortet das Auswärtige Amt am 19. März 1959 auf eine Anfrage des Landesvorsitzenden der CDU in Hessen: „Die Missionen sind, streng genommen, für die deutschen Behörden nicht existent ... Da diese Missionen nicht zum diplomatischen oder konsularischen Apparat der Sowjetunion im Bundesgebiet gehören, sondern quasi Relikte der Besatzungszeit sind, sollte auch von seiten des Auswärtigen Amtes jeder deutschen Behörde abgeraten werden, mit diesen Missionen, die zweifellos vor allem nachrichtendienstliche Aufträge haben, Kontakt aufzunehmen." (41)

Diese Empfehlung gilt wohl nicht für die Geheimdienste. Für sie sind die sowjetischen Militärmissionen im Westen durchaus existent. Doch das muß – ebenso wie die Aktivitäten der Stasi im Osten – strikt vor der Öffentlichkeit verborgen bleiben. Offiziell dürfen die Behörden in beiden deutschen Staaten mit den fremden Offizieren in ihren Ländern überhaupt nichts zu tun haben. Inoffiziell sieht es da etwas anders aus.

Die Hand am Puls des Feindes

Die jährlichen Berichte des Bundesamtes für Verfassungsschutz sind stets ein Balanceakt. Einerseits hat die Öffentlichkeit in einem demokratischen Staat wie der Bundesrepublik Deutschland ein Recht auf Information. Das schließt auch geheimdienstliche Aktivitäten ein. Andererseits wollen sich die Verfassungsschützer aber nicht zu sehr in die Karten gucken lassen. Dies könnte den Gegner warnen.

Ihre Beobachtungen zu den sowjetischen Militärmissionen tauchen deshalb meist nur als recht vage Andeutungen in den Verfassungsschutzberichten auf. Dennoch findet sich dort 1969 eine interessante Spur: „Die hier eingegangenen Meldungen lassen erkennen, daß die Ausspähtätigkeit der Angehörigen der sowjetischen Militärmission im Jahre 1969 vorrangig gegen militärische Anlagen der Bundeswehr gerichtet war. Im Zusammenhang mit der militärischen Aufklärung suchten die Angehörigen der SMM Erkenntnisse zu gewinnen über: a. Verlauf und Beschaffenheit der Pipeline und Erdgasleitungen. b. Kraftwerke und Treibstofflager. c. Straßen und Brückenbauten…“ (42)

Dieser Hinweis auf das Ausspähen der Lebensadern des westlichen Bündnisses deutet auf einen Spionagekomplex hin, der die sowjetischen Offiziere über Jahre als Schwerpunkt beschäftigt hat. „Der Treibstoff-Nachschub ist in einem modernen Krieg einer der wichtigsten Punkte überhaupt. Mit ihrem Pipeline-System in West-Europa war uns da die NATO überlegen. Deshalb mußten wir die Hand am Puls des Feindes halten, um böse Überraschungen zu vermeiden“, (43) erinnert sich ein ehemaliger Missionsangehöriger.

Die wichtigsten Ausgangsinformationen für die Überwachung dieses Nachschubsystems dürften die Sowjets dabei von ihren Verbündeten aus der DDR erhalten haben. Beschafft haben sie das Agenten-Pärchen Lothar und Renate Lutze direkt im Bundesverteidigungsministerium.

Markus Wolf, bis 1986 Chef der Hauptverwaltung Aufklärung, erinnert sich an „Charly“ und “Nana“ als „Spitzenquellen im militärischen Bereich.“ (44) Sein Nachfolger, Werner Großmann, wird etwas deutlicher: „1966 beginnt einer der erfolgreichsten operativen Vorgänge. Lothar und Renate Lutze sowie der von ihnen geworbene Jürgen Wiegel arbeiten in sensiblen Bereichen des Bundesverteidigungsministeriums. Sie werden geführt vom Residentenehepaar Frank und Christine Gerstner. Über Jahre liefern die Quellen viele geheime Dokumente: Konstruktionspläne für Waffen, Baupläne für Atomanlagen und Waffendepots, die jährliche Einschätzung des Zustandes der Bundeswehr und die Notfallpläne der NATO. Der absolute Hit sind Unterlagen für die NATO-Pipeline in Europa. Diese Erdölleitung versorgt die NATO-Einheiten mit Treibstoff. Wer den Verlauf dieser Pipeline kennt, kann im Kriegsfall die Mobilität aller Einheiten stark einschränken." (45)

Das ist sehr bescheiden ausgedrückt. Als Lothar und Renate Lutze am 2. Juni 1976 in ihrem gemieteten Wohnhaus am Goldbergweg 25 in Berghausen bei Königswinter verhaftet werden, stecken die letzten Fotos von streng geheimen NATO-Plänen über die Erweiterung des Leitungsnetzes für Kraft- und Betriebsstoffe noch in ihrer Agenten-Kamera Minox mit der Fabrikationsnummer 1209436. Viele wichtige Unterlagen darüber sind zu diesem Zeitpunkt lange in Ost-Berlin. Von dort dürften „die Freunde" brühwarm unterrichtet worden sein.

Zu den brisantesten verratenen Dokumenten zählt dabei der vierteilige Notfallplan des Pipeline-Systems in Zentral-Europa („CEPS-Emergency-Plan"). (46) Er regelt die gesamte Kraftstoffversorgung der NATO-Truppen in Mitteleuropa im Spannungs- und Verteidigungsfall. Besonders interessant sind dabei die ersten beiden Teile des Plans. Teil I enthält unter anderem Angaben über den Umgang mit den Pipelines im Alarmfall, die entsprechenden Befehlsstellen, Fernmeldeverbindungen und Pumppläne. Teil II beschreibt die genaue Lage aller Depots, Pumpstationen, Entnahmestellen für Kesselwagen und Tankschiffe und die angeschlossenen Militärflugplätze. Von strategischer Bedeutung ist auch der vierte Teil des CEPS-Emergency-Plans. Er umfaßt die Grundsatzregeln für den Notfall und die Karten mit den eingezeichneten Nachschubrouten. (47) Zahlreiche, ebenfalls verratene, Anlagen zu diesem Dokument enthüllen nahezu sämtliche Geheimnisse des geheimen NATO-Versorgungssystems.

Ein sowjetischer Militärexperte schätzt dessen strategischen Wert hoch ein: „Die praktische Bedeutung solch eines Nachschubsystems hat sich in den siebziger Jahren zum Beispiel am Ho-Chi-Minh-Pfad gezeigt. Die Amerikaner konnten das zu den Straßen parallel laufende Pipeline-System nie vollständig aufklären. Das hat den Nordvietnamesen schließlich den Vormarsch über rund 1600 Kilometer ermöglicht. In Europa ist die Kenntnis über solch ein System des Gegners noch wichtiger, weil der Grad der Motorisierung der NATO wesentlich höher ist." (48)

Das sah auch der Gutachter des Bundesverteidigungsministeriums im Prozeß gegen das Ehepaar Lutze vor dem Staatsschutzsenat des Oberlandesgerichts Düsseldorf im Juni 1978 so: „Bei der starken Abhängigkeit der vollmotorisierten NATO-Streitkräfte von einer ausreichenden und kontinuierlichen Versorgung mit Flug-, Otto- und Dieselkraftstoff, die in Spannungs- und Krisenzeiten zu einem hohen Prozentsatz über das NATO-Pipelinesystem erfolgt, würde eine nicht sofort behebbare Unterbrechung des Systems an den entscheidenden Punkten zu einer verhängnisvollen Schwächung der Abwehrkraft der NATO im Bereich Mitteleuropa führen. Ein Ausweichen auf andere Transportmittel (zum Beispiel Straßentankwagen und Eisenbahnkesselwagen) im Falle einer Unterbrechung des NATO-Pipelinesystems ist nur bedingt möglich, da solche – insbesondere in der Spannungszeit – nicht in ausreichender Zahl zur Verfügung stehen." (49)

Der Bestand solcher Ausweich-Transportmittel wird von den Sowjets bei ihren Aufklärungsfahrten peinlich genau registriert. Ein ehemaliger Offizier: „Dabei war für uns nicht nur die Quantität wichtig, sondern vor allem auch, wie schnell Treibstoffe von A nach B geschafft werden konnten und wo die Schwachstellen solcher Transporte, zum Beispiel Brücken, steile Straßen, Kurven und ähnliches, lagen." (50)

Von allerhöchstem Interesse für die sowjetischen Generalstabsoffiziere sind aber nicht nur die angreifbaren Stellen des Versorgungssystems, um dort im Ernstfall durch Kommando-Unternehmen sabotieren zu können, sondern auch die strategischen Erkenntnisse, die sich aus solcherart Planungen ergeben. Der Gutachter des Bundesverteidigungsministeriums dazu: „Teil III des Plans – Kraftstofforderungen der einzelnen NATO-Staaten – läßt darüber hinaus Rückschlüsse auf bestimmte Operationsplanungen der Bundeswehr und der alliierten Streitkräfte zu. So lassen zum Beispiel die Erhöhung oder Verminderung des Kraftstoffbedarfs auf bestimmten Flugplätzen und zu bestimmten Zeiten erkennen, wo, wann und in welchem Umfang Veränderungen beim Einsatz von Kampfverbänden vorgesehen sind. Ferner läßt sich aus der vorgeplanten Entwicklung der Kraftstoffentnahmen ersehen, von welchem Zeitpunkt an die NATO eine Erschöpfung oder Aufreibung bestimmter Kampfverbände unterstellt. Derartige Erkenntnisse erlauben es dem präsumtiven Gegner, seine eigenen Operationspläne entsprechend auszurichten und durch Bildung von zeitlichen und räumlichen Schwerpunkten Angriffsrisiken kalkulierbarer zu machen." (51)

Neben diesem zentralen Notfall-Plan haben Lothar und Renate Lutze mehr als ein Dutzend weiterer gewichtiger Dokumente über die Treibstoffversorgung der NATO-Truppen nach Ost-Berlin geliefert. Dazu gehören unter anderem Unterlagen des Treibstoff-Planungs-Komitees (PPC) (52) über sämtliche Vorräte an Kraftstoffen, Motoröl und Schmiermitteln, die Analyse des technischen Zentrums vom August 1974 mit aufgelisteten Mängeln und Schwächen des Systems, die Arbeitsanweisung für den Betrieb des Zentraleuropäischen Pipelinesystems im Bereich der „Northern Army Group" (NORTHAG) und der „Second Allied Tactical Airforce" (TWOATAF) vom 28. November 1975 und die

Datensammlung über das Nordeuropäische Pipelinesystem vom 5. November 1974. Alle diese Dokumente sind als geheim – Stufe „NATO SECRET“ – eingestuft. Neben den notwendigen Informationen zu möglichen militärischen Aktivitäten gegen die NATO-Versorgungseinrichtungen ergeben sich aus jeder einzelnen Unterlage immer auch strategische Schlußfolgerungen. So lassen sich zum Beispiel aus den PPC-Dokumenten nicht nur die aktuellen Bestände und ihre Veränderungen entnehmen, sondern auch Informationen für eigene militärische Planungen gewinnen. Das bestätigt der Gutachter vor Gericht in aller Deutlichkeit: „Von besonderem nachrichtendienstlichen Interesse waren ... die Angaben über die angenommenen Reichweiten der Kraftstoffe in Kriegszeiten, da aus ihnen abgeleitet werden konnte, von welcher Dauer eine Unterbrechung der Anschlußversorgung mit Kraftstoffen sein mußte, um zu ernsthaften Versorgungsschwierigkeiten bei den NATO-Streitkräften zu führen.“ (53)

Neben der Erkundung von Möglichkeiten des Ausschaltens feindlicher Anlagen und Einrichtungen ist immer auch von Interesse, inwieweit sie sich gegebenenfalls für die Versorgung der eigenen Truppen nutzbar machen lassen. Dazu geben die der DDR und den Sowjets bekannten Dokumente ebenfalls Auskunft. Der Gutachter über die „Instruktionen für die Kraftstoffversorgung durch das Zentraleuropäische Pipelinesystem für NORTHAG/TWOATAF“: „Bei der Unterlage handelt es sich um eine Arbeitsanweisung ..., in der das Verfahren für die Nutzung des Systems dargestellt wird. Nachrichtendienstlich interessant waren insbesondere die darin behandelten Maßnahmen und Verfahren für eine eventuelle Lähmung des Pipelinesystems in einem Verteidigungsfall, die sicherstellen sollte, daß ein Angreifer Teile des Systems, die ihm in die Hände fallen, nicht für seine eigenen Zwecke nutzen kann. Erfährt der nachrichtendienstliche Gegner hierüber Einzelheiten, so kann er unter bestimmten Voraussetzungen die Maßnahmen der Bundeswehr unterlaufen.“ (54)

Solche Einzelheiten – bis hin zu den Meldungen über den streng geheimgehaltenen monatlichen Bedarf der Bundeswehr an Kraftstoffen und Schmiermitteln – liegen den östlichen Militäraufklärern durch die von Lothar und Renate Lutze und ihren Stasi-Mitarbeitern ausspionierten Dokumente reichlich vor.

Die beiden Hauptangeklagten schweigen im Prozeß. Lothar Lutze wird zu zwölf Jahren Haft verurteilt und muß elf davon absitzen. Renate Lutze und die anderen Mittäter bekommen sieben Jahre.

Die von ihnen verratenen Militärgeheimnisse sind jedoch unwiderruflich entdeckt. Riesige Anlagen wie das NATO-Pipelinesystem mit seinen Pumpstationen und Verladeplätzen, dem darum bestehenden Informationsnetz und den internationalen Verflechtungen lassen sich nicht einfach baulich verändern oder organisatorisch umstellen. Auf der Grundlage der umfassenden Basisinformationen ist die regelmäßige Überwachung des Systems durch die Offiziere der sowjetischen Militärmissionen nun eine relativ einfach lösbare Aufgabe. Die Geheimdienstler im Westen sehen dadurch die Sicherheit der Bundesrepublik und ihrer NATO-Verbündeten durchaus bedroht, doch ihnen sind die Hände gebunden. Verantwortlich für die Sowjets sind nun einmal die Amerikaner, Briten und Franzosen. Und die machen ihren deutschen Verbündeten hinter verschlossenen Türen Vorwürfe, daß solche und andere Informationen über das Verteidigungsministerium auf der Bonner Hardthöhe überhaupt abfließen konnten. Dabei können die deutschen Behörden eigentlich gar nichts dafür ...

Der Bund darf nur zuschauen

Blanke Busen verkaufen sich im kalten Januar eher schlecht. Deshalb geht die Illustrierte "Quick" Anfang 1974 mit einer knallharten Serie zu einem völlig anderen Thema auf Leserfang. Sie heißt „Ost-Aufmarsch" und paßt zum kalten Krieg ebenso, wie die Scharfmacher-Artikel jener Zeit in den östlichen Zeitungen und Zeitschriften.

Im fernen Vietnam müssen die Amerikaner in jenen Wochen gerade eine schmerzliche Niederlage nach der anderen einstecken, und überall im Westen protestieren Jugendliche und Studenten gegen den „schmutzigen Krieg“. Da ist schon ein wenig ideologische Aufrüstung gefragt, um das Feindbild wieder zurechtzurücken. Und deshalb wird dem biederen Bürger so richtig eingeheizt: „‚Die wichtigste und allein entscheidende Kampfart ist der Angriff, dessen Ziel im Einkesseln und Vernichten des Feindes liegt.‘ So steht es wörtlich in den sowjetischen Führungsvorschriften. Pro Tag sollen die Panzer durchschnittlich 100 Kilometer kämpfend zurücklegen. Das bedeutet: In zwei bis drei Tagen wären die Russen am Rhein.“ (55)

Keine schöne Aussicht, zumal am deutschen Rhein gerade einmal wieder die Karnevalssaison ihrem Höhepunkt zustrebt. Und da will nun schon gar niemand die Russen dabeihaben. Doch „Quick“ warnt vor Sorglosigkeit: „Die notwendigen Erkundungen für diesen Super-Blitzkrieg erledigen die östlichen Geheimdienste schon heute. Sie setzen hochspezialisierte Offiziere ein und käufliche Agenten, Spionageschiffe und Satelliten... In der Spionage des Ostblocks spielen die sowjetischen Militärmissionen (SMM) eine zentrale Rolle.“ (56)

Die Beweise dafür fallen etwas dünn aus. Da sind nur der neu errichtete Funkmast beim Bundesgrenzschutz in Bad Bramstedt, den die Sowjets bereits am Tag nach seiner Aufstellung fotografiert haben, und die Beobachtung, daß seit Juni 1973 nachts ohne Blitzlicht Straßen und Unterführungen in Norddeutschland fotografiert werden, aufgelistet. Letzteres ist für „Quick“ jedoch eine ganz heiße Spur: „Sie stellen Infrarot-Fotos her. Die modernen Panzer der Sowjets und der DDR sind mit Infrarot-Nachtfahrgeräten ausgerüstet ... Der Gedanke liegt nahe, daß die Militärmission eine detaillierte Erkundung für einen nächtlichen überfallartigen Einmarsch ins Bundesgebiet vornimmt und den Fahrern der Führungspanzer Infrarot-Fotos verschafft. Noch wahrscheinlicher: Diese Fotos sind für den Einsatz von Fallschirmjägern gedacht." (57) Berichtet wird auch über die Zunahme der Erkundungsfahrten der sowjetischen Militärmissionen. Allein die SOXMIS in Bünde soll rund 300mal im Monat unterwegs sein, früher wären es nur 100 bis 200 Fahrten gewesen.

Das alles macht dem CDU-Bundestagsabgeordneten Claus Jäger aus Wangen im Allgäu angst. Und auch wenn „Quick" tröstet: „Aber es gibt kein unentrinnbares Schicksal. Der Warschauer Pakt kann erst offensiv werden, wenn ihm der Westen selbst die Voraussetzungen dafür liefert: Schwächung der NATO und Abzug der Amerikaner" (58) – der Politiker sieht sich in seiner Verantwortung für das deutsche Volk gefordert.

Während der 75. Sitzung des 7. Deutschen Bundestages am 23. Januar 1974 richtet er eine offizielle Anfrage an die Bundesregierung. Claus Jäger will wissen, ob das alles so stimmt, was „Quick" über die Russen schreibt.

Innenminister Hans-Dietrich Genscher (FDP) erläutert zunächst einmal, daß die Militärmissionen im Zuständigkeitsbereich des jeweiligen Oberkommandos der Alliierten stehen und deren Rechte und Pflichten zwischen diesen und der Sowjetunion durch Abkommen geregelt seien. Dann sagt er: „Was die Häufigkeit der von Angehörigen der sowjetischen Militärmissionen unternommenen Reisen in und durch das Bundesgebiet angeht, so verfügt die Bundesregierung nicht über Informationen, die die Richtigkeit der zitierten Meldung der Illustrierten ‚Quick' vom 17. Januar 1974 bestätigen könnten." (59)

Mit dieser Antwort ist der an Exaktheit gewöhnte Jurist Jäger unzufrieden und bohrt nach: „Ist die Bundesregierung bereit, auf Grund der von mir zur Grundlage meiner Anfrage gemachten Pressemeldungen nachzuprüfen, ob die sowjetische Militärmissionen ihren Zuständigkeitsbereich überschritten haben oder nicht?“ (60) Der Innenminister flüchtet sich in eine allgemeine Bemerkung: „Herr Abgeordneter, die Bundesregierung nimmt von diesen Bewegungen so Kenntnis, wie alle ihre Vorgängerinnen.“ (61)

Solcherart Ausflüchte läßt Claus Jäger nicht gelten. Als Chef des Finanzamts in Wangen im Allgäu hat er gelernt, hartnäckig zu sein. Deshalb fragt er noch einmal nach: „Muß ich aus dieser Antwort, Herr Bundesminister, schließen, daß die Bundesregierung eine nähere Überprüfung der Tätigkeit dieser Militärmissionen auch nach Bekanntwerden der von mir zitierten Meldungen für nicht so wichtig hält, daß sie sich bemüßigt fühlt, dem nachzugehen?“ (62)

Nun wird Innenminister Genscher ein wenig ungehalten: „Ich sagte Ihnen schon, Herr Abgeordneter, daß die Bundesregierung wie alle ihre Vorgängerinnen von diesen Bewegungen Kenntnis nimmt. Im übrigen sind Fragen dieser Art in besonderer Weise geeignet, in einem eigens dafür gebildeten Vertrauensmännergremium besprochen zu werden.“ (63)

Das ist deutlich, und Claus Jäger fragt nicht weiter nach; die Parlamentarier geht es also gar nichts an, was die Russen im Westen so treiben. Die zuständigen deutschen Behörden wollen sich jedoch in dieser Frage nicht so einfach abspeisen lassen.

Mit dem wiederkehrenden Selbstbewußtsein in der Bundesrepublik werden die sowjetischen Militärmissionen von Anfang an als störend empfunden. Die deutsche Polizei beobachtet die Fahrten der Offiziere und greift ein, wenn ihr etwas verdächtig erscheint. So werden zum Beispiel schon am 16. November 1951, die Bundesrepublik ist gerade einmal gut zwei Jahre alt, drei sowjetische Missionsangehörige in der Nähe von Solingen zwei Stunden lang festgehalten und erst auf direkten britischen Befehl wieder entlassen. Über diesen Übergriff, der symptomatisch für die Spannungen zwischen den alliierten und deutschen Behörden beim Umgang mit den Sowjets in dieser Zeit ist, sind die Engländer so empört, daß sie ein Disziplinarverfahren gegen die beteiligten Polizisten und deren Entfernung aus dem Dienst verlangen. Die Besatzungsmacht fühlt sich von den deutschen Behörden gegenüber den Sowjets in ein schlechtes Licht gerückt. Sie läßt die ganze Angelegenheit erst ruhen, nachdem klar wird, daß die Sowjets keine Vergeltungsmaßnahmen gegen die BRIXMIS in Potsdam unternehmen. (64)

Bis in die Mitte der fünfziger Jahre hinein wird von den Amerikanern, Briten und Franzosen immer wieder betont, daß die Kontrolle der Aktivitäten der Sowjets im Westen ausschließlich bei den „alliierten Autoritäten" liegen. Dennoch beginnt sich in dieser Zeit auch das Auswärtige Amt stärker für die SMM zu interessieren. Das hängt mit dem wachsenden Gewicht der Bundesrepublik Deutschland in der NATO zusammen. Auf der NATO-Ratssitzung 1952 in Lissabon hatte das Bündnis als erste Strategie zunächst die Herstellung des militärischen Gleichgewichts zu den Land-, Luft- und Seestreitkräften des Warschauer Pakts beschlossen. Ihre Überlegenheit wollte die NATO durch die Stationierung von Atombomben in Europa ausspielen. Dieser Plan wurde im wesentlichen 1954 fallengelassen, weil er die meisten Mitgliedsstaaten politisch und wirtschaftlich überforderte. Im selben Jahr entstand deshalb die Strategie der massiven Vergeltung („massiv retaliation"), die 1957 als offizielle NATO-Leitlinie beschlossen wurde.

Damit wächst die Bedeutung der Bundesrepublik im Bündnis, weil sie ja inzwischen auch über eigene Truppen verfügt. Deshalb argumentiert das Auswärtige Amt nun mit den legitimen Interessen der deutschen Selbstverteidigung, wenn es um die stärkere Überwachung der Sowjets geht.

Ein Meinungsaustausch zu dieser Frage wird über die amerikanische, britische und französische Botschaft in Bonn gesucht. Im November 1956 wird den Diplomaten mitgeteilt, daß Mitglieder der sowjetischen Militärmissionen beim Fotografieren von

Kasernen nahe der tschechischen Grenze beobachtet worden seien. Gleichzeitig fragt das Auswärtige Amt an, ob die Sperrzonen entlang der Grenze nicht ausgedehnt und die Sowjets nicht künftig von Deutschen und Amerikanern in diesem Gebiet gemeinsam überwacht und kontrolliert werden sollten. Außerdem wollen die Diplomaten von ihren Verbündeten wissen, wie weit die Rechte der Deutschen gingen, wenn die Sowjets in geschlossene Einrichtungen der Bundeswehr eindringen sollten.

Derartige Fragen sind den Alliierten lästig. Sie lassen verlauten, daß man im Bedarfsfall auf die deutschen Anregungen zurückkommen könne, dies aber zur Zeit überhaupt nicht erforderlich sei. Sie verweisen auf das Prinzip der Gegenseitigkeit im Hinblick auf ihre Missionen in der DDR und beharren darauf, daß bei Zwischenfällen ein alliierter Offizier oder die Militärpolizei zu holen sei. Die Immunität der Mitglieder der Militärmissionen und ihrer Fahrzeuge wird – auch wieder unter Hinweis auf die Gegenseitigkeit – besonders betont. (65)

Dennoch reagieren die Amerikaner und Franzosen auf die geänderte deutsche Interessenlage und suchen einen Kontakt zu General Hans Speidel, 1954/55 deutscher Vertreter bei den Verhandlungen zum NATO-Beitritt und danach Chef der Abteilung Gesamtstreitkräfte im Bundesverteidigungsministerium. Sie wollen die Kontrolle der sowjetischen Militärmissionen „durch Militärpersonal auf der militärischen Ebene“ (66) bewerkstelligen. Die Briten hatten im Juni 1956 zunächst zwar jegliche „Dienstleistungen“ von Polizei, Bundesgrenzschutz und Zoll bei der Überwachung der Sowjets abgelehnt, sprachen sich aber im November des gleichen Jahres doch dafür aus, solcherart Themen unter den Militärs zu erörtern.

Dieses Vorgehen der Alliierten stößt auf Ablehnung der Bundesregierung. Sie ist der Meinung, daß das Auswärtige Amt und das Bundesinnenministerium durch die Präsenz der sowjetischen Missionen direkt betroffen seien. Deshalb solle das Auswärtige

Amt den politischen Rahmen für das Verhalten gegenüber den Sowjets abstecken. Aufgabe der Militärs wäre es dann lediglich, innerhalb dieses Rahmens die notwendigen Details auszuarbeiten. (67)

Das lehnen jedoch wiederum die Botschafter der Westmächte rundweg ab. Sie können dabei davon ausgehen, daß durch die fortgeltenden besatzungsrechtlichen Regelungen die Bundesrepublik letztlich keinerlei Möglichkeit hat, ihre Interessen durchzusetzen. Die alliierten Oberkommandos regeln die Überwachung der Sowjets im Westen über all die Jahre in eigener Regie. Dabei ist ihr Blick stets nach Osten gerichtet; alle Maßnahmen werden daraufhin geprüft, ob sie möglicherweise die Bewegungsfreiheit der westlichen Missionen in der DDR einschränken können.

Verhaltensmaßregeln gibt es bis hinunter zu den einfachen Soldaten. So ist Mitte der achtziger Jahre zum Beispiel auf allen Landkarten, die die Teilnehmer am britischen Manöver „Löwenherz" erhalten, das Nummernschild der Wagen der sowjetischen Militärmissionen abgedruckt. Daneben stehen die Bestimmungen, wie man sich verhalten soll, wenn solch ein Fahrzeug „sich in einem Sperrgebiet (aber nicht auf einer Autobahn oder einem Autobahnparkplatz)" befindet oder „wenn die Insassen deutliches Interesse an militärischen Einrichtungen, Trainingsaktivitäten, Fahrzeugen oder Ausrüstungen zeigen (etwa Fotografieren, Ferngläser benützen oder in einem Konvoi mitfahren)". (68) Für solche Fälle heißt es unter anderem: „Stelle sicher, daß der Wagen sich in einem Sperrgebiet befindet; blockiere ihn durch Zustellen; identifiziere die Insassen und frage nach dem Ausweis; ... gestatte den Insassen, mit ihrer Mission telefonisch Kontakt aufzunehmen; sei höflich. Verfolge das Fahrzeug nicht, wenn es entkommt; befrage nicht die Insassen und untersuche nicht den Wagen; wende keine Gewalt an." (69) Trotz aller Versuche der Westmächte, die deutschen Behörden aus den Kontroll- und Überwachungsmaßnahmen gegen die Sowjets weitestgehend herauszuhalten, kommt es dennoch immer wieder zu Aktivitäten von Polizei, Geheimdiensten oder Bundeswehr.

Auch wenn die entsprechenden Akten von Bundesnachrichtendienst, Verfassungsschutz und MAD im Gegensatz zu den Stasi-Akten über die Kontrolle der Alliierten Militärmissionen in der DDR noch unter Verschluß liegen, läßt sich vermuten, daß die Überwachungsmaßnahmen gegen die Sowjets im Westen bei weitem nicht so perfekt organisiert und effektiv gewesen sein dürften, wie dies im Osten gegen die Amerikaner, Briten und Franzosen der Fall war. Viel Sorgfalt wird im Westen jedoch darauf verwandt, jegliche Kontakte zwischen Deutschen und Sowjets zu verhindern. Dabei sind vor allem das Bundesinnenministerium als vorgesetzte Behörde von Polizei, Zoll, Bundesbahn, Bundespost und Wasser- und Schiffahrtsverwaltung und das Bundesverteidigungsministerium gefragt.

Soldatisch auftreten und den Mund halten

Der Befehl ist klar und unmißverständlich. Soldaten und Offiziere der Bundeswehr haben „...beim Zusammentreffen von Bundeswehrangehörigen und Mitgliedern der SMM ... soldatisch bestimmt aufzutreten und korrekt und höflich zu handeln. Unterhaltungen sind zu umgehen. Je weniger gesprochen wird, um so besser ist es“. (70) So legt es das im September 1960 vom Verteidigungsministerium herausgegebene „Merkblatt Sowjetische Militärmissionen“ fest. Die Bundeswehrangehörigen haben den dienstlichen Umgang mit den Sowjets zu meiden, offizielle Einladungen sind „ohne Angabe von Gründen höflich abzulehnen“. Alle Kontaktversuche sind den Alliierten und dem MAD zu melden. Bei „verdächtigen Handlungen“ sollen die SMM-Autos angehalten werden. Dann sind „nach Möglichkeit“ die Namen der Insassen festzustellen und sie zum Weiterfahren aufzufordern. Weigern sich die Sowjets, muß ihre Beobachtungsrichtung „verstellt“ werden.

Genau definiert ist dort auch, was „verdächtige Handlungen" sind: Langsames Vorbeifahren oder Halten an militärischen Einrichtungen gehört ebenso dazu, wie das Ansprechen von Bundeswehrangehörigen oder das Einnehmen von Beobachtungspositionen und Mitfahren in Militärkolonnen. Wie auch in den entsprechenden Stasi-Befehlen in der DDR ist die Gewaltanwendung gegen Angehörige der Sowjet-Missionen strikt untersagt. Das gilt auch dann, wenn sie in militärische Sperrgebiete eindringen: „Sollte ein SMM-Fahrzeug versuchen, sich dem Festhalten durch Flucht zu entziehen, soll dem Fahrzeug Gelegenheit zum Entkommen gegeben werden, wenn mit weiteren Festhaltemaßnahmen eine Gefahr für das Leben der Bundeswehr-Angehörigen oder der Mitglieder der SMM verbunden ist." Gestattet ist hingegen Unfall- und Pannenhilfe. (71)

Damit wird vom Verteidigungsministerium ein Verhaltenskodex gegenüber den Angehörigen der sowjetischen Militärmissionen festgeschrieben, der bereits 1957 auch vom Innenministerium an dessen nachgeordnete Behörden als verbindliche Richtlinie erteilt wurde. In einem als „Vertraulich, VS nur für den Dienstgebrauch" gekennzeichneten Rundschreiben an die Innenminister der Bundesländer wird ausdrücklich auf die eng begrenzten Zugriffsrechte der deutschen Behörden auf die Missionsmitglieder hingewiesen. Deshalb können keine Festnahmen, Durchsuchungen oder Blutproben erfolgen. Bei Eindringen in Sperrgebiete dürfen lediglich die Ausweise kontrolliert werden, dann sollen die Sowjets zum Verlassen der Örtlichkeit aufgefordert werden. Tun sie dies nicht, sind die entsprechenden Dienststellen der Amerikaner, Briten oder Franzosen zu informieren. Eine Telefonliste mit dort stationierten, deutschsprechenden Kontaktpersonen liegt bei. Das Schreiben schließt: „Es bedarf wohl kaum eines besonderen Hinweises, daß ein privater Verkehr von Polizeibeamten und Mitgliedern der SMM und deren Familienangehörigen unerwünscht ist, desgleichen eine gemeinsame Abbildung von Polizeibeamten und Mitgliedern der SMM auf Lichtbildern." (72)

Uneins sind sich die Ministerialen offenbar, ob denn die Sowjet-Autos nun ständig beobachtet werden sollen oder nicht. So heißt es in einem Vorentwurf des Bundesinnenministeriums vom 1. Januar 1965: „Es ist wünschenswert, daß die Mitglieder der SMM ständig unter einer gewissen Beobachtung gehalten und daß Meldungen möglichst unverzüglich ausgewertet werden." (73) Wenig später wird aber verlautet: „Es ist jedoch weder erforderlich noch wünschenswert, daß Fahrzeuge der SMM von Fahrzeugen der Polizei verfolgt werden, um festzustellen, wo die SMM-Mitglieder verbleiben." (74)

Die Unklarheiten über die Befugnisse der deutschen Polizei wachsen, als diese nach den Pariser Verträgen verpflichtet werden, die Liegenschaften und Anlagen der NATO-Mitglieder auf dem Territorium der Bundesrepublik zu schützen. Eine Aussage über polizeiliche Zuständigkeiten beim äußeren Schutz der SMM ist in dem Vertragswerk nicht getroffen. Erst als es nach dem Einmarsch der Truppen des Warschauer Pakts am 21. August 1968 in die Tschochoslowakei auf dem Gelände der sowjetischen Militärmission in Frankfurt am Main zu Protestaktionen kommt, gerät diese Frage ins Blickfeld.

In jenem August rissen Demonstranten den Zaun um das Missionsgelände nieder und drangen in Gebäude ein. Es kam zu einigen leichten Zerstörungen, doch die deutsche Polizei griff nicht ein, weil das zuständige hessische Innenministerium davon ausging, daß sich die SMM auf exterritorialem Gebiet befinde. Erst als amerikanische Militärpolizei eintraf, räumten die Demonstranten die sowjetische Mission, ohne Widerstand zu leisten.

Das amerikanische Oberkommando in Heidelberg sieht in diesem Zwischenfall ein Versagen der deutschen Polizei. Es teilt dem hessischen Innenministerium mit, daß die Polizeikräfte der Bundesrepublik dafür verantwortlich seien, die Exterritorialität der Militärmission zu gewährleisten. Falls sie bedroht sei, müsse der Chef der „Alliierten Kontrollsektion" („Allied Control Section") deutsche Polizeikräfte anfordern. Wenn es notwendig ist, das Missionsgelände zu betreten, dürfe dies nur in Begleitung eines amerikanischen Offiziers erfolgen. (75)

Im Februar 1969 sieht sich das Bundesinnenministerium bemüßigt, deshalb das Verhalten der deutschen Polizei gegenüber den SMM noch einmal eindeutig zu definieren. Im Entwurf eines entsprechenden Schreibens wird als Grundlinie betont, daß nach den bestehenden Abkommen die amerikanischen Streitkräfte verpflichtet sind, für den Schutz der sowjetischen Militärmissionen zu sorgen. Wie sie dieser Verpflichtung nachkommen, ist ausschließlich ihnen überlassen. Die Rolle der deutschen Polizei ist dabei rein defensiv. (76)

Deutlich wird der Versuch, die Polizei möglichst aus allen mit den SMM verbundenen Fragen herauszuhalten. In einem Schreiben des Innenministeriums an das Auswärtige Amt heißt es dazu: „Eine Verantwortlichkeit der deutschen Polizeikräfte für den Schutz des Geländes, das von der SMM benutzt wird, ergibt sich weder aus dem Vertragsrecht noch aus dem Huebner-Malinin-Abkommen. Die Aufgabe der deutschen Polizei zum Schutz des Geländes der SMM besteht nur auf Grund deutscher Rechtsvorschriften." (77) Mit diesem Standpunkt soll vor allem klargestellt werden, daß die deutsche Polizei ausschließlich deutscher Verantwortlichkeit untersteht: „Der Chef der SMM hat gegenüber der deutschen Polizei kein Anforderungsrecht. Ist eine Verstärkung der inneren Sicherung der SMM notwendig, so ist es Sache der sowjetischen und der US-Stellen, die notwendigen Vereinbarungen zu treffen. Es sind keine Umstände ersichtlich, die die deutsche Polizei veranlassen könnten, das Gelände der SMM zu betreten." (78)

Das sieht das Auswärtige Amt ähnlich. In „Erläuternden Bemerkungen" zu dem Papier des Innenministeriums vom April

1969 weist es darauf hin, daß das SMM-Gelände in polizeilicher Hinsicht wie eine Liegenschaft der amerikanischen Streitkräfte zu behandeln sei. Doch die Diplomaten haben auch den Artikel 3 des Zusatzabkommens zum NATO-Truppenstatut vom 3. August 1959 im Auge. Er verpflichtet die deutschen Behörden und die NATO-Truppen zu einer gegenseitigen Unterstützung und legt im Absatz 2 fest: „Die ... vorgesehene Zusammenarbeit erstreckt sich insbesondere ... auf die Förderung und Wahrung der Sicherheit ... der Bundesrepublik, der Entsendestaaten und der Truppen." (79)

Daraus folgern die Diplomaten, daß „Sicherheitsmaßnahmen außerhalb des SMM-Grundstücks Aufgaben der deutschen Polizeibehörden sind". (80) Auf dem Territorium der Militärmission gilt: „Grundsätzlich liegt die Verantwortung dafür bei den amerikanischen Streitkräften. Wenn die jedoch infolge der tatsächlichen Verhältnisse (Personalmangel, Entfernung vom nächsten amerikanischen Standort) nicht in der Lage sind, den inneren Schutz eines SMM-Grundstücks selbst wahrzunehmen, sind die deutschen Polizeibehörden verpflichtet, die amerikanischen Streitkräfte auf deren Bitte bei der Wahrnehmung des Hausrechts zu unterstützen, um zu verhindern, daß durch Demonstrationen Hausfriedensbruch begangen wird." (81)

Die Amerikaner unterstreichen in den entsprechenden Gesprächen mit den Vertretern des Auswärtigen Amts gleichzeitig unmißverständlich ihre Verantwortlichkeit für die sowjetische Militärmission. Beide Seiten sind sich darüber einig, daß der Chef der SMM die deutsche Polizei nicht von sich aus anfordern darf. Sie halten fest: „Wenn aber eine Notlage entsteht, in der die innere Sicherheit einer SMM-Anlage bedroht ist, kann der höchste örtlich zuständige Vertreter der amerikanischen Streitkräfte ... die Hilfe der deutschen Polizei in Anspruch nehmen. Deutsche Polizeikräfte werden jedoch ein SMM-Grundstück nur in Begleitung eines Vertreters der Stationierungsmacht betreten, der seinerseits zuvor die Zustimmung des verantwortlichen sowjetischen Offiziers eingeholt haben wird." (82)

In der Praxis ist die Hilfe der deutschen Polizei kaum gefragt und wenig erwünscht. Wenn es Ärger mit den westlichen Missionen in Potsdam gibt, regeln das meist die Amerikaner als westliche Führungsmacht mit ein wenig Druck auf die SMM in Frankfurt am Main. Das simple Prinzip der Vergeltung erklärt ein US-Captain dem „Spiegel" schon vor Gründung der Bundesrepublik und der DDR im Januar 1949: „Es ist wie mit einem Gummiband. Zieht man an einem Ende, so schnappt es am anderen Ende zurück." (83) Und so ziehen zum Beispiel am 3. Dezember 1957 vier amerikanische Autos mit mehreren Militärpolizisten und amerikanischen Kripo-Beamten vor der einzigen Ausfahrt der Mission in Frankfurt-Niederrat auf und beschatten eine Woche lang öffentlich jeden Sowjet-Wagen, der die Mission verläßt, weil es auch in Neufahrland bei Potsdam zu Behinderungen gekommen war. (84) Solche Repressalien gibt es auch 1962. Ein amerikanischer Militär-Konvoi hatte Ärger beim Transit durch die DDR, und als Gegenmaßnahme wird die SMM von amerikanischen Militärpolizisten kurzerhand mit einem Vorhängeschloß abgesperrt. (85)

Bei den in der britischen und französischen Zone stationierten Sowjet-Missionen gibt es kaum solcherart Zoff. So bescheinigt die „Berliner Morgenpost" am 11. August 1963 den ungeliebten Besuchern aus dem Osten: „Es hat noch nicht ein einziges Mal auch nur die geringste Schwierigkeit, die geringste Kontroverse in Bünde gegeben, seit dort im August 1957 die sowjetische Militärmission errichtet wurde ... Höflichkeit, Bescheidenheit, Zurückhaltung, Korrektheit – das sind die Attribute, die offizielle Stellen in Bünde den Sowjets bescheinigen." (86)

Besonders in den ersten Jahren der Militärmissionen bemüht man sich von allen Seiten um Normalität im Zusammenleben. Das geht soweit, daß Tamara Nickonow, die Frau eines im

Westen stationierten sowjetischen Leutnants, 1954 ihren Sohn im 97. US-Hospital in Frankfurt am Main zur Welt bringen darf. Der acht Pfund schwere Junge dürfte so wohl der einzige Sowjetbürger sein, dessen Geburtsurkunde den Stempel einer amerikanischen Armee-Einheit trägt. (87)

Als der kalte Krieg schließlich immer heißer wird, finden solch freudige Ereignisse nicht mehr statt, und die Sowjets werden als Spione in Uniform argwöhnisch beobachtet. Schließlich wissen Amerikaner, Briten und Franzosen ganz genau, was ihre Leute im Osten so treiben. Daß die einstigen Verbündeten im Westen anderes im Sinn haben könnten, wäre höchst unwahrscheinlich, und außerdem belegen deren umfangreiche „Ausflüge" auch immer wieder, daß sich beim Ausspähen des jeweiligen Gegners keine Seite Hemmungen auferlegt. Das wird gegenseitig toleriert. Nur mühsam unter der Decke gehaltene Empörung ruft es allerdings hervor, als sich die Militärs – wenn auch ungeplant – direkt in den deutsch-deutschen Geheimdienstkrieg einmischen.

Der Spion in der Kiste

Der 20. Januar 1979 ist ein frostiger Tag. Vor dem Tor der Untersuchungshaftanstalt Karlsruhe in der Riefstahlstraße hält ein Polizeiwagen. Der Kriminalhauptkommissar vom Bundeskriminalamt (BKA) steigt aus, um sich beim Pförtner zu melden. Nach zwei Schritten rutscht er auf dem Glatteis aus.

Der Mann im Fond reagiert sofort. Er klettert über die Lehne des Fahrersitzes, springt auf die Straße und verschwindet in der Dämmerung.

Wenige Stunden zuvor war er in seinem Bungalow am Ahornweg 2 in Leopoldshafen unter Spionageverdacht verhaftet worden: Reiner Paul Fülle, Angestellter im Kernforschungszentrum Karlsruhe.

Sein am 18. Januar 1979 in den Westen geflüchteter Stasi-Führungsoffizier Werner Stiller hatte ihn verraten. Seit 1963 spionierte Fülle für die Hauptverwaltung Aufklärung (HVA) der Stasi die westdeutsche Atom-Technologie aus. Die telegrafische Warnung „Großmutter erkrankt, fürchten das Schlimmste“ aus der Zentrale in Ost-Berlin hatte ihn nicht mehr rechtzeitig erreicht. Reiner Paul Fülle wird noch an seinem Arbeitsplatz im Kernforschungszentrum verhaftet und 14 Stunden lang verhört. Dann soll es in die U-Haft gehen. Nun bleibt die Zelle leer. Der Mann rennt durch ein paar Nebenstraßen. Der Kripo-Mann verfolgt ihn. Dabei rutscht er noch zweimal aus und fällt hin. Der Flüchtling ist inzwischen bis zur Kunsthalle gekommen. Er geht in das Gebäude und steigt in den dritten Stock. Dort versteckt er sich auf einem Fenstersims.

Niemand vermutet ihn in dem Gebäude, daß in unmittelbarer Nähe der Karlsruher Gerichte liegt. Drei Stunden hockt Fülle in der Kälte. Dann stellt die Polizei die Nahbereichsfahndung ein. Der Mann läßt sich in der Kunsthalle einschließen. Er hat weder Geld, noch Papiere. In der nächsten Nacht versorgt er sich mit Brot und Wurst von einem Servierwagen eines in der Nähe gelegenen Krankenhauses. So vergehen zwei Tage. (88)

In den TV-Nachrichten laufen derweil Fahndungsfotos von Reiner Paul Fülle. Er wird steckbrieflich gesucht. Das Bundeskriminalamt ist sauer. BKA-Vizepräsident Günter Ermich: „Hier liegt ein glattes Fehlverhalten eines unserer Beamten vor, das nicht im geringsten zu entschuldigen ist. Der Beamte, ein 40jähriger, erfahrener Kriminalhauptkommissar, hat einen Kardinalfehler begangen, einen Verstoß gegen die Polizeidienstvorschrift: Er hätte Fülle auf keinen Fall allein zur Haftanstalt bringen dürfen.“ (89) Jetzt sieht der Kripo-Mann einem Disziplinarverfahren entgegen.

Fieberhaft sucht derweil der geflüchtete Spion nach einem Ausweg. Da fällt ihm die sowjetische Militärmission in Baden-Baden ein. Mühsam schlägt er sich in den noblen Kurort durch.

Dem sowjetischen Posten offenbart sich Reiner Paul Fülle als DDR-Agent auf der Flucht, doch der Mann schickt ihn zunächst erschrocken weg. Davon läßt er sich jedoch nicht abschrecken. Am Abend desselben Tages ist er wieder bei „den Freunden“. Diesmal wird er eingelassen. Die Sowjets verstecken ihn im Keller eines Missionsgebäudes.

Hier ist der Flüchtling erst einmal sicher, denn das Gelände ist exterritoriales Gebiet. Die deutsche Polizei darf es nicht betreten, und im übrigen weiß ja auch niemand von seinem Versteck.

Trotzdem muß schnell eine Lösung des Problems gefunden werden. Deshalb zimmern die Sowjets eine große Holzkiste mit Luftlöchern. Am 30. Januar 1979 wird sie auf einen Lkw der Mission verladen. Reiner Paul Fülle sitzt darin. Nach 450 Kilometern recht unbequemer Fahrt passiert der Wagen unkontrolliert den Grenzübergang Herleshausen. Der Spion ist in der DDR in Sicherheit. Die Sowjets liefern ihn in einem Offiziersheim ihrer Truppen ab, dort nimmt die Stasi ihren Atom-Spion erleichtert in Empfang. (90)

Für die Männer Moskaus im Westen bleibt die Aktion nicht ganz ohne Folgen. Obwohl bisher niemand etwas davon ahnt, wissen sie doch, daß sie damit ihre Rechte als Militärmission weit überschritten haben. Deshalb wird der Chef der Mission, General Nikolai Klimenko, wenig später vorsorglich nach Moskau zurückbeordert. Die Franzosen werden informiert, dies sei „aus gesundheitlichen Gründen“ geschehen. Er kehrt nicht mehr in die Bundesrepublik zurück. Der Posten des Missionschefs wird erst im Juli 1982 mit dem Oberst Jurij D. Glotow wieder besetzt. (91)

Der joviale Offizier stößt auf eisige Ablehnung, denn inzwischen ist bekanntgeworden, welche Rolle die Sowjet-Mission bei der Ausschleusung von Reiner Paul Fülle spielte. Der Flüchtling fühlte sich nämlich in der DDR überhaupt nicht wohl.

Trotz Haus “Am Jägersteig 41 a“ im bürgerlich-gediegenen Kleinmachnow, immerhin 1500 Mark Gehalt fürs Nichtstun, Lada und Fiat-Mirafiori vor der Tür und einem Motorboot auf einem See bei Potsdam, ist Reiner Paul Fülle von der DDR tief enttäuscht. Der spätere HVA-Chef Werner Großmann weiß, warum: „Verhängnisvoll wirken die drakonischen Aktivitäten der Abwehr auf die Kundschafter, die wir zurückgezogen haben. Dem Zugriff des Gegners entzogen, sind sie plötzlich operative Vorgänge der Abwehr des Ministeriums für Staatssicherheit. Besonders betroffen sind jene Menschen, die wir als Bürger der Bundesrepublik geworben hatten und die sowieso genügend Schwierigkeiten haben, sich den Verhältnissen in der DDR anzupassen. Reiner Fülle, der jahrelang für uns im Kernforschungszentrum Karlsruhe gearbeitet hat, geht in die Bundesrepublik zurück. Er nimmt sogar vier Jahre Haft in Kauf." (92)

Der General verschweigt dabei geflissentlich, daß dieses „Zurückgehen" eine riesige Schlappe der Stasi war. Diesmal wird die erneute Flucht vom Verfassungsschutz und der CIA eingefädelt.

Reiner Paul Fülle fühlt sich in der DDR wie im goldenen Käfig. Seine Familie denkt nicht daran, ihm in den Osten zu folgen. Tochter Patricia, die ein Augenleiden hat, studiert an der Freien Universität in West-Berlin. Seine Frau hat sich dort eine Wohnung genommen, um ihn regelmäßig besuchen zu können. Das ist alles, was sie tun wollen, um ihm wenigstens ein bißchen nahe zu sein. Fülle ist von dieser familiären Situation ebenso wie vom sozialistischen Luxusleben frustriert. Seiner Frau bleibt das bei ihren Besuchen in Kleinmachnow nicht verborgen. Anfang 1980 erzählt sie davon Horst Freimark vom Berliner Landesamt für Verfassungsschutz. Der Mann mit dem Decknamen „Holm" trifft sich mit Frau Fülle aus reiner Routine. Er will sich hin und wieder über ihren Ehemann informieren, denn dessen peinliche Flucht ist lange nicht vergessen. Zu seinem großen Erstaunen hört er nun, daß Fülle am liebsten wieder in den Westen zurückkommen würde. Das läßt er sich nicht zweimal sagen.

Sofort rollt beim Verfassungsschutz die Aktion „Veronika" an. Wichtigstes Problem: Wie kann die Rückführung des Atom-Spions in die Bundesrepublik erfolgen. Der Weg über die grüne Grenze scheint den Geheimdienstlern zu gefährlich. Hansjoachim Tiedge, damals im Kölner Bundesamt für Verfassungsschutz für DDR-Agenten zuständig, und später zur Stasi übergelaufen: „Man konnte nur an einen Paß denken, der mit einem Lichtbild Fülles, das bei seiner Ehefrau beschafft werden konnte, versehen war und auf einen anderen Namen lautete. Die Beschaffung eines solchen Passes war für das BfV wegen seiner zahlreichen Kontakte zu allen möglichen Paßbehörden kein Problem." (93)

Schwieriger scheint das Fälschen eines Besuchervisums für ein sozialistisches Land, ohne das der Paß für die illegale Ausreise wertlos wäre. Die Verfassungsschützer denken dabei als erstes an Amtshilfe durch den BND. Doch sie trauen den Kollegen nicht. Hansjoachim Tiedge: „Für den BND sprach ..., daß er seine Fälschungsarbeiten offensichtlich auf hohem Niveau durchführen konnte und sich dabei auch auf eine umfangreiche Dokumentensammlung, vor allem aus den sozialistischen Ländern, stützte. Gegen ihn aber sprach seine Neigung, sich derartige Ausschleusungshilfen mit überhöhten Vorleistungsforderungen an die Ausreisewilligen honorieren zu lassen." (94) Die Verfassungsschützer finden einen Ausweg: „Also fiel nach längerer Diskussion die Wahl auf die CIA, ein zwar rüder und rücksichtsloser Dienst, allerdings mit einer ebenfalls guten Fälscherwerkstatt ausgestattet." (95)

Nachdem im Agentenkrimi um Reiner Paul Fülle nun bereits die sowjetische Militärmission in Baden-Baden, der militärische Geheimdienst der Sowjets GRU und das KGB, sowie Stasi und Verfassungsschutz aktiv waren, kommen nun auch noch die Amerikaner ins Boot. Hansjoachim Tiedge managt den Deal mit dem CIA-Mann an der US-Botschaft, John McCoy. Die beiden Geheimdienstler vereinbaren: „Das BfV stellt der CIA einen echten bundesdeutschen Reisepaß, ausgestellt auf einen Aliasnamen und ausgestattet mit einem Lichtbild Fülles zur Verfügung, in den die CIA ein ungarisches Einreisevisum hineinfälscht ... Das BfV ist ferner für die Verbringung des Passes in die DDR zuständig, wobei die CIA einen Container, also einen Gegenstand mit einem eingebauten Versteck, zur Verfügung stellt. Fülle nutzt einen ohnehin geplanten Urlaubsaufenthalt in Bulgarien, um von dort mit seinen echten DDR-Papieren nach Ungarn zu gelangen, und reist von dort mit dem Falsifikat als rückreisender bundesdeutscher Urlauber nach Österreich aus. Die CIA erhält den Reisepaß unmittelbar nach Fülles Eintreffen in Wien aus den Händen des BfV zurück." (96) Nach rund anderthalb Jahren Vorbereitungszeit rollt die Aktion „Veronika" Anfang September 1981 ab. In der Zwischenzeit sammelt Fülle für den Verfassungsschutz noch alle greifbaren Informationen über die Stasi. Dann wirft er seinen „Vaterländischen Verdienstorden" in Gold in die Mülltonne seines Hauses in Kleinmachnow und macht sich auf den Rückweg in den Westen.

Der Paß ist von der CIA perfekt gefälscht, es gibt nur ein Problem: Den Container haben die Amerikaner in einem dicken, religiösen Buch untergebracht. Dort ist er zwar kaum zu entdecken, aber die Schwarte würde an der Grenze mit Sicherheit auffallen. Deshalb lösen die Verfassungsschützer den Transport des Passes operativ. Mit Klebestreifen wird er unter dem Verschluß des Büstenhalters von Frau Fülle befestigt, Tochter Patricia hilft dabei. Verfassungsschützer Hansjoachim Tiedge und der CIA-Offizier James Thibault empfangen den Rück-Überläufer am Frühzug aus Budapest auf dem Wiener Ostbahnhof. Dann geht es mit einem hellblauen Opel-Karavan aus der Fahrbereitschaft des BfV über St. Pölten, Salzburg und München nach Karlsruhe. Dort erwartet Bundesanwalt Dr. Müller die Herren und nimmt gegen Mitternacht den nun erneut geflüchteten Stasi-Spion in Empfang. (97)

Gegen 100 000 Mark Kaution wird Reiner Paul Fülle bis zu seinem Prozeß auf freien Fuß gesetzt. Bundesanwaltschaft und Verfassungsschutz halten seinen Aufenthaltsort im Westen streng geheim.

Ganz so dramatische Schicksale wie Reiner Paul Fülle haben die Spione in Uniform weder im Westen noch im Osten zu erwarten, wenn bei ihren Missionen etwas schiefgeht. Dennoch ist auch ihr Job durchaus aufregend und oft auch gefährlich. Sie sind in all den Jahren des kalten Krieges die Vorposten beim jeweiligen Gegner, ihnen soll möglichst nichts entgehen. Gefragt sind dabei Informationen von der Reifenspur bis zur Raketen-Abschußrampe.

DRITTES KAPITEL
AMERIKANER, BRITEN UND FRANZOSEN IM OSTEN

In den Wäldern um Fürstenberg an der Havel kennt der Mann jeden Baum und jeden Strauch. Er liebt die seenreiche Gegend mit ihren sanften Hügeln. Nur die Russen und ihre Sperrgebiete überall, das stört ihn. Ihre Truppen liegen rings um das Städtchen. Durch das nahe Frauen-KZ Ravensbrück aus der Nazi-Zeit hat es eine traurige Berühmtheit erlangt. Viele Wege sind gesperrt. Sogar ehemalige SS-Kasernen auf dem KZ-Gelände sind von den Sowjets belegt. Die meisten der viereinhalbtausend Einwohner machen um die Russen-Liegenschaften einen großen Bogen. Schnell wird scharf geschossen.

Der Mann haßt die Besatzer und ihre Marionetten in Ost-Berlin. Er führt seinen eigenen kleinen Krieg gegen das Regime der Unterdrücker; regelmäßig meldet er seine Beobachtungen über die Truppenbewegungen der Sowjets nach West-Berlin. Das dortige Büro des Bundesnachrichtendienstes führt ihn als „V-Mann 9771". (1)

In einer eisigen Winternacht im Januar 1959 entdeckt „9771" an der Bahnstrecke Lychen – Fürstenberg merkwürdige Aktivitäten der Russen. Auf freier Strecke hält ein Zug, mit Kettenfahrzeugen werden fast 20 Meter lange Zylinder abgeladen. Der heimliche Beobachter hält sie für „sehr große Bomben". (2) Soldaten transportieren sie über Waldwege auf unbeleuchteten Lastwagen in eine Kaserne der Sowjets. Der V-Mann informiert umgehend den BND.

Von dort gehen seine Informationen an die amerikanischen Verbündeten. Auch sie haben schon Lunte gerochen. Aus ihren heimlich aufgenommenen Luftbilderm ist zu erahnen, daß bei Fürstenberg zwei mobile Abschußrampen für sechs Atom-Raketen vom Typ R-5M – NATO-Code SS-3, im Truppenjargon auch

„Shyster“ (Halunke) genannt – und im nahen Vogelsang noch einmal zwei Rampen für weitere sechs Raketen entstehen.

Um das zu überprüfen, tauchen die Autos der westlichen Militärmissionen nun regelmäßig in den Wäldern um das Havel-Städtchen auf. Sie können sehr schnell feststellen, daß dorthin kürzlich eine Spezialeinheit der 72. Ingenieurbrigade aus der Sowjetunion verlegt wurde. Sie untersteht direkt dem Zentralkomitee der KPdSU und taucht am neuen Standort in der DDR nur unter verschiedenen Tarnbezeichnungen auf.

Das ergibt eine ziemlich heiße Spur. Die 72. Ingenieurbrigade wurde nämlich 1946 in Thüringen formiert, um bei Bad Berka gut ein Dutzend erbeutete V-2 Raketen zu testen. Danach wird die Brigade nach Astrachan verlegt. Dort arbeiten sowjetische und ausländische Experten fieberhaft an der Entwicklung der Atom-Waffen. Ab 1956 werden dann die ersten 28 Exemplare der R-5M an die Truppen übergeben. Die Raketen haben eine Reichweite von 1200 Kilometern und eine Sprengkraft von 300 Kilotonnen TNT. Das ist gut das Zwanzigfache der Hiroshima-Bombe.

Als im Dezember 1958 nun also der Stab und zwei Raketenabteilungen der 72. Ingenieurbrigade in der DDR eintreffen, scheint klar, was unter strengster Geheimhaltung in Fürstenberg und Vogelsang passieren soll. Die Amerikaner verstärken ihre Spionageflüge, und ihre Leute vor Ort werden entsprechend instruiert. Nur die „Waffenbrüder“ in Ost-Berlin ahnen nichts davon. Sie werden aus Moskau nicht einmal informiert.

Im Kreml wurde schon einige Jahre zuvor der Beschluß gefaßt, Atom-Raketen in der DDR, Bulgarien, dem Kaukasus und im Fernen Osten zu stationieren. Der sowjetische Parteichef Nikita Chruschtschow will damit der amerikanischen Bedrohung eigenes Potential entgegensetzen. Mit Geheimerlaß Nr. 589-365ss weist er seinen Verteidigungsminister Marschall Georgi Shukow an, die einzusetzenden Einheiten bis zum 1. Juli 1956 auf volle

Gefechtsstärke zu bringen. Der Personalbestand der Truppen soll dazu um 5500 Mann aufgestockt werden. Dieser Termin wird nicht gehalten. Erst Anfang 1957 reist der Bevollmächtigte für die Stationierung, Generalmajor Puzik, in geheimer Mission in die DDR. Er darf dort keinerlei Aufzeichnungen anfertigen, erst nach seiner Rückkehr nach Moskau werden die künftigen Raketenstandorte auf den Karten des Generalstabs eingetragen.

Chruschtschow sind die Todeswaffen in der DDR besonders wichtig, denn er plant zu dieser Zeit wieder einmal, West-Berlin aus dem westlichen Bündnis herauszubrechen. Auf der politischen Ebene manifestiert sich das diesmal in der Forderung nach Schaffung einer „Freien Stadt", militärisch soll das entsprechende Potential für den „Ernstfall" bereitstehen.

Deshalb folgen bald nach dem Abladen der von „V-Mann 9771" beobachteten Raketen-Teile im April 1959 die Atomsprengköpfe für die R-5M. Sie werden über den Flugplatz der Sowjets in Templin eingeflogen und in Bunkern in Fürstenberg und Vogelsang gelagert.

An den Raketen wird wegen der amerikanischen Überwachungsflüge nur bei Nacht gearbeitet. Geübt werden die Starvorbereitungen der Geschosse. Das dauert zu Anfang noch rund 30 Stunden, später reichen fünf Stunden aus. Solches Treiben bleibt trotz aller Tarnung nicht geheim. So ist zum Beispiel eine Komponente des Raketenantriebs flüssiger Sauerstoff. Er verdunstet innerhalb von 30 Tagen. Deshalb muß irgendwo Nachschub produziert und zu den Standorten transportiert werden. Wenn also verstärkt Kesselwagen von Leuna in den Norden der DDR rollen, wo es keine Chemie-Industrie gibt, ist das für die Beobachter aus den Militärmissionen ein Indiz dafür, daß dort irgendwo flüssiger Sauerstoff gebraucht wird.

Die Russen ahnen, daß ihnen die fremden Offiziere in den olivgrünen West-Wagen auf der Spur sind. Die „entsprechenden Aufklärungseinrichtungen" könnten sich „bei Beschattung unserer Schritte“ sachkundig machen, notiert Generalmajor Wladimirski vom Stab der 72. Ingenieurbrigade, weil es „einfach zu viele demaskierende Hinweise“ gibt. (3)

Zum Beispiel die auf Disziplinarstrafen wegen „besonderer Vorkommnisse“. Auf den Raketenstützpunkten wird kräftig gefeiert, denn zum Zündsystem der Sprengköpfe gehört blau eingefärbtes 92prozentiges Äthanol. Das lassen die Soldaten immer mal wieder „verdunsten“. Als „Blaue Donau“ ist der Stoff bei ihnen außerordentlich beliebt, und bis zur Randale im Vollrausch ist es dann meist nicht mehr sehr weit.

Doch ganz gewiß nicht nur deshalb zieht die 72. Ingenieurbrigade im August/September 1959 überraschend wieder aus der DDR ab. Inzwischen gibt es nämlich eine neue Generation von Mittelstreckenraketen mit einer Reichweite von über 2000 Kilometern. Deshalb wird der Standort in das Gebiet um Kaliningrad (Königsberg) verlegt. Raketen-General Puzik meint, das sei „ökonomischer und sicherer“ (4), und nun könnten „die gleichen Aufgaben vom Territorium unseres Staates aus erfüllt werden“. (5)

Aus der Sicht der Sowjets sind die Aufgaben gewachsen, denn seit 1958 übt das Strategische Bomberkommando der Amerikaner (SAC) eine neue Form der Alarmbereitschaft. Gefechtsbereite B-52-Bomber bleiben künftig bis zu 24 Stunden in der Luft, werden während des Fluges aufgetankt und sind so innerhalb von Minuten für den Einsatz von Atom-Waffen bereit. (6)

Die Raketen-Episode in der DDR bleibt außerhalb der Geheimdienste bis Ende der neunziger Jahre unbekannt. Erst dann entdeckt der Historiker Matthias Uhl von der Martin-Luther-Universität Halle/Wittenberg in sowjetischen Archiven erste Spuren und darf Zeitzeugen befragen. Bis dahin gilt die Stationierung sowjetischer Atom-Raketen 1962 auf der Karibikinsel Kuba als erstes Auftauchen dieser Waffen im Ausland.

Für die amerikanischen, britischen und französischen Offiziere der Militärmissionen in der DDR kehrt nach der Aufklärung bei Fürstenberg wieder der Alltag, aber keineswegs Ruhe ein. Sie wissen, daß sie einen gefährlichen und anstrengenden Job zu leisten haben, der direkt nach dem Verlassen West-Berlins beginnt.

„Hinter der Brücke seid ihr im Krieg ...“

Für die Alliierten Militärmissionen ist die Glienicker Brücke das Nadelöhr zwischen West-Berlin und der DDR. Neben dem rot-weißen Schlagbaum auf der Potsdamer Seite steht ein flaches Wachhäuschen der Sowjets. Nur die Wachleute dürfen die Soldaten und Offiziere der einstmals Verbündeten kontrollieren. Das bleibt auch so, als die offiziell selbst zu finstersten Mauer-Zeiten als „Brücke der Einheit“ firmierende, traditionsreiche Verbindung zwischen Potsdam und Berlin im November 1985 zum regulären Grenzübergang für Diplomaten wird. Auf der Westseite gibt es nur einen Polizeiposten. „Anna 10“ heißt er im internen Jargon der Ordnungshüter. Die Posten im Osten kennen ihre amerikanischen, britischen und französischen Pendler. Sie weisen sich mit einem vom sowjetischen Hauptquartier ausgestellten Paß in russischer Sprache aus, ihre Autos tragen spezielle Nummernschilder mit der Fahne des jeweiligen Landes und einer großen zweistelligen Zahl. Die Passagen verlaufen ruhig und zügig, hier muß niemand drängeln. Daß über die Brücke einmal die berühmte „Reichsstraße 1“ von Aachen bis nach Königsberg verlief, ist längst vergessen.

Sie hat eine lange Geschichte. Vor gut 300 Jahren, zwischen 1660 und 1680, entstand zwischen der Glienicker Lake und dem Jungfernsee auf Befehl von Kurfürst Friedrich Wilhelm die erste hölzerne Brücke, 1831 bis 1834 wurde sie nach Plänen Karl-Friedrich Schinkels aus Ziegelsteinen gebaut und 1907 als stählerne Hängebrücke ausgeführt. Über Jahrhunderte strömten hier Brandenburger Bauern auf die Märkte der Hauptstadt und Berliner Ausflügler ins Grüne. Erst nach dem Bau der Mauer zieht für gewöhnlich Friedhofsruhe ein. Doch es gibt Ausnahmen. Zum heißesten Ort im kalten Krieg wird die Glienicker Brücke jeweils am 10. Februar 1962, am 12. Juni 1985 und am 11. Februar 1986. An diesen Tagen werden am weißen Strich zwischen Ost und West Agenten ausgetauscht. Für den bei Swerdlowsk abgeschossenen amerikanischen Spionage-Piloten, Francis Gary Powers, den in New York geschnappten KGB-Oberst Rudolf Iwanowitsch Abel, den im GULAG sitzenden sowjetischen Bürgerrechtler Anatolij Schtscharanski und gut zwei Dutzend „kleine Fische“ aus West und Ost beginnt über der Havel die Freiheit.

Ansonsten ist die Brücke dicht. Fünfzehn Jahre lang gibt es nur einen einzigen Potsdamer, der sie außer den westlichen Militärs tagtäglich passieren darf. Das ist Werner Fricke, Angestellter der Potsdamer Wasserwerke. Die Wasserversorger betreiben bis 1977 das Wasserwerk Groß-Glienicke, und das liegt auf West-Berliner Gebiet. Fricke arbeitet dort. (7)

Man kennt sich an der Glienicker Brücke. Wenn Oberstleutnant Paul G. Skowronek nach dem Mauerbau den sowjetischen Posten mit seinem Achtzylinder „Sting Ray“-Sportwagen passiert, versäumt es der kleine, drahtige Amerikaner niemals, sie mit einem herzlichen „Strasdwuijtje, Towarischii“ („Guten Tag, Genossen“) zu begrüßen. Doch dann ist auch schon Schluß mit der Freundlichkeit. „Wenn Ihr die Brücke überquert, seid Ihr im Krieg!“ (8) Das ist die Erfahrung von BRIXMIS-Veteran Tony Geragthy. Er und seine Kollegen haben dabei oft sogar ein – an das „Vaterunser“ angelehntes – kurzes Stoßgebet gesprochen: „Unsere Reise, die du bist in der DDR, geheiligt werde Dein Name, Deine Ausrüstung wird nahe den Flug- und Übungsplätzen gesehen werden. Unsere Schuld vergib uns schon heute, und vergib uns unsere Raubzüge, und vergib jenen, die uns zurückhalten wollen ...“ (9)

Im Feindesland wird zwischen den Missionen eng zusammengearbeitet. Ergebnisse der Erkundungsfahrten werden über die Berliner Stabsstellen der Alliierten untereinander ausgetauscht.

Die Stasi stellt durch ihre Observation fest, daß das gesamte Gebiet der DDR in drei Beobachtungszonen aufgeteilt ist. Jeweils zwei Missionen stellen einen Luftaufklärer und einen Heeresaufklärer für jede Zone. Nach einem Rotationsverfahren werden die Zonen etwa alle drei Wochen untereinander gewechselt. Zunächst sind etwa sechs bis acht Missionswagen täglich zwischen einer und zwölf Stunden im Einsatz, später werden auch zwei- und mehrtägige Touren üblich. Oft werden sie erst bei Dunkelheit angetreten, um die Stasi-Verfolger abzuhängen. (10)

Jede Ausfahrt wird von der Stasi und dem vor den alliierten Gebäuden stationierten „Missionsschutz“ der VP akribisch erfaßt. So weisen die Akten für 1960 zum Beispiel 1534 Fahrten aus. Nach dem Bau der Mauer erhöht sich ihre Zahl; 1973 sind es bereits 2581 Touren, und 1978 sind die Amerikaner 1213mal, die Briten 1075mal und die Franzosen 753mal unterwegs. (11) Notiert werden auch die Verletzungen der Sperrgebiete; 1979 sind das 230 durch die USMLM, 374 durch die BRIXMIS und 176 durch die MMFL. (12).

Ob sich diese Kriegseinsätze hinter den feindlichen Linien überhaupt lohnen, wird von westlichen Politikern immer dann thematisiert, wenn es mit den Sowjets Differenzen über das Verhältnis der Missionen zur DDR gibt.

Das ist zum Beispiel im Januar und Februar 1960 der Fall. Das sowjetische Hauptquartier gibt neue Pässe aus – eigentlich eine Routineangelegenheit –, die aber nun plötzlich nicht mehr Hammer und Sichel, dafür aber einen Vermerk auf Registrierung beim „Innenministerium der Deutschen Demokratischen Republik“ tragen. Die Amerikaner stellen daraufhin zeitweilig ihre Überwachungsfahrten ein, um die Wiederherstellung des bisherigen Verfahrens zu erzwingen, was schließlich auch gelingt. (13)

In den in jenen Tagen in Washington, London und Paris geführten Diskussionen wird deutlich, daß der Informationswert der Missionen überall als „wichtig“ eingeschätzt wird. Für die

USA wiegt zwar die Gefahr politischer Unstimmigkeiten mit den Sowjets schwerer, als der eventuelle Verlust ihrer Mission, dennoch sind sich das Außen- und Verteidigungsministerium darüber einig: „Es wäre ein schlechter Moment, um sich selbst Augen und Ohren zu verschließen.“ (14) Besonders die Briten betonen, daß ihre Mission für sie die „zuverlässigste und fruchtbarste Militäraufklärung zu Aktivitäten in der Ost-Zone“ (15) leistet und die Existenz der Missionen auf beiden Seiten überall in Deutschland entscheidend dazu beiträgt, Überraschungsangriffe auszuschließen. (16)

Daß wichtige Entwicklungen in und um Berlin von den Missionen unzutreffend bewertet werden, tut dieser Einschätzung offenbar keinen Abbruch. So beobachtet die USMLM im Juni 1948 den Abbau von Gleisanlagen durch die sowjetische Armee. Daraufhin meldet sie etwa zwei Wochen vor Beginn der Berlin-Blockade am 18. Juni 1948, daß es in absehbarer Zukunft keine aggressiven Absichten der Sowjets gebe und solche Aktivitäten eher auf deren defensives Vorgehen hinweisen. (17)

Auch in den ersten Augustwochen 1961 bemerken die Missionen zwar Truppenbewegungen im Raum Berlin, bewerten sie aber nicht als außergewöhnliche Ereignisse. Die Amerikaner stellen die Verlegung von Grenzpolizei von der deutsch-polnischen und deutsch-tschechischen Grenze fest und prüfen den „Ring um Berlin“. Ihr Urteil: Die Situation entspricht weitgehend der bereits früher bestehenden. Auch für die Franzosen sind die Truppenbewegungen ganz normale Vorgänge im Rahmen der üblichen Sommer-Manöver. Der erste Bericht über die Grenzschließung zwischen den West- und Ostsektoren Berlins geht am 13. August 1961 um 4 Uhr früh nach Washington D. C. ab. (18)

Im August 1968 werden die Militärmissionen durch die Erweiterung der Sperrgebiete an der deutsch-tschechischen Grenze und die taktische Kennzeichnung von Gefechtsfahrzeugen mit etwa 15 Zentimeter breiten, weißen Streifen auf die Truppenansammlungen dort aufmerksam. Eine Prognose des bevorstehenden Einmarsches von Einheiten der Warschauer Paktstaaten in die Tschechoslowakei ist aber nicht nachweisbar. Auf die Erweiterung der Sperrzonen wird lediglich mit Beschränkungen für die sowjetische Militärverbindungsmission in Frankfurt am Main reagiert.

Bemerkenswert im Hinblick auf die Wirksamkeit der amerikanischen, britischen und französischen Beobachter erscheinen die immer wieder zu verzeichnenden Beschwerden der DDR bei den „Freunden". So klagt Walter Ulbricht in einem Brief vom 20. Juli 1959 bei Nikita Chruschtschow, daß die Aktivitäten der USMLM weit über „die übliche Spionagetätigkeit" hinausgingen und die Amerikaner „die Vorbereitung eines Überfalls auf die DDR" (19) betrieben. Zehn Tage zuvor hatte die Stasi drei Missionsangehörige bei Chemnitz (damals Karl-Marx-Stadt) widerrechtlich kontrolliert. Nun behauptete die DDR, sie habe Beweise dafür, daß die Militärmissionen sich „hauptsächlich beschäftigen mit: 1. Spionage gegen die Sowjetarmee und die Nationale Volksarmee; 2. Auskundschaftung von geeigneten Plätzen für die Schaffung von Stützpunkten für den Absprung von Luftlandetruppen, für Waffenverstecke ...; 3. Lenkung und Kontrolle der von West-Berlin ausgehenden Spionagetätigkeit in der DDR". (20)

Ob diese Einschätzung in jedem Detail sachlich zu begründen ist, sei dahingestellt. Sie unterstreicht aber auf jeden Fall – hier aus der Perspektive der überwachten Seite – die große Bedeutung der von den Missionen gesammelten Informationen. Ihr Gewicht wächst nach dem Bau der Mauer noch, weil Reisen in die DDR nun viel schwieriger geworden sind. Im Bereich der militärischen Überwachung werden bei den Beobachtungsfahrten ganz entscheidende Informationen erbracht, wie zum Beispiel die 1978 erstmals auf DDR-Boden entdeckte Stationierung sowjetischer SS-20 Raketen im Raum Frankfurt/Oder. Auf solch brisante Aufklärungsergebnisse reagiert die Stasi mit einer Intensivierung ihrer

Überwachung. Deshalb wird mit Weisung Erich Mielkes vom 14. November 1983 der „Sicherungskomplex Antwort" – die Geheimhaltung aller mit der Stationierung sowjetischer Kernwaffen in der DDR verbundener Maßnahmen – an die Abteilung 4 der Hauptabteilung „Spionageabwehr" des MfS übertragen. Diese Abteilung ist federführend in der Militärspionageabwehr und kooperiert dazu mit den entsprechenden Sonderabteilungen des KGB. Sie hat dafür 51 Planstellen, ihr letzter Chef ist Oberstleutnant Ulrich Holletz. (21) Offenbar kann aber auch sie in den Folgejahren hochkarätige Entdeckungen durch die Militärmissionen nicht verhindern. So scheint es letztlich nicht übertrieben, wenn BRIXMIS-Veteran Major Nigel Wylde feststellt: „Trotzdem wußten wir bis zum Schluß über 95 Prozent der Roten Armee Bescheid." (22)

Von relativ geringer Bedeutung bleiben in all den Jahren Beobachtungen zu innenpolitischen Entwicklungen in der DDR. Dies ändert sich auch dann nicht, als mit dem Entstehen kritischer Bürgerbewegungen potentielle Verbündete für die alliierten Offiziere heranwuchsen.

So geraten in der Endzeit der DDR auch die bisher tabuisierten Umweltsünden der Gruppe der Sowjetischen Streitkräfte in Deutschland" (GSSD) ins Visier der erwachten Bürger. Umweltgruppen in der Nähe sowjetischer Garnisonen interessieren sich dafür und beginnen Material darüber zu sammeln. Das bleibt auch der Stasi nicht verborgen. In einer streng vertraulichen „Information über Tendenzen der Evangelischen Kirche Berlin-Brandenburg, unter besonderer Berücksichtigung der Entwicklung im Sprengel Potsdam" vom 11. Mai 1989 (23) über die „feindlich-negativen Aktivitäten" des „Jugendzentrums der Evangelischen Kirche Neuruppin" wird festgestellt: „Im Mittelpunkt stehen dabei ... Fragen des Umweltschutzes, besonders mit Aussagen gegen die im Raum Neuruppin stationierten Truppen der GSSD (Flugbetrieb, Umweltschäden bei Manöver und dgl.). Zu den Aktivitäten gehören unter anderem Auftritte feindlich-negativer ‚Liedermacher', die Durchführung von Mahnwachen und Unterschriftensammlungen sowie thematische Diskussionen zu gesellschaftlich-relevanten Themen. Dazu bestehen einige überörtliche Kontakte, vorrangig nach Berlin, einschließlich des Auftretens von feindlichen Kräften aus der Hauptstadt." (24)

In diesem Zusammenhang werden von der Stasi auch immer wieder „illegale Kontakte" von DDR-Bürgern zu Missionsangehörigen und sogar die Nutzung von Agenten in der DDR vermutet. Beweise dafür können von der Stasi jedoch „nicht erarbeitet werden". (25) Es ist unwahrscheinlich, daß es sie je gegeben hat. Trotz ihres Aufklärungsauftrags und der Kooperation mit den verschiedensten geheimdienstlichen Strukturen der Alliierten führten die Militärmissionen nach bisheriger Kenntnis keine eigenen Agenten. Das hätte nicht nur den bestehenden Abkommen, sondern auch dem übergeordneten politischen Interesse am Erhalt eines Informationskanals auf einer relativ niedrigen und weitgehend abgeschirmten Ebene widersprochen.

Dennoch beargwöhnt die Stasi jeden Wortwechsel zwischen den uniformierten, westlichen Militärs und den DDR-Bürgern, sei er auch noch so zufällig. So wird in einem Bericht vom 29. Oktober 1979 nicht nur festgestellt, daß „eine Zunahme der bekanntgewordenen Kontakte zu verzeichnen" sei, sondern auch noch auf die entsprechende Methode dabei verwiesen. „Inoffizielle Mitarbeiter" haben sie beobachtet: „Durch das Ansprechen zwecks Hilfeleistung bei Fahrzeugschäden" knüpften die Angehörigen der Militärmissionen „Kontakte zu Jugendlichen, indem sie sie mit Kaugummi und Zigaretten belohnen". (26)

Wer als besonders anfällig für die von den westlichen Offizieren angeblich angestrebte „Schaffung und Aufrechterhaltung von feindlichen Verbindungen" (27) gilt, ist in der als „Geheime Verschlußsache" deklarierten Dienstanweisung Erich Mielkes mit dem sperrigen Titel: „Schwerpunkte der Feindtätigkeit der westlichen Militärverbindungsmissionen“ vom 20. Februar 1960 im üblichen holprigen Stasi-Deutsch nachzulesen: „Nr. 3: Schaffung und Aufrechterhaltung von feindlichen Verbindungen, wie zum Beispiel zu: Inhabern und Angestellten von Antiquitätenhandlungen, Porzellan- und Schmuckwarengeschäften, Pfandleihstellen, Briefmarkenhandlungen, Angestellten und Bedienungspersonal von Hotels, in denen Angehörige der westlichen Militärverbindungsmissionen bei ihren Reisen durch die Deutsche Demokratische Republik übernachten und vermutlich Treffs durchführen, zu Förstern, Waldarbeitern, Bauern, deren Äcker an militärischen Objekten gelegen sind, Straßenmeistern, Schleusenwärtern und Besitzern von Tankstellen, die in der Nähe von militärischen Objekten ihr Anwesen haben oder hier tätig sind, Zivilisten, die zur Durchführung handwerklicher Arbeiten in militärischen Objekten Zutritt haben, ferner Schrottsammler, die Übungs- und Schießplätze der Nationalen Volksarmee und der sowjetischen Armee nach Schrott absuchen dürfen; klären Ortschaften auf, wo kleinbürgerlicher und kirchlicher Einfluß vorhanden ist; suchen Verbindung zu Angehörigen der Intelligenz und nutzen dabei Bekanntschaften leichter Mädchen aus; suchen Bars und Tanzvergnügungsstätten auf, um persönlich Kontakte zu Studenten und zu anderen sie interessierenden Bürgern der Deutschen Demokratischen Republik zu schaffen.“ (28) All jene, die in den hier genannten Richtungen in der DDR tätig waren, wurden regelmäßig überwacht.

Ob die sich in dieser Darstellung der Stasi widerspiegelnde Furcht vor Spionage durch die westlichen Offiziere unter Einbeziehung Einheimischer überhaupt begründet war, muß bezweifelt werden. Immerhin treten die Angehörigen der Missionen in der DDR offiziell nur in Uniform auf, sind an ihren im Straßenbild ungewöhnlichen Autos mit entsprechender Kennzeichnung zu erkennen und werden weitestgehend beschattet. Dennoch hat es sicher auch Zufallsbegegnungen und gezielt gesuchte Gespräche mit DDR-Bürgern gegeben. Dabei dürften die Offiziere aus dem Westen eher innenpolitische, als militärische Informationen erlangt haben. Sie spielen jedoch in den Berichten der Missionen über all die Jahre stets eine untergeordnete Rolle.

So vermerkt zum Beispiel der Rapport der USMLM vom Januar 1949 zwar, daß das KZ Sachsenhausen bei Oranienburg noch voll in Betrieb ist und ansonsten überall dort in der sowjetisch besetzten Zone rote Fahnen wehen, wo das Soll des ersten Zweijahresplans erfüllt wurde. Viel wichtiger ist für die Militärs aber das Überqueren der als gesperrt geltenden Elbbrücke bei Magdeburg „nach einem kurzen Gespräch und vier Zigaretten". (29) Sie ist für den Zugang nach Berlin von entscheidender militärischer Bedeutung.

Die sich hier am Anfang der DDR bereits andeutenden Prioritäten bleiben bis zu deren Ende unverändert. Als am 7. Oktober 1989 Demonstranten in Potsdam ihrem Ärger über die gelähmte DDR-Führung Luft machen, meldet Generalmajor Helmut Schickart, Chef der Stasi-Bezirksverwaltung, per Chiffre-Telegramm 686 nach Berlin, daß „durch die besatzung des mvm-Fahrzeugs nr. 23 (usa) ... der ablauf der zusammenrottung fast durchgängig dokumentiert" wurde. (30) Von Kontakten der Amerikaner zu der inzwischen von der Stasi kaum noch zu beherrschenden Bevölkerung ist aber auch hier keine Rede. Die Amerikaner fahren übrigens wenig später an den russischen Kasernen vorbei, um nachzusehen, ob außergewöhnliche Aktivitäten herrschten. Danach ging es auf die Glienicker Brücke. Der freie Zugang nach Berlin interessiert sie nach wie vor viel mehr, als die inzwischen aufmüpfigen Ost-Deutschen. Daran hat sich in den vierzig Jahren ihrer Präsenz nichts geändert.

Statt nach der klassischen Geheimdienstmethode auf „menschliche Quellen" zu bauen, haben die Militärmissionen bei ihrer Tätigkeit neben dem persönlichen Einsatz stets auf die modernsten technischen Hilfsmittel gesetzt. Das stellen auch die

Sowjets bei ihren gelegentlichen Übergriffen auf die Missionsfahrzeuge fest: „Bei den Briten wurde eine große Anzahl der Spionage dienender Spezialgeräte beschlagnahmt, darunter ein Nachtsichtgerät, eine Videokamera mit Videorecorder sowie Fotoapparate mit speziellen Vorsatzgeräten. Diese Spionageausrüstung bezeichnete der Chef der Mission, Brigadegeneral John Fowley als ‚Standardausrüstung.'" (31) Sie wird je nach Notwendigkeit durch Geräte ergänzt, die von chemischen Analysen des Bodens über Infrarotaufklärung bis hin zu Geräusch- und Abgasmessungen nahezu alles möglich machen. Gegen solch technisches Equipment muten die Mittel der DDR-Behörden, die unter der Federführung der Stasi möglichst komplex die „Spionagetätigkeit" der Amerikaner, Briten und Franzosen einschränken und verhindern sollen, eher bescheiden an. So stellt die Stasi in ihrer Geheimen Verschlußsache GVS MfS o012-359/89 vom 14. April 1989 zur technischen Ausrüstung des an der politischen Überwachung beteiligten Arbeitsgebietes I (AG I) der Kriminalpolizei fest: „Dem AG I stehen im langjährigen Mittel ca. 10,0 TDM an Valuta-Haushaltsmitteln zur Verfügung. Sie werden vorrangig für die Beschaffung spezieller, im SW nicht realisierbarer Technik (Fotoausrüstung, Kleinsttonbandgeräte, Reparatur vorhandener NSW-Technik) sowie zur Beschaffung notwendiger Verbrauchsmaterialien eingesetzt.

An operativer Technik verfügt das AG I über Kleinsttonbandgeräte vom Typ Olympus (Japan), die 1986 bis 1989 zugeführt und in den Dienststellen differenziert bis in das VPKA zum Einsatz gebracht wurden. Der Einsatz dieser ca. 580 Geräte und Zubehör hat sich bewährt.

In 2/3 aller Dezernate I BDVP/PdVP existiert darüber hinaus Vervielfältigungstechnik (A 4), die auch für die übrigen Dienststellen beschafft werden soll. Andere operative Technik ist nicht vorhanden. Die Beschaffung dringend benötigter Video-Technik, insbesondere für Beobachtungs- und Beweisführungsaufgaben, aber auch für die Schule des AG I verlief in den letzten Jahren ergebnislos.

Die Dienststelle I/U besitzt in begrenztem Umfang Fotogeräte des Typs „Robot“ (BRD) mit Spezialobjektiven, Kleinstfernsehkameras, 1 Restlichtkamera und Nachtsichtgeräte.

Aufgrund des begrenzten Umfangs von Valutamitteln ist auch in den nächsten Jahren nur eine differenzierte Beschaffung solcher Technik möglich.“ (32)

Unterstellt, daß die Ausrüstung der Stasi selbst etwas üppiger bemessen war, zeigt sich doch allein am Umfang der zur Verfügung stehenden Geldmittel und der Quantität der über einen längeren Zeitraum beschafften Geräte, daß der technische Wettlauf gegen den Westen wohl nicht zu gewinnen war.

Dabei geht es neben der beargwöhnten militärischen Aufklärung und den vermuteten illegalen Kontakten zu DDR-Bürgern für die Stasi auch darum, „Republikflucht“ über Militärmissionen oder mit deren Hilfe zu verhindern. In einer sechzigseitigen Dienstanweisung Erich Mielkes von 1977 wird die Notwendigkeit des Kampfes gegen „feindliche Aktivitäten“ wie „Spionage, staatsfeindlicher Menschenhandel, politisch-ideologische Diversion und gegnerische Kontaktpolitik/-tätigkeit“ (33) besonders betont.

Vor allem der diplomatische Status der Alliierten Militärmissionen in der DDR läßt die Stasi immer wieder vermuten, daß Amerikaner, Briten und Franzosen „Unterstützung beim illegalen Verlassen der DDR“ leisten und somit „illegalen Menschenraub“ (34) betreiben.

Das dürfte in Wahrheit jedoch kaum der Fall gewesen sein, weil die Bewegungsmöglichkeiten der Missionen durch solcherart Aktionen nicht gefährdet werden sollten. Die jahrelange Praxis in Ost und West hat gezeigt, daß auf unerwünschte Aktivitäten der Offiziere im Feindesland stets mit zeitnahen, fast spiegelgleichen Gegenaktionen des jeweiligen Partners reagiert wurde. Dies reicht von auf die Minute genau ausgerechneten Verfolgungsfahrten bis hin zur Blockade der Missionsangehörigen auf ihrem Gelände. Bei jeglicher Unterstützung fluchtwilliger DDR-Bürger hätten sich die Abgesandten der Westmächte somit einer von ihnen zwar kalkulierbaren, aber unerwünschten Behinderung ausgesetzt, die sowohl die geplante flächendeckende Überwachung als auch plötzlich notwendig werdende Kriseneinsätze hätte gefährden können. Diesem Risiko wollten sie sich nicht aussetzen.

Dennoch gibt es Hinweise auf einige Fluchtversuche. In etlichen Fällen wurden asylsuchende DDR-Bürger bereits vor dem Betreten des Missionsgeländes von dem davor rund um die Uhr stationierten "Missionsschutz" der Volkspolizei, der trotz der VP-Uniformen direkt von der Stasi gestellt und geführt wurde, daran gehindert. Solch ein Fall ist für das Jahr 1975 in Potsdam dokumentiert. Gelang es Fluchtwilligen trotzdem, auf das Gelände vorzudringen und Angehörige der Missionen zu sprechen, wurden sie stets abgewiesen. 1985 versprachen Missionsangehörige bei einer solchen Aktion lediglich, die Personalien des DDR-Bürgers an Amnesty International weiterzuleiten. (35)

Colonel Paul G. Skowronek, von Juni 1963 bis Mai 1967 Chef der USMLM erinnert sich überdies daran, daß zu seiner Zeit in Fahrland bei Potsdam aus dem oftmals leerstehenden oder nur von einer Person besetzten Missionsgebäude von Fluchthelfern amerikanische Uniformen entwendet wurden. Eine Flucht unter Nutzung der alliierten Rechte in Berlin – allerdings in selbstgeschneiderten sowjetischen Uniformen – wagten vier DDR-Bürger im Frühjahr 1962 über den Checkpoint Charlie. Drei als Sowjet-Offiziere verkleidete Männer in einem russischen Pkw „Pobeda" („Sieg"), der damals auch von einigen Privatleuten im Osten gefahren wurde, passierten salutierend ohne Kontrolle die Grenze, eine Frau war im Kofferraum des Wagens versteckt. (36) Von ähnlichen Fluchten in amerikanischen Uniformen war in der DDR gerüchteweise gelegentlich zu hören.

Als besonders verlockende Fluchtmöglichkeit erscheinen manchen DDR-Bürgern auf den ersten Blick die während der gesamten Zeit der alliierten Truppenpräsenz in Berlin verkehrenden Militärzüge. Der erste „Duty Train“ der US Army fährt am 8. Dezember 1945 von Frankfurt am Main nach Berlin, der letzte am 23. Mai 1990 Richtung Westen. In den Jahren des kalten Krieges pendelt er täglich. Hinzu kommen Züge von Berlin-Lichterfelde nach Bremerhaven, dem Versorgungshafen der US-Truppen in Deutschland.

Ein britischer Militärzug mit dem offiziellen Namen „The Berliner“ verkehrt täglich zwischen Berlin-Charlottenburg und wechselnden Endstationen in der Bundesrepublik, zuletzt fährt er nach Braunschweig. Die Franzosen setzen bis September 1994 dreimal in der Woche einen Zug von Straßburg nach Berlin Tegel ein.

Alle Züge werden von einem bewaffneten Begleitkommando – meist sechs Mann – gesichert und stehen nach ihrer Einfahrt in die DDR bei Helmstedt/Marienborn während des gesamten Transits bis zum Erreichen der Grenzübergangsstelle Potsdam-Griebnitzsee in ständigem Funkkontakt mit ihrem jeweiligen Oberkommando. Sie werden gegen entsprechende Bezahlung zwar von Loks der Deutschen Reichsbahn gezogen, die auch das Zugpersonal stellt, dürfen aber von den DDR-Behörden nicht kontrolliert werden. Seit 1957 unterliegen alle Passagiere dem System der „Flag Orders“; Die Reisenden, ganz gleich ob Soldat, Offizier oder nur Angehöriger, erhalten danach einen Gestellungsbefehl von oder nach Berlin. Wegen dieses Verfahrens darf auch die sowjetische Militärpolizei die Züge nicht mehr betreten, sondern nur noch die Passagierlisten mit den entsprechenden Militärunterlagen vergleichen. (37)

Die Transitstrecken werden von der Stasi überwacht, der Funkverkehr wird abgehört. Trotzdem gelingt es am 5. Oktober 1962 einem Fluchtwilligen, während des Transits durch die DDR einen amerikanischen Zug zu entern. Er meldet sich beim Kommandanten und bittet um Fluchthilfe. Der Offizier erklärt ihm, daß er nicht helfen könne, bietet aber an, ihn unbemerkt wieder abzusetzen. Das geschieht etwa 20 Minuten später.

Offenbar hat der DDR-Zugführer den Fluchtversuch bemerkt. Er macht beim Grenzübergang zunächst keine Meldung. Trotzdem wird Colonel Ernest von Pawel, von Juni 1960 bis Juli 1963 Chef der USMLM, einige Tage später ins sowjetische Oberkommando einbestellt. Dort soll er Auskunft über den Zwischenfall geben. Nach sowjetischer Darstellung sei der Militärzug von einem unbekannten amerikanischen Zivilisten angehalten worden, um den DDR-Bürger aufzunehmen. Als der Zugführer ein Verstecken des Flüchtlings habe verhindern wollen, wurde er mit Gewalt bedroht. Bei einem erneuten Stop konnte der Flüchtling schließlich unerkannt entkommen.

Colonel von Pawel sagt eine Berichterstattung bei seinem Oberkommando zu und versichert, daß die amerikanischen Militärzüge alle getroffenen Vereinbarungen strikt einhalten würden.

Das glauben ihm die Sowjets offenbar. Sie wissen, daß die Amerikaner den täglichen „Duty Train“ als einen sich immer wiederholenden Test für die Einhaltung der alliierten Rechte durch die Moskauer Führung betrachten. Schon aus diesem Grund haben sie keinerlei Interesse daran, sich in deutsch-deutsche Querelen einzumischen. Wenige Wochen zuvor, am 17. August 1962, haben sie dies bei der Flucht Peter Fechners durch den Stacheldraht in Berlin-Mitte unter Beweis gestellt. Der von den DDR-Grenzposten angeschossene Maurer verblutete am Grenzzaun, ohne daß die anwesenden amerikanischen Militärpolizisten eingriffen. (38)

So bleibt der Zwischenfall schließlich ohne Folgen. Russische und amerikanische Militärs sind in jenen Wochen mit der Kuba-Krise beschäftigt. Die Stationierung sowjetischer Raketen auf der

Zuckerinsel in der Karibik und das darauf folgende Ultimatum mit der Forderung ihres sofortigen Abzugs lassen die Welt für Stunden am Rande eines Atomkriegs entlangtaumeln – Flüchtlingsschicksale im geteilten Deutschland sind da völlig unwichtig. Den westlichen Militärs geht es darum, auch nicht die geringsten Anzeichen ungewöhnlicher Entwicklungen auf der anderen Seite zu versäumen. Und dazu sind ihnen alle Mittel recht.

Latrinen als Goldgruben

Ende der siebziger Jahre kommt Nigel Dunkley zum ersten Mal nach Berlin. Er ist Ende 20, hat die Militärakademie absolviert und im krisengeschüttelten Nordirland gedient. Jetzt will er endlich mit der Karriere vorankommen. Da fällt dem waschechten Schotten aus den Highlands in Spandau etwas auf: „Dort sah ich die schlammbespritzten, kugeldurchlöcherten Autos der Missionen und dachte, das könnte spannend sein.“ (39)

Gewiß, daß die Briten gemeinsam mit den Amerikanern und Franzosen in Berlin „an der Front“ stehen, ist schon dramatisch, aber wenn Nigel Dunkley sich seinen für den Ernstfall bestimmten „Notfallbeutel“ mit Kompaß, Säge und einer auf ein Seidentuch gedruckten Karte von Groß-Berlin ansieht, will er nicht warten, bis er vielleicht zufällig einmal hinter die feindlichen Linien gerät.

Er bewirbt sich für den Dienst in der BRIXMIS. Bevor der Schotte 1983 seinen Job in der weißen Villa am Heiligen See in Potsdam antreten kann, ist erst einmal pauken angesagt. Er lernt russisch, übt, wie man im Dunkeln fotografiert, sich im Gelände tarnt und mit dem Auto querfeldein am besten den Verfolgern entkommt.

Und dann gibt es noch ein ganz spezielles Fach: Das Erkennen und Identifizieren feindlicher Militärtechnik. Seit Anfang der siebziger Jahre arbeitet für die britische Mission eine zwanzig Mann starke Sondereinheit der „Royal Electrical and Mechanical

Engeneers“. Deren Job ist es, nach Fotos der westlichen Missionen in der DDR maßstabgetreue und funktionstüchtige Modelle sowjetischer Militärtechnik herzustellen. Damit werden gleich zwei Fliegen mit einer Klappe geschlagen: Zum einen läßt der Nachbau verschiedene Besonderheiten der Konstruktion nachempfinden, zum anderen wird an den Modellen das Erkennen der feindlichen Technik geübt. Ob Panzer T 72 in verschiedenen Ausführungen oder der Raketengefechtsstand für die SA-2, das Radarleitwerk Fan Song Echo oder die Rakete FROG 7 – mit der Kenntnis der Bastelarbeit der Ingenieure Ihrer Majestät ist Nigel Dunkley für seine Einsätze bei Nacht und Nebel bestens gerüstet. (40)

Er weiß, daß die Alliierten Militärmissionen eigentlich nur die Verbindung zwischen den Hauptquartieren der einstigen Verbündeten des Zweiten Weltkriegs halten sollen, aber über diesen simplen Zweck ist seit Jahren die Geschichte hinweggegangen: „Dann kam der kalte Krieg, und die Missionen wurden plötzlich zu einer tollen Gelegenheit, im Gebiet des Feindes zu spionieren“, (41) erinnert sich der Major.

Doch hinter der Grenze galt es nicht nur, irgendwie zu den sowjetischen Truppen vorzudringen. Der erste Punkt jeder Erkundungstour hieß: Stasi abhängen. Nigel Dunkley 15 Jahre später: „Ich habe heute noch Albträume!“ (42) Die teilt er mit seinen früheren Kameraden. BRIXMIS-Major Nigel Wylde: „Es passierte ständig, daß unsere Jeeps von Panzern gerammt oder abgedrängt wurden. Und wir hatten immer finster dreinschauende Männer in Lederjacken am Hals. Die Stasi ließ uns nie alleine.“ (43) Dagegen wußten sich die Männer mit ganz einfachen Mitteln zu schützen. Brigadegeneral Brian Davis, Anfang der achtziger Jahre Chef der britischen Militärmission in Potsdam: „Wenn wir in ein Hotel oder Geschäft gingen, zeigten wir mit Fingern auf sie und riefen laut: ‚Stasi, Stasi‘ – dann hauten die Typen ab.“ (44)

War dieser Punkt erfolgreich absolviert, konnte die zwei bis drei Tage dauernde Tour ablaufen. Laut Abkommen über die

Missionen durften die „Tourers“ auch in den raren HO-Hotels der DDR übernachten, aber dort wartete meist schon die Stasi. Deshalb wird im Unterholz der Truppenübungsplätze gezeltet, im Auto geschlafen oder einfach ein leerstehendes Gebäude besetzt. Nigel Dunkley: „Einmal saßen wir im ersten Stock einer Scheune und machten Fotos von einem Konvoi auf der Straße, während direkt unter uns russische Soldaten Pause machten und ihren Kaffee tranken.“ (45)

Fotografiert wird alles, was vor die Linse kommt. Dabei sind besonders die großen Manöver – zum Beispiel die Übungen zum Überqueren der Elbe – immer wieder besonders ergiebig. Der Major: „Hunderte von Panzern und Soldaten, das war ein phantastischer Anblick.“ (46)

Doch wie auf dem Präsentierteller ist der Gegner nicht immer zu beobachten. Deshalb nutzen die Offiziere der Missionen ihre kleinen Tricks. Sie wissen, daß zum Beispiel Klopapier bei den Russen nicht zum Ausrüstungsstandard gehört. Also wird alles benutzt, was nur irgendwie der Hygiene dienen kann, und das können auch schon einmal Zettel mit Funkfrequenzen oder Gebrauchsanweisungen für technische Geräte sein. Hatten die Sowjets also irgendwo ein Manövergebiet verlassen, rückten bei Mondschein die Männer von der BRIXMIS an und gruben die Latrinengräben wieder auf. Bei Frost war das nicht ganz so unangenehm, und Scheibenenteiser half, das wertvolle Klopapier sauber abzuheften. Aus der Menge der Fäkalien konnte außerdem noch auf die Truppenstärke geschlossen werden.

Als ergiebige Quellen gelten auch die Müllkippen der Sowjettruppen, wie die Deponie bei Belzig. In den Taschen zerschlissener Uniformen findet sich noch manch wichtiges Dokument. (47) Dort erbeutete Papiere weisen Anfang der achtziger Jahre zum Beispiel darauf hin, daß Verwundete aus Afghanistan in den sowjetischen Lazaretts in der DDR behandelt werden. Danach gehört auch die Inspektion der Hospitäler zum Tour-Programm;

Die Briten zählen die frischen Gräber auf den naheliegenden Friedhöfen. (48)

Solche Erkundungstouren sind alles andere als ungefährlich. Wenn die Spione in Uniform entdeckt werden, fallen schon schnell einmal Schüsse. Major Nigel Wylde: „Auf mich wurde fünfmal geschossen.“ (49) Allerdings geht es nicht immer gleich um Leib und Leben. Nigel Dunkley: „Das bedeutete einfach soviel wie: O.K., Tommy, wir haben dich gesehen, und jetzt verschwinde.“ (50)

In dieser Hinsicht geht es manchmal auch den Sowjets im Westen nicht anders. Als 1966 ein Wagen der Sowjet-Mission in Frankfurt am Main auf ein Depot der US Army zufährt und auch nach einem Warnruf nicht stoppt, schießt ihm ein amerikanischer Wachoffizier kurzerhand in die Reifen. Der Wagen blieb liegen. Vom sowjetischen Oberkommando gibt es nicht einmal eine Beschwerde, und zwei Tage später erscheinen dessen Offiziere beim George-Washington-Birthday-Ball der USMLM in Potsdam, als wäre nichts gewesen. (51)

Kommt es wirklich einmal zu bedrohlichen Situationen, ist Hilfe von den einstigen Verbündeten im Zweiten Weltkrieg auch in den finstersten Zeiten des kalten Krieges nicht ausgeschlossen. So erinnert sich Colonel Paul G. Skowronek an einen Auffahrunfall im Jahre 1966, bei dem ein amerikanischer Soldat auf regennasser Straße unter ein Rad zu rutschen drohte. Die Russen legten ihre Waffen aus der Hand und befreiten ihn aus der prekären Lage. Auch als ein Team der USMLM 1965 in der Nähe von Halle nach einem gewagten Überholmanöver eines Sowjetpanzers in einen betonierten Abwasserkanal schleudert und zwei Amerikaner bewußtlos im Auto eingeklemmt werden, helfen die Russen ohne zu zögern. (52)

Dennoch bleiben die Fahrten waghalsig, manchmal sind sie lebensgefährlich. Als es Ende der sechziger Jahre noch viel Neues beim Gegner zu entdecken gibt, machen die britischen Offiziere oft lange Fußmärsche über die Übungsplätze und sammeln alles ein, was nicht niet- und nagelfest ist. So kommt dann mancher Missionswagen sogar mit einer Bombe im Kofferraum wieder in Potsdam an. (53) Und eingepackt wird auch später noch gern. Major Dunkley erinnert sich an seinen Auftrag, „nicht nur zu fotografieren, sondern auch abzuschrauben und soviel wie möglich davon zu klauen". (54)

Wird das beobachtet, hilft meist nur eine wilde Verfolgungsjagd, um unbehelligt wieder bis nach Potsdam und dann über die Glienicker Brücke nach West-Berlin zu gelangen. Mit 160 km/h die Volkspolizisten in ihren „Wartburg", „Wolga" und „Lada" auf der Autobahn abhängen, querfeldein durch die Mondlandschaft der Truppenübungsplätze oder ohne Licht über ausgefahrene Waldwege – wenn die Alliierten Militärmissionen im „wilden Osten" unterwegs sind, werden Mensch und Material nicht geschont.

In den ersten Jahren verlassen sich die Briten auf ihren in Wüste und Dschungel bewährten „Landrover", ab den siebziger Jahren steigen sie auf den „Range Rover" um. Sie schätzen die bequemen Beobachtungsmöglichkeiten sowjetischer Luftbewegungen durch das Sonnendach, aber ganz zufrieden sind die „Tourers" dann doch nicht mit dem Wagen. Der Jeep kann zwar prima durch Buschwerk und über niedrige Bäume fahren und sich mit seiner bordeigenen Motorwinde selbst aus Schlammlöchern ziehen, doch der Innenraum ist ungemütlich. „Der Range Rover war zugig und frostig in den kalten ostdeutschen Wintern und voller Staub im Sommer" (55) erinnern sich BRIXMIS-Veteranen.

Bei den oft mehrtägigen Fahrten ist das unangenehm. „My home is my castle" soll auch fürs mitgeführte Schneckenhaus gelten, deshalb sind die ebenfalls benutzten Opel „Admiral" beliebter. Als sie Anfang der achtziger Jahre gegen 2,8-Liter-Opel „Senator" ausgetauscht werden, bleiben kaum noch Wünsche offen.

Vor dem Einsatz bei der Mission in Potsdam werden die serienmäßigen Wagen in England aufgerüstet. Verstärkte Federn, „Ferguson"-Allradantrieb und eine halbe Tonne Panzerplatten zum Schutz von Motor und Fahrgestell gehören zur Grundausstattung. Dann werden die Autos matt olivgrün gespritzt, damit sie nicht reflektieren. Die Innenausstattung von den Sitzen bis zum Armaturenbrett ist in unauffälligem, stumpfem Schwarz gehalten. Blenden hinten und abgedunkelte Fensterscheiben sollen verhindern, daß Neugierige ins Wageninnere schauen und beobachten, was die Besatzung dort so treibt. (56)

Darüber, ob solche Tarnung überhaupt erlaubt ist, wird 1964 zwischen dem sowjetischen und den alliierten Hauptquartieren noch heftig gestritten. Damals ging es um simple Gardinen im Auto (57), inzwischen gehören solche Kleinigkeiten zum Alltag.

Zusatztanks lassen die Opel „Senator" 180 Liter Benzin bunkern, und ohne mindestens zwei komplette Tagesrationen Verpflegung wird auch nicht die kürzeste Fahrt angetreten. Eine Handwinde an Bord, Spots für das Kartenstudium und Infrarot-Scheinwerfer machen die Autos zusätzlich für Fahrten im Gelände fit. Bei der Anfahrt greift man auch schon mal zu ganz besonderen „Kriegslisten". Auf der Stoßstange der Opel sind nämlich im genau bemessenem Abstand Trabi-Lampen montiert. Major Nigel Dunkley: „Bei Nacht schalteten wir die anderen Lichter aus, und entgegenkommende Fahrzeuge hielten uns für ein normales DDR-Auto." (58) Dazu konnte dann auch die Beleuchtung des Nummernschilds abgeschaltet werden.

Streit gibt es immer wieder um Blaulicht und Sondersignale. Soll es ganz schnell irgendwo hingehen, werden sie eingesetzt. Das ruft stets den Protest der DDR-Behörden hervor. Als die Franzosen im März 1984 mit Blaulicht und Martinshorn zur Unfallstelle ihres tödlich verunglückten Fahrers Philippe Mariotti bei Halle eilen, verlangt die Stasi von den Sowjets, so etwas künftig zu verhindern. (59)

Die Erfahrung, nach Blockaden manchmal tagelang in den Tour-Fahrzeugen ausharren zu müssen, bis die verantwortlichen sowjetischen Offiziere erscheinen, machen Angehörige aller drei westlichen Militärmissionen in der DDR. In ihren Opel „Senator" läßt sich das nach Aussagen der BRIXMIS-Tourers ganz gut aushalten. Sie sind auch froh, als Mitte der achtziger Jahre ihre zugigen „Range Rover" gegen Mercedes-Geländewagen getauscht werden. Bei der ostdeutschen Bevölkerung sind sie als „kleine Panzer" bekannt, die Alliierten führen sie als „G-Wagon". „Das waren dann wirklich first class Geländewagen", erinnert sich Colonel Williams begeistert auf den Internetseiten der BRIXMIS-Veteranen. (60)

Doch trotz aller Technik, wichtig ist es vor allem auch, immer wieder mit den Soldaten der anderen Seite selbst ins Gespräch zu kommen. Wozu haben die Offiziere schließlich Russisch gepaukt?

Beliebte Ansprechpartner sind die Regulierer. Die Truppen setzen sie oft ohne Verpflegung an irgendwelchen Kreuzungen ab, und dann müssen sie sehen, wie sie klarkommen. Major Nigel Dunkley trifft solch einen Mann während eines Manövers zu Weihnachten 1986. Der junge Sibierier registriert an einer Straße bei Nauen die vorbeifahrenden Militärfahrzeuge, und die Männer kommen bei einem warmen Tee mit einem Schluck Whisky ins Gespräch. Froh, fern der Heimat einen Kumpel gefunden zu haben, erzählt der Russe alles, was Dunkley interessiert. Doch plötzlich fällt ihm die unbekannte Uniform auf, und er fragt, woher der Kamerad denn komme. Der britische Major nuschelt etwas von „Potsdam", und der Russe erschrickt: „Dann bist du doch nicht etwa einer von diesen verdammten englischen Spionen!" Nein, nein, beruhigt ihn Nigel Dunkley entrüstet: „Ich bin Schotte!" Der Russe atmet auf: „Gott sei Dank, das gehört zu uns." Er hat in seinem Leben noch nie etwas von Schottland gehört und meint, es liege irgendwo zwischen Litauen und Estland. (61)

Auch solche friedlichen Geschichten gehören zum kalten Krieg, doch sie sind die Ausnahme. Im Tagesgeschäft geht es hart zur Sache, und dabei spielt in den letzten Jahren besonders High-Tech eine wichtige Rolle.

Elektronische Ohren

Rudolf Lorenz ist an diesem 24. November 1989 ziemlich unzufrieden. Da hat der Stasi-Major nun schon einmal eine richtige Sensation vor der internationalen Presse in Berlin zu verkünden, aber niemand scheint sich so richtig dafür zu interessieren.

Dabei haben seine Genossen des gerade zum „Amt für Nationale Sicherheit der DDR" gewendeten Ministeriums für Staatssicherheit in der Nähe einer NVA-Garnison im Bezirk Frankfurt/Oder ein elektronisches Aufklärungssystem der USA entdeckt, daß bisher noch nie öffentlich vorgestellt wurde.

Der Abwehr-Offizier präsentiert den Wunderkasten. Rund dreißig Zentimeter tief in der Erde vergraben, ortet er sämtliche Fahrzeugbewegungen in der Umgebung. Nur zwei knapp 25 Zentimeter lange Antennen ragen aus dem Boden, als dünne Äste getarnt. Das ganze Gerät wiegt sieben Kilo und ist nicht größer als eine Zigarrenkiste; 24 mal 16 mal 13 Zentimeter. (62)

Die seismographischen Sensoren der Spionage-Sonde registrieren das unterschiedliche Gewicht der vorbeifahrenden Fahrzeuge und unterscheiden so sieben verschiedene Klassen. Ob Jeep oder Pkw, leichte oder schwere Lastwagen, Raketenlafetten oder gar Panzer, dem Kästchen entgeht nichts. Von Zeit zu Zeit können die gespeicherten Informationen von überfliegenden Satelliten abgerufen werden. Die Sonde sendet weniger als eine Sekunde und ist so kaum zu orten. Findet sie doch jemand oder wird ihre Lage verändert, um den Feind zu täuschen, kann sie immerhin noch ein Warnsignal in den Weltraum schicken. (63)

Der einzige Schwachpunkt auf lange Sicht ist die Stromversorgung des elektronischen Spions. Auch ein prüfender Blick, ob sie tatsächlich noch am vorgesehenen Ort liegt, ist hin und wieder angeraten, denn die Daten sind nur verwendbar, wenn sie geografisch genau zugeordnet werden können. Die Stasi ist davon überzeugt, daß diese Jobs die Männer von den Alliierten Militärmissionen bei ihren Erkundungsfahrten nebenbei erledigen. Wahrscheinlich ist sie durch die Observation der „feindlichen Offiziere" dem Mini-Spion überhaupt erst auf die Spur gekommen.

Die erhoffte Empörung über die „Machenschaften der Imperialisten" gegen die DDR bleibt aus. Das Volk ist in diesen Tagen mit eigener Aufklärungsarbeit beschäftigt. Es entdeckt die Welt hinter der Mauer. Und so meldet nur „Neues Deutschland" in gewohntem Duktus: „Derzeit verstärken, trotz Abrüstung, Entspannung und vertrauensbildender Schritte, die Geheimdienste verschiedener NATO-Staaten, vor allem der USA, ihre subversive Tätigkeit gegen die DDR." (64)

Dennoch geben die gewendeten Stasi-Leute nicht so schnell auf. Sie wollen beweisen, daß die DDR auch künftig einen Sicherheitsapparat braucht, und woher sollte der wohl kommen, wenn nicht aus dem ehemaligen MfS.

Also wird noch einmal entlarvt und eine zweite Sonde entdeckt. Oberst Klaus Eichner, damals Chef des Bereichs C, Auswertung und Analyse, in der Abteilung IX, Gegenspionage, der Hauptverwaltung Aufklärung (HVA) der Stasi, erinnert sich an den Hintergrund dieser Aktion: „In einem letzten verzweifelten Versuch, durch Transparenz der Arbeit eine Akzeptanz in der Bevölkerung für die Weiterführung von Elementen der Abwehrarbeit in einem neuen ‚Verfassungsschutz' der DDR zu erreichen, erfolgte im Januar 1990 die Bergung einer solchen Sonde im Kreis Reichenbach im Beisein von Medienvertretern." (65)

Das Spektakel steigt am 10. Januar 1990 bei Irfersgrün. Etwa 16 Meter neben einer Straße zu einem NVA-Lager ist das Gerät ungefähr 30 Zentimeter tief in der Erde vergraben. Es ist eine noch modernere Version der bereits im November vorgestellten Sonde. Die nächste Sendung ist auf den kommenden Sonntag, den 14. Januar programmiert. (66) Sie findet nicht mehr statt.

Die westlichen Alliierten tragen solche Verluste gelassen. Der Zug zur deutschen Einheit rollt, und schon im Januar 1990 ist absehbar, daß sich die militärische Bedeutung der DDR grundlegend ändern wird. Noch sind die Verträge dazu nicht geschlossen. Doch seit die Westgrenze offen ist, ist auch die wohl heißeste Nahtstelle zwischen den feindlichen Blöcken in Europa abgekühlt.

So ist im Jahresbericht der BRIXMIS 1990, der im Februar 1991 vorliegt, zu lesen, daß die Routine-Einsätze zu Zielen bei der NVA ab Mai des Jahres völlig gestrichen wurden. Bis dahin beobachten die Missionen nur noch die Übergabe der wichtigsten militärischen Ausrüstungen an die „Westgruppe der Sowjetischen Streitkräfte in Deutschland“, danach haben die Aufklärungsfahrten ihren Sinn verloren. (67)

Bis zum Ende der DDR sind die Militärmissionen allerdings in das System der elektronischen Aufklärung gegen den Warschauer Pakt eingebunden.

Fernmelde- und elektronische Aufklärung sind eine der Voraussetzungen für die eventuelle elektronische Kriegsführung („Electronic Warfare“). Diese wiederum soll den Gegner im Ernstfall durch Störung seiner Nachrichtenverbindungen und elektronischen Speicher taub, blind und stumm machen. Dazu muß vorher das Potential aufgeklärt werden. Im Geheimdienstjargon der CIA heißt dieser gesamte Komplex „SIGINT“ („Signal Intelligence“). Zu SIGINT gehören die Erfassung des Funk- und Fernmeldeverkehrs und der elektromagnetischen Abstrahlung von Waffen und Waffenleitsystemen, das Registrieren von Signalkennungen fremder Instrumente, die Aufklärung feindlicher Radarsysteme, die Laser-Aufklärung und die Auswertung von Luft- und Satellitenbildern und Schallaufzeichnungen. (68)

Die bei SIGINT eingesetzten Geräte haben in den letzten Jahren ein so hohes technisches Niveau erreicht, daß auch gestandene Geheimdienstler immer wieder Überraschungen erleben.

So beobachtet die Stasi Ende der achtziger Jahren einen Wagen der USMLM, der immer wieder in eine unbedeutende Ost-Berliner Nebenstraße fährt und dort stundenlang steht. Die Observanten überprüfen die Umgebung und die Anwohner, doch es findet sich nicht einmal eine lauwarme Spur. Auch die Suche nach toten Briefkästen oder die Vermutung konspirativer Treffs bleibt ohne Ergebnis. Bis den Stasi-Auswertern auffällt, daß das Auto stets an der gleichen Stelle parkt. Es steht genau über einem Kabelverbindungsschacht, in dem sich zwei Leitungen des vom öffentlichen Netz getrennten Regierungstelefonnetzes der DDR kreuzen. (69)

Wie dort inzwischen das Abhören funktioniert, entdeckt das KGB Ende 1986 in Moskau. Im Juni 1987 wird die Stasi über die Ergebnisse bei der Aufdeckung der „Operation Pipe“ informiert.

Inzwischen ist es technisch möglich, berührungsfrei Informationen aus besonders gesicherten Kabelverbindungen zu erfassen. Erprobt wurde dieses Verfahren zunächst von der „National Security Agency (NSA) – dem für SIGINT zuständigen Geheimdienst der USA – bei U-Boot-Einsätzen im Ochotskischen Meer vor Wladiwostok. Die technische Weiterentwicklung machte dann auch den Einsatz gegen verkabelte Sonderverbindungen möglich. (70)

Von Interesse in der DDR ist für die elektronischen Lauscher dabei das Hochfrequenz-Sondernetz der Führungsebene des Regierungs- und Parteiapparats, nach der russischen Abkürzung „WTsch“ genannt. Das handvermittelte, über eine Zentrale in Moskau gesteuerte System verbindet gleichzeitig die Führungen der „sozialistischen Bruderländer“ untereinander und hat auch in den dort arbeitenden DDR-Botschaften Endstellen. Seine Benutzung unterliegt strengen Dienstvorschriften. Trotz zwischengeschalteter Sprachzerhacker ist die Übermittlung von Staats- und Dienstgeheimnissen untersagt.

Die von der CIA-Residentur in der US-Botschaft in Moskau geführte „Operation Pipe“ betraf die Telefonverbindungen zwischen Rüstungsbetrieben und deren Zentrale in der Hauptstadt.

Die Anlage bestand aus einem mechanischen und einem elektronischen Teil. Die Informationsbeschaffung erfolgte dabei über einen induktiven Geber – ein etwa 27 Zentimeter langer Metallzylinder –, der auf das Telefonkabel aufgesetzt wird. Die so abgegriffenen Impulse wurden von einem Tonbandgerät mit einer Laufdauer von 115 Stunden gespeichert. Dieses befand sich gemeinsam mit einem Sende- und Empfangsteil und der entsprechenden Stromversorgung in einem Metallkasten, der rund vier Meter von der Anzapfstelle im Boden vergraben war. Über eine 46 Zentimeter lange UKW-Antenne konnten aus einer Entfernung von bis zu drei Kilometern in Sekundenbruchteilen alle Informationen zum Betriebszustand des Geräts abgefragt werden. Zeigte sich dabei, daß die Aufnahmekapazität ausgeschöpft war, wurde der gesamte elektronische Block ausgewechselt. Die Verlegung der Anlage in einem Kabelverteilerschacht dürfte etwa vier bis fünf Stunden gedauert haben. Vor zufälliger Entdeckung durch einheimische Kanalarbeiter waren die Geräte durch Hochspannungswarnzeichen, vor gezieltem Abbau möglicherweise mit einem Selbstzerstörungsmechanismus gesichert. (71)

Es ist nicht auszuschließen, daß eine ähnlich arbeitende Anlage an den Regierungsleitungen in Ost-Berlin der stets wiederkehrende Anlaß für den stundenlangen Aufenthalt der USMLM-Wagen über dem Kabelschacht war. Dabei hätte eine elektronische Übertragung der gesammelten Daten den in Moskau noch notwendigen Austausch des Geräteteils überflüssig gemacht. Klären kann die Stasi den Fall nicht, denn der aktive Zugriff auf das verdächtige Auto ist ihr wegen des Status der Missionen verwehrt. Aber sie kann Spuren der vermuteten „Spionage“ suchen, und solch eine Spur ist die personelle Verquickung von Missions-, diplomatischem und Geheimdienstpersonal.

So wie bei den SOXMIS-Offizieren im Westen manch Oberst auch schon als Gärtner der sowjetischen Botschaft in Teheran oder als Aktenbote des Konsulats in Bern gesehen worden war, zeigen sich auch bei den westlichen Alliierten interessante persönliche Karrieren.

Als sich zum Beispiel Colonel Roland Lajoie bei den Sowjets 1983 als neuer Chef der amerikanischen Militärverbindungsmission vorstellt, ist er für die Stasi schon längst kein Unbekannter mehr. Jahre zuvor ist der nämlich einer Busreisegruppe von Amerikanern aufgefallen, die nur aus Männern bestand. Alle wiesen sich mit US-Pässen aus, die das Münchner Konsulat der Vereinigten Staaten erst kürzlich ausgestellt hatte, und bei allen stand als Wohnort Garmisch oder Grainau in dem Dokument. Die Truppe wollte Berlin, Leipzig und Dresden besuchen.

Das macht die Abwehr stutzig. Sie vermutet seit langem im süddeutschen Raum eine Ausbildungsstätte für amerikanische Geheimdienstler. Eine erste heiße Spur dorthin findet sich im Telefonbuch des Europa-Kommandos der Landstreitkräfte der US Army in Heidelberg. Die Stasi entdeckt einen Eintrag: „U.S. Army Russian Institute" (USARI) in Garmisch-Partenkirchen. Sie vermutet auch, daß es dort schon länger ein Institut für die Sprachausbildung in Russisch gibt. Darauf weist das häufige Auftauchen von Exilrussen, die hauptamtlich für „Radio Free Europe" und „Radio Liberty" arbeiten, in dem malerischen Gebirgsort hin.

Die amerikanischen Touristen werden in der DDR rund um die Uhr observiert, und als sie bei Kontakten mit Einheimischen auch noch mit Russisch-Kenntnissen glänzen, ist für die Stasi die Sache klar: Im Objekt „Sheridan-Barracks" an der Zugspitzstraße in Garmisch-Partenkirchen werden am USARI Geheimdienstler auf den Einsatz in Ost-Europa vorbereitet. Als Vertreter des Instituts begleitete übrigens ein Major Roland Lajoie die neugierigen „Touristen", zu deren Ausbildung diese Reise ebenso wie ein Aufenthalt an der bulgarischen Schwarzmeerküste gehörte. (72)

Solche Nachlässigkeiten bei der Konspiration lassen erstaunen, kommen aber im Alltagsgeschäft aller Geheimdienste vor. So ist zum Beispiel ein Eingang des streng geheimen Führungsbunkers der DDR-Führung bei Prenden als Ferienhaus getarnt. Das können auch die Einwohner der Umgebung und die hin und wieder auftauchenden Beobachter der Militärmissionen sehen, aber im Gegensatz zur Stasi fällt den aufmerksamen Bürgern auf, daß das ansonsten durchaus gediegen erscheinende Haus keine Gardinen hat und niemals Frauen oder gar spielende Kinder zu sehen sind. Als das Mielkes Männer 1988 von einem ihrer „inoffiziellen Mitarbeiter" aus belauschten Gesprächen erfahren, dauert es nur Tage, und im Haus flattern bunte Vorhänge, wenn an den Wochenenden Frauen im Freizeitlook im Garten locker Federball spielen. (73)

Solche anscheinend nebensächlichen Beobachtungen mögen Colonel Lajoie und seinem Team während seiner drei Jahre Dienst in Potsdam vielleicht auch manches Mal weitergeholfen haben. Denn erfolgreich hat er den Job als Chef der USMLM offenbar abgeschlossen. Danach wird er als Militärattaché der USA nach Moskau versetzt, wechselt also von der Militärmission in den offiziellen militär-diplomatischen Dienst.

Die Stasi geht mit der DDR unter, doch die Genossen des KGB behalten ihren alten Bekannten weiter im Auge. 1992 taucht er im Operations-Direktorat der CIA auf. Dort wurde zu dieser Zeit gerade die Funktion eines stellvertretenden Chefs für militärische Angelegenheiten, Strukturbezeichnung ADDO/MA (74), geschaffen. Dessen Aufgabe ist die Ausbildung von etwa 30 bis 40 CIA-Spezialisten und die Koordinierung aller geheimdienstlichen und militärischen Aktivitäten. Der erste Chef von ADDO/MA heißt Roland Lajoie, inzwischen zum Brigadegeneral befördert. (75)

Eine solche Verbindung von militär-diplomatischem Dienst, Tätigkeit in den Militärverbindungsmissionen und Geheimdienstarbeit ist auch bei anderen Offizieren zu beobachten. So verdiente sich auch der seit Mitte 1996 im diplomatischen Dienst Ihrer Britischen Majestät als Militärattaché dienende schottische Major Nigel Dunkley seine ersten Sporen 1983 bis 1986 bei der BRIXMIS in Potsdam. Derartige Ähnlichkeiten in den dienstlichen Karrieren der Offiziere aus den USA, Großbritannien und Frankreichs sind ein Pfeiler im Fundament ihrer engen Zusammenarbeit über all die Jahre. Gegenseitiges Mißtrauen entsteht aber immer dann, wenn sich unerklärliche Fehlschläge bei der Aufklärungsarbeit häufen. Eine der ernstesten Vertrauenskrisen zwischen amerikanischen und britischen Missions-Offizieren hängt mit dem wohl spektakulärsten Fall der elektronischen Spionage während des kalten Kriegs zusammen.

Unter dem Code-Namen „Operation Gold" wird ab 1951 vom amerikanischen und britischen Geheimdienst der Bau eines Tunnels von West- nach Ost-Berlin geplant und durchgeführt. Eine Metallröhre mit einem Durchmesser von zwei Metern wird von Rudow im West-Berliner Bezirk Neukölln auf einer Länge von 450 Metern und in einer Tiefe von vier Metern bis nach Alt-Glienicke im Ost-Berliner Bezirk Treptow vorgetrieben. Der Tunnel endet unter Telefonleitungen, die die Sowjets zur internen Kommunikation, zur Verbindung mit ihren zentralen Dienststellen in Moskau und für Gespräche mit militärischen und zivilen Behörden der DDR nutzen.

Ausgerüstet und betrieben wird die Anlage von den Amerikanern, das Know-how stammt jedoch vom britischen MI 6, der in Wien, das bis 1955 ebenfalls unter Vier-Mächte-Verwaltung stand, unter dem Codenamen „Silver" bereits eine ähnliche Einrichtung gebaut hatte.

In dem als Radarstation getarnten Endpunkt des Tunnels auf der West-Seite zeichnen 600 Tonbandgeräte rund um die Uhr die

Gespräche aus drei angezapften Hauptkabeln mit 1200 Kommunikationskanälen auf.

Ab Mai 1955 wird gelauscht. Der Informationsanfall ist gewaltig. Insgesamt bespielen die Abhörspezialisten 50 000 Bänder mit 443 000 Gesprächen. Überdies fallen täglich 300 Meter vertrauliche Telex-Mitschnitte an. (76)

Nach bisher vorliegenden Akten und Aussagen von Zeitzeugen kann vermutet werden, daß die Informationen aus dem Tunnel auch für die amerikanische und britische Militärmission in der DDR von größter Bedeutung waren. In den abgehörten Gesprächen ging es immer wieder um den Status von Berlin, sowjetische Truppenbewegungen und die zu dieser Zeit im Aufbau befindliche Nationale Volksarmee der DDR. Aus solchen Angaben ergaben sich die langfristigen Schwerpunkte der alliierten Militäraufklärung und die Ziele und Prioritäten ihrer Erkundungsfahrten. Gerade dabei kam es aber damals immer wieder zu unerklärlichen Pannen; Sowjet-Einheiten waren nicht dort, wo sie die Missionen – die selbstverständlich nichts von der Existenz des Tunnels und damit der Herkunft ihrer Einsatzbefehle wußten – vermuteten, Truppenbewegungen erfolgten nicht auf den geplanten Routen, und Zeitangaben erwiesen sich als unzuverlässig. Bei den Amerikanern wächst die Skepsis gegen die Verbündeten, und niemand kennt den Grund für die Fehlschläge. (77)

Er liegt bei den Russen. Sie sind in der Zwickmühle. Ihr Maulwurf im britischen Geheimdienst MI 6, George Blake, hatte den Tunnel schon vor dem ersten Spatenstich an den KGB verraten. Doch der im Koreakrieg Anfang der fünfziger Jahre für drei Jahre in kommunistische Gefangenschaft geratene und dort „umgedrehte“ Agent ist für Moskau so wertvoll, daß er durch die vorzeitige „Entdeckung“ des Tunnels nicht dekonspiriert werden darf. Er liefert dem KGB mehr als 300 westliche Spione ans Messer.

Dafür nehmen die Sowjets in Kauf, daß aus dem Berliner Spionagetunnel elf Monate und elf Tage lang gelauscht wird. Erst in der Nacht vom 21. zum 22. April 1956 wird die Abhöranlage von einem als Fernmeldetrupp getarnten KGB-Kommando nach Bodenabsenkungen durch Regengüsse „rein zufällig“ entdeckt und stillgelegt. Die Auswertung der Tunnel-Informationen durch die Amerikaner dauert bis zum September 1958. (78) Nun folgt ein riesiges Propagandagetöse in Moskau und Ost-Berlin, doch niemand vermutet den Verrat von Blake. Er wird erst 1961 verhaftet und verurteilt. Mit Hilfe des KGB kann Blake schließlich aus dem Gefängnis fliehen und in der Sowjetunion seine Agenten-Pension genießen.

Inzwischen können sich auch die amerikanischen und britischen Offiziere der Militärverbindungsmissionen ihre gelegentlichen Mißerfolge bei der Truppen-Beobachtung nach Informationen aus den abgehörten Gesprächen erklären.

Strittig ist bis heute, ob es sich bei den im Spionagetunnel gewonnenen Informationen überhaupt um echte Nachrichten oder eine riesige Desinformationskampagne des KGB gehandelt hat. Sicher hat der Geheimdienst, der ja von Anfang an über die Lauscher im Tunnel informiert war, versucht, den Informationsabfluß in Grenzen zu halten und bewußt falsche Angaben zu lancieren. Angesichts des gigantischen Gesprächsanfalls und der Vielzahl der daran beteiligten Personen dürfte dies jedoch kaum durchgängig geglückt sein. Überdies liefen ja über die angezapften Kommunikationslinien organisatorische Abläufe riesiger Truppenbewegungen, die nicht so einfach durch Desinformationen unterbrochen werden konnten. Faktisch auf dem silbernen Tablett präsentiert wurden den westlichen Militärs aber sicherlich alle Informationen über den 1956/57 als wichtigen Abrüstungsschritt gefeierten Truppenabzug von einem Armeestab der 18. Armee und zweier Divisionen, wovon insgesamt 33 000 Mann betroffen waren. (79) Angaben darüber, daß er eigentlich nichts weiter als eine ganz normale Truppenverschiebung im Zuge der damals aktuellen militärstrategischen Überlegungen war, dürften vom KGB aus den Tunnel-Gesprächen ferngehalten worden sein.

Vielleicht nahmen die westlichen Alliierten auch deshalb die Einladung des sowjetischen Oberkommandos, dem feierlichen Zapfenstreich der abziehenden Truppen beizuwohnen, nicht so ganz ernst und schickten nur eine kleine Besatzung. Und so durften dann diesmal die Offiziere aus den Missionen den Sowjets ganz offiziell salutieren. (80)

„Volvograd" und Waffenschmuggel

„Spitzbart, Bauch und Brille, das ist nicht des Volkes Wille", rufen aufgebrachte Demonstranten am 17. Juni 1953 in Ost-Berlin und ziehen lautstark zum „Haus der Ministerien" in der Leipziger Straße, direkt an der Sektorengrenze. Walter Ulbricht flieht in die Obhut der Sowjets in Berlin-Karlshorst. Aus dem Umland werden in aller Eile russische T-34 Panzer zusammengezogen.

Das bleibt den westlichen Militärmissionen nicht vorborgen. Sie stellen fest, daß die Kolonnen offenbar direkt aus den Manövergebieten kommen und ohne präzise Weisung unterwegs sind. Manche fahren sogar ohne Landkarten. Auf einen Einsatz scheinen sie nicht vorbereitet zu sein. Das beruhigt die Alliierten, gilt ihr Augenmerk doch vor allem der Lage rings um Berlin. Daß Ost-Berliner Arbeiter den Aufstand proben, den die Sowjet-Panzer niederschlagen sollen, ahnen sie nicht.

Von den Streiks an der Stalin-Allee erfahren die Offiziere der BRIXMIS in Potsdam erst von ihrer ostdeutschen Hausangestellten. Die hat davon im RIAS gehört. (81)

Solche Pannen dürfen nicht noch einmal passieren. Künftig gehören regelmäßige Patrouillen vor Verwaltungsgebäuden oder SED-Leitungen zum Standardprogramm. Brennt nachts dort nur das Licht in den Büros der für Mobilmachung zuständigen „Abteilung I", ist alles in Ordnung. Scheint Bewegung im Gebäude zu herrschen, helfen manchmal ein paar Anrufe beim Bereitschaftsdienst, schließlich dürfen die Angehörigen der Militärverbindungsmissionen das öffentliche Telefonnetz der DDR benutzen. Meldet sich dann mehrfach die gleiche Stimme auf das Klingeln des stumm bleibenden Anrufers, heißt das, der Bereitschaftsdienst ist nicht verstärkt, und also sind keine Überraschungen zu befürchten. Bis die mithörende Stasi die Telefonzelle identifiziert hat, sind die Anrufer längst verschwunden.

Doch der Volksaufstand vom 17. Juni 1953 hat noch eine weitere Folge für die Spione in Uniform aus dem Westen. Bisher wohnt die gesamte DDR-Führung in Villen hinter einem grünen Bretterzaun am Majakowskiring in Berlin-Pankow. Ihre Ausfahrten sind leicht zu beobachten. Jetzt fühlen sich die „führenden Genossen" vor ihrem Volk nicht mehr sicher. Am 28. August 1956 behandelt das Politbüro des Zentralkomitees der SED deshalb als Punkt 18 seiner routinemäßigen Sitzung den Punkt „Personenschutz". Im Protokoll Nummer 42/56 wird festgelegt: „Es sind Maßnahmen für eine neue Wohnsiedlung vorzubereiten." (82)

Unter strengster Geheimhaltung beginnen wenig später in einem Waldgebiet bei Wandlitz die ersten Arbeiten zum Bau einer Wohnsiedlung. Das DDR-Volk wird sie später mit dem Spitznamen „Volvograd" belegen – nach den schwedischen Dienst-Limousinen der dort lebenden SED-Führer. Doch bisher ahnt noch niemand etwas davon, was die Leute vom „Sonderbaustab 10", damals mit einem Büro in der Greifswalder Straße 33a in Berlin NO 55 vertreten, dort im Wald eigentlich treiben.

Das ändert sich schlagartig, als im April 1959 ein Architekt des Sonderbaustabs in den Westen flieht. Er bringt die kompletten Bauunterlagen mit. Sie interessieren auch die West-Alliierten, denn bisher vermuteten sie, die in Karlshorst residierenden Sowjets würden mit ihrem Stab und der KGB-Zentrale in den Wald bei Wandlitz umziehen.

Um zu erfahren, ob die Pläne des geflohenen Architekten nicht doch nur eine Desinformationskampagne sind, werden die Autos der Potsdamer Militärmissionen in das Gebiet im Norden Berlins geschickt. Ein damals dort tätiger Bauarbeiter erinnert sich: „Die Bewachung der Baustelle wurde systematisch verschärft, weil mehrmals unerwünschte Besucher in Form der West-Besatzer mit ihren Kfzs auftauchten. Mit diesen lieferten sich dann die eingesetzten Sicherungskräfte eine regelrechte Verfolgungsjagd. Wenn die Fahrzeuge gestellt waren, wurde sie mit Decken zugehängt und die Vertreter der Sowjetarmee verständigt." (83) Später errichten die „Sicherungskräfte" der Stasi, damals noch zur Tarnung in schlichten Schlosser-Kombis, Straßensperren. Das hilft wenig: „Die waren frech wie Oskar, machten sich nichts daraus und versuchten es immer wieder über die verschiedenen Schleichwege im Wald." (84)

Das Überwachungsnetz wird noch dichter geknüpft, als die DDR-Führung seit Mitte der sechziger Jahre unter der Bezeichnung „Komplex 5000" den Bau und die Einrichtung atomwaffensicherer Bunker für den Kriegsfall plant. Die Bauarbeiten dazu beginnen Anfang der siebziger Jahre und ziehen sich bis in die Endzeit der DDR hin. Am 5. Februar 1973 erläßt Stasi-Minister Erich Mielke seinen „Befehl 10/73" als „Geheime Verschlußsache" GVS MfS 008 Nr. 333/73. Er existiert nur in 23 Ausfertigungen und legt fest: „Alle politisch-operativen Maßnahmen des Ministeriums für Staatssicherheit zur Gewährleistung der Sicherheit und Geheimhaltung und zur Mitwirkung an der Realisierung dieser militärischen Investitionen sind unter der Bezeichnung ‚Filigran' zu planen und durchzuführen." (85) Und an anderer Stelle: „Die erforderlichen Dokumente der Planung, Berechnung, Vorbereitung und Bauausführung sind Staatsgeheimnisse." (86)

Dennoch bleiben die Aktivitäten nicht so geheim wie gewünscht. Ein „Kontrollbericht" der Stasi vom 29. Januar 1988 weist auf verschiedene Sicherheitslücken hin. So treten die beteiligten Stasi-Leute zwar in NVA-Uniformen auf, geben im „Hausbuch" ihrer Wohnung aber das Ministerium des Innern als

Arbeitgeber an. NVA-Nummern an Lkw werden bei Überführungen zur Reparatur nach Ost-Berlin auf der Straße gegen zivile polizeiliche Kennzeichen getauscht, Busfahrer tragen Offiziersuniformen, und bei Kontakten mit anderen DDR-„Organen" wird schon mal der bevorzugte Behandlung versprechende Stasi-Dienstausweis gezückt. Solche und andere Kleinigkeiten machen wohl auch die westlichen Interessenten am Geschehen in der DDR aufmerksam. Nahezu regelmäßig taucht das Überwachungsflugzeug der Alliierten – im Stasi-Jargon „OvD von Tempelhof" genannt – auf. Akribisch werden die Flugbewegungen dieses feindlichen „Offiziers vom Dienst" registriert: Allein vom 1. April bis zum 22. Juni 1987 werden über dem „Objekt 5020", einem Hubschrauberlandeplatz für die Bunker-Besatzung, 125 Überflüge und 13 Umkreisungen vermerkt. (87) Als Tarnungsmaßnahme weist die Stasi deshalb an, daß ihre Mitarbeiter nach Dienstschluß nur einzeln oder in kleinen Gruppen und zeitlich versetzt zu den Transportbussen für die Heimfahrt laufen dürfen, damit der „OvD von Tempelhof" zur Feierabendzeit keine „Massenbewegung" erkennt. (88)

Der verläßt sich jedoch nicht nur auf die Luftaufklärung. Im gleichen Zeitraum, nämlich im Frühjahr 1987, tauchen in der Nähe des Objekts viermal Wagen der USMLM, neunmal BRIXMIS-Fahrzeuge und zweimal Autos der französischen Militärverbindungsmission auf, die wohl ohnehin in der Gegend „zu tun" haben. (89) Sie sind vor allem auf der Suche nach sowjetischen Raketenstellungen für die SS 20. Besonders ausgefahrene Waldwege oder gar neu angelegte Bahnanlagen – wie der extra für den Transport von Baumaterialien und Ausrüstungen für den „Komplex 5000" an einem Betriebsbahngleis errichtete Verladebahnhof „Hubertusmühle" in der Schorfheide – sind untrügliche Zeichen dafür, daß sich irgendwo in der Nähe irgendetwas tut. Auf die Autos, mit den Flaggen der Alliierten auf den Nummernschildern, brauchte man dann meist nicht mehr lange zu warten. Daß die nach sowjetischer Technik gebauten DDR-Bunker für die Amerikaner durchaus interessant sind, zeigt sich 1991. Die US Army beauftragt die Bundeswehr, mit Diamantbohrern Kerne aus den Bunkerwänden zu ziehen, um so die Beschaffenheit des Betons analysieren zu können. Diese Erkenntnisse sollen ihnen dabei helfen, die Bunker Saddam Husseins im Irak zu knacken.

Die Tour-Offiziere der Militärmissionen wissen auch schon vorher, daß es ihr Job ist, solcherart Mosaiksteinchen über den Gegner zusammenzutragen. Deshalb tauchen ihre Wagen auch regelmäßig eine Woche vor Staatsjagden in der Schorfheide auf, und neben einem Blick auf das Terrain, wo sich dann bald die Gäste tummeln, wird ganz nebenbei dann auch noch gleich die Abgastemperatur der startenden und landenden MiGs an den Pisten der nahen sowjetischen Flugplätze Dölln und Finow gemessen.

Viel mehr als die Pirschgänge der alternden Nimrode des Politbüros der SED interessiert die Spione in Uniform, was eigentlich aus den ausgemusterten und überschüssigen Waffen von NVA, Stasi, Volkspolizei und Kampfgruppen wird.

Bekannt ist, daß es in der DDR Waffen offiziell bei der Firma „Ingenieurtechnischer Außenhandel" (ITA) zu kaufen gibt. Sie ist dem Ministerium für Außenhandel unterstellt. Im internationalen Vergleich sind die gehandelten Mengen jedoch gering. Der ITA wickelt seine Geschäfte unter strenger staatlicher Kontrolle nach den „Richtlinien über den speziellen Export des Ministeriums für Außenhandel" ab. Bedient werden vor allem politische Verbündete der DDR wie Kuba, Vietnam, Nordkorea, Äthiopien, Irak und Indien. Neben Handfeuerwaffen und Munition umfassen die Lieferungen militärische Nachrichtentechnik, Lastwagen vom Typ W 50 und Robur, Funkanlagen und Feldlazarette. (90) Davon können sich westliche Geheimdienstler an den Bestimmungsorten überall in der Welt überzeugen.

Konspirativ kontrolliert werden diese Geschäfte von „Offizieren im besonderen Einsatz" der Stasi. Sie sitzen nicht nur in Leitungspositionen des „Ingenieurtechnischen Außenhandels“, sondern sind bis hinunter zur Ebene der Sachbearbeiter zu finden. Von diesen Strukturen ahnt jedoch niemand etwas. Noch viel geheimer ist aber, daß es seit Anfang der achtziger Jahre auch eine inoffizielle Linie für den Waffenhandel gibt. Deren Existenz wird im Westen vage vermutet, als DDR-Waffen in Krisengebieten auftauchen, doch auch die alliierten Späher vor Ort können zunächst keine konkrete Auskunft geben.

Die geheimen Waffen-Deals werden über die „IMES GmbH“ getätigt, eine Firma aus dem Bereich „Kommerzielle Koordinierung“ (KoKo) unter Leitung des Staatssekretärs im Ministerium für Außenhandel und Oberst des MfS, Alexander Schalck-Golodkowski. Der Hintergrund dieses Handeln ist die Anfang der achtziger Jahre drohende Zahlungsunfähigkeit der DDR. Zu diesem Zeitpunkt ist die Netto-Verschuldung gegenüber den westlichen Industrieländern von 4,5 auf 27 Milliarden DM angestiegen. Sie hat damit bereits damals das Niveau erreicht, mit dem die DDR dann auch 1989/90 abschließt. Ein Abbau der Schulden ist wegen der Reduzierung der sowjetischen Erdöllieferungen, aus denen über die Veredlung des Rohöls im Petrochemischen Kombinat Schwedt harte Devisen verdient werden können, ausgeschlossen.

Die Abzahlung der Kredite bei den westlichen Banken wird immer schwieriger, weil die Zinsen in die Höhe schnellen. Dadurch bleibt weniger für die Tilgung übrig. Etwa fünf bis sechs Milliarden DM sind pro Jahr zur Bedienung der Verbindlichkeiten nötig. Das entspricht nahezu dem gesamten Exporterlös der DDR. (91)

Es muß dringend etwas zum Verkaufen gefunden werden. Angesichts der stets prekären Versorgungslage der Bevölkerung – über die auch die alliierten Offiziere durch ihre Inspektionsfahrten, manchmal mit Übernachtung in HO-Hotels, genau informiert sind – darf es den Binnenmarkt nicht weiter belasten. Außerdem soll die Produktion nicht zu aufwendig, der Profit aber angemessen sein. Für solch einen Handel bieten sich Waffen geradezu an. Alexander Schalck-Golodkowski scheint ein neues, lukratives Geschäftsfeld entdeckt zu haben.

Dennoch kann bis zum Ende der DDR fast zehn Jahre lang jedes Loch immer nur gestopft werden, wenn dafür mindestens ein neues aufgerissen wird. Wie ernst die Lage ist, teilen Gerhard Schürer, Chef der Staatlichen Plankommission, und einige weitere Spitzen-Genossen aus dem Außenhandel und Finanzwesen der DDR dem obersten Wirtschaftslenker Günter Mittag erst am 28. September 1989 in der „Geheimen Kommandosache b 5 – 1111/89“ mit: „Die gegenwärtige Zahlungssituation der DDR im Handel mit dem NSW („Nichtsozialistisches Wirtschaftsgebiet“ – Anm. d. Autors) ist dadurch gekennzeichnet, daß wir zur Einhaltung unserer Zahlungsverpflichtungen aus Krediten und Zinsen sowie zur Durchführung jährlicher Importe bereits jetzt weitestgehend von kapitalistischen Kreditgebern abhängig sind.“ (92) Bei rund 400 verschiedenen Banken müssen die jährlich nötigen neuen Kredite von acht bis zehn Milliarden „Valutamark“, also in frei konvertierbaren Devisen, lockergemacht werden. Das geht schon seit Jahren nur noch mit Tricks, für die ein Privatmann vor den Kadi gewandert wäre. So wird zum Beispiel durch Kredite erlangtes Geld bei westlichen Banken angelegt, um Vermögen der DDR vorzutäuschen. Schürer & Co: „Die weitere Beschaffung von Krediten in den Jahren bis 1995 ist maßgeblich abhängig von... der Beibehaltung relativ hoher Anlagen bei ausländischen Banken, die als Guthaben der DDR in Erscheinung treten, auch wenn es sich um Depositen und bereits mobilisierte, noch nicht eingesetzte Kredite handelt. Bei Wahrung der Geheimhaltung über den tatsächlichen Charakter dieser ‚Guthaben‘ tragen sie ganz wesentlich zum Ansehen der DDR als solider und zuverlässiger Kreditnehmer bei.“ (93)

Ob diese abenteuerliche Finanzpolitik von westlichen Geheimdiensten durchschaut wird, ist nicht bekannt. Sie entdecken aber, daß bereits seit Jahren versucht wird, Geldlöcher auch mit Waffenverkäufen zu stopfen. Das ist im internationalen Geschäft nicht unüblich. Die DDR-Ökonomen wissen: „Die bedingungslose Sicherung der Zahlungsfähigkeit der Republik ist die entscheidende Voraussetzung für die politische Stabilität der DDR und die weitere wirtschaftliche Entwicklung.“ (94) Bereits 1981 soll deshalb der vom SED-Wirtschaftslenker Günter Mittag angewiesene Verkauf von 100 000 automatischen Schützenwaffen zusätzliches Geld in die chronisch klammen Kassen spülen. Davon darf der Westen nichts merken, und auch „die Freunde“ in Moskau dürfen nichts ahnen. Alexander Schalck-Golodkowski: „KoKo sollte den Verkauf übernehmen und nicht der eigentlich dafür zuständige Bereich im Ministerium für Außenhandel, denn dieser hätte das Geschäft zunächst offiziell von der Sowjetunion genehmigen lassen müssen.“ (95)

Das wäre heikel geworden, denn damals führt der Iran gegen den mit der Sowjetunion in freundschaftlichen Beziehungen stehenden Irak Krieg. Die dortigen Kämpfer Saddam Husseins kaufen unter anderem auch in der DDR ganz offiziell über den „Ingenieurtechnischen Außenhandel“ Waffen und Material ein. Das ist auch den Angehörigen der amerikanischen, britischen und französischen Militärmissionen nicht entgangen. Sie beobachten den Bahntransport der in wüsten-brauner Tarnfarbe gespritzten W 50 von Ludwigsfelde zum Überseehafen Rostock.

Ohne jegliche Skrupel liefert IMES nun, natürlich unter strengster Geheimhaltung, auf die andere Seite der Front: Das bringt allein 1982 rund 236 Millionen Valutamark ein. Dafür gehen vor allem Schützenwaffen und Munition „überwiegend Altbestände der bewaffneten Organe und der Staatsreserve“ (96) an den Golf.

Daß plötzlich Waffen aus der DDR – sie produziert seit langem zum Beispiel die Maschinenpistole „Kalaschnikow“ nach sowjetischen Lizenzen – an verschiedenen Krisenherden der Welt auftauchen, alarmiert die westlichen Geheimdienste.

So erhält beispielsweise Nordjemen 1983 für 6,2 Millionen Valutamark gepanzerte Mannschaftstransporter und die PLO für 2,3 Millionen Valutamark MPis und Munition, nach Südjemen geht 1985 für 4,6 Millionen Valutamark Munition, und die PLO kauft im gleichen Jahr für 6,9 Millionen ein, in Uganda wird 1986 mit DDR-Waffen für 12,6 Millionen und in Peru für 2,4 Millionen Valutamark geschossen, in Äthiopien sind es 1988 etwa 6,1 Millionen, und sogar Botswana ist in jenem Jahr noch mit einem Posten von 700 000 Valutamark dabei. (97)

Vor allem die CIA in Langley will wissen, wie diese Deals laufen, und dabei sollen ihre Vorposten in der DDR gemeinsam mit den britischen und französischen Verbündeten die Augen offenhalten.

Bei den Inspektionsfahrten fällt auf, daß Anfang der achtziger Jahre vom Militärflughafen Kronskamp in Mecklenburg ein Anschlußgleis in ein neu errichtetes Lager aus Leichtbauhallen in der Nähe von Kavelsdorf, etwa zehn Kilometer südlich von Rostock, verlegt wird. Daß es sich dabei um das Waffenlager der „IMES GmbH“ handelt, erfahren die Tour-Offiziere möglicherweise auch erst am 2. Dezember 1989, als empörte Einwohner und Bauern von der Kavelsdorfer LPG „Neues Deutschland“ den geheimen Umschlagplatz für den Waffenhandel in die Krisengebiete entdecken. Hier lagern ungesichert Dutzende von Tonnen Munition. Am 4. Dezember 1989 sperrt die NVA deshalb aus Sicherheitsgründen den gesamten Luftraum über dem Lager für Tiefflüge. (98)

Weiträumige Sperrgebiete, die wegen der von den DDR-Behörden selbst aufgestellten Schilder von den Alliierten Militärmissionen meist nicht respektiert werden, riegeln den gesamten Bereich um den Überseehafen Rostock ab. Dort werden an den Piers 46 und 36 die Waffenlieferungen abgewickelt. Dazu avisiert jedes Mal der stellvertretende IMES-Generaldirektor, Eberhard Schmerl, dem Vize-Chef des Kombinats Seeverkehrs- und Hafenwirtschaft, Günter Zierrath, wenn wieder eine Sendung ansteht. Dann wird bei jedem Deal extra ein Krisenstab gebildet und für die Verladearbeiten die „Stufe III“ befohlen, die besondere Geheimhaltung erfordert. (99) Auf die Pier dürfen nur zuverlässige, überprüfte Arbeiter, schon weit im Umfeld beobachtet die Stasi die Bewegungen der Wagen der Militärmissionen.

So laufen seit Anfang der achtziger Jahre recht lukrative Geschäfte. In einem internen Papier informiert Koko im Ministerium für Außenwirtschaft der DDR am 26. Januar 1990 über den in den Jahren 1982 bis 1989 betriebenen und bislang geheimen Waffenhandel: „Der Wert von 581,2 Mio VM stellt den an den Staatshaushalt abgeführten Gewinn dar. Die Gesamteinnahmen für die DDR belaufen sich auf über eine Milliarde Valutamark.“ (100)

Für die westlichen Geheimdienste ist dabei nicht nur von Interesse, was geliefert wird, sondern auch, von welcher Qualität die Waffen sind. Auch hierbei sind die Erkenntnisse der Militärmissionen gefragt, die in ihre Autos alles einpacken, was sich abgreifen läßt. Auch bei seit langem bekannten Waffen, wie zum Beispiel der Maschinenpistole Kalaschnikow, lassen sich immer wieder Neuigkeiten entdecken.

So taucht bei der PLO 1985 eine spezielle Version der MPi mit verkürztem Lauf und Schalldämpfer auf. Sie stammt aus der DDR. Bereits ein Jahr zuvor gingen 4000 Kalaschnikows an die PLO. Sie wurden konspirativ über die Gesellschaft S.A.S. & Cie mit Sitz in Warschau, Stawki uliza 2, geliefert. Laut polnischem Handelsregister beschäftigt sich die Firma mit „internationalem Handel, Marketing, Baugeschäften und Investitionen“. (101) Zu den Gesellschaftern gehörten die Herren Samir Nejmeddin, Adnan Zayir und Shakir Farhan, allesamt Führungsleute der Terrortruppe von Abu Nidal, der sich 1974 offiziell von der PLO trennte und seither weltweit ihre Blutspur zog. (102)

Angesichts einer derartigen Verquickung im geheimen internationalen Waffenhandel vertraut die CIA natürlich nicht nur auf die „Zufallsfunde“ der wenigen Leute vor Ort in den Militärmissionen. Deshalb sollen unter dem Codewort „Black Eagle“ auch eigene Beschaffungsaktionen in mehreren Staaten des Warschauer Vertrags organisiert worden sein, bei denen wiederum IMES als Lieferant eine Rolle gespielt habe. So sei zwischen 1982 und 1985 viermal eine Maschine der „West Africa Airline“ (WAAL) auf dem Ost-Berliner Flughafen Schönefeld gelandet und habe dort Waffen aufgenommen. Die Maschinen mit der internationalen Registriernummer 9 GACX flogen unter Charter der „St. Lucia Airways“, einer Tarnfirma der CIA. Der norwegische Journalist Arild Aspöy, der die ganze Geschichte entdeckt hat, belegt auch, daß die Endverbraucherzertifikate für die Waffenladung auf Nigeria ausgestellt waren und als „Käufer“ die Firma „Tech Aid International“ in Panama auftrat. Die Maschinen aus Berlin landeten auf dem Philips Airfield in Baltimore, USA. (103)

Daß sich KoKo-Chef Alexander Schalck-Golodkowski nach der deutschen Einheit auch für Waffenhandel vor Gericht verantworten muß, ist so eigentlich nicht verwunderlich. Fast wie ein Treppenwitz der Geschichte mutet dagegen an, daß er 1996 vom Landgericht Berlin lediglich zu einer Freiheitsstrafe von einem Jahr auf Bewährung verurteilt wird – weil er aus der Bundesrepublik Jagdwaffen und Nachtsichtgeräte für die Pirschgänge der „führenden Genossen“ besorgt hat. Um das überhaupt in einen Straftatbestand fassen zu können, müssen die Richter das „Militärregierungsgesetz Nr. 53“ aus der Nachkriegszeit bemühen. Es verbot damals im besiegten Deutschland jeglichen Handel mit Waffen. Das verstaubte Gesetz spielte bis 1989 etwa die gleiche Rolle, wie die nach alliiertem Recht bis zu diesem Zeitpunkt in West-Berlin geltende Todesstrafe für Waffenbesitz. Jetzt leistet es einen letzten Dienst und „Big Alex“ kann süffisant bemerken: „Seither bin ich verurteilter Waffenhändler.“ (104)

Die nicht zuletzt durch die Demonstrationen der Rostocker Bevölkerung aufgedeckten dunklen Geschäfte der IMES haben weder die DDR gerettet, noch Entscheidendes bewirkt. Alexander Schalck-Golodkowski: „Ein Gutachten, das der Deutsche Bundestag 1994 im Rahmen des ersten Schalck-Untersuchungsausschusses in Auftrag gab, stufte den gesamten Export der DDR an militärischen Gütern als ‚international unbedeutend' ein. Zum Vergleich: Das Volumen des internationalen Waffenhandels belief sich im Jahr 1987 auf etwa 80 Milliarden US-Dollar." (105)

Das mag so sein, viel wichtiger ist eine andere Erkenntnis: In den letzten Monaten der DDR haben ihre Bürger nach fast 40 Jahren „realen Sozialismus" gezeigt, daß sie mit dem demokratischen Mittel der Demonstrationen durchaus auch politische Meinungen artikulieren können. Das hat es früher nicht gegeben. Wenn demonstriert wurde, geschah dies entweder, um die Partei zu bejubeln oder um deren Politik gegenüber den „Klassenfeinden" mehr oder weniger eindrucksvoll darzustellen. Das mußten gelegentlich auch die Mitarbeiter der Alliierten Militärmissionen in der DDR erfahren.

„Ami go home"

Die Stimmung vor der britischen Militärmission in der Potsdamer Seestraße kocht. Über zweitausend Leute drängen sich an diesem 18. Juli 1958 vor dem Gebäude. Ein BRIXMIS-Opel will auf das Gelände fahren. Ein Stein fliegt, und plötzlich zischt es. Irgendjemand hat die Reifen zerstochen. Nirgendwo sind die grünen Uniformen der Volkspolizei zu sehen. Dann klirren auch auf dem exterritorialen Gebiet der Mission Fensterscheiben. Demonstranten dringen ins Gebäude ein. Möbel werden umgeworfen, Sprechchöre fordern „Freiheit für den Libanon".

In der Potsdamer Stasi-Zentrale glühen die Telefondrähte. Auch aus Neufahrland, dem Sitz der amerikanischen Militärverbindungsmission wird Bedrohliches gemeldet. Demonstranten holen die „Stars and Stripes“ vom Mast, verbrennen die Fahne.

Die Stasi sitzt in der Zwickmühle.

Demonstrationen, das gibt es in der DDR nur mit staatlichem Segen. Dafür haben die „Sicherheitsorgane“ zu sorgen. Und natürlich haben die Genossen eigentlich auch gar nichts dagegen, wenn sich der „Volkszorn“ gegen die amerikanischen, britischen und französischen „Klassenfeinde“ entlädt. Aber da sind auch noch die Sowjets. Sie tragen für die westlichen Militärmissionen in der DDR die Verantwortung. Werden die Alliierten dort allzu sehr bedrängt, wird es erfahrungsgemäß auch für die sowjetischen Offiziere im Westen brenzlig.

Die Westler sollen ruhig einmal sehen, wie das so ist, wenn an den Vertretungen wütende Protestler aufziehen und Parolen skandiert werden. Eben das geschieht nämlich in diesen Tagen gerade vor einigen sowjetischen Botschaften in den westeuropäischen Hauptstädten, darunter auch in Bonn. Aufgebrachte Bürger protestieren so gegen die Hinrichtung des ungarischen Ministerpräsidenten Imre Nagy. Am 16. Juni 1958 wird er nach einem Schauprozeß im Hof des Budapester Zentralgefängnisses gehenkt, weil er 1956 den von Moskau blutig niedergeschlagenen Aufstand führte. Fast zwei Jahre saß er danach als Botschaftsflüchtling in der US-Vertretung in der ungarischen Hauptstadt. Als Vergeltung für den antisowjetischen Aufruhr im Westen wird in Moskau vor der westdeutschen Botschaft demonstriert. „Nieder mit dem Faschismus“ und „Denkt an Stalingrad“ rufen die bestellten Demonstranten. Fensterscheiben klirren, und Tintenfässer fliegen gegen die Hauswände.

Die „Freunde“ scheinen in Bedrängnis zu sein. Da will die kleine DDR nicht untätig bleiben. Zwar gibt es hier weder eine amerikanische, noch eine britische oder französische Botschaft, aber immerhin sind ja die Militärmissionen da.

Also wird hier demonstriert.

Den Anlaß liefert die große Weltpolitik. Im Libanon ist Bürgerkrieg, und die dortige Regierung bat um Entsendung einer internationalen Polizeitruppe. Die Amerikaner schickten Soldaten, die am 15. Juli 1958 in Beirut landeten. Für die DDR ist das eine Aggression, und dagegen wird nun lautstark protestiert.

Doch wird der Theaterdonner die Sowjets nicht verstimmen? Sie wissen genau, daß in der DDR keine zweieinhalbtausend Werktätigen „spontan“ während der Arbeitszeit zu Demonstrationen aufbrechen können. Außerdem: Die USMLM liegt am Ende einer schmalen Sackgasse in Neufahrland. Zwei oder drei Polizisten reichen aus, um den Zugang für das obrigkeitshörige Volk zu blockieren. Und auch die Lkws, mit denen die Demonstranten in den Potsdamer Vorort fahren und die Farbe für die empörten „Ami-go-home“-Sprüche sind in der DDR-Mangelwirtschaft nicht ganz einfach zu organisieren. Deshalb fassen die Stasi-Leute ihren Bericht vorsorglich so ab, daß er eventuellem Zoff mit dem „großen Bruder“ standhält: „Die Demonstranten ... waren so erregt, daß die eingesetzten Sicherungskräfte nicht verhindern konnten, daß einige Fensterscheiben eingeschlagen wurden.“ (106) Man hat also angeblich alles getan, um Zwischenfälle zu verhindern. Das akzeptiert auch das sowjetische Hauptquartier in Wünsdorf, zeigen die Demonstrationen schließlich doch nur, wie „demokratisch“ es in der Deutschen Demokratischen Republik zugeht.

Das macht den DDR-Genossen Mut, auch künftig hin und wieder einmal vor den Missionen aufzumarschieren. Im Februar 1961 startet solch eine Eigeninitiative. Auf Anregung des Kultursekretärs der SED-Kreisleitung Potsdam wird am 21. Februar 1961 beschlossen, „eine Demonstration von Studenten der Potsdamer Hoch- und Fachschulen durchzuführen“. (107) Diesmal ist die Ermordung des kongolesischen Ministerpräsidenten Patrice Lumumba der Anlaß. Unter Beteiligung von UNO-Truppen wurde er abgesetzt und an die rivalisierenden Bürgerkriegsparteien ausgeliefert. Es ist die Zeit des Zerfalls der großen Kolonialreiche in Afrika, und da will die DDR beizeiten auf der für sie richtigen Seite stehen. Und das ist die der „nationalen Befreiungsbewegungen". Damit ist das Feindbild klar: Die westlichen Imperialisten, weil sie die afrikanischen Völker an der Freiheit hindern.

Zunächst geht alles glatt. Rund 3500 Demonstranten sollen friedlich an den Alliierten Militärmissionen vorbeimarschieren und vorbereitete Protestresolutionen übergeben. Im Bericht vom 22. Februar 1961 der SED-Führung an Parteichef Walter Ulbricht wird gemeldet: „Die planmäßig begonnenen Demonstrationen verliefen im allgemeinen diszipliniert. Es wurden Sprechchöre gerufen, Transparente und Bilder mitgeführt." (108)

Doch dann gerät die Sache vor der amerikanischen Mission, in der nur ein Soldat als „Stallwache" anwesend ist, außer Kontrolle. Walter Ulbricht muß entsetzt lesen: „Zu einem besonderen Vorkommnis kam es auf dem Gelände der amerikanischen Militärmission. Hier trafen in der Zeit zwischen 17.00 Uhr und 17.45 Uhr etwa 150 Studenten auf Lastkraftwagen ein, die in das Grundstück eindrangen, dort ihre Transparente aufstellten, die USA-Flagge niederholten und an deren Stelle ein Bild Lumumbas in halber Höhe des Fahnenmastes aufzogen." (109)

Diese Aktion hatten die Studenten der „Akademie für Staat und Recht Walter Ulbricht" aus Potsdam-Babelsberg organisiert. Dort wurden die zukünftigen DDR-Diplomaten ausgebildet, und an der amerikanischen Militärmission konnten sie schon immer mal den „diplomatischen Umgang" mit Ausländern üben. Ein Teilnehmer von damals erinnert sich: „Das war vorher in unserer FDJ-Gruppe alles genau abgesprochen. Wir wußten, daß uns die Polizisten nicht vertreiben würden, wir wollten den Amis nur ein bißchen Feuer unterm Hintern machen." (110)

Als der Namenspatron der Akademie jedoch von der „Eigeninitiative der Genossen an der Basis" hört, wird er wütend. Er hat die Interessen der „Freunde" in Moskau im Auge, und denen kann es nicht gefallen, wenn die Amerikaner in der DDR derart unter Druck gesetzt werden.

Eilig eingeleitete Nachforschungen offenbaren organisatorische Mängel. Das Zentralkomitee der SED war erst nach Beginn der Demonstration informiert worden, und obwohl Sicherheitschef Erich Honecker sofort anwies, die Missionen durch ein starkes VP-Kommando zu sichern und die Protestaktion als Schweigemarsch durchzuführen, kommt es zu den Ausschreitungen. Auch die Stasi konnte ihre und die Polizei-Kräfte erst kurz vor Beginn des Zuges einweisen. Sie legte fest, daß jede Mission durch zehn VP-Angehörige zu sichern sei, doch die fühlten sich natürlich eher mit den Demonstranten, als mit den westlichen Abgesandten verbunden. Außerdem hatten die Stasi-Genossen in der Bezirksverwaltung ganz andere Sorgen: Die Ansammlung der vielen Leute in der Nähe der damals noch offenen Grenze. Dafür wurde ein VP-Schnellkommando in der Stärke von einem Polizisten auf 30 Demonstranten in der Hinterhand gehalten. Für den Schutz der Missionen kommt es nicht zum Einsatz.

Deshalb werden in der Parteiführung nun Sündenböcke gesucht. Im Rapport an Walter Ulbricht wird als „Schlußfolgerungen“ festgehalten: „Es ist offensichtlich, daß die Meldepflicht sowohl seitens der Kreisdienststelle als auch der Bezirksverwaltung Potsdam des Ministeriums für Staatssicherheit erheblich verletzt wurde. Der Minister für Staatssicherheit hat Maßnahmen für die Herstellung einer strengen Ordnung auf diesem Gebiet zu treffen, die eine Wiederholung derartiger Vorkommnisse ausschließen.“ (111) Das klappt offenbar auch später nicht immer. So protestieren am 6. Mai 1965 mehrere hundert Personen vor der USMLM gegen den amerikanischen Krieg in Vietnam, und am 1. Juni kommt es wieder zu Zwischenfällen. Etwa 100 bis 200 Demonstranten dringen auf das Missionsgelände vor und holen die US-Flagge vom Mast. Sie wird verbrannt, während andere ins Haus stürmen, Fensterscheiben einwerfen und Mobiliar zerstören. Wieder wird „Ami go home" an die Hauswände geschrieben. Nach amerikanischen Angaben wird ein Demonstrant, der außen bis in den zweiten Stock des Gebäudes hochklettert, von dem einzigen anwesenden Wachsoldaten, Thomas Voss, vom knapp fünf Meter hohen Balkon hinuntergestoßen. (112) Noch während der Krawalle kehrt ein Missionsfahrzeug von seiner Zwei-Tagesfahrt zurück. Die Amerikaner fahren sofort zur außenpolitischen Abteilung der sowjetischen Streitkräfte in Potsdam und suchen dort Schutz, der ihnen jedoch nicht gewährt wird. Als sie zur Mission zurückkehren, wird ihr Wagen mit Steinen beworfen. Nach rund drei Stunden ist der Spuk vorbei.

In der Nacht zum 2. Juni 1965 um ein Uhr zwanzig wird dann in einer feierlichen Zeremonie eine neue Flagge gehißt. Vom Tonband gibt es dazu über zwei große Lautsprecher die Nationalhymne: „Sie war laut genug, um die Truppen der 34. sowjetischen Artillerie-Division in ihrem Quartier, ungefähr eine halbe Meile entfernt, aufzuwecken (113), erinnert sich ein Teilnehmer an den feierlichen Moment.

Trotzdem folgt am nächsten Tag auch noch ein geharnischter Protest des Oberbefehlshabers der US Army Europa, General Andrew P. O'Meara an den Kommandierenden der Sowjets, Pjotr K. Koschewoi. Der Amerikaner beschwert sich besonders über die Untätigkeit des VP-Wachkommandos. Der sowjetische General streitet zwar jede Verantwortung für die Übergriffe ab, bietet aber an, das Haus komplett renovieren zu lassen. Sogar das Dach wird neu gedeckt.

Wahrscheinlich gibt es auch einen kräftigen Anpfiff an die DDR-Behörden. Als nämlich wenig später ein amerikanischer Lkw das VP-Wachhäuschen erheblich beschädigt, sind die ostdeutschen Schadensersatzforderungen so gering, daß sie der amerikanische Missionschef gleich in bar bezahlen kann. (114)

Außerdem wollen die Amerikaner nun auch ein symbolträchtiges Zeichen ihres Anspruchs auf Präsenz in Potsdam setzen. Auf

Vorschlag des demokratischen Senators Yarborough aus Texas wird das Sternenbanner vom Capitol in Washington D. C. in den Osten gebracht und am 6. Oktober 1965 feierlich gehißt. (115)

Mitte Dezember 1965 finden erneute Demonstrationen statt, zu denen auch in Potsdamer Zeitungen aufgerufen wird. Ausschreitungen gibt es diesmal nicht. (116)

Die DDR steht inzwischen auf dem Sprung zur weltweiten diplomatischen Anerkennung, und da kann allzu wütender Klassenkampf nur abschreckend wirken. Als Ende der sechziger Jahre dann die ersten Botschafter ausgetauscht werden und Anfang der siebziger Jahre die große internationale Anerkennungswelle rollt, ist die Zeit der Demonstrationen vor den Alliierten Militärmissionen endgültig vorbei. Nun werden die Differenzen mit dem diskreten Charme der Diplomaten ausgetragen. Die Aktivitäten der „Spione in Uniform" führen aber – wie auch schon in der Vergangenheit – immer wieder zu gefährlichen Zuspitzungen der internationalen Lage.

VIERTES KAPITEL
AM RANDE DES KRIEGES

Eigentlich will Edwin Allan Lightner den Abend des 22. Oktober 1961 nur ganz gemütlich mit seiner Frau in einem Ost-Berliner Theater verbringen. Der Vize-Chef der US-Mission in West-Berlin genießt die Vorteile der geteilten Stadt. Ein Parkettplatz im weltberühmten Berliner Ensemble, der Staatsoper Unter den Linden oder dem Deutschen Theater kostet gerade einmal 17,50 Ost-Mark. Das ist umgerechnet nicht viel mehr als der Preis von zwei Coca Cola-Büchsen aus dem PX-Laden in Dahlem, und ein Glas süßer Krim-Sekt ist in der „Hauptstadt der DDR“ dann auch schon dabei.

Doch an diesem Sonntag ist alles anders. Am Checkpoint Charlie in der Friedrichstraße will ein DDR-Polizist den Ausweis des Amerikaners in Zivil in seinem VW-Käfer mit dem Kennzeichen der US-Militärbehörde sehen. Das läßt sich Edwin Allan Lightner nicht bieten. Gewiß, seit dem 13. August ist die Sektorengrenze abgeriegelt, und Truppen der Nationalen Volksarmee bauen an der Mauer. Doch das interessiert die Amerikaner, Briten und Franzosen nicht. Ihre alliierten Rechte in ganz Berlin bleiben davon unberührt. „Eine Mauer ist verdammt noch mal besser als Krieg“ (1), hatte Präsident John F. Kennedy am 14. August im engsten Beraterkreis zähneknirschend festgestellt, und aus Moskau kam das Signal, daß er sich um die Rechte seiner Truppen in West-Berlin keinerlei Sorgen zu machen brauche.

Doch kann man dem schlitzohrigen Nikita Chruschtschow so einfach trauen? Immer wieder passieren amerikanische Militärs in Uniform und Zivil die Grenze zu Ost-Berlin, um zu testen, wie sich die Sowjets verhalten. Bis zu diesem Sonntag gibt es dabei keinerlei Behinderungen.

Edwin Allan Lightner ist wütend. Er will am Checkpoint Charlie mit einem sowjetischen Offizier sprechen, doch niemand läßt sich blicken. Deshalb kehrt er kurz in den amerikanischen Sektor zurück. Wenig später ist er wieder am Übergang, diesmal in Begleitung von US-Militärpolizisten mit aufgepflanztem Bajonett. Im Hinterland an der Friedrichstraße fahren einige gepanzerte Mannschaftswagen auf. Die DDR-Grenzer lassen ihn nun unkontrolliert passieren, doch für den geplanten Theaterbesuch ist es zu spät. (2)

Die Amerikaner sind alarmiert. Wollen die Sowjets nun doch ihre Rechte in Berlin beschneiden? Botschafter Llewellyn Thompson meldet sich in Moskau bei Außenminister Andrej Gromyko an, um offiziell zu protestieren. Der teilt ihm jedoch kühl mit, die DDR habe sich im Recht befunden. (3)

Nun wollen es die Amerikaner wissen. In den nächsten Tagen passieren immer wieder von bewaffneten GIs eskortierte US-Militärs die Sektorengrenze. General Lucius D. Clay, 1947 bis 1949 Generalstabschef und Militärgouverneur in der amerikanisch besetzten Zone Deutschlands und jetzt „Repräsentant des Präsidenten im Rang eines Botschafters für die Mission in West-Berlin", will bei den alliierten Rechten in ganz Berlin gegenüber den Sowjets keinen Millimeter nachgeben. Bereits am 29. September hatte er befohlen, bei einer Sperrung des Checkpoint Charlie für den alliierten Verkehr Barrieren mit Panzern und anderem schweren Gerät beiseiteräumen zu lassen. Im Pentagon und in den amerikanischen Stäben in Berlin und Heidelberg wird noch darüber diskutiert, ob eine solche Aktion nicht zu gefährlich sei, als Edwin Allan Lightner am 23. Oktober seinen mißglückten Theaterbesuch startet.

Die Engländer sahen das nicht so verbissen. Sie scheuen den Streß einer bewaffneten Eskorte. Am 25. Oktober zeigen einige Diplomaten den DDR-Grenzern widerspruchslos ihre Pässe vor.

Diese klammheimliche „Anerkennung der DDR-Staatsgrenze“ macht Lucius D. Clay wild. Er besteht darauf, daß uniformierte und zivile Bürger der USA, Großbritanniens und Frankreichs unkontrolliert Ost-Berlin betreten dürfen. Nun will es der General auf eine Machtprobe ankommen lassen. (4)

Am selben Tag um 8.30 Uhr läßt er zehn US-Panzer vom Typ M-48 im Westteil der Friedrichstraße in Stellung gehen. Gegen 17 Uhr kehren sie zu ihrem Stützpunkt nach Tempelhof zurück.

Seit dem 23. Oktober sind auch die Russen in Ost-Berlin in höchster Alarmbereitschaft. Sie schicken ihrerseits zehn Panzer in die Nähe des Checkpoint. Wenige Häuserblocks entfernt werden die T-54 in Seitenstraßen geparkt.

Am 26. Oktober gegen Abend – die amerikanischen Panzer sind bereits auf dem Rückmarsch ins Depot – biegen die sowjetischen Kampfwagen überraschend in die Friedrichstraße ein und rollen auf die Sektorengrenze zu. Nun werden in aller Eile die amerikanischen Panzer aus Tempelhof zurückbeordert. Sie preschen Richtung Osten vor. Ein Bergungspanzer ist so schnell, daß sein wippendes Schiebeschild erst einen Meter hinter der Demarkationslinie zum Stehen kommt. Ein Volkspolizist bedeutet dem Fahrer, zurückzusetzen. Der tut es. Der VP-Hauptmann wird dafür später in der DDR-Presse als Held im Kampf gegen den Imperialismus gefeiert.

Abgasschwaden kriechen die Häuserwände hoch. Dieselgestank liegt in der Luft. Dann werden die Motoren abgestellt. Nur 200 Meter entfernt stehen sich erstmals seit Beginn des kalten Kriegs mit scharfen Granaten aufmunitionierte amerikanische und sowjetische Panzer direkt gegenüber. Mitten in Berlin, mitten in Deutschland.

Auf der Ostseite führen die Russen 23 weitere T-54 heran. Ihre Kampfwagen waren zuletzt beim Volksaufstand am 17. Juni 1953 in Ost-Berlin. Insgesamt stehen nun 33 russische Panzer in Ost-Berlin – genau so viele, wie die USA in West-Berlin stationiert haben.

Im Westen sind die Amerikaner noch unsicher, ob sie es tatsächlich mit der Roten Armee oder nur mit NVA-Besatzungen in russisch beschrifteten Fahrzeugen zu tun haben. Ein als Diplomat getarnter Offizier der Berliner CIA-Basis wechselt über den Checkpoint Charlie nach Ost-Berlin. Unauffällig belauscht er die Gespräche der Panzersoldaten. Sie werden russisch geführt.

Als General Clay das erfährt, ruft er um 17.55 Uhr Präsident Kennedy an und gibt einen Lagebericht. Er sagt seinem Oberbefehlshaber zu, bis zum Montag, den 30. Oktober 1961, keine weiteren Versuche mehr zu unternehmen, US-Zivilisten die unkontrollierte Passage des Sektorenübergangs zu ermöglichen. Gegen 23 Uhr ruft der Präsident in Berlin zurück. Er hat Informationen über sowjetische Panzerbewegungen, aber der Raum Friedrichstraße scheint nicht direkt betroffen. General Clay verspricht: „Ich rufe Sie an, wenn sich etwas tut." (5)

In der KGB-Zentrale in Berlin-Karlshorst werden die beiden Gespräche mitgeschnitten. So erfahren die Russen, daß Präsident Kennedy zur Zurückhaltung mahnt. In dem 23-Uhr-Telefonat empfiehlt er: „Am besten schickt man nur Leute in Uniform hinüber, bis wir von Thompson (dem US-Botschafter in Moskau – Anm. d. Autors) etwas hören." (6) Clay ist einverstanden und bemerkt: „Ich glaube, Mr. President, es handelt sich hier um eine Nervenprobe." (7) Kennedy macht ihm Mut: „Sie werden die Nerven haben." (8)

Am 27. Oktober um Mitternacht stehen nun zwar sowjetische Panzer in der Friedrichstraße bereit, aber in Moskau weiß man, daß auch die Amerikaner keine Eskalation wollen. Das wird durch Informationen bestätigt, die über einen streng geheimen diplomatischen Kanal fließen. Kennedys Bruder Robert trifft den sowjetischen Presseattaché Georgij Bolschakow in Washington D. C. und teilt ihm im Auftrag des Präsidenten mit, daß Amerika keinen Krieg um Berlin führen will. Der Sowjet-Diplomat schickt umgehend ein chiffriertes Blitztelegramm an Nikita Chruschtschow. Auch der

Kreml-Chef will keine Zuspitzung der Lage um Berlin. Schon im August 1961 hat er gegenüber dem Botschafter der Bundesrepublik Deutschland, Hans Kroll, erklärt, er habe Marschall Konew, dem sowjetischen Oberkommandierenden in Deutschland angewiesen, „Zwischenfälle unter allen Umständen zu vermeiden. Ich will nicht durch die Dummheit irgendeines nervös gewordenen Hauptmanns in einen Krieg hineingezogen werden. Denn ein Krieg wegen Berlin oder der Mauer kommt selbstverständlich nicht in Frage". (9)

Als der sowjetische Staats- und Parteichef sicher ist, daß auch die Amerikaner keine Pläne mehr zum gewaltsamen Beseitigen der DDR-Grenzsperren hegen, wenn ihrer Rechte in Ost-Berlin unangetastet bleiben, gibt er am Morgen des 28. Oktober 1961 den Befehl zum Rückzug der sowjetischen Panzer. Die Amerikaner verkünden, sie hätten „einen eindrucksvollen Sieg errungen" (10), und auch die Sowjets können das Gesicht wahren. Ganz Herr der Lage erklärt Nikita Chruschtschow wenig später einem amerikanischen Diplomaten: „Fuhren die Panzer vorwärts, hieß das Krieg, fuhren sie zurück, hieß das Frieden." (11)

Für die Weltöffentlichkeit bleibt das Bild der sich am Checkpoint Charlie in Berlin gegenüberstehenden sowjetischen und amerikanischen Panzer Symbol dafür, wie schmal der Grat zwischen Krieg und Frieden zu jener Zeit ist. Den meisten blieben jedoch eigentlich viel spektakulärere Zwischenfälle, von denen jeder für sich sehr schnell zu einer Eskalation hätte führen können vorborgen. Dabei kamen Militärs beider Seiten zu Tode, Autos wurden zertrümmert oder Flugzeuge abgeschossen. Die Männer der Alliierten Militärmissionen mußten dafür sorgen, daß die Lage nicht außer Kontrolle geriet, durch unbedachte Reaktionen von beiden Seiten verschärft wurde und vor allem, daß alles streng geheim blieb.

Geheimer Luftkrieg über der DDR

Den 28. Januar 1964 wird Werner Jünger aus dem thüringischen Vogelsberg, rund 20 km nördlich von Weimar gelegen, wohl nie vergessen: „Wir haben gerade eine Fuhre Mist ausgebracht. Mit einmal macht es tack, tack, tack. Dann sehen wir, wie ein Flugzeug mit nur einer Tragfläche wie ein Kreisel vom Himmel kommt und hier auf dem Hügel aufschlägt. Es war wie ein Atompilz. Wir sind gleich hin, aber es war schon zu spät. Die Piloten waren alle verkohlt." (12) Knapp zwei Monate später, am 10. März 1964, fühlt sich auch Otto Wernicke aus Gardelegen wie im Krieg: „Es hat fürchterlich in der Luft geknallt, das kannten wir ja noch von früher. Dann kam die Maschine runter. Trümmerteile habe ich später noch auf unserem Schrottplatz liegen gesehen." (13)

Völlig unerwartet sind die beiden Männer Augenzeugen des geheimen Luftkriegs zwischen sowjetischen und NATO-Flugzeugen über der DDR geworden.

Scharf geschossen wird schon seit Kriegsende. Nach Angaben der „Arbeitsgemeinschaft 13. August" aus dem Jahre 1999 kommen allein bei „Flugzeugabschüssen im Grenzgebiet" 21 Menschen zu Tode, davon 18 in der Zeit vor dem Mauerbau. (14)

Nach dem 13. August 1961 wird der „Schutz der Staatsgrenze" aber zu einem besonderen Schwerpunkt der gesamten DDR-Politik. Es geht ums Prinzip. Auch die Westmächte sollen den kleineren deutschen Staat als souverän respektieren. Deshalb reagieren die Sowjets mit unbarmherziger Härte, wenn ein „feindliches Flugobjekt" die Staatsgrenze der DDR überquert.

So auch an jenem kalten Wintertag im Januar 1964. Um 14.01 Uhr startet der T-39 Sabreliner der US Air Force mit der Nummer 62-4448 auf dem Flugplatz Wiesbaden. Ein Zeitzeuge, der anonym bleiben will, weil militärische Informationen noch heute der Geheimhaltung unterliegen, erinnert sich: „Die Maschine befand sich auf einem Rundflug von Wiesbaden zurück nach Wiesbaden und sollte ein sogenanntes Höhenanflugsverfahren vom Funkfeuer Charlie bei Aschaffenburg durchführen. Unmittelbar vor oder kurz nach Passieren des Funkfeuers hatte die Maschine offensichtlich einen totalen Ausfall aller Navigationsgeräte einschließlich der Funkanlage zu verzeichnen und ist auf dem Nordostkurs, etwa 30 Grad, verblieben und in der Gegend von Fulda in den Luftraum der DDR eingeflogen. Normalerweise hätte sie nach Passieren von 12 000 Fuß nach Westen eindrehen müssen.“ (15)

Das ist durch den technischen Defekt nicht geschehen. Nun wird es den Piloten zum Verhängnis. Als der T-39 Sabreliner – ein unbewaffnetes Trainingsflugzeug – um 14.50 Uhr bei Diedorf in der Nähe von Mühlhausen in 8000 m Höhe die DDR-Grenze überfliegt, ist er bereits auf den Radarschirmen der Sowjets. Minuten später steigen Abfangjäger auf. Das USAF-Flugzeug dringt etwa 90 km in den Luftraum der DDR ein. Warnschüsse werden abgegeben, gegen 15 Uhr wird die Maschine abgeschossen. Sie zerschellt in einem Wald bei Vogelsberg. Die Piloten Colonel Hannaford, Captain Lorraine und Captain Millard sind sofort tot. (16)

Noch in der Nacht erfährt die amerikanische Militärmission in Potsdam von dem Zwischenfall und beginnt sofort mit der Suche. Die Amerikaner werden fündig und schleichen sich bei Vollmond an die Absturzstelle. Dort beobachten sie, wie russische Soldaten Wrackteile davontragen. Am Morgen wird das Gelände weiträumig mit Sperrschildern für die Alliierten Militärmissionen abgesperrt.

Offizielle Anfragen der USMLM und des Oberbefehlshabers der amerikanischen Heeresstreitkräfte in Europa, General Paul L. Freeman, bei seinem sowjetischen Kollegen Iwan Jakubowski bleiben zunächst ohne Antwort.

Statt dessen bestellt Außenminister Gromyko am 29. Januar den amerikanischen Botschafter in Moskau ins Außenministerium und beklagt sich bitter über die „ungeheure Provokation mitten in Europa“. (17) Der Diplomat versichert, daß es sich um einen technischen Defekt gehandelt habe. Dabei belassen es die

Herren, denn der Zwischenfall paßt nicht in die sich gerade anbahnenden Abrüstungsverhandlungen.

Deshalb sollen auch die Militärs die Sache in „stillen Gesprächen“ auf möglichst niederer Ebene lösen. Der Kommandant der bei Erfurt stationierten sowjetischen Truppen nimmt Kontakt zur Militärmission auf, und am 31. Januar 1964 dürfen die Amerikaner mit vier Lastwagen und ihrem Ambulanzfahrzeug die Leichen und die restlichen Trümmerteile abholen. (18)

Wie solcherart Zwischenfälle stets auch für den politischen Kleinkrieg zwischen Ost und West genutzt werden, belegt ein Abschuß vom 10. März 1964. An diesem Tag überfliegt ein mit drei amerikanischen Offizieren besetzter Luftbildaufklärer vom Typ RB-66C der USAF, 10th TRW, Alconbury, von Sembach kommend südlich von Altenhausen bei Haldensleben ein sowjetisches Manövergebiet. Die Maschine wird von einer Kette MiG-19 des „Diensthabenden Systems“, stationiert in Wittstock, gestellt. Hauptmann F. M. Sinojew und Hauptmann Iwannikow schießen die RB-66C ab. (19) Die Besatzung springt per Fallschirm ab. Dabei wird First-Lieutenant Welch schwer verletzt. Captain Holland und Captain Kessler werden gefangengenommen.

Im Westen bemerkt die amerikanische Luftüberwachung das Verschwinden des Flugzeugs und alarmiert die USMLM in Potsdam. Drei geländegängige „Opel-Admiral“ werden in Marsch gesetzt. Doch die Sowjets haben die Piloten Holland und Kessler bereits als Spione verhaftet und verhört und den verletzten Leutnant Welch in ein Magdeburger Militär-Lazarett eingewiesen. Da die Absturzstelle in einem Sperrgebiet liegt, werden auch die Offiziere der USMLM kurz festgesetzt. Die Männer kommen jedoch wenig später wieder frei, denn die Sowjets haben andere Pläne: Sie wollen die von den USA als nicht existent betrachtete DDR ins Spiel bringen. Deshalb drohen sie, die abgeschossenen Amerikaner wegen Spionage an die ostdeutschen Behörden zur Aburteilung zu übergeben.

Das ist ein brisantes Thema für die USA, das weit über das ständige Tauziehen um die alliierten Rechte hinausgeht. Anfang der sechziger Jahre ist die DDR nur von der Sowjetunion und einigen Ostblock-Staaten anerkannt. Pässe von Dienstreisenden mit Hammer, Zirkel und Ährenkranz werden in der übrigen Welt nicht akzeptiert. Für NATO-Staaten ist eine besondere Genehmigung einzuholen, die bei dem in West-Berlin extra eingerichteten „Travelboard" zu beantragen ist. Die Behandlung von DDR-Bürgern im „feindlichen Ausland" ist so, wie die unerwünschter Asylanten; Transitaufenthalte finden oft unter Bewachung der Landesbehörden statt, bei Problemen wird bestenfalls die westdeutsche Botschaft informiert, und an Bewegungsfreiheit im „Gastland" ist nicht zu denken.

In dieser Situation versucht die DDR, Fakten zu schaffen. Jeder ausländische Stempel auf einem offiziellen DDR-Papier ist solch ein Fakt, belegt er doch indirekt, daß auch der kleinere deutsche Bruder ein Staat ist.

Moskau unterstützt diese Politik der kleinen Schritte. Die sowjetischen Militärs wissen, daß gerade der Zugriff der ostdeutschen Behörden auf die in Potsdam stationierten amerikanischen, britischen und französischen Offiziere ihrem Satelliten wichtige Pluspunkte bringen könnte, handelt es sich doch schließlich um Vertreter der wichtigsten Westmächte. Akzeptieren sie offizielle DDR-Unterschriften, wären das Bausteinchen zur faktischen Anerkennung. Doch trotz aller Freundschaft setzen sie an erster Stelle ihre eigenen politischen Ziele durch.

Deshalb inszenieren die sowjetischen Militärbehörden jetzt ein Verwirrspiel um die abgeschossenen amerikanischen Offiziere. Ein ehemaliger sowjetischer Besatzungsoffizier: „Das ging nach dem von Lenin gelehrten Prinzip: Ein Schritt vor, zwei zurück. Wir wollten und mußten die Probleme ja lösen, aber wir durften dabei natürlich auch nicht unser Gesicht verlieren." (20) Colonel Paul G. Skowronek, damals Chef der USMLM in Potsdam, darf den immer noch ohne Bewußtsein im Magdeburger Lazarett liegenden Leutnant Welch besuchen. Trotz Ankündigung der Übergabe an die DDR bleiben die anderen beiden Offiziere in sowjetischem Gewahrsam. Damit wächst bei den Amerikanern die Hoffnung, sie schlimmstenfalls gegen sowjetische Spione austauschen zu können.

Die amerikanische Öffentlichkeit protestiert lautstark gegen den Abschuß. Die Sowjets schweigen. Außenminister Dean Rusk erklärt dem sowjetischen Botschafter in Washington, Anatoli Dobrynin, es sei unerklärlich, wie die RB 66 über die Grenze gelangen konnte. Präsident Lyndon B. Johnson schreibt in einem Brief am 17. April 1964 an Nikita Chruschtschow, daß es sich bei den beiden Zwischenfällen um eine „Serie von Irrtümern" gehandelt habe und er weiter mit dem Sowjet-Führer bei der „Reduzierung der Spannungen in diesem empfindlichsten Gebiet der Welt" zusammenarbeiten möchte. (21)

Bereits vorher stellen die Sowjets jedoch klar, daß sie eine Beteiligung der DDR an der Freilassung der Amerikaner beabsichtigen. Das geschieht mit einem Warnschuß: Rechtsanwalt Wolfgang Vogel, der DDR-Beauftragte für Freikauf und Austausch politischer Häftlinge, teilt am 18. März der „US Berlin Mission" mit, daß er mit der Verteidigung der beiden US-Flieger vor einem DDR-Gericht bei einem zu erwartenden Spionage-Prozeß beauftragt sei.

Zwei Tage später darf Colonel Skowronek den verletzten Leutnant in Magdeburg abholen. Er liegt schon im Krankenwagen, als hektisch eine Reihe von Papieren zur Übergabe unterzeichnet werden. Erst nach der Abfahrt merken die Amerikaner, daß sich auch DDR-Beauftragte auf den Unterlagen verewigt haben. Das ist ein kleiner Sieg für die Ostdeutschen. Ganz ohne sie scheint es nicht zu gehen. Deshalb läßt das amerikanische Außenministerium dem Chef der USMLM Verhandlungsspielraum. Das State Department ist nun bereit, Formeln wie „in Übereinkunft mit der DDR",

„nach Konsultationen mit der DDR“ oder „Verletzung der souveränen Grenzen der DDR“ zu akzeptieren, wenn es sich bei dem Abkommen über die Freilassung der Piloten eindeutig um ein zweiseitiges sowjetisch-amerikanisches Papier handelt. (22) Nach dessen Unterzeichnung werden Captain Holland und Captain Kessler schließlich am 27. März 1964 am Grenzübergang Helmstedt-Marienborn, dem amerikanischen „Checkpoint Alpha“, mit einem Übergabeprotokoll aus sowjetischer Haft entlassen.

Doch das Tauziehen um die „Anerkennung“ der DDR geht bis zuletzt. Der sowjetische Oberst, der die Übergabe leitet, fordert einen DDR-Offizier auf, das Protokoll darüber mit zu unterzeichnen. Colonel Skowronek reagiert sofort. Er läßt den Ostdeutschen zwar als „Zeugen“, nicht aber als „handelnde Person“ unterschreiben. Den Spionagevorwurf bringen die Sowjets nur noch mündlich vor und lassen ihn schließlich ganz fallen. Dafür muß sich der Amerikaner anhören, daß künftig jedes fremde Militärflugzeug über sowjetischen Manövergebieten in der DDR abgeschossen wird. (23)

Das ist nicht neu. Die Praxis der scharfen Schüsse ist seit Ende des Kriegs üblich und führt immer wieder zu schweren Zwischenfällen.

Bereits am 5. April 1948 schießt ein sowjetisches Kampfflugzeug einen zivilen britischen Flieger kurz vor dessen Landung in Berlin-Gatow ab. Die Insassen beider Maschinen kommen ums Leben. Der britische Militär-Gouverneur General Sir Brian Robertson kündigt an, künftig britische Flugzeuge so lange von Jägern begleiten zu lassen, bis die Sowjets ungehinderte Flüge zusagen. (24)

Dennoch bleibt die Passage nach Berlin kritisch. Am 29. April 1952 feuern zwei MiG-15 vom 73. Garde-Jagdfliegerregiment Köthen über Könnern in Sachsen auf eine französische DC-4. Angeblich hat die Air-France-Maschine, von Captain Gilbert Schwalinger und Pilot Robert Lepaute und vier weiteren Besatzungsmitgliedern geflogen, den Luftkorridor verlassen. Mit 89 Einschüssen landet sie in Berlin-Tempelhof. Nach französischen Angaben sind vier der elf Passagiere verletzt.

Warnschüsse gelten am 12. März 1953 einem britischen Verkehrsflieger, der den südlichen Luftkorridor verlassen hat. Am gleichen Tag wird bei Thomsdorf an der Elbe ein britischer Avro-Lincoln-Bomber abgeschossen. Er ist etwa 120 km in den Luftraum der DDR eingedrungen und hat auf sowjetische Jäger-Angriffe mit MG-Feuer geantwortet. Sechs der sieben Besatzungsmitglieder sterben. Die Offiziere der britischen Militärmission können nur noch nachprüfen, ob die Maschine tatsächlich den Luftraum der DDR verletzt hatte.

Fünf Jahre später nutzen die ostdeutschen Behörden wieder einen Luftzwischenfall für ihren Kampf um die Anerkennung. Am 29. Mai 1958 fangen zwei sowjetische MiG-17-Jäger des 773. Jagdfliegerregiments aus Pütnitz bei Damgarten im Nordwesten der DDR einen belgischen RF-84F-Aufklärer ab. Die Maschine wird auf dem sowjetischen Flugplatz zur Landung gezwungen, der Pilot – der belgische Leutnant Paulus – gefangengenommen. (25)

Seine Freilassung handelt die in West-Berlin ansässige Militärmission Belgiens unter Vermittlung der dort ebenfalls agierenden tschechoslowakischen Militärmission direkt mit dem stellvertretenden DDR-Außenminister, Otto Winzer, aus. Nach Berichten in Ost-Berliner Zeitungen seien die Verhandlungen „von Regierung zu Regierung“ geführt worden. NATO-Mitglied Belgien dementiert und bestreitet heftig, daß dies auch nur der Spur einer Anerkennung der DDR-Regierung gleichkäme. (26)

Dennoch verbuchen die DDR-Behörden die Lösung dieses Zwischenfalls als Erfolg. Wenige Wochen später versuchen sie ihn gegenüber den Amerikanern zu wiederholen.

Am 7. Juni 1958 verliert ein US-Militärhubschrauber mit neun Personen an Bord bei einem Flug von Frankfurt am Main nach Grafenwöhr die Orientierung. Er gerät über DDR-Gebiet, im Raum Zwickau, in ein schweres Gewitter und muß notlanden. Dabei verfängt sich der Helikopter in einem Baum. Sowjetische Offiziere nehmen die uniformierten Insassen fest, überstellen sie aber wenig später an die Volkspolizei der DDR.

Die USMLM in Potsdam erfährt inoffiziell von dem Zwischenfall und bemüht sich sofort um einen Kontakt zu den Sowjets. General Henry I. Hodes, Oberbefehlshaber der US-Streitkräfte in Europa, läßt über den Chef der Mission, Colonel Robert P. McQuail, einen Brief an seinen sowjetischen Kollegen Matei V. Sacharow übergeben und fordert die sofortige Freilassung seiner Landsleute. Doch Moskau bleibt diesmal stur. Die DDR sei ein souveräner Staat, mit ihr müsse verhandelt werden. Derweil hatte das DDR-Außenministerium über die Botschaft der USA in Prag – das war die nächstgelegene Möglichkeit, weil es ja keine gegenseitigen diplomatischen Vertretungen gab – bereits eine Note an das State Department übermittelt und Verhandlungen angeboten. Ganz so, wie es zwischen souveränen Staaten üblich ist.

Das bringt die Amerikaner in eine Zwickmühle. Einerseits existiert die DDR für sie nicht, andererseits müssen sie etwas tun, um die Hubschrauber-Besatzung zu befreien. Erneute Vorstöße bei den Sowjets bleiben erfolglos, so daß Colonel McQuail schließlich ermächtigt wird, Kontakt zu offiziellen DDR-Behörden aufzunehmen. Am 14. Juni 1958 trifft er schließlich Vize-Außenminister Otto Winzer.

Dabei geht das Tauziehen um den Status der Gespräche bis auf die Treppen des Außenministeriums in der Berliner Luisenstraße. Die Amerikaner verlangen, daß ein sowjetischer Offizier bei dem Gespräch anwesend ist. Die Sowjets schicken einen Leutnant namens Vturin. Entgegen der Absprache fährt er nicht im US-Wagen, sondern mit einem eigenen Auto vor. Dann entschuldigt er sich kurz, angeblich um zu telefonieren. Er bleibt verschwunden. Winzer erklärt, der Sowjet-Leutnant habe nur die Aufgabe gehabt, den Weg zu zeigen, alles andere sei Sache der DDR. Sie habe inzwischen mit der Sowjetunion ein Stationierungsabkommen unterzeichnet, die Besatzungszeit sei beendet. Das akzeptieren die Amerikaner nicht. Als sie das Außenministerium der DDR verlassen, ist Leutnant Vturin plötzlich wieder da.

Es folgen weitere Gespräche und immer wieder Versuche, die Angelegenheit doch noch über das sowjetische Militär zu klären – alles ohne Erfolg. US-Experten analysieren nun den gesamten bisherigen Schriftwechsel, um eine „versehentliche" DDR-Anerkennung auszuschließen. Auch die DDR wird aktiv. Sie präsentiert am 2. Juli 1958 die gefangenen Amerikaner auf einer Pressekonferenz, doch die erhofften Selbstbezichtigungen der „Spione" bleiben aus.

Derweil wird hinter den Kulissen weiter verhandelt. Über die Zahlung von 7334,10 DM für Unterkunft und Verpflegung der amerikanischen Hubschrauberbesatzung kann man sich einigen, nicht jedoch über deren Freilassung. Erfolglos führen Colonel McQuail und seine Männer von der amerikanischen Militärmission in Potsdam einen Kleinkrieg um eine Besuchserlaubnis und die Genehmigung, ihren Landsleuten wenigstens Pakete zusenden zu dürfen.

Die ganze Sache ist schließlich so verworren und festgefahren, daß keine Seite mehr den gordischen Knoten zerschlagen kann. Eine Lösung wird letztendlich durch Vermittlung des Roten Kreuzes erreicht. So kommen am 19. Juli 1958 die verunglückten Amerikaner endlich frei, und jede der beiden Seiten kann die Sache auf ihre Art kommentieren: Für die Amerikaner ist der ganze Vorgang nichts weiter als ein „Akt humanitärer Zusammenarbeit", für die DDR die Anerkennung ihrer Existenz und der Beleg für das Ende des Besatzungsregimes. (27)

Daß jedoch weder die Sowjets, noch die Amerikaner, Engländer oder Franzosen auch nur im geringsten daran denken, ihre

Rechte in Deutschland einzuschränken, beweisen viele weitere Fälle im geheimen Luftkrieg über der DDR.

So muß das Rote Kreuz schon ein halbes Jahr später erneut vermitteln. Am 4. Dezember 1958 stürzt ein amerikanischer Leutnant auf einem Kurierflug über der DDR ab. Seine Maschine hat einen Motorschaden, er rettet sich in letzter Sekunde mit dem Fallschirm. Auch in diesem Fall wird die USMLM vom Ort des Geschehens ferngehalten. Das Rote Kreuz sorgt diskret dafür, daß der Leutnant am 5. Februar 1959 aus DDR-Gewahrsam entlassen wird. (28)

In den folgenden Jahren wird das Netz der Luftabwehr am Himmel über der DDR immer enger geknüpft. Selbst kleinste Grenzverletzungen werden unterbunden. So fliegt zum Beispiel am 20. Mai 1960 eine C-47 der USAF bei Klütz im Raum Güstrow in Mecklenburg ganze 22 Meilen in die DDR ein. Sowjetische Jäger aus Pütnitz fangen die auf dem Weg von Kopenhagen nach Hamburg befindliche Maschine ab und zwingen sie zur Landung. Besatzung und Passagiere können fünf Tage später in den Westen zurückkehren. (29)

Nach dem Mauerbau registrieren die NVA und die sowjetischen Truppen fast jeden Monat mehrfach Luftraumverletzungen durch NATO-Flugzeuge. Neu ist, daß nun auch hin und wieder Maschinen der Bundesluftwaffe auftauchen. Das sind oft eindeutige Provokationen.

So fliegen am 14. September 1961 um 15.19 Uhr zwei F-84 „Thunderstreak“ in 12 000 m Höhe bei Elend im Harz in die DDR ein. Die von den Piloten Eberle und Pfefferkorn gesteuerten Maschinen benutzen den alliierten Luftkorridor und landen unbeschadet in Berlin-Tegel. Dort werden sie mit amerikanischen Hoheitszeichen versehen und von US-Piloten nach Westdeutschland zurückgeflogen. Am nächsten Tag erklärt Albert Norden, Mitglied des Politbüros der SED: „Wir versichern, so etwas wird sich nicht ein zweites Mal wiederholen.“ (30)

Das ist ernst gemeint. Am 18. August 1962 überquert eine Sea-Hawk des Marinefliegergeschwaders 1 der Bundeswehr mit Kapitänleutnant Winkler am Steuerknüppel gegen 13.20 Uhr die Grenze bei Eisenach in 11 000 m Höhe. Das Flugzeug hatte zuvor an einer Übung mit dem Flugzeugträger „Saratoga" im Atlantik teilgenommen und war in Gibraltar gestartet. Ein MiG-21-Abfangjäger stellt die Sea-Hawk, schießt und beschädigt das Flugzeug erheblich. Es schafft gerade noch die Notlandung auf dem Fliegerhorst Ahlhorn. (31)

Kräftig provoziert wird in diesem geheimen Luftkrieg jedoch nicht nur von den Westmächten, sondern auch von Sowjets und NVA. Vom 5. bis 11. April 1965 halten sie im Raum westlich der Elbe bis Berlin ein gemeinsames Manöver ab. Dabei kommen etwa 500 Flugzeuge zum Einsatz. Sie üben Tiefflüge mit Überschallgeschwindigkeit für den Ernstfall.

Er tritt am 7. April gegen 15 Uhr ein. Mit Schallgeschwindigkeit donnern fünf MiG-21 über den Reichstag und die Kongreßhalle in West-Berlin. Dort findet eine Sitzung des Deutschen Bundestages statt. Das ist nach Meinung der Sowjetunion und der DDR unrechtmäßig, weil West-Berlin nicht zur Bundesrepublik gehört. Deshalb soll den Abgeordneten ein kräftiger Schrecken eingejagt werden. Das gelingt. Der Überschallknall der Düsenjäger läßt die Mauern beben. An der Kongreßhalle zeigen sich Risse, Scheiben klirren. Panik bricht aus. Im Sturzflug stoßen die Maschinen hinab. Gleichzeitig werden Scheinangriffe auf den Tiergarten und die alliierten Flugplätze Tempelhof, Tegel und Gatow geflogen. Von seiten der NVA sind die Flugzeugführer Wolf, Fischer, Brucke, Gareis und Weinhold dabei. (32) Der Berliner Alfons Baransky erinnert sich: „Es war wie im Krieg. Die Russen-Jäger donnerten auf die Gebäude zu, wurden erst in letzter Sekunde wieder hochgerissen, man konnte sogar die Piloten erkennen." (33)

Bei solchen Aktionen können auch schon einmal peinliche Irrtümer entstehen. So landet zum Beispiel am 5. April 1965 plötzlich eine MiG-21 U unangemeldet auf dem Flughafen Tegel. Die fabrikneue Maschine soll eigentlich nach Cottbus überführt werden. Der sowjetische Pilot bemerkt seinen fatalen Fehler in letzter Sekunde und startet durch, bevor ein eilends herbeigerufener Tanklastzug die Startbahn blockieren kann.

Ging es hier noch glimpflich ab, ist das ein Jahr später nicht der Fall. Am 6. April 1966 hat ein Sowjet-Jäger eine Havarie am Triebwerk über West-Berlin. Die Maschine droht in einem Wohngebiet am Stadtrand abzustürzen. Hauptmann Kapustin und Oberleutnant Janow springen nicht ab, sondern halten die Maschine verzweifelt in der Luft, bis sie auf dem Stößensee aufschlägt und zerschellt. Das bezahlen die beiden Offiziere mit ihrem Leben. (34) Die Absturzstelle gehört zum britischen Sektor von Berlin. Colonel Paul G. Skowronek erinnert sich daran, daß sich die Amerikaner für die technischen Details des abgestürzten Flugzeugs interessierten, weil es in der Lage gewesen wäre, taktische Atombomben zu tragen. Im Einvernehmen mit den Briten werden deshalb die Wrackteile geborgen und untersucht. Der Zugang der Sowjets zu ihrem Flugzeug wird hinausgezögert.

Solche Fälle sind tragisch, gehören aber letztlich zum Alltag von Berufssoldaten. Das kann man von einem heimtückischen Hinterhalt, den Soldaten der Nationalen Volksarmee nach Einsatzplänen der Stasi im März 1984 in der Nähe von Halle aufbauen, nicht behaupten.

Ein Kreuz für Sergeant Mariotti

Philippe Mariotti ist ein erfahrener Berufssoldat. 1958 geht er als Freiwilliger zur „Gepanzerten Kavallerie“ und absolviert seine ersten Einsätze mit der Sahara-Kompanie Zousfina im Algerien-Krieg. Ab 1961 dient der Mann mit dem buschigen Schnauzbart fünf Jahre lang in Friedrichshafen und Tübingen, danach gehört er 13 Jahre lang zum 89. „Bataillon des services“. Am 1. August 1982 tritt Sergeant Philippe Mariotti als

Fahrer bei der französischen Militärverbindungsmission in Potsdam an. (35)

Er weiß aus „zahlreichen Aufklärungsfahrten“ genau, daß das ein gefährlicher Job, eine „Kriegsmission in Friedenszeiten“ (36) ist. Am 22. März 1984 soll es wieder einmal besonders interessant werden. Eine von den Sowjets kommandierte Verladestation mit entsprechenden Rampen im Raum Halle steht auf dem Programm.

Anfang der achtziger Jahre rüstet der Warschauer Pakt massiv konventionell auf. Das führt einerseits zu verstärkten Aktivitäten der Alliierten Militärmissionen, andererseits aber auch zu härteren Gegenaktionen der Sowjets. Sie provozieren Unfälle und Schießereien und fliegen sogar Hubschrauberangriffe gegen die Wagen der Alliierten Militärmissionen. Trotzdem werden die Aufklärungsfahrten unbeirrt fortgesetzt, wie auch an diesem Märztag.

Die Franzosen machen sich beizeiten auf den Weg, wahrscheinlich mit zwei oder mehreren Fahrzeugen, die dann im Zielgebiet jeweils einzeln ihre Aufklärungsaufgaben wahrnehmen sollen.

Sie ahnen nicht, daß sie schon erwartet werden.

Die „Spionage“ der Alliierten ist der NVA-Führung seit langem ein Dorn im Auge. Die von ihnen selbst aufgestellten Verbotsschilder für ausländische Militärs werden von den amerikanischen, britischen und französischen Offizieren nicht akzeptiert. Sie fühlen sich nur den Sowjets gegenüber verantwortlich. Ohne „die Freunde“ werden aber auch die NVA-Offiziere nicht aktiv. Helmut B., ehemals Oberstleutnant und stellvertretender Regimentskommandeur: „Bewegungen der MVM-Fahrzeuge im Umfeld unserer Objekte waren zu überwachen und zu dokumentieren. Nach Überfahren unserer Verbotsschilder haben wir versucht, die Fahrzeuge zu blockieren. Über solche Vorkommnisse wurden die Abwehr der Staatssicherheit und die Freunde informiert. Die Stasi war mit ihrer ‚Verwaltung 2000‘ sowieso in der NVA präsent, und die Sowjets tauchten meist ziemlich schnell auf, schon deshalb, um uns den Zugriff auf die West-Offiziere zu verwehren."(37)

Die Stasi ist mit detaillierten Einsatzplänen „zur offensiven Abwehr der feindlichen Tätigkeit der westlichen MVM" (38) auf das Auftauchen der Missionswagen an der Verladestation bei Halle vorbereitet. Darin wird angewiesen, daß die „Angehörigen der westlichen MVM" an der „Aufklärung des Objekts der NVA" durch „geeignete politisch-operative Maßnahmen" zu hindern, „beziehungsweise offensiv zu stören" und „ihre MVM-Fahrzeuge zu blockieren" sind. (39)

Als sich die Franzosen nähern, steht die „erforderliche Technik" (40) im „Verhältnis 1 : 6" – also auf ein Missionsfahrzeug sechs NVA-Einsatzfahrzeuge, darunter „3 Lkw mit Hänger" (41) – zur Verfügung. Um den MMFL-Wagen zu stoppen, ist eine „Blockierungsstelle vorbereitet". (42)

Die Stasi-Plan sieht vor, daß ein Lkw der Nationalen Volksarmee dem französischen Wagen in Fahrtrichtung sichtbar den Weg versperrt. Ein weiterer schwerer Lkw mit Hänger wartet, schwenkt nach Passieren der Franzosen hinter einer Kurve auf die Fahrbahn ein und blockiert so den Fluchtweg nach hinten.

Als Philippe Mariotti die Falle bemerkt, versucht er nach vorn zu entkommen. Der auf Kommando losgefahrene NVA-Lkw vom Typ „Ural 375" nähert sich auf der Mitte der Straße, laut Stasi-Bericht sogar „eher etwas links". (43) Der Aufprall des leichtgepanzerten französischen Pkw ist so heftig, daß sich der Lkw durch die Schubkraft des Hängers quer zur Fahrbahn stellt. Die Franzosen geraten unter den Lastwagen und werden dann in einen 50 Zentimeter tieferliegenden Graben geschleudert. Die Fahrerseite ist völlig eingedrückt, Mariotti soll sofort tot gewesen sein. Capitaine Staub, der kommandierende Tour-Offizier, wird in ein DDR-Krankenhaus gebracht. Der Beobachter, Unteroffizier Blancheton, ist am Arm und am Kopf verletzt. Trotzdem bleibt er am Wagen, bis seine Kameraden eintreffen. (44) Nach Stasi-

Angaben gibt es keinerlei Bremsspuren des Pkw. Der Akte beigefügte Fotos zeigen nur das quergestellte NVA-Fahrzeug, dessen Bremsspuren und den zertrümmerten MMFL-Wagen. (45)

Ein Sowjet-Offizier entnimmt dem französischen Wagen Karten, Filme, Diktiergerät und Kompaß. Die Stasi sorgt dafür, daß die vorbereitete Blockierung als Unfallursache geheim bleibt und die Volkspolizei manipulierte Akten anfertigt: Die aufgeführten Maßnahmen zur Blockierung der westlichen MVM-Fahrzeuge haben in der offiziellen Dokumentation der Deutschen Volkspolizei keinen Eingang gefunden. Darin wird als Unfallursache das „ständige Schlängelfahren des Pkw bei erhöhter Geschwindigkeit" angegeben, in dessen Folge der angeblich irritierte Militärkraftfahrer auf die Fahrbahnmitte auswich und es dort zum Zusammenstoß kam. (46)

Diese Version bekommen auch die Offiziere der MMFL mitgeteilt, die aus Potsdam mit Blaulicht zur Unfallstelle eilen. Als auf der Grundlage ihres Berichts General Philipponat am 23. März 1984 beim Oberkommandierenden der Gruppe der Sowjetischen Streitkräfte in Deutschland (GSSD); protestiert, wird ihm kühl mitgeteilt, „daß keine vorsätzlichen Gewalttaten in bezug auf die Mitglieder der FMVM von der Seite der Angehörigen der GSSD unternommen wurden". (47) Und General Michail Saizew fügt hinzu: „In dieser Hinsicht haben meine Untergebenen die strengsten Hinweise erhalten. Ähnliche Verordnungen würden auch den Armeeangehörigen der NVA von der Seite ihres Kommandos gegeben." (48)

Die Franzosen sind mit diesen Darstellungen offenbar nicht zufrieden.

Im 1998 eröffneten „AlliiertenMuseum" in Berlin-Dahlem wird der Tod Philippe Mariottis unter Hinweis auf die Unterlagen der Experten der westlichen Missionen als „vorsätzliche Tötung" (49) bezeichnet. Das untermauert die dort gegebene Darstellung des Unfalls: „Der Wagen von Mariotti hatte sich auf einer vierspurigen Autobahn befunden, als plötzlich auf der Gegenfahrbahn ein Lastwagen aus einem Konvoi der DDR-Truppen ausscherte, den Grünstreifen überquerte und frontal mit dem Missionsfahrzeug zusammenstieß. Mariotti war sofort tot, zwei seiner Kollegen wurden schwer verletzt. Die Wucht des Aufpralls war so groß, daß der schwere Lastwagen auf dem Dach des PKW zu stehen kam." (50)

Diese Beschreibung stimmt weder mit dem in den Stasi-Akten verzeichneten Unfallhergang noch mit dessen Beschreibung durch Oberstleutnant Daniel Trastour, der von 1979 bis 1982 und von 1985 bis 1989 in der MMFL stationiert war, überein. (51) Eine gewisse Parallele findet sich lediglich in der Aussage, daß der Wagen der Mission unter den NVA-Lkw geraten sei. Überdies soll nach Angaben des Museums der Unfall in der Nähe von Lettin bei Halle (52) passiert sein. In diesem Raum gab es zur Unfallzeit aber keine vierspurigen Straßen oder Autobahnen, auf die die Ortsbeschreibung zutraf.

Damit ist die Vermutung einer „vorsätzlichen Tötung" zu bezweifeln. Nach dem Einsatzplan der Stasi war zwar eine Blockierung des französischen Fahrzeugs vorgesehen, nicht aber ein Unfall mit Todesfolge einkalkuliert. Wahrscheinlich ist die beabsichtigte Blockade durch den Fluchtversuch Mariottis außer Kontrolle geraten. Dies belegen auch die am 6. April 1984 festgelegten „Auswertungsmaßnahmen" der Hauptabteilung VIII des MfS, die den zuständigen Leitern folgende „Orientierungen" geben:

„Politisch-operative Maßnahmen zur schwerpunktmäßigen Sicherung mit MVM-Verbotsschildern gesperrter militärischer Objekte und Einrichtungen der NVA mit der Zielstellung einer Blockierung nur noch auf der Grundlage bestätigter Operationspläne, die vorher mit der Abteilung 5 der Hauptabteilung VIII abzustimmen sind, zu organisieren.

Grundsätzlich derartige operative Maßnahmen qualifiziert vorzubereiten und nur dort durchzuführen, wo Auswirkungen, wie sie am 22. 03. 1984 auftraten, weitgehendst ausgeschlossen werden können.

Durch eine entsprechende Instruierung der politisch-operativen Kräfte der Linie VIII und Einflußnahme auf die Diensteinheiten der Linie I zu gewährleisten, daß durch die eingeleiteten operativen Sicherungsmaßnahmen gegen Angehörige der MVM an Objekten und Einrichtungen der NVA nicht solche Auswirkungen wie beim genannten Vorkommnis eintreten, da sich daraus ernsthafte Probleme für die Tätigkeit der sowjetischen MVM in der BRD sowie die politische Lage und Beziehungen der UdSSR und der DDR zu den USA, Großbritannien und Frankreich belastende Momente ergeben konnen." (53)

Die linke französische Presse zeigt Verständnis für die Probleme der DDR mit den Alliierten Militärmissionen und meint, daß Paris den Zwischenfall möglichst herunterspielen will, um die Atmosphäre „nicht weiter zu vergiften". (54) Deshalb sei der Protest gegen das Vorgehen der NVA auch „auf normalem diplomatischen Weg" (55) an die Sowjets in Ost-Berlin gerichtet worden, ohne die sonst üblichen Militärinstanzen einzuschalten. Wahrscheinlich sollte ursprünglich der ganze Vorfall geheimgehalten werden. Die Öffentlichkeit erfuhr nämlich erst durch eine gezielte Indiskretion der französischen Botschaft in Bonn davon. (56) In internen Gesprächen verweisen DDR-Diplomaten in Frankreich auf das oftmals rüde Verhalten von Fahrern der französischen Militärmission in Potsdam.

So ereignete sich bereits am 13. April 1969 ein schwerer Unfall, bei dem ein Gefreiter der NVA tödlich verletzt wurde.

Nach einer mündlichen Überlieferung aus französischer Quelle drang dabei ein MMFL-Wagen über einen Feldweg bei Leipzig in ein „permanent gesperrtes" Gebiet ein, daß von der NVA bewacht wurde. Die Franzosen vermuteten übende Sowjet-Soldaten in dem Geländeabschnitt. Ein NVA-Posten sah den Wagen herankommen und beschoß ihn gezielt. Daraufhin erhöhten die Franzosen die Geschwindigkeit und überfuhren den Mann.

Eine völlig andere Darstellung dieses Unfalls verzeichnen die Stasi-Akten. Dort wird behauptet, der tödliche Unfall sei auf der Autobahn Bautzen – Dresden bei einem Überholmanöver passiert. Der französische Wagen habe mit überhöhter Geschwindigkeit von 140 Stundenkilometern einen Krad-Fahrer der NVA von hinten angefahren und etwa 60 Meter mitgeschleift. Danach hätten die Franzosen versucht, den Unfallort zu verlassen. Das war jedoch wegen eines Motorschadens nicht möglich.

Nach beiden Berichten nahm eine sowjetische Streife den Unfall auf. Sie befahl den Franzosen, ihnen zur sowjetischen Militärkommandantur nach Potsdam zu folgen. Dort wurde die Tourgruppe vom 14. bis zum 26. April 1969 vom Kommandanten der 4. Sowjetischen Garnisonskommandantur in ihrem Wagen gefangengehalten. Sie durfte das Fahrzeug nur zum Gang aufs WC und zum Waschen verlassen.

Währenddessen handelten der Oberbefehlshaber der französischen Truppen in der Bundesrepublik, General Jacques Massu, und sein sowjetischer Partner, Viktor Georgiewitsch Kulikow, in Potsdam und Baden-Baden eine Entschädigungssumme für den getöteten NVA-Gefreiten aus. Nach französischer Darstellung betrug sie 1,5 Millionen DM, nach DDR-Darstellung 27 000 DM. Vertreter der DDR waren an diesen Verhandlungen nicht beteiligt, obwohl es sich bei dem Opfer um einen Bürger ihres Staats handelte.

Nach Abschluß der Verhandlungen wurden die Franzosen über die Glienicker Brücke aus Potsdam hinauseskortiert und als „Persona non grata" („unerwünschte Person") nach West-Berlin entlassen. (57)

Von einem weiteren schweren Unfall berichtet ein internes Informationsmaterial der Stasi aus dem Jahr 1989. Als Beispiel für die unwahre Berichterstattung westlicher Medien wird ein Zwischenfall mit einem Wagen der MMFL aus dem Jahr 1988 erwähnt. Danach „ignorierten französische Geheimagenten unter Leitung des stellvertretenden Chefs der Mission ... die im Auto einer Militärkolonne folgten, die Aufforderung des sowjetischen Regelungspostens zum Anhalten, wodurch der Posten auf die Motorhaube des Mercedes geriet. Aber auch da stoppten die Franzosen nicht, die die Geschwindigkeit erhöhten und erst nach etwa drei Kilometern an einem Waldmassiv anhielten". (58) Die Stasi nutzt intern solche Beispiele für ihre Propaganda gegen die Alliierten Militärmissionen. Sie seien schon längst ein Anachronismus der Geschichte und müßten demzufolge verschwinden. Die Stasi ist emsig darauf bedacht, keine Informationen über Zwischenfälle mit den Alliierten an die DDR-Öffentlichkeit dringen zu lassen. So erklärt sich wahrscheinlich auch die offenbar manipulierte Darstellung des Unfallhergangs vom April 1969 und das Verhalten im Fall Philippe Mariottis.

Am 18. April 1984 informiert das sowjetische Oberkommando in Wünsdorf die Stasi, daß 14 Mitglieder der französischen Militärmission in sechs Autos am 20. April eine Trauerfeier an der Unfallstelle abhalten und ein Kreuz aufstellen wollen. Außerdem habe General Philipponat Schadensersatz für den Tod Mariottis gefordert. Die Sowjets haben die Reise der Franzosen bereits genehmigt. Sie erwarten von der Stasi, „daß im Zusammenhang mit diesem Vorhaben keinerlei operative Maßnahmen eingeleitet werden". (59)

Dennoch beobachtet die Stasi die Veranstaltung genau und macht konspirativ Fotos. Die Spitzel stellen fest, „die durch 10 Straßenpassanten beobachtete Gedenkfeier wurde nicht öffentlichkeitswirksam". (60)

Sorgen macht der Stasi allerdings das Kreuz für den Sergeanten. Leute aus der Umgebung haben dort bereits Blumen niedergelegt und Vasen aufgestellt. Deshalb sollen „Kräfte der VIII nach Einbruch der Dunkelheit die notwendigen Maßnahmen durchführen. Es wird keine Hinweise auf die ‚Täter' geben". (61)

Über die Beseitigung der Gedenkstätte will die Stasi am 21. April 1984 gemeinsam mit „den Freunden“ entscheiden.

Dazu kommt es nicht mehr. Bevor die Stasi zuschlagen kann, erscheint ein Mann an dem Kreuz, kniet nieder und betet. Dann steht er auf, reißt das Kreuz aus dem Boden und verschwindet in der Dunkelheit. Trotz sofort eingeleiteter Suche wird er nicht entdeckt. (62) Sergeant Philippe Mariotti erhält in Frankreich posthum das Kreuz der Ehrenlegion.

Zwischen Partys und Pannen

Wenn es in den letzen Jahren der DDR auf dem Lehnitzsee bei Potsdam mal einen kleinen Krieg zwischen Sowjets und Amis gab, ging's meist nur um die dicksten Fische. Colonel Richard Naab, der letzte Chef der amerikanischen Militärmission in der DDR, erinnert sich an die gemeinsamen Angelausflüge. Einmal zog der Mann vom Mississippi gleich sechs kapitale Burschen aus dem Wasser, und die Russen gaben nach etlichen „Sto Gramm“ Wodka erst Ruhe, als ebenso viele Hechte und Zander auch in ihren Keschern zappelten.

Auch sonst verstehen sich die Offiziere der sich eigentlich feindlich gegenüberstehenden Blöcke von NATO und Warschauer Pakt inzwischen recht gut in Fahrland bei Potsdam. „Wir hatten uns dort ein einzigartiges Fenster geschaffen, durch das wir die sowjetischen Streitkräfte beobachteten“, (63) erinnert sich Colonel Naab. Gleiches tun die Sowjets in Frankfurt am Main, Bünde in Westfalen und Baden-Baden, und so versucht man gut miteinander auszukommen, denn jede Behinderung wird sofort mit gleichem vergolten. Deshalb treffen sich die Kontrahenten gern zu Partys oder auch im zwanglosen Freizeitrahmen, wo sich ganz am Rande manches Problem unkompliziert regeln läßt.

So ist es auch am 9. November 1989. Die Offiziere feiern gemeinsam eine Dinnerparty in Potsdam. Doch dann wird es unruhig. Richard Naab: „Die Sowjets bekamen pausenlos Anrufe. Irgendwann checkten wir auch, daß etwas Außergewöhnliches passiert sein muß." (64) Genau das war auch der Fall: In Berlin fiel gerade die Mauer. Der Colonel: „Unsere Tischgenossen wußten plötzlich nicht mehr, wie es weitergehen sollte." (65) Gemeinsam brechen die Offiziere zur Glienicker Brücke auf. Potsdam-Fan Naab: „Dort war eine Stimmung wie beim Karneval in New Orleans." (66) Als die Russen die singenden und tanzenden Menschen sehen, die sich mit Freudentränen in den Armen liegen, sagt ein Russe leise zu dem Amerikaner: „Das war's. Jetzt ist endlich der verdammte Krieg vorbei." (67)

So entspannt geht es bei den einstigen Verbündeten aus dem Zweiten Weltkrieg in den Jahrzehnten zuvor nicht zu. Partys und Einladungen sind von beiden Seiten immer auch ein Gradmesser der Beziehungen. Wann immer im westdeutschen Bünde der Bürgermeister bei der SOXMIS erscheint, um Krimsekt und Kaviar zu genießen, oder der Chef der BRIXMIS im ostdeutschen Potsdam sowjetische Armee-Fußballer anfeuert – stets entscheidet die politische Großwetterlage, ob solch ein Kontakt opportun ist. Nach dem Einmarsch des Warschauer Pakts 1968 in die Tschechoslowakei besucht kein Vertreter der West-Alliierten die Feiern der sowjetischen Militärmissionen zur Oktoberrevolution, und als im gleichen Jahr die Briten Moskaus Botschafter in Ost-Berlin die Ausrichtung eines Empfangs in West-Berlin verbieten, folgt die Vergeltung auf dem Fuße. Das Hauptquartier in Wünsdorf gibt den britischen Köchen und Musikern keine Pässe, die in der BRIXMIS in Potsdam die Feierlichkeiten zum Geburtstag der Königin ausgestalten sollen. (68)

Politik per Einladungskarte wird auch gemacht, wenn mal wieder aus den Routinejobs der Militärmissionen Ärger erwächst. Als zum Beispiel ein Sowjet-Lkw am 4. Juni 1985 einen Wagen der BRIXMIS rammt und schwer beschädigt, zieht die britische Regierung die bereits ausgesprochenen Einladungen für Moskaus Militärattachés zur Parade aus Anlaß des Geburtstags Ihrer Majestät, der Königin, wieder zurück. (69) Solche Aktionen gehören zum diplomatischen Alltagsgeschäft. Sie werden gegenseitig zwar akribisch vergolten, aber nicht nachgetragen. Auf beiden Seiten weiß man, wie wichtig kontinuierliche Kontakte sind. Dennoch wird all die Jahre peinlich darauf geachtet, dabei nicht unbeabsichtigt in Fettnäpfchen zu treten.

Für die Westmächte gibt es nämlich bei den gegenseitigen Einladungen bis Anfang der siebziger Jahre ein zusätzliches Problem. Die Sowjets nutzen sie gern, um dabei auch offizielle Vertreter der nicht anerkannten DDR ins Spiel zu bringen. Ihre Politik ordnet sich in die vielen klitzekleinen Aktionen ein, die dem kleineren deutschen Bruder zum internationalen Durchbruch verhelfen sollen: Wer miteinander redet, kann später schlecht die pure Existenz des Gesprächspartners leugnen. Als das sowjetische Hauptquartier 1964 der Führung der amerikanischen Streitkräfte in Europa vorschlägt, sich künftig gegenseitig zu Paraden und Sportveranstaltungen einzuladen, folgt eine diskrete Anfrage der bundesdeutschen Botschaft in Washington D. C. Die Diplomaten machen sich Sorgen, daß es zu vielen Kontakten mit ostdeutschen Funktionären kommen könnte. Doch die Amerikaner haben anderes im Blick: Die Veranstaltungen helfen ihnen, einen wichtigen Kommunikationskanal offenzuhalten, und zeigen den Sowjets, daß sich auch die West-Alliierten für die Entwicklung in Ost-Deutschland verantwortlich fühlen. (70)

Wenn wieder einmal politische Eiszeit herrscht, bieten die Militärmissionen ein ideales Instrument, um auf ganz niedrigem Niveau dennoch die Verbindungsfäden nicht ganz reißen zu lassen. So laufen die „freundlichen sozialen Kontakte" auch weiter, als die Sowjets Ende der vierziger Jahre den Alliierten Kontrollrat und die Kommandantur verlassen. (71) Ein britischer Veteran erinnert sich an solch ein Treffen: „Wir lächelten höflich und stießen unsere Gläser an." (72) Das fällt angesichts der vielen Zwischenfälle in Ost und West manchmal recht schwer. Obwohl beide Seiten versuchen, sie möglichst geheimzuhalten, sickert doch immer mal wieder einiges durch.

Eine unvollständige Auswahl: Am 5. August 1976 setzt die britische Militärpolizei in Münster zwei SOXMIS-Offiziere fest und hindert sie über zwei Stunden an der Weiterfahrt. Sie waren in Richtung eines Munitionsdepots der NATO gefahren. (73) Am 30. Januar 1980 stoppen Russen einen Wagen der USMLM. Sie ziehen die Amerikaner aus dem Auto, beschimpfen und schlagen sie. (74) Im Februar 1977 werden drei Sowjets in Bünde vier Stunden lang von der britischen Militärpolizei verhört. Sie hatten sich bei Nacht zum Camp bei Handorf, in der Nähe von Münster, geschlichen. (75) Am 28. Februar 1983 wird ein US- Fahrzeug in der DDR beschossen. Es gibt keine Verletzten. (76) Im März 1987 fotografiert ein Offizier der sowjetischen Militärmission bei Ahlsfeld eine Feld-Funkleitstelle der US-Army. Jeeps rasen heran, der Sowjetwagen will wenden und prallt an eine Straßenlaterne. Es dauert fünf Stunden, bis ein amerikanischer Offizier erscheint. (77) Am 7. September 1985 rammt ein Armeelaster der Russen ein liegengebliebenes amerikanisches Missionsfahrzeug. Soldaten schleppen den Wagen vor Schilder, die eine Sperrzone anzeigen, fotografieren das Auto und bringen es dann an die Unfallstelle zurück. (78) Am 10. August. 1976 verfolgt die amerikanische Militärpolizei bei Oberdachstätten in Franken einen sowjetischen Wagen und rammt ihn schließlich. Auf beiden Seiten gibt es Blechschäden. (79)

Am liebsten regeln die einstigen Verbündeten solche Zwischenfälle still und diskret. Werden der Öffentlichkeit dennoch Einzelheiten bekannt, wird alles versucht, daraus keine politischen Folgen erwachsen zu lassen. Ein Beispiel: Am 13. Juli 1985 verfolgt der Landrover der USMLM bei Satzkorn nahe Potsdam eine sowjetische Lkw-Kolonne, die auf dem Rückweg in ihre Garnison ist. Im Wagen sitzen Colonel Roland Lajoie, der Missionschef, und als Fahrer Sergeant Jessie Schatz, der wenige Wochen zuvor auch den Einsatz von Major Nicholson begleitete, der dabei zu Tode kam. Über das, was dann geschieht, teilt Pentagon-Sprecher Hoffmann wenig später mit: „Ein sowjetischer Fünfeinhalb-Tonner mit Fahrer und Beifahrer ist hinter unserem Wagen hergefahren, hat plötzlich aufgeblendet. Als Lajoie und seine Leute beschleunigten und wenig später zur Seite fuhren, hat der russische Laster den Wagen von hinten gerammt.“ (80) Der Missionschef erleidet Verletzungen im Gesicht und an den Augen, die später in West-Berlin behandelt werden. Die Russen erklären, der Fahrer habe „nur seine Befehle befolgt“. (81) Die „New York Times“ spekuliert am 24. Juli, er sei betrunken gewesen. Das Pentagon rückt indes von seinen Vorwürfen ab, der Zwischenfall sei von den Russen absichtlich herbeigeführt worden. Am 23. Juli 1985 erklärt Sprecher Hoffmann, daß es sich wohl doch nur um einen ganz normalen Verkehrsunfall gehandelt habe. (82)

Daß es tatsächlich nur ein bedauerlicher Unfall gewesen sein könnte, ist nicht auszuschließen, denn die sowjetischen Besatzer in der DDR waren stets ein Risikofaktor im Straßenverkehr. Technisch mangelhafte Fahrzeuge und oftmals schlecht ausgebildete Fahrer, die durch ihre Isolation in den Kasernen überdies kaum Vorstellungen von der Verkehrsdichte auf öffentlichen Straßen hatten, verursachten zahlreiche Unfälle, bei denen DDR-Bürger verletzt oder gar getötet wurden.

Ein geradezu symptomatisches Unfallgeschehen muß der spätere Minister für Nationale Verteidigung der DDR, Armeegeneral Heinz Keßler, am 4. Januar 1971 erleben. Damals war er noch Chef des Hauptstabs der NVA. An jenem Sonnabend will er von einer Beerdigung in Karl-Marx-Stadt (heute Chemnitz) ins DDR-Verteidigungsministerium nach Strausberg zurückkehren. Wegen des Vier-Mächte-Status von Berlin durfte die NVA-Führung nicht in der „Hauptstadt der DDR“ sitzen. Die Reise erfolgt über die Autobahn Berliner Ring. Rund 40 Kilometer vor Königs Wusterhausen passiert es: „Während der

Fahrt begann ein heftiges Schneetreiben, hinzu kam ein dichter, undurchdringlicher Nebel, die Sicht auf der nahezu unbefahrenen Autobahn betrug vielleicht nur fünf, sechs Meter", (83) erinnert sich Heinz Keßler. Plötzlich taucht auf der linken Fahrbahn der Autobahn ein stehender, unbeleuchteter Lkw auf. Der NVA-General: „Als wir ihn schließlich schemenhaft sahen, war es schon zu spät – unser Wagen fuhr mit großer Wucht auf den Koloß auf." (84)

Natürlich wird der Unfall des Spitzenfunktionärs gründlicher untersucht, als es normalerweise üblich ist. Heinz Keßler: „Wie sich später herausstellte, war hier vor kurzem ein sowjetischer Konvoi gefahren, der – ein unbeschädigtes Fahrzeug an der Spitze, eines am Ende – reparaturbedürftige LKW aus der CSSR zur zentralen Reparaturstelle der sowjetischen Truppen in der DDR geleitete. Ein Wagen war liegengeblieben – und leider auch liegengelassen worden." (85)

Heinz Keßler muß neun Monate im Zentralen Lazarett der NVA in Bad Saarow fest liegen, sein linkes Bein bleibt steif.

Die sowjetischen Truppen in der DDR haben sich stets mit der Besatzern eigenen Rücksichtslosigkeit verhalten. So erklären sich auch manche Zwischenfälle mit Fahrzeugen der Alliierten Militärmissionen. Auch deshalb werden die kurz nach dem Unfall Colonel Lajoies folgenden Karambolagen ohne großes Aufsehen intern geregelt; für November 1985 ist nämlich ein Gipfeltreffen zwischen Ronald Reagan und Michail Gorbatschow fest verabredet, und das soll keinesfalls belastet werden.

Gehen die Alliierten im Osten oder die Russen im Westen bei ihren oftmals waghalsigen Kommandounternehmen doch einmal zu weit, wird über all die Jahre die Ausweisung als „persona non grata" („unerwünschte Person") nach den strengen Regeln der Diplomatie betrieben. Dafür sammeln beide Seiten vorsorglich Material und dokumentieren jede Übertretung der vereinbarten Regeln. Kommt es dann zu einer Ausweisung, wird dies meist auch für die Propaganda genutzt. Als die offizielle sowjetische Armee-Zeitung „Krasnaja Swesda“ („Roter Stern“) im Januar 1989 wieder einmal die Spionage der westlichen Militärmissionen anprangert, ist in diesem Zusammenhang auch von solch einer Ausweisung zu erfahren: „So machte sich der amerikanische Militäraufklärer Hauptmann Bennet Maccatchen ständiger Verletzungen der geltenden Vereinbarungen über die Militärverbindungsmissionen schuldig. Um Informationen über die Gruppe der Sowjetischen Streitkräfte in Deutschland (GSSD) zu sammeln, verletzte er sechzehnmal die Grenzen von Sperrgebieten und ging dabei in unverschämter rowdyhafter Manier vor. Die Spionagekarriere des Hauptmanns fand nach einem weiteren, besonders unverfrorenen Vorgehen ihr Ende. Auf Protest des sowjetischen Oberkommandos wurde er vorfristig aus der amerikanischen Verbindungsmission abkommandiert.“ (86)

Bei solchen Ausweisungen ließen adäquate Gegenmaßnahmen meist nicht lange auf sich warten. Auch das ist von Anfang an geübte Praxis im Umgang der einstigen Verbündeten miteinander. So werden am 15. August 1952 drei Amerikaner von den Sowjets in der Nähe eines Militärflughafens festgenommen und 36 Stunden lang in einem Offiziersclub festgehalten. Wassili Iwanowitsch Tschuikow, damals Oberbefehlshaber der Besatzungstruppen, fordert ihre Abberufung. Die Amerikaner wollen die Sache möglichst diskret abhandeln, um „unnötige Aufmerksamkeit im Hinblick auf die Missionen“ (87) zu vermeiden. Trotzdem verlangen sie im Gegenzug in einem Brief an das sowjetische Hauptquartier die sofortige Abberufung eines Oberstleutnants, eines Hauptmanns und eines Soldaten aus der sowjetischen Militärmission in Frankfurt am Main. Sie begründen dies damit, daß die gegen die Amerikaner in Potsdam erhobenen Beschuldigungen völlig unberechtigt seien. (88)

Trotz des Bemühens, solche Zwischenfälle von der „großen Politik“ möglichst abzukoppeln und auf den militärischen

Kanälen diskret und unauffällig zu regeln, gelingt es nicht immer, öffentliches Aufsehen zu vermeiden. Das ist besonders dann der Fall, wenn Verletzte oder gar Tote zu beklagen sind.

Der Tod des Major Nicholson

An diesem 25. März 1985 gegen 17 Uhr scheinen die DDR- und sowjetischen Grenzposten am Potsdamer Ende der Glienicker Brücke verwaist. In rascher Fahrt nähert sich aus der Berliner Straße ein schwarzer Mercedes dem nur für Diplomaten und Alliierte erlaubten Übergang nach West-Berlin. Ein Krankenwagen folgt ihm. Mitten auf der Brücke stoppt der kleine Konvoi. So, daß der Wagen mit den roten Kreuzen genau den zwanzig Zentimeter breiten, weißen Grenzstrich zwischen der DDR und West-Berlin überquert hat.

Ein amerikanischer Offizier steigt in das Fahrzeug. Er breitet ein Sternenbanner über den darin befindlichen Zinksarg. Auf der Westseite steht ein Spalier von Soldaten. Sie präsentieren das Gewehr, als die beiden Autos an ihnen vorbeirollen. Major Arthur D. Nicholson ist vom Einsatz hinter den feindlichen Linien zurück. Er hat ihn nicht überlebt. (89)

Am 24. März 1985 ist der 37jährige Offizier der amerikanischen Militärmission in der DDR bei einer Erkundungsfahrt in der Nähe der Fernstraße Nr. 5 bei Ludwigslust in Mecklenburg von einem russischen Posten erschossen worden.

Die Leiche Major Nicholsons wird noch am Abend des 25. März auf dem Flugplatz Tempelhof von Commander Thomas N. Griffin, dem Chef der US-Streitkräfte in Berlin, mit militärischen Ehren verabschiedet. Neben einer Ehrenformation, Abgesandten der Briten und Franzosen und einer Militärkapelle stehen auch die Witwe des gefallenen Majors, Karyn Nicholson, und dessen achtjährige Tochter Jenny im kalten Wind auf dem nächtlichen Flugfeld. Präsident Ronald Reagan hatte sie kurz zuvor angerufen und persönlich kondoliert.

Der Sarg Major Nicholsons wird in eine zweimotorige „U-12“ verladen. Vor der Überführung in die USA wird die Leiche auf dem US-Stützpunkt Rhein-Main Air Base obduziert. Karyn und Jenny Nicholson reisen vier Tage später in die USA zur Beerdigung. (90)

Ronald Reagan verurteilt öffentlich die „Tragödie, die niemals hätte passieren dürfen“, als „unrechtmäßiges Verbrechen“. (91) Ansonsten gibt sich der Präsident aber eher zurückhaltend. Kurz zuvor hatte er nämlich dem neuen Mann an der Spitze des Kreml, Michail Gorbatschow, ein Gipfeltreffen vorgeschlagen. Reagan will es wegen eines solchen Zwischenfalls nicht platzen lassen, denn es soll, zusammen mit den bereits laufenden Abrüstungskontrollgesprächen in Genf, dazu dienen, „die Spannungen zu reduzieren und solcherart Zwischenfällen vorzubeugen“, wie der US-Präsident mehrfach betont. (92)

Dazu müssen die Amerikaner zuerst herausfinden, was eigentlich geschehen ist. Das soll ihnen Sergeant Jessie Schatz erklären, der als Fahrer des Chevrolets der USMLM an dem Zwischenfall beteiligt war. Er berichtet, daß der Wagen am Sonntag, den 24. März, gegen 15.30 im Raum Ludwigslust auf die geteerte Landstraße 191 abgebogen ist. (93) Die Amerikaner wissen, daß in dieser Gegend ein motorisiertes Schützenregiment der 94. Division und ein Panzerregiment der 2. sowjetischen Gardearmee stationiert sind. (94)

Gegen 15.36 Uhr befahl Major Nicholson, an einem Kiefernwäldchen, hinter dem sich sowjetische Kasernen befanden, zu stoppen. Er geht in Richtung der Kasernen. Sergeant Schatz steht auf dem Sitz des Autos und beobachtet durch das Schiebedach das Gelände. Plötzlich fallen drei Schüsse. Nicholson bricht getroffen zusammen. Aus der Deckung tauchen mehrere sowjetische Soldaten auf. Sie hindern Schatz mit vorgehaltener Waffe daran, erste Hilfe zu leisten. (95) Diese Darstellung unterscheidet sich von einem Bericht des sowjetischen Geheimdienstes, der auch an die Stasi ging. Danach erschien der mit zwei Personen in Tarnanzügen besetzte Wagen der amerikanischen Militärmission gegen 15.40 Uhr auf dem Panzerschießplatz Techentin im Kreis Ludwigslust. Bereits zu diesem Zeitpunkt wurde er von dem sowjetischen Posten aus der Deckung heraus beobachtet. Er wendete, verschwand zunächst wieder, kehrte aber nach zehn Minuten zurück. Erst jetzt verließ Major Nicholson das Auto, um zu fotografieren. Daraufhin gab der Posten einen Warnschuß ab und forderte den Amerikaner russisch und deutsch auf, stehen zu bleiben. Als Nicholson nicht reagiert, schießt er gezielt, und der Major bricht wenige Meter vor dem Auto der Mission tödlich getroffen zusammen. Gegen 18.30 Uhr sei dann der zuständige sowjetische Kommandant erschienen, und um 22 Uhr traf der Chef der USMLM aus Potsdam ein, unter dessen Obhut der Leichnam anderthalb Stunden später abtransportiert wurde. (96)

Während der Rückfahrt telefoniert der US-Offizier mit seiner Dienststelle und schildert den Tathergang. Dieses Telefonat wird von der Stasi abgehört. Es bestätigt in wesentlichen Teilen die sowjetische Darstellung des Vorfalls. Strittig bleibt vor allem, ob die tödlichen Schüsse innerhalb oder außerhalb eines Sperrgebiets gefallen sind.

In einer offiziellen Erklärung beharrt die sowjetische Nachrichtenagentur TASS darauf, daß der Tatort Teil eines Militärobjekts war: „Wie festgestellt wurde, handelte es sich bei dem Eindringling um einen Mitarbeiter der amerikanischen Militärischen Verbindungsmission, Major A. Nicholson, der zusammen mit dem Stabssergeanten Schatz unter Mißachtung der deutlich sichtbaren Schilder in russischer und deutscher Sprache mit einem Auto auf das Territorium des Militärobjektes gefahren war. Während Nicholson die Spionageoperation ausführte, blieb Schatz im Auto, um die Handlungen von Nicholson zu decken.“ (97) Daraus folgern die Sowjets: „Somit handelt es sich bei den erwähnten geheimdienstlichen Aktivitäten der amerikanischen

Militärangehörigen um eine grobe Verletzung des Abkommens über die militärischen Verbindungsmissionen vom 3. April 1947, auf dessen Grundlage die USA-Mission in Potsdam wirkt.“ (98)

Am 27. März 1985 bestätigt ein Sprecher der US Army, daß Major Nicholson von einem Fenster aus das Innere eines militärischen Geländes fotografiert habe. Der Ort läge aber nicht im militärischen Sperrgebiet. (99) Auch Richard Burt, Chef der Westeuropa-Abteilung im State Department, beharrt gegenüber dem sowjetischen Gesandten Oleg Sokolow darauf, daß die offiziellen Karten den Tatort nur bis zum 20. Februar 1985 als Sperrgebiet auswiesen.

Daß in der Gegend von Techentin durchaus Interessantes zu entdecken ist, wissen die amerikanischen Militärs aus vorangegangenen Erkundungsfahrten. Major Arthur Nicholson war bereits in der Sylvesternacht 1984/85 durch eine Zaunlücke unbemerkt in eine sowjetische Panzer-Kaserne eingedrungen. Er konnte sich bis in eine Panzerhalle schleichen und dort mit einer Infrarot-Kamera Außen- und sogar Innenaufnahmen von einem neuen, noch streng geheimen sowjetischen Panzer machen. Wahrscheinlich handelte es sich dabei um den T 72/83, bei dem ein automatischer Ladearm den Ladeschützen ersetzt. Erst bei der Abfahrt wurde er von den Wachen entdeckt. Damals konnte er entkommen. (100)

Der Westen rechnet nun damit, daß in der Umgebung von Ludwigslust die neuen Panzer stationiert werden. Deshalb macht kurz vor dem Tod Nicholsons auch ein Team der französischen Militärmission aus Potsdam eine Erkundungsfahrt in jene Gegend. Es bestätigt, daß sich Anfang März 1985 dort keine Sperrschilder mehr befanden. (101)

Ein Pentagon-Sprecher stellt daraufhin fest: „Nicholson war kein Spion, er war ein Beobachter. Die Sowjets hatten das Recht, ihn zu verhaften, obwohl er sich außerhalb der Sperrzone befand, ihn jedoch ohne Warnung zu erschießen, war absolut ungerechtfertigt. Die amerikanischen Beobachter sind angewiesen, bei Verhaftungen durch die Sowjets den Anweisungen des sowjetischen Offiziers zu folgen." (102) Dabei bleibt auch Ronald Reagan: „Der Major hat nichts getan, was er nicht hätte tun dürfen. Fotografieren ist gestattet." (103) Auch sein Verteidigungsminister, Caspar Weinberger, zu jener Zeit bei einem NATO-Treffen in Luxemburg, rührt die große Trommel: Er vergleicht die Todesschüsse von Ludwigslust mit dem 1983 erfolgten Abschuß der koreanischen KAL-Verkehrsmaschine, bei dem 269 Passagiere zu Tode kamen und stellt bitter fest: „Sie schießen erst und fragen später." (104)

Auf den diplomatischen Kanälen wird hingegen wesentlich unspektakulärer agiert. Die Amerikaner nehmen den Vorfall zum Anlaß, ihre Richtlinien über den Umgang mit Angehörigen der sowjetischen Militärmissionen im Westen zu publizieren. Danach ist jede Anwendung von Gewalt strikt ausgeschlossen: „Jedes Mitglied der amerikanischen Streitkräfte kann eine Verhaftung vornehmen. Bei einer Verhaftung darf keine Gewalt angewandt und kein Menschenleben in Gefahr gebracht werden." (105) Zahlreiche Zwischenfälle in der Bundesrepublik belegen, daß das Eindringen in militärische Sperrgebiete auch für die roten Vorposten im Westen durchaus zum Alltagsgeschäft gehört. Allein 1984 wurden 2477 Erkundungsfahrten sowjetischer Offiziere im Westen gezählt. Dabei drangen sie 98mal in Sperrgebiete ein, um zu fotografieren. Bis März 1985 registrierten westdeutsche Behörden rund 400 Fahrten, davon elf unter Verletzung von gekennzeichneten Sperrgebieten. (106)

In den amerikanischen Instruktionen ist festgelegt, daß bei solchen Zwischenfällen Zeitangaben, Wagentyp, Insassen, Fahrtrichtung und dergleichen festzuhalten und die Fahrzeuge zu „begleiten" sind. Die Anwendung von Schußwaffen bleibt jedoch ausgeschlossen. Auch auf die künftige Bewaffnung der Mitglieder der USMLM in der DDR wird weiterhin verzichtet. (107)

Noch während der Fall Nicholson politische Wellen schlägt – so beschließt zum Beispiel das US-Repräsentantenhaus am 1. Mai 1985 mit 322 gegen 93 Stimmen, daß der sowjetische Botschafter in den USA, Anatoli Dobrynin, als „unerwünschte Person“ ausgewiesen werden sollte (108) und das State Department beordert den sowjetischen Militärattaché von einer Rundreise an der Westküste nach Washington D. C. zurück (109) –, versucht das Pentagon nach bewährtem Muster, die Angelegenheit durch Verhandlungen auf militärischer Ebene so zu bereinigen, daß sich solch ein Zwischenfall nicht wiederholen kann.

Dazu treffen sich am 12. April 1985 zunächst im sowjetischen Offiziersklub, dann im Haus der USMLM in Potsdam der Oberbefehlshaber der US Army, General Glenn K. Otis und der Chef der Gruppe der Sowjetischen Streitkräfte in Deutschland, General Michail M. Saizew. Die Amerikaner sind sauer, weil sich die Sowjets weder entschuldigen, noch eine Entschädigung anbieten. Dazu hat der Sowjet-General offenbar klare Befehle. Dennoch sagt er zu, künftig keine Schußwaffen mehr gegen Angehörige der amerikanischen Militärmission anwenden zu lassen.

Das geht den Moskauer „Falken“ offenbar etwas zu weit. Deshalb ist nur zehn Tage später in der sowjetischen Presse zu lesen, daß sich Moskau das Recht vorbehält, „Gewalt gegen unbekannte Eindringlinge in sowjetische Militäreinrichtungen“ anzuwenden. Das ruft wiederum einen Sprecher des Weißen Hauses auf den Plan. Er weist darauf hin, daß Major Nicholson eine korrekte Uniform getragen habe und der Wagen der Militärmission die vereinbarten Nummernschilder trug. (110)

Die sture Haltung der sowjetischen Seite führt in den USA zu innenpolitischen Kontroversen, in denen sich letztlich das State Department durchsetzt. Die Diplomaten verlangen, den Zwischenfall vom gesamten Komplex der sowjetisch-amerikanischen Beziehungen abzukoppeln. Nach der Machtübernahme Michail Gorbatschows in Moskau eröffnen sich bisher ungekannte Perspektiven für die bilateralen Abrüstungsverhandlungen. Sie sollen nicht gefährdet werden.

Daran ist auch Moskau interessiert. Deshalb veröffentlicht die amtliche Nachrichtenagentur TASS eine Erklärung, nach der „der tragische Ausgang des Zwischenfalls Ursache für Bedauern ist" und man „die Gefühle der Familie des Major Nicholson verstehen" könne. (111) Das können die Amerikaner wenigstens als halbherzige Entschuldigung akzeptieren.

Am 6. April 1985 wird der gefallene Major auf dem Heldenfriedhof Arlington bei Washington D. C. mit militärischen Ehren beigesetzt. Posthum wurde er zum Oberstleutnant befördert. Alle Mitglieder der USMLM in Potsdam nehmen an der Trauerfeier teil. Der Missionschef, Colonel Roland Lajoie, hält die Trauerrede. Er betont, daß es Major Nicholson, der ausgezeichnet russisch sprach, stets auch ein persönliches Anliegen war, zur Verbesserung der Beziehungen zwischen den beiden Supermächten beizutragen.

Alljährlich findet bis heute eine Gedenkfeier für dieses Opfer des kalten Kriegs in Arlington statt. (112)

Unter Ausschluß der Öffentlichkeit wird derweil zwischen den Militärs weiter verhandelt, um künftig Zwischenfälle mit Todesfolgen auszuschließen. Anfang April 1988 unterzeichnen der amerikanische und der sowjetische Oberbefehlshaber in Deutschland dazu ein Abkommen. Darin wird festgelegt, daß die Posten der jeweils anderen Seite genauestens über den Status der Angehörigen der Militärmissionen informiert werden und bei einem möglichen Kontakt bei einwandfreier Identifizierung auf jeden Fall von „tödlicher Gewalt" absehen sollten. (113) Erstmals seit Kriegsende werden mit dieser Vereinbarung zwischen den Militärs die damals getroffenen Abmachungen verbindlich interpretiert. Sie bewähren sich, aber schließen Zwischenfälle nicht völlig aus. So wird am Donnerstag, dem 17. September 1987, etwa 15 km nordöstlich von Neuruppin erneut ein Fahrzeug der amerikanischen Militärmission von fünf sowjetischen Soldaten beschossen. In diesem Raum laufen seit 6. September gemeinsame Manöver mit der NVA unter Beteiligung von rund 14 000 Mann. Sieben Schüsse fallen, die Frontscheibe des Mercedes-Jeeps splittert. Der Fahrer, ein Stabsfeldwebel der US Air Force, wird von einem Geschoßsplitter leicht am Arm verletzt. Der neben ihm sitzende Hauptmann kommt mit dem Schrecken davon. Die Sowjets blockieren den Wagen etwa 20 Minuten lang, dann darf er nach Potsdam zurückfahren. Der Verletzte wird in West-Berlin ambulant behandelt. (114)

Die politische Lösung dieses Zwischenfalls – des schwersten seit der Erschießung von Major Nicholson – zeigt, wie sich in Moskau inzwischen der Wind gedreht hat. Außenminister Eduard Schewardnadse, der sich gerade in Washington D. C. zu Abrüstungsverhandlungen mit seinem amerikanischen Kollegen George Shultz aufhält, entschuldigt sich sofort für die Schüsse und bestätigt, daß der Missions-Wagen nicht ins Sperrgebiet eingedrungen sei. Die Amerikaner hätten sich nur „sehr nah an Einrichtungen, an dem Gebiet befunden, das für Mitarbeiter von Militärmissionen gesperrt ist". (115) Dort fotografierte der US-Hauptmann Flugzeuge und zeichnete elektronische Informationen auf. Eduard Schewardnadse: „Als sich sowjetische Soldaten näherten, versuchten die Mitarbeiter der Militärmission zu fliehen. Und deshalb gab es zur Warnung Schüsse, Schüsse aus leichten Waffen." (116) Vor diesem Hintergrund bestehe eine Mitschuld des verletzten Stabsfeldwebels. Bei einem Treffen hoher amerikanischer und sowjetischer Offiziere in Potsdam wurde noch der übliche förmliche Protest überreicht, aber im Prinzip sind sich beide Seiten darüber einig, daß die ganze Angelegenheit letztlich nichts weiter als ein simpler „Betriebsunfall" ist.

Die sowjetischen Strategen empfinden inzwischen den von Ronald Reagan angefachten Rüstungswettlauf viel bedrohlicher, als es ein paar Spionage-Fotos von Panzern oder Kampfhubschraubern sein können. Das „Reich des Bösen" soll schlichtweg totgerüstet werden, hat der amerikanische Präsident öffentlich verkündet. Rüstungsbegrenzungsgespräche und Abrüstungsvereinbarungen gewinnen deshalb entscheidende Bedeutung. Aus eben diesem Grund entschuldigt sich der sowjetische Verteidigungsminister Jasow dann auch im Juni 1988 am Rande des Gipfeltreffens Reagan – Gorbatschow doch noch offiziell beim amerikanischen Verteidigungsminister Carlucci für den Tod Major Nicholsons am 24. April 1985. (117)

Soviel Nachgiebigkeit ruft den Zorn der Erben der ruhmreichen „Roten Armee“ (118) hervor. Vielen ist die Politik Michail Gorbatschows schon lange zu defensiv, seine Bemühungen um Abrüstung lassen manche um Job und Karriere bangen, und nach der schmählichen Niederlage in Afghanistan fühlen sich etliche Offiziere nur noch als Vertreter einer „Weltmacht Zweiter Klasse“. Und gerade deshalb wollen sie sich von den einstigen Verbündeten aus dem „Großen Vaterländischen Krieg“ nicht auf der Nase herumtanzen lassen.

Anfang Januar 1989 erscheint in der offiziellen Armeezeitung „Krasnaja Swesda“ („Roter Stern“) der bereits erwähnte, anklagende Artikel. „Wohin fahren die gefleckten Mercedes?“ fragen die als Autoren angegebenen Offiziere Major J. Leonidow und Hauptmann M. Sheglow und versprechen, „einige Fakten zur schmutzigen Praxis der westlichen Militärverbindungsmissionen“ (119) offenzulegen.

Im Kern betreffen sie den Vorwurf an die Mitarbeiter der amerikanischen, britischen und französischen Militärmission, unter Mißachtung der bestehenden Vorschriften Spionage zu betreiben. Dazu würden sie an den auf Ost-Europa spezialisierten Bildungseinrichtungen im Westen ausgebildet, entsprechende Spionage-Schulen besuchen und Berufspraxis als Militärattachés und in den Geheimdiensten erwerben. Das alles ist wenig neu oder gar sensationell.

Bemerkenswert erscheint aber, daß sich angeblich zwei Offiziere zum einen öffentlich gegen ihren obersten Dienstherren, den Verteidigungsminister, aussprechen und zum anderen die Verantwortlichkeit der DDR für „Ihr Territorium" hervorheben. So schreiben sie trotz der bestehenden, gültigen Abkommen über die Vier-Mächte-Rechte in Deutschland und trotz der Entschuldigung ihres Ministers für den Tod von Major Nicholson: „Mit dem Erwerb der Geheiminformationen, die sie brauchen, verstoßen die Mitarbeiter der Missionen bewußt und auf grobe Art und Weise gegen die Ordnung und Vorschriften, die ihre Tätigkeit auf dem Territorium der DDR regeln. Dabei entstellen sie die Wahrheit, verdrehen Tatsachen und versuchen die ganze Verantwortung für einzelne Zwischenfälle auf die sowjetische Seite abzuwälzen. Ein Beispiel dafür sind die verschiedenen Spekulationen im Zusammenhang mit dem tragisch endenden Geschehen um Major Nicholson. Der amerikanische Major hatte den Befehlen des Wachpostens nicht Folge geleistet und war in ein sowjetisches Militärobjekt eingedrungen. Derartig unverantwortliche Aktionen gefährden nicht nur das Leben der Mitarbeiter der Militärmissionen selbst, sondern auch das der sowjetischen Militärangehörigen und Zivilpersonen." (120)

Im zentral gelenkten und strikt kontrollierten Informationssystem der Sowjetunion ist es Anfang 1989 durchaus noch üblich, politische Differenzen, die anderswo öffentlich in Parlamenten diskutiert werden, „zwischen den Zeilen" zu kommunizieren. Vor diesem Hintergrund deutet der Umgang mit dem Fall Nicholson Veränderungen im sowjetischen Machtgefüge an, die bald zu jenen politischen Erschütterungen führen werden, mit denen Anfang des Jahres 1989 noch niemand rechnet. Die Fraktion der „Perestroika"-Anhänger um Gorbatschow stößt mit ihren Umbauplänen der Gesellschaft auf den Widerstand derer, für die der Erhalt der Großmacht Sowjetunion wichtiger als politischer Fortschritt ist. In mehr als vierzig Jahren Nachkriegspolitik sind die Militärs stets am Rande eines Kriegs entlangmarschiert. Sie haben es riskiert, Panzer gegeneinander auffahren zu lassen, Atombomber durch die Lüfte zu schicken oder U-Boote, die ganze Kontinente hätten vernichten können, in den Weltmeeren zu verstecken. All die Jahre ging es immer nur um die paar Dutzend von Sekunden, die nötig waren, um die Hand eher am Abzug zu haben oder ihn nach einem Angriff überhaupt noch zu erreichen. Diese Sekunden zu gewinnen, ist seit Beginn des kalten Kriegs Aufgabe der Offiziere und Soldaten der Militärmissionen in Ost und West. Daß sie sich ändern muß, weil der Fortschritt in der Waffentechnik eine Balance am Rande des Abgrundes nicht länger zuläßt, spüren auch die Militärs. Aber wie soll die jahrzehntelange Konfrontation beendet werden, ohne daß doch noch irgendjemand die Nerven verliert?

Für die Militärmissionen in Ost und West bleiben deshalb die bisherigen Befehle gültig: Beobachten, wo der Gegner was stationiert hat, welche Bewegungen es gibt, ob Abrüstungsabsprachen eingehalten werden und wie die Stimmung in der Truppe ist. Dabei stützen sich die Spezialisten auf ihre jahrelang bewährten Methoden.

Diese wiederum werden umfänglich von der Stasi beobachtet und analysiert. Sie hat dabei nicht nur den Schutz der sowjetischen und NVA-Truppen im Auge. Die bloße Existenz der Alliierten Militärmissionen in Ostdeutschland ist der DDR-Führung ein Dorn im Auge. Sie dokumentiert die eingeschränkte Souveränität des Landes und die Vier-Mächte-Verantwortung für das ganze Berlin und kratzt so an Grundlagen des DDR-Selbstverständnisses. Deshalb ist es eine der Hauptaufgaben der Stasi, ständig aktuelle „Beweise für die Spionagetätigkeit" der Amerikaner, Briten und Franzosen zu sammeln, um diese bei politischem Bedarf jederzeit aus der Schublade ziehen zu können. Daß es dabei zwangsläufig auch immer wieder zu Reibereien mit den Sowjets kommt, die berechtigterweise Behinderungen ihrer Späher im Westen fürchten, nimmt die Stasi in Kauf. Sie fühlt sich auch gegenüber „den Freunden" in vorderster Linie im Kampf gegen den Feind aus dem Westen.

FÜNFTES KAPITEL
STASI AN DER FRONT

Für die fünf Leute der beiden BRIXMIS-Autos ist der 21. Juni 1960 eine ganz normale Routine-Aufklärungsfahrt. Nach Verlassen ihres Stützpunkts in der Potsdamer Seestraße fahren sie Richtung Westen. Ihr Ziel sind die sowjetischen Flugplätze in der Altmark.

Wie immer sind Verfolger der Stasi hinter den britischen „Tourers“ her, doch durch blitzschnelles Ausweichen über Feldwege werden die langsameren „Wolgas“ abgehängt. Die meisten Fotos sind bereits im Kasten, als plötzlich am Rande eines Truppenübungsplatzes bei Stendal zwei schwere Lkw der Volkspolizei die mattgrünen BRIXMIS-Opel blockieren. Zwei weitere Wagen, mit Zivilisten besetzt, schneiden den Fluchtweg ab. Die Polizisten ziehen ihre Waffen, halten die Briten in Schach. Währenddessen sammeln die Zivilisten Steine und stabile Äste. Die Stasi-Leute ziehen die uniformierten britischen Militärangehörigen aus ihren Autos und dreschen auf die Wagen ein. Alles, was nicht niet- und nagelfest ist, wird eingesammelt: Karten, Fotoapparate, Ferngläser, sogar eine Armbanduhr.

Dann werden die „Tourers“ wieder in ihre Wagen gesetzt. Ungeachtet ihrer Proteste schmoren sie die nächsten fünf Stunden in der Sonne. Erst dann trifft ein sowjetischer Verbindungsoffizier ein. (1)

Er fordert die Briten auf, ihm nach Potsdam zur Außenpolitischen Abteilung beim Stab der Sowjet-Truppen zu folgen. Selbst das wollen Stasi und Volkspolizei verhindern. Der Offizier von den „Freunden“ muß noch vor Ort ein Machtwort sprechen.

Auch General Iwan I. Jakubowski, Oberkommandierender der sowjetischen Besatzungstruppen in der DDR, ist sauer. Sein amerikanischer Kollege, General Clyde D. Eddleman, hatte gerade dagegen protestiert, daß am 9. Juni Mitglieder der USMLM von ostdeutschen Zivilisten mit Waffen bedroht worden waren, und jetzt kam auch noch der Protest der Briten dazu! In seinem Antwortschreiben darauf versichert er: „Ich werde nicht nur Maßnahmen ergreifen, um zu sichern, daß sich solch ein Zwischenfall nicht wiederholt, sondern auch dafür sorgen, daß Ihre Mission in der Lage ist, ihre Aufgaben in strikter Übereinstimmung mit den Abkommen zu erfüllen." (2) Gleichzeitig sagt er die Untersuchung des Zwischenfalls und die künftige Einhaltung der geschlossenen Abkommen noch einmal ausdrücklich zu.

Die Briten sind offenbar damit zufrieden und verzichten auf weitere diplomatische Schritte. (3)

Für die an dem Zwischenfall beteiligten Stasi-Männer und Volkspolizisten dürfte es dennoch ein Donnerwetter gehagelt haben, denn wenige Monate zuvor, am 20. Februar 1960, hatte Stasi-Minister Erich Mielke gerade die Dienstanweisung 2/60 zum Umgang mit den amerikanischen, britischen und französischen Militärs in der DDR erlassen. In der „Geheimen Verschlußsache MfS 008 Nr. 324/60" heißt es ausdrücklich: „Bei Festnahmen von Angehörigen der westlichen Militärverbindungsmissionen dürfen keine Grobheiten und Gewaltanwendungen, Drohungen und Waffengebrauch zugelassen werden. Durchsuchungen der Angehörigen der westlichen Militärverbindungsmissionen und ihrer Fahrzeuge müssen unterbleiben." (4) Ähnlich lautende Anweisungen, die bis zum Ende der DDR kontinuierlich fortgeschrieben und ergänzt, inhaltlich aber nicht wesentlich verändert werden, gibt es auch in den Befehlen der NVA und der Volkspolizei. Sie sind verpflichtet, unter Federführung des MfS, mit der Stasi eng bei der Überwachung der Alliierten Militärmissionen zusammenzuarbeiten.

Dazu gehört auch die vorläufige Festnahme von „Angehörigen der westlichen Militärverbindungsmissionen und Personen, die sich in ihrer Begleitung befinden". (5) Sie kann durch

„Angehörige der bewaffneten Streitkräfte des Ministeriums des Innern, der Nationalen Volksarmee und des Ministeriums für Staatssicherheit in Uniform“ (6) erfolgen. Voraussetzung dafür ist, daß die fremden Offiziere in flagranti bei Spionagehandlungen oder „Hetze, Propaganda und Agitation gegen die Deutsche Demokratische Republik, Sowjetunion und volksdemokratische Länder“ (7) erwischt werden.

Die Stasi verläßt sich dabei aber nicht nur auf die von den sowjetischen Freunden zu erwartenden Informationen, sondern führt auch selbst Ermittlungen durch: „Bei Festnahmen von Angehörigen der westlichen Militärverbindungsmissionen durch die Organe des Ministeriums des Innern und der Nationalen Volksarmee sind unmittelbar nach bekanntwerden und unabhängig von den Untersuchungen durch die sowjetischen Dienststellen, durch die Organe des Ministeriums für Staatssicherheit Tatortbesichtigungen durchzuführen, wobei Beweismaterial beschafft werden muß (Bericht über die strafbare Handlung, Fotoaufnahmen, Spurensicherung usw.)“ (8) Dabei sind offenbar durchaus auch Übergriffe auf die offiziell als exterritorial geltenden Missionsfahrzeuge vorgesehen: „Bei Verkehrsunfällen der Fahrzeuge der westlichen Militärverbindungsmissionen ist der Unfallort abzusichern. Sämtliches Material, das auf Feindtätigkeit hinweist, ist auf konspirative Art sicherzustellen.“ (9)

Bis in die Endzeit der DDR hinein werden von der Stasi immer wieder Ausrüstungsgegenstände aus Missions-Autos als Beweise für Spionage entnommen. So findet sich zum Beispiel als Anlage zur Diplomarbeit von Oberleutnant Dietmar Ebersbach an der Juristischen Hochschule der Stasi in Potsdam-Eiche unter anderem eine „Aufstellung über die sichergestellte Spionagetechnik und Aufklärungsmittel am 13. 3. 1988“. (10) Sie verzeichnet topografische Karten der DDR, ein Tankstellenverzeichnis, „Notizbücher mit Aufzeichnungen“, die aktuelle Sperrgebietskarte vom 20. 5. 1978, Ferngläser, „1 Lupe mit Beleuchtung“,

„Militärtaschenlampen“, verschiedene Fotoapparate, Objektive, Fotoausrüstungen, ein Tonbandgerät und „1 abgedunkelte Brille.“ (11)

Obwohl in allen einschlägigen Dienstanweisungen immer wieder die Verantwortlichkeit der sowjetischen Kommandostellen für die Alliierten Militärmissionen betont wird, stellt sich für die Stasi-Mitarbeiter an der Front die Befehlslage letztlich widersprüchlich dar; einerseits dürfen sie nicht direkt auf die Amerikaner, Briten und Franzosen und deren Fahrzeuge zugreifen, andererseits sollen sie aber entsprechend dem politischen Interesse der DDR Beweise für die Spionagetätigkeit der „Gegner“ sammeln. Dieser Widerspruch dürfte zu ständigen Querelen zwischen sowjetischen und DDR-Behörden auf der politischen Ebene geführt haben. Das hat Auswirkungen auf die Befehlslage innerhalb des MfS. So wird zum Beispiel in einer Erläuterung zur Dienstanweisung 2/60 von Erich Mielke im Jahr 1962 noch einmal klargestellt: „Es dürfen nur solche Maßnahmen eingeleitet werden, die zur Feststellung der beteiligten Angehörigen der westlichen Militärverbindungsmissionen beziehungsweise der von ihnen benutzten Kraftfahrzeuge führen. So ist es zum Beispiel richtig, durch quergestellte Fahrzeuge oder Sperren die Weiterfahrt der Missionsfahrzeuge zu verhindern oder sie mit Hilfe anderer Dienststellen mehrfach aufzuhalten, damit in der Zwischenzeit der zuständige sowjetische Offizier herangeholt werden kann.“ (12) Auch in der 1977 unter der Registriernummer MfS 008 VVS 10/77 erlassenen Dienstvorschrift zum Umgang mit den Militärmissionen und darauf folgenden Befehlen bis zum Ende der DDR wird explizit die sowjetische Verantwortlichkeit betont: „Für die Festlegung der Rechte und Pflichten der Militärverbindungsmissions-Angehörigen, die Klärung von Vorkommnissen, die Anwendung von Repressivmaßnahmen ist allein die GSSD zuständig.“ (13)

Völlig unstrittig über all die Jahre ist, daß die Anwendung von Schußwaffen gegen die Soldaten und Offiziere der Missionen zu unterbleiben hat. Dies ist nicht nur den Befehlen und Dienstanweisungen des MfS, sondern auch im Befehl 76/61 vom 6. Oktober 1961 über die „Bestimmungen über Schußwaffengebrauch für das Kommando Grenze der Nationalen Volksarmee“ festgelegt. Er gilt bis heute als „Schießbefehl“ an der innerdeutschen Grenze und wurde von Armeegeneral Heinz Hoffmann auf der Grundlage einer Anweisung Erich Honeckers vom 20. September 1961 erlassen. Unter Punkt 3 dieses Befehls heißt es: „Von der Schußwaffe darf nicht Gebrauch gemacht werden – gegenüber Angehörigen ausländischer Armeen und Militärverbindungsmissionen...“ (14)

Dagegen wird von der DDR immer wieder verstoßen.

Schüsse an der Autobahn

Hinter Erfurt in Richtung Eisenach wird die Autobahn so richtig zur Touristenattraktion. Die Burgen „Drei Gleichen“ grüßen die Vorbeifahrenden, und die sanften grünen Hügel Thüringens laden zum Schauen ein. Die Strecke ist an diesem 20. März 1962 kaum befahren. Nur wenige DDR-Bürger können sich damals einen „Trabant“ oder gar „Wartburg“ leisten, und überdies kommt dann auch bald die Grenze hinter Eisenach, und dort ist ohnehin Schluß mit Reisen.

In genau diese Richtung fährt um 11.30 Uhr ein Wagen der amerikanischen Militärmission in rascher Fahrt. Als plötzlich in der Nähe von Gotha Volkspolizisten auftauchen und ihren schwarz-weißen Stab heben, stoppt der Wagen. Die Amerikaner sitzen im Auto, nichts geschieht. Nach einer Weile kommt ein Polizist und informiert, daß der zuständige sowjetische Kommandant nicht erreichbar sei und die Amerikaner erst einmal etwa 10 Stunden zu warten hätten. Gründe für das Anhalten des Autos werden nicht angegeben.

Die Amerikaner starten ihren Wagen und rollen langsam an. Plötzlich peitschen Schüsse. Zischend verlieren die Reifen rechts und links die Luft. Dennoch rollt die schwere Limousine. Es kracht erneut, Kofferraum und Rückscheibe werden getroffen. Der USMLM-Wagen hält.

Zwei Reifen können nicht gewechselt werden, die Amerikaner haben nur ein Reserverad an Bord. Um Hilfe gebetene DDR-Bürger werden von den Polizisten vertrieben und zum Schweigen verpflichtet. Kurz vor 17 Uhr trifft endlich ein sowjetischer Offizier ein.

Ihm gegenüber bezichtigen die Polizisten die Amerikaner, sie wären zu schnell gefahren, wollten nach dem Zwangsstopp nicht auf die zuständigen Vertreter der Sowjet-Truppen warten und hätten sogar Warnschüsse ignoriert.

Der amerikanische Tour-Kommandant weigert sich, einen derartigen Tatbestandsbericht zu unterzeichnen. Ein VP-Offizier teilt mit, er habe versucht, die US-Mission in Potsdam zu benachrichtigen und um Ersatzreifen zu bitten, doch dies sei bisher ohne Erfolg geblieben. Die Amerikaner verbringen die Nacht in ihrem Auto.

Tatsächlich geht die Information über den Zwischenfall in der Mission erst am 21. März gegen 9 Uhr ein. Auf Nachfrage teilt die VP mit, es handle sich um eine ganz normale Autopanne. Nun 11.30 Uhr – also genau 24 Stunden nachdem die Amerikaner gestoppt wurden – wird erneut in Potsdam angerufen. Erst jetzt bittet die Polizei die Amerikaner um technische Hilfe.

Sofort wird ein Wagen mit Ersatzreifen in Marsch gesetzt. Er ist gegen 14 Uhr an der Autobahn bei Gotha, eine halbe Stunde später können beide Wagen den Ort verlassen. (15)

Nun folgt der übliche diplomatische Kleinkrieg, und wieder einmal sind im Westen Militärs und Politiker unterschiedlicher Meinung. Edwin Allan Lightner, Vize-Chef der US-Mission in Berlin, kommt zu dem Schluß, daß die Sowjets den DDR-Behörden bei der Verfolgung der Alliierten in Ostdeutschland neuerdings wohl völlig freie Hand ließen. Das sei nicht zu akzeptieren.

Die Militärs drängen auf Gegenmaßnahmen und diskutieren wieder einmal die Möglichkeit der Einstellung der Aufklärungsfahrten der USMLM. Die Mission in Neufahrland bei Potsdam sollte in diesem Fall durch die Präsenz eines Offiziers im Haus am Lehnitzsee jedoch erhalten bleiben. Gleichzeitig würden die britische und französische Mission ihre Tätigkeit fortsetzen.

Zwischen Militärs und Politikern gehen Briefe hin und her, die ganze Angelegenheit wird mit den Verbündeten diskutiert. Das US-Hauptquartier in Heidelberg will auf jeden Fall Gegenmaßnahmen gegen die sowjetische Militärmission in Frankfurt am Main einleiten. Geplant ist unter anderem die Verhängung von Hausarrest ab 17 Uhr für die sowjetischen Offiziere im Westen und die Begleitung ihrer Fahrten in der Bundesrepublik durch eine bewaffnete Eskorte. (16)

Den Politikern geht das alles zu weit. Zu jener Zeit finden in Genf Abrüstungsverhandlungen zwischen Sowjets und Amerikanern statt. Wie immer sind dabei die gegenseitigen Kontrollmöglichkeiten einer der umstrittensten Punkte. In dieser Situation will der Westen die Möglichkeiten seiner Militärmissionen auf keinen Fall einschränken. Anfang 1960 hatte ein Beauftragter des militärischen Geheimdienstes der USA die US-Militäreinrichtungen in Europa inspiziert. In einer auswertenden Besprechung am 2. März 1960 im State Department, an der auch der westdeutsche Militärattaché teilnahm, wurde festgestellt, daß die Aufklärungsergebnisse der USMLM nicht zu ersetzen seien. Ein Aktenvermerk hält fest: „Keine andere Organisation, auch nicht die deutsche Organisation Gehlen (Vorläufer des BND – Anm. des Autors) sei in einer so günstigen Lage wie sie, um über die sowjetischen Truppenbewegungen in der DDR zu berichten. Wegen der beständigen Gefahr eines Überraschungsangriffs aus dem Gebiet der sowjetisch besetzten Zone heraus, besäßen die Informationen durch die Militärmissionen höchsten Wert." (17)

In den internen Diskussionen zwischen amerikanischen Politikern und Militärs wird schließlich klargestellt, daß die Kernfrage der freie Zugang nach Berlin ist. Daran ändern aber auch die Zwischenfälle mit den Missionsfahrzeugen und eine möglicherweise von den Sowjets geübte größere Toleranz gegenüber den Aktionen von VP und Stasi nichts. Aus den verschiedenen Gesprächen mit Vertretern des sowjetischen Oberkommandos wurde überdies deutlich, daß auch Moskau auf das Fortbestehen und normale Funktionieren der gegenseitigen Vorposten setzt. Daß den Spionen in Uniform dabei vom jeweiligen Gegner das Leben nach Möglichkeit schwergemacht wird, gehört zum Job. Und daß es dabei manchmal auch knallt, ebenso.

Solcherart Ärger, einschließlich des Gerangels um Vergeltung und Gegenmaßnahmen im Westen, ist seit dem Bau der Mauer an der Tagesordnung.

Die ersten Schüsse von DDR-Grenzern gegen Angehörige westlicher Militärmissionen fallen am 11. März 1962 um fünf Minuten nach Mitternacht.

Ein Wagen der BRIXMIS nähert sich von der Ostseite der Grenze bei Kleinmachnow. Etwa 500 Meter vor der Demarkationslinie bellt ein Maschinengewehr los, nach britischen Angaben ohne jede Vorwarnung. Mit quietschenden Reifen wendet der Wagen, um aus der „Sackgasse" herauszukommen. In das Auto schlagen 21 Schüsse ein. Fünf treffen den Fahrer, Corporal Douglas Day. Er wird schwer verletzt und lebenslange Behinderungen behalten.

Es dauert über fünf Stunden, bis sowjetische Offiziere aus dem benachbarten Potsdam am Ort des Geschehens eintreffen. Erst am Morgen gegen 8 Uhr wird die britische Militärmission über den schweren Zwischenfall informiert.

Trotz seiner Verwundungen wird Douglas Day von den Sowjets stundenlang verhört und erst dann in ein Potsdamer

Krankenhaus geschafft. Der inzwischen eingetroffene britische Offizier darf ihn nicht begleiten. (18)

Die Grenzposten der DDR fühlen sich im Recht. Gerade sie spüren immer wieder kleine Attacken der Alliierten. Horst Liebig, von 1950 bis 1982 als Offizier an der Grenze zwischen Kleinmachnow und Berlin-Zehlendorf tätig, erinnert sich daran: „Oft fuhren US-Militärfahrzeuge mit aufmontiertem schwerem Maschinengewehr in voller Fahrt auf uns zu und stoppten mit quietschenden Bremsen erst kurz vor der Grenzlinie. Die ‚GI' hatten Stahlhelme auf, mitunter rußgeschwärzte Gesichter und richteten ihre Waffen drohend auf uns. Dabei überfuhren sie oftmals die Grenzlinie um einige Meter. Erst wenn die Sowjets unmißverständlich diese Provokation zurückwiesen, zogen sich die Amis auf Westberliner Territorium zurück." (19)

Doch nicht immer ging es so martialisch zu. Der ehemalige Offizier erzählt auch von Zigaretten, Schokolade und Porno-Fotos, die immer mal wieder über den Zaun gereicht wurden, um die Moral der Grenzhüter aufzuweichen und sie zum Überlaufen zu bewegen: „Solches habe ich zu Dutzenden erlebt." (20)

Mit einer gründlichen Auswertung derartiger „Provokationen" werden die Männer auf der DDR-Seite ideologisch aufgerüstet. Dies fällt bei vielen nicht schwer, denn noch stehen sie freiwillig an der Grenze. Das Gesetz über die Einführung der allgemeinen Wehrpflicht in der DDR ist erst am 24. Januar 1962 verabschiedet worden. Es gilt als Antwort auf die „aggressiven Absichten der Bonner Ultras". (21) Wer in diesen Tagen auf der Ostseite der gerade einmal sieben Monate alten Mauer steht, fühlt sich als Sieger der Geschichte.

Deshalb wurde auch an jenem 11. März nicht lange gefackelt, als sich der BRIXMIS-Wagen der Grenze näherte.

Bei den Sowjets ist Anfang der sechziger Jahre ebenfalls Härte angesagt. Nach der Panzerkonfrontation am Checkpoint Charly im Oktober gibt es tagtäglich Ärger, wenn Amerikaner, Briten oder Franzosen nach Ost-Berlin oder die Sowjets nach West-Berlin fahren. Was bis zum Mauerbau mehr oder weniger unauffällige Demarkationslinien zwischen den Sektoren waren, gilt jetzt als Staatsgrenze, die nur an bestimmten Punkten von genau festgelegten Berechtigten mit entsprechenden Papieren überquert werden darf.

Stasi und Volkspolizei verschärfen seit Oktober 1961 die Überwachung der Potsdamer Militärmissionen. Immer öfter werden die alliierten Offiziere mit Waffen bedroht. Die Ostdeutschen weigern sich häufiger als früher, sowjetische Offiziere herbeizurufen oder verzögern dies mit verschiedenen Ausreden.

Weder Moskau noch Washington will aber eine Verschärfung der Situation um Berlin. US-Präsident John F. Kennedy schwankt zwischen Tauben und Falken. Am 30. August 1961 entsendet er General Lucius D. Clay als Sonderbotschafter in die geteilte Stadt. Der gilt als „harter Hund“. Risikofreudig, zum Beispiel beim Ausfliegen eines DDR-Flüchtlings aus der West-Berliner Exklave Steinstücken, lotet er die Spielräume der Amerikaner gegen die Sowjets nach dem Mauerbau aus. Dennoch sieht Kennedy die politische Dimension der Lage um Berlin. In einem streng geheimen Brief – Klassifikation „Eyes only“ – schreibt er am 25. September 1961 seinem Außenminister Dean Rusk: „Wir kämpfen hier einen politischen Kampf, keinen Krieg. Zweifellos können wir in Berlin keinen Krieg gewinnen, aber wir können den politischen Kampf gewinnen.“ (22)

Auch Moskau wiegelt ab, will keine Spannungen um Berlin. Im November 1961 läßt Außenminister Andrej Gromyko fast beiläufig gegenüber dem amerikanischen Botschafter die Bemerkung fallen: „Es scheint so, als beruhige sich die Lage in Berlin.“ (23) Das ist ein wichtiger diplomatischer Fingerzeig. Dennoch machen sich die Militärs das Leben schwer und praktizieren eine Politik der kleinen Nadelstiche. Erst als die Amerikaner ankündigen, ab 6. Dezember 1961 sämtliche Fahrten der sowjetischen

Mission in Frankfurt am Main zu begleiten, um „Übergriffe“ zu verhindern, stecken die Sowjets zurück. Am 5. Dezember sagen sie zu, daß die Behinderungen der Alliierten in der DDR beendet werden würden.

Trotzdem kommt es am gleichen Tag zu zwei weiteren Übergriffen auf USMLM-Autos. Daraufhin werden die in Berlin stationierten Amerikaner von ihrem Hauptquartier angewiesen, jeden Vandalismus an US-Militärfahrzeugen direkt mit einer Stunde Verfolgungsfahrt der Sowjets in West-Berlin zu beantworten. (24)

Unter dieser aufgeheizten Atmosphäre leidet der schwerverwundete Corporal Douglas Day. Die Ärzte in Potsdam wollen ihn kurzerhand nach West-Berlin überführen lassen. Dafür bieten die Amerikaner einen Hubschrauber an, doch die Sowjets verweigern die Landeerlaubnis. Erst am 13. März dürfen ihn Ärzte der Alliierten besuchen und Medikamente und Blutkonserven abgeben. Etwa eine Woche später wird er nach West-Berlin transportiert. Dort sind sich Amerikaner und Briten uneinig darüber, wie nach dem Mauerbau nun mit den DDR-Behörden umzugehen sei. Während die Amerikaner zu keinerlei Zugeständnissen bereit sind, neigen die Briten dazu, durch Vorweisen ihrer Pässe bei den DDR-Behörden Ärger an der Grenze möglichst zu vermeiden. Diese Meinungsverschiedenheit zwischen den Verbündeten führt dazu, daß die Informationen zu dem schweren BRIXMIS-Zwischenfall in Kleinmachnow vom 11. März zwischen den Missionen spärlich fließen und die Briten allein versuchen, ihn auf diplomatischem Weg zu regeln.

Ihre Aktivitäten dazu fallen relativ zurückhaltend aus. So überreicht der britische Botschafter in Moskau am 2. April 1962 im sowjetischen Außenministerium eine Protestnote, in der zwar auch Schadensersatzforderungen für Douglas Day erhoben, aber keinerlei Maßnahmen gegen die SOXMIS im westfälischen Bünde angedroht werden. In höflicher Diplomaten-Sprache heißt es zu den Schüssen auf den Missionswagen lediglich: „Im Zusammenhang damit ist die Regierung Ihrer Hoheit nach wie vor besorgt darüber, daß es die sowjetischen Behörden in Deutschland nicht für möglich erachten, irgendwelche Zusicherungen zu geben, daß sich ähnliche Zwischenfälle nicht wiederholen werden." (25) Mögliche Konsequenzen für die Sowjets werden nur zaghaft angedeutet: „Jegliche Wiederholung könnte die Regierung Ihrer Hoheit zwingen, ernsthaft die Frage zu prüfen, ob der sowjetischen Mission auf bisheriger Grundlage gestattet werden kann, weiter zu funktionieren. Die Regierung Ihrer Hoheit würde es bedauern, wenn es notwendig würde, die Abkommen zu verändern, die im Verlauf vieler Jahre befriedigend wirksam waren, und ist überzeugt, daß die Sowjetregierung durch ihre Handlungsweise eine solche Veränderung unnötig macht." (26)

Diese Zurückhaltung bewerten die Sowjets als Zeichen von Schwäche. „Leute, die nachts in Grenzgebiete fahren, müssen mit allem rechnen" (27), lassen sie rüde verlauten.

Dennoch sind auch die Sowjets an keiner weiteren Verschärfung der Lage interessiert. Das haben sie bereits Wochen zuvor auf dem „militärischen Kanal" signalisiert. Diese Haltung findet auch in der Praxis ihren Niederschlag.

Nachdem Stasi-Leute in Zivil am 10. Januar 1962 bei einem USMLM-Wagen die Fensterscheiben eingeworfen und Antennen abgebrochen hatten, erklärte die Potsdamer Kommandantur dem Missionschef, daß die Sowjets den Zwischenfall bedauern, ein solches Verhalten der Ostdeutschen unentschuldbar sei und Maßnahmen getroffen würden, künftig derartige Übergriffe zu verhindern.

Das bewerten die Amerikaner als die umfänglichste Entschuldigung der letzten Zeit. Sie sehen sich in ihrem Verhalten gegenüber der sowjetischen Militärmission im Westen bestätigt, der nach dem Mauerbau immer wieder einmal Beschränkungen auferlegt wurden. Schließlich sind sich alle Seiten unausgesprochen darüber einig, daß nun die Informationsbeschaffung ohnehin schwieriger geworden ist und keine Seite auf die seit Kriegsende aktiven Missionen verzichten will. (28)

In der DDR ruft das deutlich verstärkte Aktivitäten der Stasi hervor. Nach dem Mauerbau fühlt man sich endlich als Herr im eigenen Haus. Die Nationale Volksarmee wird massiv ausgebaut, und Aufgabe der Abwehr ist es, das „zu sichern". Die westlichen Militärmissionen sind längst nicht mehr nur auf Erkenntnisse über Truppenbewegungen bei den Sowjets scharf, doch der Stasi sind die Hände gebunden.

Der für die Militärabwehr bis 1990 zuständige Stasi-Generalleutnant Manfred Dietze: „Aufgrund der bestehenden Abkommen zwischen den Besatzungsmächten und des diplomatischen Status der Angehörigen der MVM durften auch bei eindeutigen Spionagehandlungen der MVM gegen die NVA und GT (Grenztruppen – Anm. des Autors) von Organen der DDR keine Festnahmen erfolgen. Abwehrmaßnahmen beschränkten sich im Prinzip darauf, eine lückenlose Beschilderung der Zufahrtswege zu Sperrgebieten zu sichern, Sichtblenden aufzustellen und andere Tarnmaßnahmen zu organisieren, frequenzabhängige Waffensysteme bei Annäherung der MVM abzuschalten sowie vorbereitet zu sein, beabsichtigtes Eindringen von MVM-Fahrzeugen durch NVA-Fahrzeuge zu blockieren, das heißt bei bereits erfolgtem Eindringen die Weiterfahrt dieser Fahrzeuge im Sperrgebiet zu verhindern." (29)

Angesichts dieser eingeschränkten Handlungsmöglichkeiten gewinnt die ständige und lückenlose Überwachung der ausländischen Militärs bei ihren Fahrten durch Ostdeutschland für die Stasi größte Bedeutung. Dabei verläßt sie sich nicht nur auf ihre hauptamtlichen Mitarbeiter.

So wird unter anderem „Unterstützung bei der Feststellung von Bewegungen der westlichen Militärverbindungsmissionen, Militärinspektionen und Besatzer sowie anderer für eine Kontrolle festgelegter Personenkreise" (30) im Januar 1968 ausdrücklich in der „Richtlinie 1/68 für die Zusammenarbeit mit Gesellschaftlichen Mitarbeitern für Sicherheit und Inoffiziellen Mitarbeitern im Gesamtsystem der Sicherung der Deutschen Demokratischen Republik“ von Minister Erich Mielke als Aufgabe festgelegt.

Spitzel im Einsatz

Für den inoffiziellen Stasi-Mitarbeiter „Horst Berger“ aus Stendal ist der 2. Juli 1987 fast so etwas wie ein geschenkter Urlaubstag. Er verbringt diesen Donnerstag auf einer Jagdkanzel nahe dem Örtchen Nahrstedt. Nicht weit von hier ist die Grenze des Truppenübungsplatzes Letzlinger Heide. Ständiges Sperrgebiet für ausländische Militärs, „die Freunde“ sind dort gerade im Manöver. „Berger“ soll die Augen offenhalten, denn auf den Militärkarten ist die Landstraße von Stendal nach Gardelegen als „Marschstraße Nr. 5“ der sowjetischen Truppen ausgewiesen.

Gegen Mittag will er gerade seine Stullen auspacken, als er den dunkelgrünen Opel sieht. „12.12 Uhr“, notiert „Horst Berger“. Ein Blick durchs Fernglas läßt ihn die US-Flagge auf dem Nummernschild erkennen. Der Wagen schiebt sich in ein Getreidefeld am Straßenrand.

Aus dem vermeintlichen Urlaubstag ist Dienst geworden. „Horst Berger“ notiert: „Gegen 13.42 Uhr passieren elf Raketenträger (Kettenfahrzeuge) den Standort des MVM-Fahrzeugs in einem Abstand von fünf Metern. Die Raketenträger sind mit Planen abgedeckt. Ein MVM-Angehöriger fotografiert aus dem Kfz die vorbeifahrende Kolonne.“

Sie überquert die Fernverkehrsstraße 188. Der Ami verläßt sein Versteck und folgt den Fahrzeugen. „Horst Berger“ kann endlich etwas essen. Er hat seine Aufgabe erfüllt. (31) Er weiß, daß seine Genossen die weitere Beobachtung lückenlos „sichergestellt“ haben.

Am Ende kann die Stasi die komplette Aufklärungsfahrt des USMLM-Opel protokollieren. Verdeckte Mitarbeiter beobachten, wie der Wagen den Sowjets nachfährt: „Dabei konnten sie noch insgesamt 28 Kraftfahrzeuge der GSSD der verschiedensten Typen beobachten, die sich im Bereich der Marschstraße 5 bewegten. In Vinzelberg bog das MVM-Fahrzeug in Richtung Wittenmoor ab und hielt nochmals an der genannten Marschstraße. Hier ließen die MVM-Angehörigen die elf Raketenträger an sich vorbeifahren und beobachteten diese, bis sie im ständigen Sperrgebiet nicht mehr sichtbar waren." (32)

In diesem Fall werden die viersprachigen, 50 mal 70 Zentimeter großen, weißen Sperrschilder mit der Aufschrift „Durchfahrt für das Personal der ausländischen Militärverbindungsmissionen ist verboten!" offenbar akzeptiert. Das ist nicht immer der Fall, besonders dann nicht, wenn Stasi und NVA eigene Schilder aufstellen. Häufig montieren Amerikaner, Briten oder Franzosen sie als Souvenir ab und setzen ihren Weg unbeirrt fort. Sie erkennen nur die Sperrgebietskarten der Sowjets an. Bei der Stasi läuft bei solchen Zwischenfällen die immer gleiche Meldekette ab. Abwehr-General Manfred Dietze: „Wenn sich die Fahrzeuge der MVM den Sperrgebieten der NVA und der GT näherten, erhielt der für diesen Bereich zuständige Mitarbeiter/Leiter der HA I (Hauptabteilung I, Militärabwehr – Anm. des Autors) einen Hinweis von den zur Beobachtung der MVM eingesetzten Kräften der Linie VIII des MfS. Der Mitarbeiter informierte den Kommandeur beziehungsweise Diensthabenden ..., der seinerseits die vorbereiteten Beobachtungs- und Blockierungsmaßnahmen (Einsatz dafür geeigneter Fahrzeuge) in der angekündigten Richtung einleitete. War wegen versuchten Eindringens in ein Sperrgebiet die Blockierung eines MVM-Fahrzeuges erfolgt, wurde der territorial zuständige Kommandant der GSSD informiert, der dann die Übernahme von Besatzung und Fahrzeug der MVM am Ort der Blockierung und die Zuführung zur Kommandantur der GSSD veranlaßte." (33)

Streng wird darauf geachtet, daß zumindest immer genügend Sperrschilder vorrätig sind. Angesichts der Mangelwirtschaft in der DDR geht das nur auf direkten Befehl des Verteidigungsministers. Er legt am 17. Juni 1982 „Maßnahmen zur Einschränkung der Aufklärungstätigkeit der beim Oberkommandierenden der Gruppe der sowjetischen Streitkräfte in Deutschland akkreditierten ausländischen Militärverbindungsmissionen“ fest. Darin findet sich nicht nur der Hinweis, daß „ständig ein entsprechender Vorrat an Schildern und Pfählen zu halten“ sei, sondern auch die Anweisung: „Der Bedarf ist jeweils zwei Jahre im voraus bis zum 30. 4. durch die unmittelbar zuständigen Chefs, Kommandeure und Leiter beim Leiter der zuständigen Unterkunftsabteilung anzumelden“. (34)

Trotz solcher technischer Vorkehrungen bleiben für die Stasi die inoffiziellen Mitarbeiter (IM) die „Hauptwaffe im Kampf gegen den Feind“, wie Erich Mielke in seiner „Richtlinie 1/79“ über die Arbeit mit den IM hervorhebt. Ihr Einsatz wird langfristig geplant und sorgfältig vorbereitet. So kann die Stasi zum Beispiel am 8. Juli 1976 befriedigt feststellen: „Der im Jahresplan ausgewiesene Maßnahmeplan zur Vorbereitung eines IM für den Einsatz im Stützpunkt der USA-Militärverbindungsmission wurde erarbeitet und liegt dem zuständigen Stellvertreter vor.“ (35) Das erfordert eine enge Zusammenarbeit mit den Sowjets, denn eigentlich sind sie ja für das deutsche Personal der Alliierten zuständig.

Bei solchen Einschleusungen ist die Stasi aber noch aus einem anderen Grund in einer komplizierten Lage. Amerikaner, Briten und Franzosen gehen selbstverständlich davon aus, daß die von der sowjetischen Kommandantur für die Missionen eingestellten ostdeutschen Zivilangestellten einer geheimdienstlichen Anbindung unterliegen: „Es hat sich sehr schnell gezeigt, daß die Alliierten Missionen unter Überwachung der sowjetischen Sicherheitsdienste standen: telefonisches Abhören, Mikrofone in den Villen, Nutzung des deutschen Hauspersonals, Verfolgungen usw.“ (36), erinnern sich französische Missionsveteranen.

Die Stasi wiederum weiß, daß die Alliierten eine Spitzeltätigkeit ihres deutschen Personals vermutet: „Die Abwehrdienste der Amerikanischen, Britischen und Französischen MVM gehen davon aus, daß die zivilbeschäftigten DDR-Bürger in den MVM-Objekten durch den KGB oder das MfS angeworben sind beziehungsweise für diese Organe arbeiten. Die Geheimdienste verdächtigen dabei besonders solche Personen, die für sie aus der Sicht ihrer Sicherheitsinteressen im Blickfeld stehen, zum Beispiel die Zivilbeschäftigten, die intensivere Kontakte zu MVM-Angehörigen unterhalten oder bestimmte Auffälligkeiten im Verhalten und in Äußerungen zeigen. Dabei gehen die Geheimdienste davon aus, daß ohne eine Zusammenarbeit mit dem Sicherheitsorgan keine Arbeitsaufnahme in einem MVM-Objekt möglich sei." (37) Daraus schlußfolgert die Stasi: „Die Aktivitäten der politisch-ideologischen Einwirkung auf die DDR-Bürger in den MVM-Objekten sind darauf ausgerichtet, sie mit politischen Testversuchen und anderen Provokationen zu konfrontieren, um ihre Einstellungen und Haltungen zu erkunden und sie der Zusammenarbeit mit dem Ministerium für Staatssicherheit der DDR oder dem sowjetischen Sicherheitsorgan zu verdächtigen. Sie verfolgen das Ziel, die IM zu enttarnen, zu diskreditieren und zum Verrat zu bewegen." (38)

Damit wird ein Job in den Alliierten Militärmissionen für DDR-Bürger von vornherein zum Himmelfahrtskommando. Eigentlich wäre er nur von qualifizierten Aufklärern zu bewältigen, denn das Informationsbedürfnis der Stasi ist riesig. Als „Genereller Auftrag" an die inoffiziellen Mitarbeiter ist es auf viereinhalb Seiten detailliert formuliert.

Dieser Auftrag beinhaltet zunächst eine umfängliche Ausspähung des Personals der Missionen. Unter anderem sind deren „Interessengebiete, Neigungen, Hobbys, Sprachkenntnisse, persönliche Schwächen, Geschäftsinteressen, Sammlerleidenschaften" (39) zu melden. Neben Angaben zur beruflichen Tätigkeit, einschließlich bisheriger Karriere, „Unzufriedenheit mit Vorgesetzten“ und „Verletzungen dienstlicher Bestimmungen“ (40), politischen Meinungsäußerungen und Beobachtungen des Gesamtverhaltens werden auch „Angaben zu Eheverhältnissen“ und „Interesse für Frauenbekanntschaften, Stellung der Partner in der Ehe, kontaktinteressierten Ehefrauen“ (41) erwartet. Die „ständige Erkundung wesentlicher Informationen aus dem MVM-Objekt“ umfaßt unter anderem alles, was mit den Inspektionsfahrten zusammenhängt. „Maßnahmen, die von der MVM zur Sicherung des Objektes beziehungsweise des ... Personalbestandes eingeleitet werden (Anordnungen, Erlasse, Verbote, Sicherungstechnik, Abhöranlagen, Überwachung durch andere MVM-Angehörige)“ (42) interessieren die Stasi ebenso, wie „Erkundung der Möglich keiten, in dienstliche und persönliche Unterlagen Einsicht zu nehmen beziehungsweise diese bei Notwendigkeit zu entwenden oder dazu Notizen zu fertigen“. (43) Weiterhin sind „Angaben zur Funkanlage“, „Hinweise auf Waffen und Ausrüstungsgegenstände“ bis hin zu „Lebensmitteln und Treibstoffreserven im Objekt“ (44) erwünscht. Die Spitzel sollen „Angaben zum Diensthabenden System im MVM-Objekt“ (45) beschaffen und über Besuche und Feiern berichten. Einer „gesonderten Einweisung“ unterliegt die „ständige Beschaffung und Ausschleusung von Dokumenten, Dokumentenresten, Presseerzeugnissen, Handschriften, Uniformteilen, Ausrüstungen, Effekten und anderen Materialien“. (46) Eingeschlossen sind auch „Angaben über das Verhalten der DDR-Zivilbeschäftigten, über ihr Verhältnis zu den MVM-Angehörigen...“, sowie „Angaben über Spekulationsgeschäfte von DDR-Zivilbeschäftigten, Zuträgereien an MVM-Angehörige, Redseligkeiten, politisch-negatives Auftreten sowie Verbindungen im Freizeitbereich“. (47) Und schließlich hat der IM sein gesamtes Umfeld zu beobachten: „Zeigen Personen (einschließlich Verwandte/Bekannte) aus West-Berlin, der BRD beziehungsweise dem Ausland Interesse für Ihre Tätigkeit im MVM-Objekt?“ oder „Welche Personen tauchen neu in Ihrem Bekanntenkreis auf und bemühen sich auffällig um ein gutes Verhältnis zu Ihnen?" (48) All diese Informationsanforderungen sind – neben der IM-Verpflichtung – mit Unterschrift durch den Zivilbeschäftigten zu bestätigen.

Ihre Realisierung ist für den sowjetischen und DDR-Geheimdienst schwierig, weil das deutsche Personal in den Missionen vorwiegend geringe berufliche Qualifikationen – etwa als Putzkräfte, Gärtner oder Hausmeister – aufweist. Dieses Problem hat die Stasi erkannt: „Bei der Feindbildvermittlung im Rahmen der Aufklärungs- und Sicherheitsarbeit ist zu berücksichtigen, daß die IM aufgrund der arbeitsmäßigen Anforderungen und Bedingungen nicht in jedem Fall die notwendige geistige, schulische und politische Bildung besitzen, um den Charakter der politisch-ideologischen Beeinflußung durch die MVM-Angehörigen und andere Erscheinungen, die in Verbindung mit den MVM gesehen werden müssen, selbständig zu erkennen." (49)

Dennoch orientiert sich die Stasi nur auf eine selektive Information ihrer inoffiziellen Mitarbeiter: „Beachtet werden muß der Grundsatz, daß im Rahmen der Feindbildvermittlung, so auch während des Dialoges mit dem IM, nur soviel wie nötig, nicht aber soviel wie möglich an Kenntnissen über die MVM unter Beachtung der Individualität der IM vermittelt wird." (50) Die „vor Ort" eingesetzten DDR-Bürger werden also offenbar nicht als echte Partner, sondern nur als nützliche Hilfskräfte gesehen.

Ein weiteres Problem sind die schlechten materiellen Arbeitsbedingungen. Dabei schieben sich Stasi und KGB gegenseitig die Verantwortung zu. So beklagen die Sowjets bereits 1969, daß sich „zur Arbeit in den Missionen wenig gebildete Leute, mit schwacher Entwicklung" (51) bewerben würden. Sie seien „nicht in der Lage, der ideologischen Diversion und anderen feindlichen Anschlägen des Gegners Widerstand zu leisten". (52) Als Ursache dafür sehen sie die schlechte Bezahlung des Personals nach DDR-Tarif, dessen Erhöhung verlangt wird, was auch erfolgt.

Die Stasi hingegen wirft 1975 „den Freunden“ vor, „daß die arbeitgebende Dienstelle (GSSD) mit und unter den DDR-Zivilbeschäftigten keine solche Arbeit leistet, wie es in einem sozialistischen Betrieb mit dem beschäftigten Personal üblich ist. Das betrifft sowohl spürbar soziale Leistungen wie auch die kulturelle und politische Arbeit unter den Beschäftigten: – keine Gewerkschaftsarbeit, – keine Urlaubsplätze und andere Ferienbetreuung, – keine Zusammenkünfte zu staatlichen Feiertagen, verbunden mit der Würdigung der Arbeit u. d. gl.“ (53) Besonders bemängelt wird die Nichteinhaltung von „sozialen Errungenschaften“, auf die die DDR stolz ist, wie das „Babyjahr“ für Mütter: „Zum Beispiel ist ein längerfristiges Freihalten des Arbeitsplatzes beziehungsweise der jeweiligen Planstelle bei der Geburt eines Kindes von weiblichen zivilbeschäftigten DDR-Bürgern und der damit verbundenen Möglichkeit einer einjährigen bezahlten Freistellung nicht gegeben...“ (54) Ein verbindlicher Arbeitsvertrag zwischen GSSD und deren Zivilbeschäftigten, der auf die entsprechenden gesetzlichen Bestimmungen der DDR Bezug nimmt, wird erst 1987 eingeführt.

Auf diese Bedingungen reagieren die Alliierten mit bestimmten Vergünstigungen für ihre DDR-Angestellten. So führt die BRIXMIS zum Jahreswechsel 1986/87 eine Weihnachtsgratifikation, Treuegeld und eine Verdopplung der Bezahlung von Überstunden ein. Die Stasi stellt fest: „Jede angerissene Überstunde wird als volle Stunde berechnet, das heißt, bei einer Arbeitszeit von 70 Minuten über die normale Arbeitszeit hinaus erhält der DDR-Zivilbeschäftigte 24,00 Mark (unversteuert). Mit der Überstundenbezahlung der Briten für die DDR-Zivilbeschäftigten wird gewährleistet, daß trotz der Gehaltserhöhung durch die GSSD-Außenstelle pro Monat mehr Überstundengelder verdient werden, als es das Gehalt, das von der GSSD-Außenstelle gezahlt wird, ausmacht.“ (55) Auch die anderen Extra-Zahlungen, wie Treuegeld, summieren sich: „Es gibt

DDR-Zivilbeschäftigte, die im Jahr zusätzlich 1440,00 Mark von den Briten bekommen." (56)

Noch lukrativer als Geld scheinen West-Waren zu sein. Von ihren inoffiziellen Mitarbeitern weiß die Stasi: „Zivilbeschäftigte DDR-Bürger in der Französischen MVM haben beispielsweise die Möglichkeit, monatlich Waren im Wert von 30,00 DM zum Schwindelkurs von derzeit 1,00 DM : 8,00 M bei den MVM-Angehörigen zu bestellen. Bei Gefälligkeiten der DDR-Zivilbeschäftigten in Form von Besorgungen für MVM-Angehörige aus Versorgungseinrichtungen der DDR oder der GSSD besteht die Möglichkeit, bestimmte Äquivalente zu erhalten. Bei diesen Äquivalenten handelt es sich um solche Artikel, die im DDR-Handel nicht in ausreichender Quantität und Qualität angeboten werden beziehungsweise erhältlich sind." (57) Außerdem macht der Stasi bei den Beschäftigten aus der DDR „das fast tägliche Ausgesetztsein der westlichen Ideologie" erhebliche Sorgen: „Hierzu gehören Möglichkeiten des Lesens von Magazinen, Journalen, Zeitungen und Zeitschriften antikommunistischen und antisowjetischen Inhalts, bis hin zu Pornografien sowie des Hörens und Sehens von Rundfunk-, Video- und Fernsehsendungen westlicher Rundfunk- und Fernsehanstalten." (58)

All dem will die Stasi mit der „Erzeugung eines realen und aufgabenbezogenen Feindbildes" entgegenwirken: „Mit dem Feindbild soll eine möglichst den Anforderungen entsprechende politisch-ideologische Orientierung für die Lösung der den IM gestellten politisch-operativen Aufgaben gegeben werden." (59) Eine Erziehung zu „blindem Haß" ist dabei jedoch nicht anzustreben, weil der „zu Fehleinschätzungen der Lage führt und die Aufgabenrealisierung erschwert oder stört und die politische Komponente der Abwehrarbeit unterschätzt". (60)

Insgesamt dürften die Spitzel in den Militärmissionen der Amerikaner, Briten und Franzosen für die Stasi nur einen begrenzten Wert gehabt haben, denn „Treffberichte" mit inoffiziellen Mitarbeitern belegen, daß deren „Feindbild" oftmals nicht den Vorstellungen der Führungsoffiziere entsprach. So erklärt ein männlicher IM, fast 20 Jahre in einer Mission tätig, am 19. 1. 1988: „Bezüglich Feindbild MVM möchte ich darlegen, daß das in der Vergangenheit vermittelte Feindbild nicht so absolut von mir übernommen wurde. Dieses habe ich persönlich relativiert aufgrund meiner eigenen Erfahrungen über die MVM ... Ich gehe davon aus, daß die MVM-Angehörigen hier in der DDR ihren Job tun, und zwar für ihr Land. Das, was sie ihrem Land schuldig sind, genau so, wie ich es für mein Land schuldig bin." (61) Eine inoffizielle Mitarbeiterin, seit einem Jahr in einem „MVM-Objekt" beschäftigt, bemerkt am 21. 1. 1988: „Ich sehe die MVM-Angehörigen nicht als Feinde. Als Feinde stelle ich mir etwas anderes vor, als sich die MVM-Angehörigen mir gegenüber verhalten." (62) Und eine seit 23 Jahren bei den westlichen Alliierten beschäftigte Köchin, ebenfalls Stasi-IM, sagt am 19. 2. 1988: „Das Wort Feindbild ist mir zu hart .... Feinde muß man beseitigen. Ich will aber die MVM nicht beseitigen. Ich habe hier meine Existenzgrundlage ... Das Wort Feind würde ich im Zusammenhang mit der MVM nicht benutzen, ich spreche bei der MVM von einem Gegner." (63)

Solche „politisch-ideologische Auffassungen" veranlassen die Stasi, verstärkt nach inoffiziellen Mitarbeitern zur Überwachung und Beobachtung der Militärmissionen in Bereichen zu suchen, die keine ständigen Kontakte zu Missionsangehörigen haben. Das halten ihre Planungen detailliert fest: „Anhand der Erfahrungen ist es politisch-operativ absolut notwendig, solche Berührungspunkte wie zum Beispiel Fähren, wo zwangsläufig Kontakte zu DDR-Bürgern zustande kommen, mit IM/GMS abzusichern. Es ist die Regel, daß die Besatzungen der Fähren über militärische Handlungen und Bewegungen befragt werden, Zigaretten, Aktfotos und Zeitschriften verteilt werden und zusätzlich zum Fährgeld Trinkgelder angeboten werden. Bei Nutzung des Fährpersonals

als IM/GMS und konkreter Zusammenarbeit und Instruierung lassen sich wichtige Informationen über Ziele, Absichten sowie angewandte Mittel und Methoden der Tätigkeit der MVM-Angehörigen erarbeiten.“ (64)

Bei der Anwerbung von Spitzeln in dieser Richtung kann die Stasi überdies davon ausgehen, bei der „Überzeugungsarbeit“ schnell Erfolg zu haben, denn es läßt sich leicht und fundiert belegen, wie die alliierten Militärs als „Spione in Uniform“ in der DDR tätig sind. So dürfte sich auch erklären, daß es neben den inoffiziellen Mitarbeitern ein überall in der DDR verteiltes Heer von Informanten gab, die flächendeckend alle Bewegungen der Amerikaner, Briten und Franzosen verfolgten und meldeten.

„Gesellschaftliche Kräfte“ als Freizeit-Späher

„Die Füchse machen mir Sorgen!“ Wenn ein Anruf mit diesen Worten bei der Stasi-Kreisdienststelle in Ribnitz eingeht, tritt in der Villa an der Damgartener Chaussee ein Alarmplan in Kraft. „Wir benachrichtigen das Jagdkollektiv“, lautet die vorgeschriebene Antwort. Dann wird unverzüglich Kontakt zur sowjetischen Kommandantur im ehemaligen Rathaus in Damgarten aufgenommen. Der Code-Anruf meldet nämlich ein sich dem Sperrgebiet näherndes Fahrzeug einer Alliierten Militärmission, das irgendein nebenamtlicher Stasi-Späher bemerkt hat. (65)

In Pütnitz in der Nähe des Kreisstädtchens im Norden der DDR ist das 773. Jagdfliegerregiment der Sowjets stationiert. Die in den Bodden ragende Landzunge läßt sich gut abschirmen, die ganze Gegend ringsum ist für westliche Beobachter gesperrt. Dennoch versuchen sie immer wieder dorthin vorzudringen. Um dies zu verhindern, überwacht ein dichtes Netz von Stasi-Informanten die olivgrünen oder braunen Autos bereits ab dem Zeitpunkt, wenn sie ihre Potsdamer Villen verlassen. Dafür wird ein gewaltiger Personalaufwand getrieben.

Anfang 1989 faßt die Stasi ihre Erkenntnisse über die „Spionagetätigkeit der westlichen MVM/MI“ in einer 36seitigen Dokumentation zusammen. Darin steht, daß bei der Gruppe der Sowjetischen Streitkräfte in Deutschland (GSSD) 14 Offiziere und Unterführer aus den USA, 31 aus Großbritannien und 18 aus Frankreich mit insgesamt 36 Fahrzeugen akkreditiert sind. (66)

Ihnen steht allein vor Ort, also im Bezirk Potsdam, eine gewaltige Stasi-Streitmacht gegenüber. „Die Potsdamer BVfS (Bezirksverwaltung für Staatssicherheit – Anm. des Autors) und die Kreisdienststellen des Bezirks beschäftigten mit Wachmannschaften, Köchen, Kraftfahrern und weiteren Zivilangestellten insgesamt 3868 Personen, die sich auf 15 Kreisdienststellen und 32 Abteilungen, Referate und Arbeitsgruppen der BVfS verteilten ... Dazu kamen noch 68 hauptamtliche inoffizielle Mitarbeiter (HIM), die wiederum andere IMs anleiten konnten und 32 in Schlüsselpositionen des Bezirkes sitzende Offiziere im besonderen Einsatz (OibE)“. (67) Und das sind nur jene, die im Bezirk Potsdam – einem von 15 DDR-Bezirken – Augen und Ohren offenhalten.

In diese Rechnung auch bei der Stasi beschäftigte Pförtner, Hausmeister und Fahrer einzubeziehen, mag zunächst verwundern, doch Dienstanweisungen belegen, daß nicht nur jeder MfS-Bedienstete, sondern auch dessen Familienmitglieder in die lückenlose Überwachung der Alliierten Militärmissionen eingebunden waren. Daneben arbeiten viele Personen überall in der DDR als „Melder“, ohne als inoffizielle Mitarbeiter der Stasi (IM) verpflichtet zu sein.

Dieses Überwachungsnetz wird über die Jahre immer perfekter geknüpft. So fordert die „Sektion politisch operative Spezialdisziplin“ des Lehrstuhls V der Juristischen Hochschule der Stasi in Potsdam 1981, noch mehr „Melder“ anzuwerben. Die Überwachungsspezialisten definieren: „Melder sind Personen, die ohne vorinformiert zu werden, ihre Wahrnehmungen über Bewegungen, Handlungen und Verhaltensweisen der MVM-Angehörigen sofort oder später weiterleiten." (68) Knotenpunkte des „Melder"-Netzes sind die Stasi-Kreisdienststellen (KD). Wie das funktioniert, hat Major Helmut Stein von der Kreisdienststelle Havelberg im Januar 1975 in seiner Diplomarbeit erforscht. (69) Sie ist als „Geheime Verschlußsache" eingestuft.

Rings um die Domstadt an der Havel erlauben die Geländebedingungen besonders gut das Üben des Einsatzes von Pioniertechnik. Das Überqueren von Flüssen, der Brückenbau und das Anlegen von Sperren in Sumpf-Gebieten kann hier trainiert werden. Für die Vorbereitung einer konventionellen Auseinandersetzung in Deutschland ist das von großer Bedeutung, denn irgendein Flüßchen, Deiche und Dämme oder verschilfte Ufer finden sich hier alle paar Kilometer abseits der Hauptstraßen. Deshalb interessiert die Alliierten Militärmissionen, mit welcher Technik, in welcher Geschwindigkeit und mit welchem Personalaufwand solche Hindernisse von Sowjet-Truppen und NVA im Ernstfall überwunden werden können.

Dafür, daß sie nicht zu viel sehen, muß unter anderem die Kreisdienststelle Havelberg sorgen. Major Helmut Stein: „Es muß eingeschätzt werden, daß die bisherige Praxis, die vorwiegend in der Feststellung, Registrierung und Auswertung der Bewegung der MVM-Fahrzeuge bestand, nicht mehr voll den gegenwärtigen und künftigen politisch-operativen Erfordernissen entspricht und das bestehende Kontroll- und Sicherungssystem besser zu nutzen und weiterzuentwickeln ist." (70) Dabei setzt er auf eine verstärkte Mobilisierung der Kräfte außerhalb der Stasi: „In dieses Kontroll- und Sicherungssystem sind neben den zuständigen Diensteinheiten des MfS auch die Deutsche Volkspolizei und die Nationale Volksarmee als mitwirkende Kräfte einbezogen. Sie haben dazu eigenverantwortlich, jedoch im koordinierten Vorgehen mit den territorialen Diensteinheiten des MfS, die ihnen durch Befehle und Weisungen ihrer Minister übertragenen Aufgaben zu lösen." (71) Analog zur Stasi-Dienstanweisung 2/60 liegen dazu seit Jahren die Direktive 2/60 des Ministers für Nationale Verteidigung der DDR vom März 1960 und die Dienstanweisung 8/60 des Ministers des Innern der DDR vom 3. April 1960 vor.

Überwacht werden soll nicht nur die Beobachtung der sowjetischen Truppen durch die Amerikaner, Briten und Franzosen, sondern auch deren Interesse an militärischen Einrichtungen der DDR: „Das Kontroll- und Sicherungssystem soll ferner Erkenntnisse vermitteln, auf welche Objekte und Maßnahmen der NVA, der GSSD, des MfS, der DVP (Deutschen Volkspolizei – Anm. des Autors), der Kampfgruppen und Zivilverteidigung sich die Aufklärungshandlungen der MVM konzentrieren und welcher Mittel und Methoden sie sich dabei bedienen und dazu beitragen, die gefährdeten militärischen Objekte und Handlungsräume umfassend vorbeugend zu sichern." (72) Dafür sollen möglichst wenige eigene Leute gebunden werden: „Der Aufbau des Kontroll- und Sicherungssystems geht von dem Grundgedanken aus, mit einem geringen Aufwand an hauptamtlichen Kräften einen hohen operativen Nutzeffekt zu erzielen." (73)

Deshalb sitzen Stasi-Informanten in Betrieben, wie dem VEB Karosseriebau, der PGH Tiefbau, dem VEB Gartenbau, der „Märkischen Fischerei" oder dem Schlachthof und der LPG „Fichtenhof" in Havelberg oder „Einheit" in Hohengören, dem VEB Elektro in Klietz und dem Kompressorenbau in Jederitz. Aber auch aus dem Rat der Stadt Wulkau, der „Erweiterten Oberschule" und der HO-Kaufhalle Klietz, der Blumenbinderei und der Auto-Werkstatt in Fischbeck, der Post in Kümmeritz und sogar aus dem Kindergarten in Waldfrieden sind Meldungen zu erwarten, wenn sich die Missionsautos nähern. Ein Fahrlehrer in Wulkau, der Schäfer in Scharlibbe und die Abschnittsbevollmächtigten der VP halten rund um die Uhr die Augen auf. (74)

Jede Straße im Kreisgebiet Havelberg ist erfaßt. Direkt berichtet wird von „Telefonstützpunkten", denn über einen Telefonanschluß zu verfügen, ist in der DDR ein seltenes Privileg. Daneben gibt es „Meldeköpfe“, die ihre Beobachtungen möglichst schnell an den nächsten Telefonstützpunkt oder bei direkten Treffen an die Stasi weitergeben. Der Personalaufwand dafür ist erheblich. So sind zum Beispiel an der Hauptdurchfahrstrecke durch den Kreis von Glöwen über Havelberg, Sandau in Richtung Scharlibbe, Klietz und Schönhausen bis nach Fischbeck insgesamt 59 Telefonstützpunkte und 85 „Meldeköpfe“ im Einsatz. (75) Beim Verlassen des Kreisgebiets wird das Missionsfahrzeug an den in Fahrtrichtung angrenzenden Kreis weitergegeben. Koordiniert wird die gesamte Aktion durch einen im Volkspolizei-Kreisamt (VPKA) stationierten Stasi-Mitarbeiter („zentraler Meldekopf“), der unter anderem auch sämtliche Bewegungen der alliierten Wagen auf Karten festhält. Durch eine gründliche analytische Auswertung stellt die Stasi fest: „Es hat noch keine größeren militärischen Handlungen gegeben, bei denen nicht vorher, während oder nach solchen Handlungen die MVM wirksam wurde.“ (76)

Der Aufwand hauptamtlicher und inoffizieller Stasi-Mitarbeiter wird bei der Überwachung des Kreisgebiets von „gesellschaftlichen Kräften“ wirksam unterstützt. So sind allein im Kreis Havelberg von den insgesamt 98 Telefonstützpunkten nur 18 durch Stasi-IM besetzt. Von den 130 „Meldeköpfen“ sind nur elf direkt der Stasi verpflichtet. (77)

Unbefriedigend für die Stasi ist offenbar die Zusammenarbeit mit den sowjetischen und NVA-Kommandeuren. Major Helmut Stein: „Bei den im Kreis zeitweilig handelnden militärischen Einheiten ist das Problem der vorbeugenden Sicherung noch nicht gelöst. Es fehlen rechtzeitige Informationen über alle militärischen Vorhaben, die erfahrungsgemäß gezielte Aktivitäten der MVM auslösen. Die handelnden Einheiten stellen nur in den seltensten Fällen die Verbindung zur KD her, um sich über die Lage zu informieren, vorbeugende Sicherungsmaßnahmen abzusprechen und gemeinsam einzuleiten.“ (78)

Trotzdem ist die Stasi mit ihren Beobachtungsergebnissen zufrieden. Im Kreis Havelberg „kann eindeutig dokumentiert werden, welche Besatzungen von MVM-Fahrzeugen in der Regel Sperrgebietsverletzungen vornehmen. Hierauf konnten wir uns bereits mehrmals rechtzeitig einstellen, diese Handlungen dokumentieren und weitere Maßnahmen mit der Abteilung VIII und Hauptabteilung VIII und den Kommandanturen der GSSD einleiten beziehungsweise durchführen". (79)

Kontinuierlich wird am Ausbau und an der Perfektionierung des Überwachungsnetzes gearbeitet. Als besonders geeigneten Personenkreis betrachtet die Stasi dabei: „IM/GMS, Familienangehörige von Mitarbeitern des MfS und anderer bewaffneter Organe, Kräfte der DVP, IM der DVP, Betriebsschutzpersonal und Angehörige von Kampfgruppen, Personal von Tankstellen, Straßenunterhaltungsbetrieben, einschließlich Autobahnmeistereien, Personal von Forstwirtschaftsbetrieben, Büros der VEG, LPG und der Räte der Gemeinden, Angehörige von Jagdkollektiven, Personal der Deutschen Reichsbahn an Bahnübergängen, Verladebahnhöfen und von Stellwerken, Personal von Agrarflugplätzen, einschließlich der Agrarflieger." (80)

Ständig ist die Stasi auf der Suche, diesen Personenkreis durch weitere geeignete Beobachter auszuweiten. So heißt es in der Anfang 1989 erstellten Dokumentation über die „Spionagetätigkeit der westlichen MVM/MI": „Die differenzierte Einbeziehung geeigneter Angehöriger der Kampfgruppen, der Freiwilligen Feuerwehr, der Zivilverteidigung sowie von Zustellern der Deutschen Post hat sich in der Praxis ebenfalls bewährt." (81) Die Vertrauten der Stasi werden regelmäßig geschult, so daß ihre Wahrnehmungen auch verwertbar sind. Beispiel für einen typischen Bericht eines Freizeit-Spähers: „Die Besatzung des KfZ BC-105 der USA-MI hielt am Verladebahnhof Wuhlheide. Auf dem Waggon stand dort ein SPW 60 PB. Der Beifahrer stieg aus und fotografierte diesen mit einem Teleobjektiv. Anschließend sah er mit einem Fernglas in diese Richtung. Danach ging er mit einem Fotoapparat am Bahndamm entlang und fertigte weitere Aufnahmen von diesem SPW an.“ (82)

Über die Kreis- und Bezirksdienststellen der Stasi laufen Zehntausende solcher Einzelinformationen in die Berliner Zentrale. Hier ist die Hauptabteilung VIII (Ermittlungen, Untersuchungen) für die Überwachung der Amerikaner, Briten und Franzosen verantwortlich. Sie hat 1989 einen Personalbestand von 1618 Leuten. Dazu kommen die 3130 Mitarbeiter der „Linie VIII“ in den Stasi-Bezirksverwaltungen. (83) Kommt es zur Kontaktaufnahme durch Angehörige der Militärmissionen zu DDR-Bürgern, werden diese von der Hauptabteilung II, Spionageabwehr, „bearbeitet“. Wurde gar ein „Westkontakt“ eines sowjetischen Besatzers beobachtet, ging eine Meldung darüber direkt an das „befreundete Organ“. Ein Beispiel für diese Anschwärzerei der Stasi: „Am 11. 7. 1972, gegen 15.10 Uhr, wurde festgestellt, daß ein Offizier der Sowjetarmee am km 88,5 der Transitstrecke Drewitz – Marienborn (Autobahnabfahrt Barleben, Wolmirstedt, Magdeburg) einen Westberliner PKW verließ. Der sowjetische Offizier ging anschließend zu Fuß in Richtung Magdeburg weiter. Durch die Bezirksverwaltung Magdeburg wurde die zuständige sowjetische Dienststelle des KGB über das Vorkommnis informiert.“ (84) Solche, eigentlich lapidare Informationen, die nicht nur von hauptamtlichen oder inoffiziellen Stasi-Mitarbeitern, sondern auch von den „gesellschaftlichen Kräften“ geliefert wurden, konnten für die Betroffenen ernste Folgen haben. So hatte sich aller Wahrscheinlichkeit nach der im Juli 1972 angeschwärzte, sicher harmlose Sowjet-Tramper wegen „unerlaubter Verbindungsaufnahme“, im schlimmeren Fall sogar wegen Vorbereitung zur Fahnenflucht und Spionage zu verantworten. Der Vorwurf solcher Delikte führte innerhalb der sowjetischen Truppen auch bei mangelhafter Beweislage sehr schnell zu mehrjähriger Lagerhaft, in gravierenden Fällen auch zur Todesstrafe. Ohne es eigentlich zu wollen, können so manche „gesellschaftliche Kräfte", vom Schrankenwärter bis zum Schweinezüchter, die im besten Glauben für den „Schutz der DDR" ein wenig Augen und Ohren offenhielten, anderen Menschen direkt und ernsthaft geschadet haben.

Angesichts des konspirativen Umgangs und der befehlsgemäß spärlichen Informationen der Stasi an ihre Informanten dürfte ihnen dieser Zusammenhang weitestgehend verborgen geblieben sein. Die Stasi ging über all die Jahre der Existenz der DDR davon aus: „Die MVM und MI waren praktisch Bestandteil der Geheimdienste der jeweiligen Besatzungsmächte." (85) Das bestätigt Generalleutnant Manfred Dietze, Chef der Hauptabteilung I, Militärabwehr, im MfS. Die daraus folgende Bewertung der Tätigkeit der Missionen orientiert sich jedoch nicht an der jeweils aktuellen Militärdoktrin der Westmächte, sondern an der politischen Grundüberzeugung der SED, nach der der Imperialismus an sich aggressiv sei und einen Angriff zur Vernichtung der sozialistischen Staaten vorbereite. So findet zum Beispiel die 1967 geänderte NATO-Strategie von der „massiven Vergeltung" zur „flexiblen Reaktion" keinen Niederschlag in der Bewertung der Missions-Aktivitäten durch die Stasi, obwohl gerade eine solche strategische Veränderung zwangsläufig auch neue Informationsschwerpunkte beim angenommenen Gegner setzt. Aus der Sicht der Stasi, so Generalleutnant Manfred Dietze, sind die Aufgaben der Alliierten Militärmissionen klar: „Während zuweilen tagelanger Beobachtungsfahrten erkundeten sie mit hochmoderner Fototechnik und Elektronik militärische Objekte, fertigten Fotoaufnahmen an und überprüften ihr mitgeführtes Kartenmaterial zur Präzisierung der Zielkoordinaten für Flugzeug- und Raketenangriffe. Sie beschafften sich so Informationen über Bewaffnung, Ausrüstung und Ausbildungsstand der GSSD und der NVA. Ihr besonderes Interesse galt den Frequenzen der Bodenleitstationen der Boden-Luft-Raketen (Flugzeugabwehr) und von Funkmeßstationen, um sie im Ernstfall bis zur Unwirksamkeit stören zu können." (86)

Um dabei „den Gegner in die Schranken zu weisen" (87) „sichert" die Stasi beileibe nicht nur Militärobjekte, sondern alles, was die „politisch-ideologische Auseinandersetzung mit dem Klassengegner" (88) betrifft. Dabei setzt sie auf ihr Netz von Informanten ebenso wie manchmal nur auf simple Zäune. Eine wachsende Bedeutung hat aber, unabhängig von allen konventionellen Mitteln, die jeweils modernste verfügbare Technik zur Überwachung und Beobachtung.

Wanzen, Kameras und Spürhunde

Die verschwiegene Villa am Wasser in Bestensee, rund 30 Kilometer südlich von Berlin, ist von einem Stacheldrahtzaun umgeben. Im Dorf munkelt man, es sei ein Lager der „Gesellschaft für Sport und Technik" (GST), doch keiner weiß Genaues.

Früh und abends erscheint ein Bus mit Berliner Nummer, dann verschwinden rund 30 Leute durch das streng bewachte Tor.

Von 1956 bis 1969 ist Heinz Priess ihr Chef. Der kommunistische Spanienkämpfer und ehemalige Chefredakteur des KPD-Blattes „Hamburger Volkszeitung" ist dafür verantwortlich, daß niemand entdeckt, was in der Villa in Bestensee passiert. Vor allem niemand aus dem Westen. Er erinnert sich: „Hin und wieder fuhren Wagen der Westalliierten auf dem Waldweg vorüber, dann herrschte helle Aufregung beim Wachpersonal." (89)

Priess, seinen Leuten unter dem Decknamen „Robert" bekannt, leitet als Beauftragter des Zentralkomitees der SED streng konspirativ den „Deutschen Freiheitssender 904". Nach dem KPD-Verbot 1956 im Westen soll er die ebenfalls verbotenen kommunistischen Zeitungen ersetzen. Dazu werden in Bestensee tagtäglich drei bis vier Stunden Rundfunksendungen produziert und ab dem 18. August 1956 – einen Tag nach dem Parteiverbot – über Sendemasten in Burg bei Magdeburg gesendet. Mit flotter

Musik, getürkten Nachrichten und merkwürdigen Durchsagen – „Achtung Förster, der Hamster bohnert, das Wachs ist alle" – sollte der Eindruck erweckt werden, die Kommunistische Partei sei im Westen weiter aktiv.

Damit geheim bleibt, daß die SED hinter der ganzen Sache steckt, „sichert" die Stasi den „Deutschen Freiheitssender 904" ab. Verantwortlich für das Objekt „Valentin" in Bestensee sind die Hauptabteilung II, Spionageabwehr, und die Hauptabteilung Personenschutz. Die Sendungen aus Bestensee laufen bis zum 1. Oktober 1971. Mit der Regierungsübernahme durch die sozialliberale Koalition in Bonn verliert diese Art von Propaganda ihren Sinn. Die Stasi fungiert als Nachhut und hat die Beobachter der Militärmissionen im Zusammenhang mit dem „Deutschen Freiheitssender 904" vorsichtshalber noch bis zum 15. Mai 1972 im Auge. (90)

Über 15 Jahre lang interessieren sich Geheimdienste und Alliierte im Westen dafür, woher die Parolen der verbotenen KPD eigentlich kommen. Hin und wieder muß sich sogar der Deutsche Bundestag damit beschäftigen. So klagt zum Beispiel Verteidigungsminister Franz Josef Strauß am 8. November 1962 darüber, daß der „Deutsche Freiheitssender 904" nichts weiter als ein Propagandainstrument der SED sei, wo und wie die Sendungen aber genau entstehen, weiß auch er nicht. (91)

Die Alliierten Militärmissionen tappen ebenfalls im dunkeln. Heinz Priess: „Zum einen konnten sie unser Objekt vermutlich nicht aufklären – am Eingang hing keinerlei Hinweis auf unsere Rundfunktätigkeit –, zum anderen existierten rund um Berlin nicht wenige umzäunte Objekte, deren Sinn Betrachtern von außen verborgen blieb." (92)

Ist die „Sicherung" sensibler DDR-Objekte – wie hier das Verbergen des „Deutschen Freiheitssenders 904" – vor dem Ausspähen durch die Alliierten Militärmissionen noch mit ein bißchen Stacheldraht, ein paar Kameras und hier und da auch einigen geschickt plazierten Wanzen möglich, lassen sich „operative Erkenntnisse“ direkt in den ostdeutschen Villen der in den Militärmissionen tätigen Amerikaner, Briten und Franzosen viel schwieriger gewinnen. Die Militärs rechnen damit, von den Sowjets und der Stasi abgehört und gefilmt zu werden. Deshalb erfolgen die strategischen Planungen für ihre Touren durch die DDR und deren komplette Auswertung in den Missions-Hauptquartieren in West-Berlin. Vor Ort in Neufahrland und Potsdam werden nur noch Aktualisierungen und Detailabsprachen vorgenommen. Daraus ist für die Stasi nicht allzu vielzu entnehmen, so daß die Wanzen in den Missions-Gebäuden wohl vor allem der Überwachung des DDR-Personals gedient haben dürften.

Sowjets und Stasi sind sich darüber einig, daß der Ansatzpunkt für die Beobachtung der Alliierten in West-Berlin liegen muß. In einer Beratung der „befreundeten Sicherheitsdienste“ am 5. Juli 1969 befindet die sowjetische Abwehr, es sei „an der Zeit, mehr Aufmerksamkeit der gemeinsamen Bearbeitung der MVM-Angehörigen in ihren Arbeits- und Aufenthaltsorten in West-Berlin zu schenken“. (93) Das begründen sie so: „Wie festgestellt wurde, sind sie in West-Berlin nicht so auf der Hut, wie hier, haben Bekanntschaften mit der Bevölkerung, besuchen verschiedene Vergnügungsanstalten. Dort können schwache und starke Seiten des Charakters, Neigungen, Verhalten zur Familie, Unzufriedenheit mit der dienstlichen Lage mehr in Erscheinung treten.“ (94) Daraus entsprechende „Persönlichkeitsprofile“ zu erarbeiten, soll vor allem Aufgabe der Stasi sein, denn sie bewegt sich im „Operationsgebiet“ West-Berlin wie ein Fisch im Wasser. Dennoch ist gerade die Bearbeitung der Militärmissionen dort kompliziert. Sie führt auch zu Kompetenzgerangel innerhalb der Stasi. Deshalb klagt die Hauptabteilung VIII in einem Bericht: „Dabei muß man beachten, daß sich die Britische und Französische MVM in West-Berlin in den Komplexen der Hauptquartiere (Olympiastadion und Quartier Napoleon) befinden und wir erst in diese Objekte eindringen müssten, die von anderen Diensteinheiten bearbeitet werden. Durch die Sicherheitsbestimmungen in diesen Objekten war es unseren IM bisher immer nur möglich, eine allgemeine Gebäudeaufklärung der MVM-Dienststellen vorzunehmen. Die Werbung von Kraftfahrern und Hausangestellten war ebenfalls nicht erfolgreich, weil durch den häufigen Wechsel der MVM-Anghörigen diese Leute dann ebenfalls wechseln ... Informationen anderer Abteilungen bekamen wir nicht." (95)

Das akzeptieren die Sowjets, aber sie haben für ihre DDR-Genossen, auf deren Spione sie weitestgehend angewiesen sind, trotzdem „wertvolle Hinweise" parat: „Wenn man nicht direkt in die Stützpunkte eindringen kann, kann man andere Situationen nutzen, zufällige Begegnungen in Gaststätten, Frauen einsetzen unter anderem, um dann mit Hilfe dieser Verbindungen diese Fragen zu klären. Das könnte ein Anfang sein, um die Arbeit im Operationsgebiet zu lösen." (96)

In weiteren Besprechungen wird eine solche Zusammenarbeit immer wieder angeregt und in entsprechenden Dokumenten festgeschrieben – so zum Beispiel im „Perspektivplan des Zusammenwirkens und Informationsaustausches zwischen der Verwaltung der besonderen Abteilungen des KfS der UdSSR (Komitee für Staatssicherheit – Anm. des Autors) für die GSSD und der Hauptabteilung VIII zu Fragen der politisch-operativen Abwehrarbeit gegen die drei westlichen MVM beim Oberbefehlshaber der GSSD" vom 13. April 1978. Dennoch bleibt das „Zusammenwirken" mit den Sowjets für die Stasi unbefriedigend, weil ihr viele Informationen über die sowjetischen Truppen in der DDR vorenthalten werden. Das versuchen die „sowjetischen Partner" immer wieder zu begründen. 1984 erläutern sie den Genossen, „daß sie nicht immer im vorhinein über Aktivitäten und Übungen einzelner sowjetischer Einheiten informiert werden, weil das Alarmübungen sind, die von Moskau angeordnet werden und ihnen das vorher nicht zur Kenntnis gegeben wird". (97)

Außerdem steht es dem kleinen Bruder nicht zu, zu meckern. Unter Einsatz ihrer Technik – oft für wertvolle Devisen illegal im Westen beschafft – hat die Stasi den Sowjets zuzuarbeiten. So wird ab Mitte der achtziger Jahre modernste Glasfasertechnik zum Ausspionieren von Wohnungen amerikanischer Botschaftsmitarbeiter, die als getarnte CIA-Leute gelten, in der Elsa-Brandström-Straße in Berlin-Pankow eingesetzt.

Dort wohnt beispielsweise die alleinstehende Archivsekretärin der Ost-Berliner USA-Botschaft, Barbara Michele Hamm mit ihren Katzen. Die Spionageabwehr hat sie nach einem Aufenthalt 1980 bis 1984 in München als „operative Mitarbeiterin" der in der Botschaft angesiedelten CIA-Residentur identifiziert. Nun wird sie von der Stasi unter dem Decknamen „Fee" geführt und per Glasfaser überwacht. Bei dieser Technik sind die Enden von millimeterdünnen Glasfasern wie Linsen geschliffen. Über die flexiblen Fasern kann so praktisch das „Auge" der Kamera um Ecken und durch winzige Löcher geleitet werden. In der Elsa-Brandström-Straße wird es von einer benachbarten „konspirativen Wohnung" durch das System der Steckdosen geführt. Wenn sich die „Zielperson" in der Wohnung bewegt, springen nebenan die Video-Recorder an. Auch die direkte Übertragung an entsprechende Endstellen, zum Beispiel in der Voltaire-Straße in Berlin-Mitte, ist technisch möglich. Mitte der achtziger Jahre steht die Stasi bei dieser Technik kaum der CIA und dem britischen MI 6 nach. Die permanente Beobachtung der „Fee" läßt die Stasi entdecken, daß sie mehrfach als Gastgeberin für Offiziere aus dem amerikanischen Militärgeheimdienst fungiert, die sie in die Botschaft einlädt. Diese wiederum reisen in die DDR, um Möglichkeiten von Tests eigener Agenten unter Nutzung der Militärtransitzüge zu planen. In solche Aktionen sind unter anderem auch die Späher der USMLM einbezogen. (98)

So stellen sich für die Spionageabwehr der Stasi größere Zusammenhänge her, bei denen auch die Militärmissionen immer wieder ein kleines Steinchen im Puzzle darstellen.

Um es zu finden, reichen manchmal auch ein paar aufgeschnappte, völlig harmlose Gesprächsfetzen oder andere kleine Informationssplitter aus. Ein Beispiel: Im Frühjahr 1988 bearbeitet der sowjetische Militärgeheimdienst GRU einen Spionagevorgang bei den Streitkräften im Raum Dresden. Dabei ist er auf der Suche nach einem amerikanischen Führungsoffizier mit Namen David Bassett. Die Sowjets haben nur eine Fotokopie seiner Identitätskarte und bitten die Stasi um Hilfe. Die findet den Mann in den internen Unterlagen einer amerikanischen Bank in West-Berlin, die sein Konto führt und – als Teilnehmer einer Feier bei der USMLM in Neufahrland. Der Oberstleutnant steht nebst Gattin auf der Gästeliste. (99)

Weitaus komplizierter ist die Informationsbeschaffung und der Einsatz der Technik jedoch, wenn es um die direkte Beobachtung der „Tourers" bei ihren Fahrten in Ostdeutschland geht.

In ihrer Diplomarbeit an der Juristischen Hochschule der Stasi in Potsdam haben Major Hans-Joachim Wienigk und Hauptmann Jürgen Bochmann im Mai 1989 Möglichkeiten zur „Erhöhung der Wirksamkeit der operativen Beobachtung" untersucht. Sie wissen: „Um den Anforderungen bezüglich der Erarbeitung von Beweisen zur Verletzung der zweiseitigen Vereinbarung (gemeint sind die Abkommen der Westmächte mit den Sowjets über die Errichtung der Militärmissionen – Anm. des Autors) durch die MVM-Angehörigen gerecht zu werden, ist in jeder Phase der operativen Beobachtung die Möglichkeit der Dokumentierung zu sichern." (100)

Dabei mangelt es offenbar an ausreichend vorhandenen Video-Kameras: „Die Anforderungen an Videoaufnahmen aus der Bewegung stehen gegenwärtig nicht im Verhältnis mit der in der Breite zur Verfügung stehenden Technik." (101) Wenn es klappen soll, ist wohl nur auf Geräte aus dem Westen Verlaß: „Gute Voraussetzungen bietet demgegenüber die Videokamera Panasonic F 10, die unter Nutzung eines an der Seitenscheibe der

Fondtür von Beobachtungsfahrzeugen befestigten Stativs die Herstellung aussagekräftiger Videofilme ermöglicht. Aufgrund ihrer Bauart kann sie unter günstigen Bedingungen auch freihändig (ohne Stativ) genutzt werden." (102)

Noch komplizierter gestaltet sich die Beobachtung bei Dunkelheit, weil dafür Mitte 1989 nur ein Gerät zur Verfügung steht, dessen Potenzen vielen mit der Beobachtung der Missionen befaßten Mitarbeitern auch noch unbekannt sind: „Im Rahmen von Komplexeinsätzen sollte auch der Einsatz der im Ministerium für Staatssicherheit vorhandenen Thermo-Visions-Kamera geprüft werden. Mit dieser Technik können auf der Basis der Wärmeabstrahlung von Menschen, Technik (zum Beispiel elektronische Geräte) unter anderem Hinweise zu möglichen Handlungen oder auf abgelegte Technik erarbeitet werden, die eventuell Ausgangspunkt für weitere operative Maßnahmen sein können" (103), konstatieren die Diplomanden.

Für den Schutz der raren Technik bei einer „Konfrontation mit den Angehörigen der MVM" ist die Stasi sogar bereit, ihre Tarnung aufzugeben: „In letztgenannter Situation muß im Interesse der Sicherheit der operativen Technik und der operativen Beobachter bei Notwendigkeit aus der Konspiration getreten werden." (104) Als wesentlich sicherer gilt deshalb, wenn man schon vorher weiß, wo die westlichen Militärs aktiv werden könnten: „Auf der Grundlage von Erfahrungen und analytischen Erkenntnissen erfolgt die Aufstellung von Versionen zu den zu erwartenden Aufklärungshandlungen der MVM-Angehörigen durch den Leiter der operativen Beobachtung. Entsprechend diesen Versionen müssen die operativen Beobachtungskräfte an den Objekten und Einrichtungen beziehungsweise Bereichen vorpostiert werden, um in die Lage versetzt zu werden, die Spionagehandlungen der MVM-Angehörigen zu dokumentieren." (105) Das scheint erfolgreich praktiziert zu werden: „Im Verlauf der Jahre, in denen die Angehörigen der drei westlichen MVM unter operativer Beobachtung standen, konnten relativ stabile Bereiche herausgearbeitet werden, von denen aus die MVM-Angehörigen ihre Aufklärungstätigkeit führen. So sind zum Beispiel an fast allen Verladebahnhöfen der DR Aufklärungspositionen der MVM-Angehörigen bekannt." (106)

Mit solchen Kenntnissen ist es der Stasi in den letzten Jahren der DDR auch möglich, ganze Geländeabschnitte mit vorinstallierter Glasfaser-Technik zu überwachen. In Containern befindliche Abhör- und Aufnahmegeräte werden dazu einschließlich der nötigen Batterien in der Erde vergraben. Die im Moos verborgenen Wanzen und Kamera-Augen sind nicht zu entdecken. Dennoch ist die Methode problematisch, weil beim Fließen des Stroms Wärme entsteht, die im Winter den Schnee über den Containern schmelzen läßt. (107)

Außerdem ist das eine teure Technik, und da es sich bei der Überwachung der täglichen Fahrten der Militärmissionen um Routinearbeit handelt, wird eher auf traditionelle, kriminalistische Spurensicherung gesetzt: „Eine wichtige Aufgabe wäre zum Beispiel die Absperrung der Aufklärungsposition des MVM-Fahrzeuges und des umliegenden Bereiches, um hier vorhandene Geruchsspuren für den Einsatz des Fährtenhundes zu sichern." (108) Neben der eigenen Hundestaffel der Stasi-Hauptabteilung VIII/1 sollen dafür auch speziell abgerichtete Hunde der Polizei genutzt werden.

Ihr Einsatz ist von der Stasi gründlich vorbereitet. HVA-Oberst Klaus Eichner: „Die Spionageabwehr der DDR half sich auf ihre eigene Art: Sie führte eine Geruchsprobensammlung relevanter Personen ... Jeder Mitarbeiter der CIA und auch anderer Geheimdienste besaß dort seine luftdicht gesicherte Probe. Bei Bedarf konnte der Fährtenhund daran riechen." (109) Während so die Überwachung der Alliierten Militärmissionen immer perfekter wird, hat sich der politische Wind in Moskau längst gedreht. Mit der Politik Michail Gorbatschows von

„Glasnost“ und „Perestroika“ öffnet das sowjetische Hauptquartier in der DDR große Teile der bisherigen ständigen Sperrgebiete. Entsprechend größere Bewegungsfreiheit sollen auch die Amerikaner, Briten und Franzosen den sowjetischen Militärmissionen in der Bundesrepublik eingeräumt haben. Innerhalb der Sowjettruppen ist die Politik Gorbatschows umstritten. Die Armee fürchtet um ihre Privilegien. Besonders die neue Offenheit „Glasnost“ sehen die in der DDR stationierten Offiziere skeptisch. So äußert ein sowjetischer General gegenüber dem BRIXMIS-Chef am Rande eines Treffens seine Zweifel: „Ich möchte wissen, was ‚Glasnost‘ heißt. Wenn ich die Tür aufmache, um frische Luft hereinzulassen, statt dessen aber ein Sturm hineinbläst, kann ich das nicht kontrollieren. Ich glaube nicht, daß unsere politischen Leiter das verstehen.“ (110)

Viele sowjetische Offiziere sehen in den Abrüstungsschritten ein Schwinden ihres Einflusses. Besonders demütigend empfinden sie die Tatsache, daß diese Schritte auch noch durch Offiziere der Gegenseite überwacht werden dürfen. Das alles ist für sie nicht anderes als legalisierte Spionage.

Gerade in der DDR wird die NATO nach wie vor als Bedrohung empfunden. Die hier stationierten Elite-Einheiten sind fest entschlossen, Angriffe mit Gegenangriffen zu beantworten. Aus der Sicht der Alliierten Militärmissionen ändern sich deshalb ihre Aufgaben im Vergleich zu früher in keiner Weise. Dennoch verzichten sie zunehmend auf aggressive Aufklärungsfahrten, wägen die Risiken sorgfältiger ab als bisher. Sie wollen Zwischenfälle auf jeden Fall vermeiden, um den Gorbatschow-Gegnern in Moskau keine Munition zu liefern. Das registriert auch die Stasi: „Ausgehend von den Veränderungen in der militärischen Lage muß auch die Frage nach der zukünftigen Rolle der drei westlichen MVM gestellt werden. Wenn die DDR und die Sowjetunion den Streitkräften auf dem Territorium der DDR einen ausgeprägten Verteidigungscharakter verleihen, erhebt sich daraus die Frage, inwieweit die von den Angehörigen der MVM umfangreich betriebene Militärspionage die Verteidigungsfähigkeit dieser Streitkräfte untergräbt und damit zu einem Risiko für die Sicherheit der Staaten des Warschauer Vertrags wird. Auch im Zusammenhang mit den umfassenden Abrüstungsvorschlägen der Sowjetunion bis zum Jahr 2000 muß die Entwicklung der Tätigkeit der MVM ständig einer Analyse unterliegen." (111)

Auch für die fernere Zukunft sieht die Stasi ihre Hauptaufgabe in der „Schaffung von Beweisen über die Spionagehandlungen der MVM-Angehörigen sowie die Verletzung der anderen Festlegungen, die sich aus den zweiseitigen Abkommen von 1946 und 1947 zwischen den Oberkommandierenden der in den damaligen Besatzungszonen stationierten Truppen ergeben". (112)

Eine ganz besondere Rolle sowohl bei den Aufklärungsfahrten der Militärmissionen als auch bei deren Abwehr durch die Stasi spielt dabei in all den Jahren der Raum rings um Berlin. Hier ist die heißeste unsichtbare Front im kalten Krieg, und das hat Auswirkungen bis in die zweite Hälfte der achtziger Jahre hinein, als eigentlich schon lange Entspannung die politische Szene beherrscht.

Die Schlacht um Berlin

Die blitzartige Besetzung West-Berlins durch die Nationale Volksarmee beginnt mit einem Schlag aus der Luft. Er dauert neun Minuten und richtet sich gegen die Kommandozentralen der Alliierten. Maschinen des Jagdbombergeschwaders 8 werfen ihre Bomben auf das US-Hauptquartier am Hüttenweg in Berlin-Dahlem und die amerikanischen Kasernen in Lichterfelde. Dann eröffnen schwere Geschütze das Feuer. Ihre Granaten trommeln elf Minuten lang auf Ziele bei den amerikanischen, britischen und französischen Truppen in Zehlendorf, Tegel, Spandau und Gatow. Überall, wo schweres Gerät der Alliierten steht, konzentriert sich das Feuer. Nach einer kurzen Pause folgt eine weitere achtminütige Beschießung, dann eine dritte von sechzehn Minuten.

Kurz nach dem Start der Bomber sind bereits die Fallschirmjäger des 1. Bataillons des Luftsturmregiments 40 „Willi Sänger" in Lehnin in ihre Hubschrauber gestiegen. Nach dem Luftangriff und den insgesamt 36 Minuten Trommelfeuer landet eine Kompanie auf dem Flughafen Tempelhof, eine weitere auf dem Airport Tegel. Die NVA-Soldaten igeln sich dort sofort ein.

Gleichzeitig durchbrechen Soldaten des 2. Sturmpionierbataillons der NVA die Mauer an 59 Stellen. Die Mauersegmente fallen in Angriffsrichtung ... (113)

Was sich wie ein Szenarium aus den finstersten Zeiten des kalten Kriegs anhört, ist ein Teil streng geheimer Pläne der DDR-Militärs, die bis zum Fall der Mauer am 9. November 1989 Gültigkeit hatten. Obwohl die Papiere unter dem Tarnnahmen „Operation Mitte", später auch als „Operation Stoß" oder „Operation Zentrum" geführt, rechtzeitig vernichtet wurden, entdeckte die Bundeswehr nach dem 3. Oktober 1990 Dutzende von Dokumenten, Protokollen und Befehlen, aus denen sie sich rekonstruieren ließen. Befragungen der an den Planungen beteiligten Offizieren füllten die verbliebenen weißen Flecken. Stasi-Akten bis hin zur Festlegung der künftigen Chefs der in West-Berlin zu besetzenden Kreisdienststellen belegen überdies, wie umfänglich der Angriff gegen die geteilte Stadt vorbereitet wurde.

In Frage gekommen wäre er nach den Planungen des Warschauer Pakts, wenn ein NATO-Land einen der östlichen Bündnis-Partner angegriffen hätte, zum Beispiel die Türkei Bulgarien. Bei einer relativ geringen Beteiligung der sowjetischen Truppen in der DDR – so die Überlegungen etwa seit Ende der siebziger Jahre – hätte dann die DDR-Volksarmee West-Berlin besetzt, noch bevor aus den USA Verstärkung herangeführt worden wäre.

Dabei rechneten die NVA-Planer mit rund 18 000 Gegnern, darunter 6000 Mann der alliierten Truppen und 6000 Bereitschaftspolizisten. Um sie in einer Blitzaktion niederzuringen, sollten 32 000 NVA-Soldaten eingesetzt werden. Ihr Auftrag: „Inbesitznahme der Stadt West-Berlin durch einen Angriff von allen Seiten innerhalb von 24 Stunden." (114)

Die Pläne dazu sind bis ins Detail ausgearbeitet: Panzerkolonnen der NVA sollen auf der Avus in voller Breite vorrücken. Weitere Stoßkeile aus dem 3. Motorisierten Schützenregiment kommen über die Heerstraße und den Grenzübergang Stolpe. Sie werden von einem Grenzregiment flankiert, das Kladow und den Flugplatz Gatow einnehmen soll. Ein Teil des Regiments fährt über die Stadtautobahn in Richtung Kreuz Schöneberg und besetzt Rathaus und Rias. Im Süden überqueren Einheiten mit Sturmbooten die Glienicker Lake und den Teltow-Kanal. Im Norden erfolgt der Einbruch von Pankow aus in Richtung Reinickendorf und Tegel, um die Franzosen abzuschneiden. Links und rechts des Brandenburger Tors bricht die 6. selbständige Schützenbrigade der Sowjets durch die Mauer und marschiert auf der „Straße des 17. Juni" Richtung Kaiserdamm. An der Autobahnbrücke Kaiserdamm vereinigen sich die Stoßkeile. Damit wäre ein wichtiges Ziel erreicht: Die Alliierten sind in ihren Sektoren isoliert. Im direkten Gefolge der kämpfenden Truppen macht sich die Stasi ans Werk. Ihre Aufgabe ist es nicht nur, im Vorfeld des Angriffs in West-Berlin Unruhe und Chaos zu stiften. Unmittelbar mit der Besetzung will sie 12 Kreisdienststellen einrichten, 604 hauptamtliche Mitarbeiter sind dafür eingeplant. Von den 80 Planstellen der Führungsgruppe sind 60 namentlich bekannt.

Es gilt vor allem, wichtige Objekte und die Beute zu sichern. So sind Einsatzgruppen für die Besetzung der Horchanlage auf dem Teufelsberg in Spandau, die Sendeanlagen von ARD, ZDF und Rias und den Forschungsreaktor des Hahn-Meitner-Instituts vorgesehen. Andere sollen die Sammlungen der Stiftung Preußischer Kulturbesitz, das Ägyptische Museum, Schloß Charlottenburg und Schloß Bellevue, die Staatsbibliothek, die Nationalgalerie und andere Kostbarkeiten vor Zerstörung bewahren.

Parallel zu diesen Aktionen sind die Propaganda-Kompanien im Einsatz. Aus Agitationsgranaten lassen sie Flugblätter über die Stadt regnen. Die West-Berliner werden zum Widerstand gegen die Verteidigungsmaßnahmen der Alliierten aufgerufen. Die Eroberer bieten ihnen Passierscheine in den Ostteil der Stadt an. Mit englischen und französischen Handzetteln werden die alliierten Soldaten zur Kapitulation aufgefordert. Hauptargument: Die Soldaten sollen sich nicht für fremde Interessen verheizen lassen.

Am Abend des Angriffstages ist West-Berlin fest in der Hand der Nationalen Volksarmee und der Stasi.

So abstrus all diese Pläne heute klingen, auch im Westen wurden sie sehr ernst genommen. Zum Management der verschiedenen Berlin-Krisen entstand bereits 1959 der alliierte Stab „Live Oak". Ihm gehörten zunächst nur die Amerikaner, Briten und Franzosen an, später kamen auch deutsche Verbindungsstellen hinzu. Informationen über ungewöhnliche Truppenbewegungen rund um Berlin, Alarmzeichen und Manöverhandlungen, die auch Straßen- und Häuserkämpfe umfassen, laufen bei „Live Oak" zusammen. Ein großer Teil davon kommt von den westlichen Militärmissionen im Osten. Neben den ausgedehnten Fahrten zu den Truppenübungsplätzen werden ständig kurze Touren zu den Standorten der Sowjets und der NVA rings um Berlin unternommen. Was dabei vor Ort besonders zu erkunden ist, wird durch regelmäßige Kontrollflüge festgestellt.

Für die schnelle Überwachung der „Luftkontrollzone Berlin", dem bis zum 3. Oktober 1990 unter gemeinsamer amerikanischer, britischer, französischer und sowjetischer Kontrolle stehenden Berliner Luftraum, benutzen die Alliierten ihr zweisitziges Propeller-Flugzeug „Chipmunk". Das „Streifenhörnchen" wurde 1946 von der britisch-kanadischen Firma Handley/Pagge für die „Royal Air Force" (RAF) entwickelt.

Nach dem Mauerbau ist die Maschine fast täglich in der Luft, um die NVA- und sowjetische Kasernen und Übungsplätze „vor der Haustür“ zu observieren. Sie wird von einem Mann geflogen, hinter dem Piloten sitzt der Aufklärungsoffizier. Er filmt Truppenbewegungen und -ausrüstungen. Die so gewonnenen Informationen gehen in der Regel an die Luftwaffen-Aufklärer der BRIXMIS in Potsdam, die auf dem Boden nachschauen, was es Neues gibt.

Im Osten fällt es schwer, sich vor dem Spionieren durch das schnelle, wendige „Streifenhörnchen“ zu schützen. So registriert die Stasi zwar alle Überflüge und Umkreisungen von Objekten durch den „OvD von Tempelhof“, Einblicke verhindern kann sie jedoch nicht. Hin und wieder wird die Maschine auch schon mal vom Boden aus beschossen. Wird der alliierte „Offizier vom Dienst“ mit seiner „Chipmunk“ zu neugierig, lassen die Sowjets ihre riesigen Transport-Hubschrauber rings im sensiblen Gebiet aufsteigen. Die gewaltigen Luftwirbel sind für die kleine Propeller-Maschine wie eine undurchdringliche Mauer. (115)

Trotzdem gelangen so wertvolle Informationen zum Stab „Live Oak“. Er hat einen differenzierten Katalog von Reaktionen auf Zuspitzungen der Lage um Berlin vorbereitet. Sie reichen von der bewaffneten Eskorte für Transportflugzeuge, falls Berlin noch einmal blockiert werden sollte, bis zum Angriff auf Thüringen. Ausgeschlossen ist nur der Einsatz von Kernwaffen. Er wurde nur dann erwogen, wenn eine Berlin-Krise zum NATO-Verteidigungsfall – so wie nach dem Terror-Angriff auf die Twin-Towers in New York am 11. September 2001 geschehen – erklärt worden wäre.

Daß es aber auch weit unterhalb der Angriffsschwelle eine ernsthafte Bedrohung gab, belegen die Informationen der Militärmissionen immer wieder.

Sie wissen zum Beispiel, daß auf dem Truppenübungsplatz „Scholzenlust“ bei Lehnin der Häuserkampf geübt wurde. Dort ist ein Flugplatz aufgebaut, es gibt ein Stück Kanal, U-Bahn-Eingänge, Bars, Häuser, ein Kino und eine Schule. Vom Schießen aus der Deckung der Häuser bis zum Stürmen ganzer Straßenzüge kann hier alles geprobt werden.

Als Gegenmaßnahme werden Häuser- und Straßenkämpfe auch in West-Berlin geübt. Dazu gibt es seit Februar 1953 die „Doughboy City“ auf dem Truppenübungsplatz Park-Range unweit des Wannsees.

Erst nach der Wende dürften die westlichen Militärs jedoch erfahren haben, wo und wie die militärische Angriffstaktik trainiert wurde. Dies geschah regelmäßig im DDR-Verteidigungsministerium in Strausberg an einem 12 mal 12 Meter großen, in allen Details exakt gebauten Modell West-Berlins.

Die Vorbereitungen auf die Schlacht um Berlin beschränkte sich aber nicht nur auf kleine Übungen und graue Theorie.

Am 30. Juni 1986 ging es in Magdeburg beim Manöver „Bordsteinkante 86“ so richtig zur Sache. Die Stadt war – wie West-Berlin – in drei Sektoren eingeteilt. 35 000 Mann, 300 Panzer und 36 „MiG 21“ standen bereit, Magdeburg zu erobern. Der Manöverplan sah genau die Taktik der „Operation Mitte“ vor: Gleichzeitiges Vordringen in Stoßkeilen und Vereinigung, um die „gegnerischen Kräfte“ aufzuspalten und zu isolieren.

Offenbar gelang dies nicht, wie geplant. Der Militärhistoriker Otto Wenzel: „Infolge ungenügender Kräftekonzentrierung ist es am 1. Operationstag nicht gelungen, Voraustruppenteile mit der Luftlandeeinheit zu vereinen.“ (116) Darauf reagierte der Manöverstab mit verstärktem Artilleriefeuer und weiteren Luftangriffen. Der geplante, schnelle Vorstoß stockt, die Zerstörungen in der Stadt nehmen unerwartete Ausmaße an.

Vielleicht übt die NVA deshalb die Besetzung West-Berlins ein Jahr später und vom 6. bis zum 8. September 1988 noch einmal.

Solcherart Manöver bleiben von den Profis in den Militärmissionen nicht unbemerkt. Ihre Informationen aus den Patrouillen tragen dazu bei, daß die streng geheimen Pläne der Alliierten zur Verteidigung West-Berlins immer wieder aktualisiert und überarbeitet werden.

Im Jahr 1982 werden sie von den verantwortlichen Stäben endgültig gebilligt. Ab diesem Zeitpunkt sind sie auch die Grundlage für die Übungen zur Verteidigung der Stadt. Die Alliierten gehen bei ihren Planungen davon aus, daß sie rechtzeitig über die Angriffsabsichten der NVA informiert werden. Dabei bauen sie auf die Beobachtungen der Amerikaner, Briten und Franzosen vor Ort im Osten und das Abhören des gegnerischen Funkverkehrs über die Station Teufelsberg. Für eine flächendeckende Verteidigung West-Berlins haben sie zu wenig Truppen. Deshalb konzentrieren sie sich darauf, einen „inneren Ring“ zu bilden. Die NVA-Stoßkeile über Heerstraße, Avus und Teltow-Kanal sollen nur auf hinhaltenden Widerstand der „Guard Forces“ treffen. Die Briten räumen den Flugplatz Gatow und Spandau. Die Havel kann mit Booten überquert werden, falls die Brücken bereits gesprengt sind. Das wird jedes Jahr geübt.

Auch die Amerikaner ziehen sich nach diesen Plänen langsam zurück, geben Tempelhof und Neukölln frei und nutzen die natürlichen Bedingungen, um Verteidigungslinien aufzubauen. US-Truppen beziehen rechts und links der Avus Stellung. Ihre Hauptkampflinie zieht sich längs des S-Bahn-Damms vom Grunewald bis zum Teltow-Kanal.

Wichtig bei allen Plänen ist es, den Kontakt zu den verbündeten Truppen nicht zu verlieren.

Die Briten verteidigen den Tiergarten, die Franzosen ziehen sich hinter den Tegeler See und in Stellungen am Volkspark Rehberge zurück. Der Flughafen Tegel soll auf jeden Fall gehalten werden.

Auch die Alliierten wissen, daß die Kaiserdamm-Brücken über die Stadtautobahn die strategisch größte Bedeutung haben. Deshalb wird der alliierte Stab im Olympia-Stadion eingerichtet. Das

Oberkommando haben die Amerikaner. Mindestens zehn Tage sollen die Teile des Stadtgebiets im „inneren Ring" gehalten werden. Dabei spielen die 89 Panzer der Alliierten nur eine untergeordnete Rolle. Sie stehen bereit, um Kommandounternehmen zurückzuschlagen.

Dennoch gehen die Planungen davon aus, daß sich das Territorium unter dem Ansturm der NVA verkleinern wird. Die letzte Bastion würde dann der Raum zwischen dem Olympia-Stadion und den Kaiserdamm-Brücken sein. Dort rechnen die Amerikaner, Briten und Franzosen noch einmal mit bis zu acht Tagen möglichem Widerstand. Parallel dazu würde sich der Krieg in die U-Bahn-Schächte und Kanalisation erstrecken, wo als letzte Reserve die amerikanischen Special Forces zum Einsatz kämen. Bis zu 78 der speziell ausgebildeten Einzelkämpfer sind bis zum Abzug der Alliierten in Berlin stationiert.

Schätzungen von Verlusten unter der Zivilbevölkerung gibt es weder in den östlichen noch in den westlichen Plänen für die Schlacht um Berlin.

Daß diese Schlacht nie geschlagen wurde, ist den Politikern beider Seiten zu verdanken. Trotzdem kann in den Jahren des kalten Kriegs oft niemand absehen, ob immer die Vernunft siegen würde. Deshalb war es für die Militärs stets wichtig, sich gegenseitig den Puls zu fühlen. Dabei haben die Militärmissionen in Bünde und Neufahrland, Frankfurt am Main, Potsdam und Baden-Baden mitgewirkt. Das ging nicht ohne ruppige Zwischenfälle ab und bewegte sich oftmals jenseits der Legalität. Beide Seiten drückten jenseits des verbalen Getöses aber stets die Augen zu, wenn ihre Spione in Uniform wieder einmal angeeckt waren. Keiner konnte auf sie verzichten, und so war die Stasi trotz ihres unermüdlichen Einsatzes an der Front auch „den Freunden" letztlich nur hinderlich. Ein ehemaliger Offizier der Sowjets erinnert sich: „Natürlich haben wir spioniert. Aber das hatte seinen Grund: Wenn die anderen wissen, daß wir wissen, was sie von uns wissen, kann es weniger Überraschungen geben. Das haben die deutschen Genossen wohl nie so richtig verstanden." (117) Und sein britischer Kollege ergänzt: „Wir haben uns nicht umgesehen, um einen Krieg anzuzetteln, sondern um ihn zu verhindern. Darauf sind wir stolz. Und was die Stasi betrifft: Wir haben das immer sportlich gesehen und meistens auch den Wettlauf gegen die Spitzel gewonnen." (118)

Als mit dem Fall der Mauer der kalte Krieg endgültig beendet ist, fällt beiden Seiten der freundschaftliche Umgang miteinander nicht schwer. Und so wird noch manches Glas Whisky oder Wodka zusammen getrunken, bis in den Missionsvillen die Lichter ausgehen.

EPILOG
ZWEI PLUS VIER GLEICH EINS

Am 8. Februar 1984 nimmt Stasi-Major Freese in Neubrandenburg einen Bericht von seinem „inoffiziellen Mitarbeiter Bernd Rohloff" auf Tonband auf. Einen Tag später läßt er ihn im Büro abtippen. Der Spitzel gibt einen „Kurzbericht zur versuchten Kontaktaufnahme Marcus Meckel". Er meldet: „Am Sonntag, dem 5. Februar 1984, war ich ab 10.30 Uhr in Berlin, Bahnhöfe Lichtenberg/Ostbahnhof, um evtl. den genannten M e c k e l , Marcus aus Vipperow, Kreis Röbel, zu observieren. Ab 11.02 Uhr hatte ich alle Züge, die über Dresden nach Prag oder Ungarn fahren, im Visier... Wie mir von meinem Verbindungsmann mitgeteilt wurde, erschien Marcus Meckel erwartungsgemäß gegen 21.08 Uhr auf dem Bahnsteig B ... Marcus Meckel wurde bis zum Bahnsteig von einer Person gebracht in einem modisch gesteppten Anorack, rot-grau abgesteppt mit blau. Diese Person trug ihm auch seine Tasche..."(1)

Gut sechs Jahre später ist der Pfarrer Markus Meckel, dessen Namen die Stasi 1984 noch nicht einmal richtig schreiben konnte, Außenminister der DDR. Nach der ersten freien Volkskammerwahl am 18. März 1990 wird er am 12. April vereidigt.

Sein Spitzel „Bernd Rohloff" alias Manfred „Ibrahim" Böhme steht noch als Chef der SPD in der DDR im Rampenlicht. Markus Meckel und andere Bürgerrechtler haben die Partei heimlich am 7. Oktober 1989 im Pfarrhaus von Schwante bei Oranienburg gegründet. Doch der Stern des Manfred „Ibrahim" Böhme verglüht, als er am 1. April als Stasi-IM enttarnt wird. Im Juni 1992 fliegt er aus der Partei. Ein paar Jahre später stirbt er völlig vereinsamt und verwahrlost in Berlin.

Sein Opfer, Markus Meckel, hat inzwischen keine Zeit mehr, sich mit den alten Stasi-Geschichten zu beschäftigen. Er muß daran mitwirken, die äußeren Bedingungen für die deutsche Einheit zu schaffen.

Das ist nicht leicht, weil rund 340 000 sowjetische Soldaten in der DDR stationiert sind. Mit dem Beitritt der DDR zur Bundesrepublik würden sie plötzlich im Feindesland stehen. Außerdem sind die Interessen der Alliierten in Berlin und die Reste der Viermächteverantwortung für ganz Deutschland gebührend zu beachten. Dazu gehören auch die zu dieser Zeit immer noch emsig arbeitenden Militärmissionen.

Für den unerfahrenen ostdeutschen Bürgerrechtler sind das alles schier unlösbare Aufgaben. Aber Markus Meckel bekommt sehr schnell Hilfe.

Wenige Tage nach dem feierlichen Akt seiner Ernennung, lädt ihn Hans-Dietrich Genscher in sein privates Haus nach Pech bei Bonn ein. Der Bundesaußenminister will seinen jungen Kollegen aus dem Osten in den außenpolitischen Fahrplan zur deutschen Einheit einweihen. Der Zug rollt nämlich schon, ohne daß die DDR bisher maßgeblich beteiligt ist.

Am 9. Februar hat der amerikanische Chef-Diplomat James Baker ein Gespräch mit Michail Gorbatschow in Moskau. Die beiden Männer wollen darüber reden, wie es in Deutschland weitergehen soll. Sie sind besorgt, denn im Osten des Landes überschlagen sich die Ereignisse. Der Kreml-Chef erinnert sich an das dramatische Treffen: „Er teilte mir mit, daß seine Kollegen – die Außenminister Großbritanniens, Frankreichs und der Bundesrepublik Deutschland –, mit denen er sich kurz zuvor getroffen hatte, beunruhigt seien. Um zu gewährleisten, daß der Prozeß unter stabilen Bedingungen abläuft und Stabilität auch auf lange Sicht garantiert, seien Rahmen und Mechanismen zur Lösung der Fragen erforderlich, welche die äußeren Aspekte der Wiedervereinigung betreffen.“ (2) Schließlich sind die vier Siegermächte des Zweiten Weltkriegs mit ihren Truppen immer noch in Deutschland präsent und haben das letzte Wort über das Schicksal des Landes.

Michail Gorbatschow und James Baker vereinbaren deshalb Gespräche der Vier Mächte mit den beiden deutschen Staaten. „4+2“ soll die Formel heißen, doch dagegen hat der Amerikaner Einwände. Der Chef des State Department schlägt 2+4“ vor. Michail Gorbatschow: „Er berief sich auf die Deutschen, welche darin eine Symbolik sähen, die zeige, daß es vorrangig um die deutsch-deutschen Aspekte gehe.“ (3) Das akzeptiert der sowjetische Staats- und Parteichef, denn ihm ist ebenso wie dem amerikanischen Außenminister klar, daß das Ergebnis der Formel „1“ sein würde, egal, ob es nun „2+4“ oder „4+2“ heißt.

Es sollen also nur die Großen mit der Bundesrepublik und der DDR über das weitere Schicksal Deutschlands verhandeln, und das muß Hans-Dietrich Genscher erst mal seinem frischgebackenen ostdeutschen Kollegen beibringen. Der erfahrene Diplomat wählt dazu die gemütliche Atmosphäre seines heimischen Wohnzimmers, denn die Sache ist heikel. Schon am 13. Februar 1990 ist in Ottawa die Entscheidung gefallen, die abschließende Regelung über das Schicksal Deutschlands gemeinsam mit den beiden deutschen Staaten zu treffen. Vor allem die USA haben diesen Plan unterstützt, und dafür ist Hans-Dietrich Genscher den Verbündeten dankbar.

Streng völkerrechtlich gesehen, wäre es nämlich durchaus auch möglich gewesen, daß die großen Vier allein über die Zukunft des einstmals von ihnen gemeinsam verwalteten Landes entscheiden. Der Kompromiß, die Deutschen einzubeziehen, liegt also in nationalem Interesse, aber auch diplomatische Übereinkünfte können an Gewicht verlieren, wenn am Ende nicht alle Partner mitspielen.

Deshalb soll alles schnell über die Bühne gehen. Schon vier Tage vor der ersten freien Wahl in der DDR haben die Gespräche zum Komplex „2+4“ in aller Stille auf Beamtenebene begonnen. Markus Meckel ist erst beim offiziellen Außenministertreffen am 5. Mai 1990 in Bonn dabei und fühlt sich ein wenig überfahren. Dennoch gibt er nicht gleich auf: „Trotz dieser denkbar schlechten Voraussetzungen für eine eigenständige Rolle bei den Verhandlungen entwickelten wir unsere eigene Konzeption." (4)

Dazu muß sich der bärtige Pfarrer aus der Uckermark zunächst einmal von seinen bisherigen Vorstellungen trennen. „Noch im Herbst 1989 war ich in meinem programmatischen Vortrag zur Gründung der Sozialdemokratischen Partei in der DDR für einen Friedensvertrag zur Lösung der deutschen Frage eingetreten." (5) Solche Flausen will ihm Hans-Dietrich Genscher aus dem Kopf treiben. Das Wort „Friedensvertrag" und alles, was auch nur im entferntesten daran erinnert, muß ab sofort tabu sein. Der Bundesaußenminister erklärt seinem Kollegen geduldig, daß sich sein Land in den fünfzig Jahren seit dem Krieg zu einer starken Demokratie entwickelt habe und durch enge partnerschaftliche Beziehungen mit Westeuropa, der NATO und der EG verbunden ist. Das muß berücksichtigt werden, wenn die DDR der Bundesrepublik beitreten will. Für einen simplen Friedensvertrag sei die Zeit einfach vorbei. Deutschland dürfe nicht wieder zum bloßen Objekt von Viermächtegesprächen werden, sondern soll als gleichberechtigter Partner von USA, Großbritannien, Frankreich und der Sowjetunion agieren.

Markus Meckel hört aufmerksam zu. Hans-Dietrich Genscher versichert ihm, daß beide deutsche Staaten gleichberechtigte Partner bei den Verhandlungen sein sollen, ohne deren Zustimmung keine Entscheidungen getroffen werden dürften. Und dann hat der erfahrene Kollege noch ein gewichtiges Argument: Bei den anstehenden Gesprächen muß ausgeschlossen werden, daß die mehr als fünfzig ehemaligen Kriegsgegner Deutschlands auf den Gedanken kommen könnten, bei der deutschen Vereinigung mitreden und die Hände aufhalten zu können.

Markus Meckel: „Diese Argumentation leuchtete mir ein, ihre Intention wurde von mir vollständig geteilt." (6)

Er weiß, daß er sozusagen beim großen Bruder am Tisch sitzt und nur mit dessen Hilfe den Auftrag seiner ostdeutschen Wähler erfüllen kann: „Unsere Aufgabe war es, die Selbstauflösung der DDR vorzubereiten und durchzuführen, bei rechtlichem Fortbestehen der Bundesrepublik Deutschland als vereintem Deutschland. Das allein verdeutlicht schon – unabhängig von dem Unterschied an politischer Erfahrung bei den Akteuren – die Verteilung der Gewichte zwischen beiden deutschen Staaten in diesem Prozeß.“ (7)

Dennoch will er sein Amt als DDR-Außenminister nutzen, um auch die Interessen der inzwischen ebenfalls gestürzten Diktaturen Osteuropas im Auge zu behalten. Das wird schwierig, denn schnell erkennt er: „Die westlichen Staaten einschließlich der Bundesregierung wollten vor allem die Zustimmung der Sowjetunion zur deutschen Vereinigung, zur Ablösung der Rechte der Vier Mächte sowie die Akzeptanz der NATO-Mitgliedschaft des vereinigten Deutschland erreichen, ansonsten aber möglichst wenig regeln.“ (8)

Das muß die demokratisch gewählte DDR-Regierung hinnehmen. Immerhin geht es darum, die Großmächte zur Aufgabe von Rechten zu bewegen, die sie seit Kriegsende innehaben. Es gilt also, eine komplizierte diplomatische Aufgabe zu lösen.

Frankreich und Großbritannien fürchten ein wiedererstehendes „Großdeutschland“. Schon Jahre zuvor hatte Franz Josef Strauß die Bundesrepublik als ökonomischen Riesen, der aber politisch ein Zwerg sei, charakterisiert. Jetzt schickt sich eben diese Bundesrepublik an, auch ein politisches Schwergewicht zu werden.

Frankreichs Staatspräsident François Mitterand läßt sich von Bundeskanzler Helmut Kohl mit dem Versprechen beruhigen, auch künftig die europäische Wirtschafts- und Währungsunion voranzutreiben. In Großbritannien laufen die Bremsversuche von Premierministerin Margaret Thatcher gegen die Einheit ins Leere, weil die Amerikaner konsequent für ein wiedervereinigtes Deutschland sind. Das hält auch Außenminister Douglas Hurd für das zukunftsträchtigere Modell.

Aber auch die Zustimmung der USA zur Einheit Deutschlands ist nicht völlig uneigennützig. Jenseits des Großen Teichs werden die rasanten Veränderungen in Ost-Europa aufmerksam beobachtet und analysiert. Daraus ziehen die Amerikaner die Schlußfolgerung, daß es nun darum gehen muß, ein neues System kollektiver Sicherheit in Europa zu schaffen. Diese Absicht erkennt Außenminister Markus Meckel: „Für die USA stand viel auf dem Spiel, nämlich nicht weniger als ihre künftige Rolle in Europa. Daß die deutsche Vereinigung kommen würde, war Anfang 1990 klar, offen waren Zeitraum und Rahmenbedingungen. Von zentraler Bedeutung war für die USA die NATO-Zugehörigkeit des vereinten Deutschland. Sie war das wichtigste Instrument der Führungsrolle der USA in Europa." (9)

In dieser Frage gibt es also kaum Verhandlungsspielraum für die Sowjets. Die Aufgabe des Standorts ihrer Truppen in der DDR wird über kurz oder lang mit der Ausdehnung der NATO in Richtung Osten einhergehen. Deshalb muß in den anstehenden Verhandlungen Moskau die Gewißheit gegeben werden, dadurch keinen Verlust an Sicherheit zu erleiden. Der ostdeutsche Bürgerrechtler Markus Meckel hat ein Gespür für die russische Mentalität in dieser Frage: „Eine nur aus augenblicklicher Schwäche abgerungene Zustimmung der Sowjetunion, die dort das Gefühl hinterlassen würde, den Zweiten Weltkrieg nun nachträglich verloren zu haben, würde für das Europa der Zukunft ein bleibender Unsicherheitsfaktor sein." (10) Ein solches Gefühl könnte schnell entstehen, denn schließlich müssen nur die sowjetischen Truppen Deutschland verlassen. Amerikaner, Briten und Franzosen sind NATO-Partner, für sie ändert sich mit der Einheit wenig.

Deshalb versucht der letzte DDR-Außenminister, Moskau zumindest emotional Befriedigung zu verschaffen: „Um wenigstens an einer Stelle alle vier Alliierten gleich zu behandeln – was für die Sowjetunion von großer psychologischer Bedeutung war –, machte ich beim zweiten 2+4-Außenministertreffen im Juni 1990 den Vorschlag, daß alle vier Siegermächte möglichst bald Berlin räumen sollten. Das hätte sicherheitspolitisch nichts gekostet, wäre für die Sowjetunion aber ein wichtiges Symbol gewesen! Natürlich wurde ein solcher Vorschlag für völlig unmöglich gehalten.“ (11)

Die Sowjets stehen dem Umbruch in der DDR sehr skeptisch gegenüber. Am 30. November 1989 findet in der sowjetischen Botschaft in Berlin Unter den Linden eine Parteiversammlung statt. Botschafter Wjatscheslaw Kotschemassow erläutert seinen Genossen die Strategie, sein Stellvertreter Igor Maximytschew notiert: „Unsere Lebensinteressen sind mit der DDR mehr verbunden als mit irgendeinem anderen europäischen Land. Die Wiedervereinigung kann unmöglich zugelassen werden. Zusammen mit der SED-Führung müssen wir uns darüber Gedanken machen, wie diese Wiedervereinigungsstimmungen zu neutralisieren sind, und sollte das als nicht machbar gelten, wie man... (diesen Stimmungen) weniger gefährliche Formen geben kann.“ (12) Dabei wird hinter verschlossenen Türen sogar darüber spekuliert, ob nicht der Vier-Mächte-Status gegen die Freiheitsbestrebungen in der DDR nutzbar wäre. Der Botschafter: Wir müssen „auch darüber nachdenken, wie die Lage in Mitteleuropa durch die Stärkung des Vier-Mächte-Regimes von West-Berlin zu stabilisieren wäre“. (13)

Doch all diese Überlegungen werden von der rasanten Entwicklung in der DDR buchstäblich überrollt. Wichtige Informationen darüber bekommen die Amerikaner, Briten und Franzosen von ihren Militärmissionen in der DDR. Sie sind im Dauereinsatz und beobachten nun auch die innenpolitische Entwicklung aufmerksamer als bisher. Außerdem haben die alliierten Offiziere die Standorte der sowjetischen Truppen fest im Blick. Man weiß, daß es in der Generalität eine wachsende Unzufriedenheit mit dem Kurs Michail Gorbatschows in Moskau gibt. Die Elite-Einheiten in der DDR können innerhalb von zwei Stunden die volle Gefechtsbereitschaft herstellen. Ihre Fahrzeuge sind voll aufmunitioniert, die Panzermotoren vorgewärmt. Niemand weiß, ob nicht doch wieder sowjetische Panzer rollen werden, um die Freiheitsbestrebungen in einem ihrer Satellitenstaaten zu unterdrücken. Die Offiziere aus dem Westen analysieren die Lage: Wie ging es damals, am 17. Juni 1953 los, was geschah vor dem Bürgerkrieg in Ungarn 1956, wie deutete sich der Einmarsch in die Tschechoslowakei 1968 an?

Aus Moskau fehlen eindeutige Signale. Die Mauer ist am 9. November gefallen. In der sowjetischen Botschaft in Berlin Unter den Linden glauben die Diplomaten, die akute Krise sei „in der DDR endlich vorbei, und es gelte nun, außenpolitisch alles in die gewohnten Bahnen zurückzulenken". So notiert es jedenfalls der Gesandte Igor Maximytschew in sein Tagebuch. (14)

Doch die DDR-Bürger demonstrieren weiter. Tausende ziehen jeden Tag vom Osten in den Westen um. Vor den Toren der sowjetischen Kasernen in der DDR entstehen florierende Schwarzmärkte. Waffen, Munition und Armeeausrüstungen werden gegen die begehrten West-Waren verschachert. Die Lage wird immer undurchsichtiger.

Am 26. Januar 1990 versammelt deshalb Michail Gorbatschow seine engsten außenpolitischen, militärischen und geheimdienstlichen Berater in seinem Arbeitszimmer im Kreml: „Ich hatte Ryschkow, Schewardnadse, Jakowlew, Achromejew, Krutschkow, Falin, Tschernajew, Schachnasarow sowie den Mitarbeiter der internationalen Abteilung des ZK und Deutschlandexperten Fjodorow eingeladen." (15) Die Krisensitzung dauert vier Stunden. Am Ende sind sich die Männer einig: „Wir laden Modrow und Gysi nach Moskau ein" und „Wir unterstützen die Idee einer Konferenz der ‚Sechs'." (16)

Das Treffen knapp eine Woche später mit DDR-Staatschef Hans Modrow verläuft enttäuschend. Gorbatschow: „Mir wurde klar, daß die Regierung der DDR unter Führung von Hans Modrow, dem fähigsten und würdigsten Nachfolger Honeckers, nicht nur nicht Herr der Situation war, sondern im Verständnis der Maßstäbe und Gefährlichkeit dessen, was in beiden deutschen Staaten bereits zutage trat, hinter der Entwicklung zurückblieb." (17) Das ist ein vernichtendes Urteil über die letzte SED-Regierung.

Im Kreml in Moskau hörte man die Parolen von „Deutschland, einig Vaterland" keineswegs mit Begeisterung, aber Michail Gorbatschow begreift, daß die Zeiten vorbei sind, in denen Politik einfach mit sowjetischen Panzern durchgesetzt werden kann: „Wir haben unsere Haltung zur Wiedervereinigung angesichts dessen geändert, was in der DDR passierte. Wirklich verantwortungsvolle Politiker konnten da kaum Schritt halten, aber als die Dinge eben geschahen, mußte man das Notwendige tun. Und wir haben uns dem Leben nicht widersetzt." (18)

Doch mit wem sollen die Sowjets den Gang der Dinge bereden, während es in der DDR bereits drunter und drüber ging?

Auch darüber wurde am 26. Januar im Kreml diskutiert. Michail Gorbatschow erinnert sich: „Wir haben dann überlegt, mit wem wir sprechen sollen. Die einen sagten, mit den Sozialdemokraten, die anderen sagten, mit der DDR. Ich habe gesagt, nein, wie müssen die Dinge realistisch bewerten und sollten daher mit denen sprechen, die die Situation kontrollieren könnten. Und das war Kanzler Kohl und seine Regierung." (19)

Der reist am 11. Februar 1990 nach Moskau und kann sich – völlig überrascht – Gorbatschows Einverständnis zur deutschen Einheit abholen. Der sowjetische Staatschef: „Ich habe ihm gesagt: wir in der sowjetischen Führung gingen davon aus, daß die Wiedervereinigung eine Sache der Deutschen ist." (20)

Nun drängt die Zeit, um die außenpolitischen Rahmenbedingungen als Voraussetzung für den Beitritt der DDR zur Bundesrepublik Deutschland festzuschreiben. Das geschieht mit dem „Vertrag über die abschließende Regelung in bezug auf Deutschland". (21) Er wird am 12. September 1990 in Moskau von Außenminister Hans-Dietrich Genscher für die Bundesrepublik Deutschland, Ministerpräsident Lothar de Maizière für die Deutsche Demokratische Republik (22) und die Außenminister Roland Dumas für die Französische Republik, Eduard Schewardnadse für die Union der Sozialistischen Sowjetrepubliken, Douglas Hurd für das Vereinigte Königreich Großbritannien und Nordirland und James Baker für die Vereinigten Staaten von Amerika unterzeichnet.

Der Weg für das vereinte Deutschland in die NATO ist frei. Der Sowjetunion wird aber zugesichert, daß bis zum Abzug ihrer Truppen keine NATO-Streitkräfte auf das Gebiet der ehemaligen DDR vorrücken.

Der Vertrag legt weiterhin fest, daß über den Abzug der sowjetischen Truppen aus der DDR ein gesonderter Vertrag zu schließen ist und solange noch Sowjets in der DDR stehen, auch die Amerikaner, Briten und Franzosen in West-Berlin stationiert bleiben. Damit ist auch der Endpunkt für die Existenz der Alliierten Militärmissionen fixiert.

In Moskau stößt das sowjetische Nachgeben in der Frage der künftigen NATO-Mitgliedschaft ganz Deutschlands auf heftige Kritik. Sie wird auch von jenen geteilt, die die Politik des Kreml direkt vor Ort, in der DDR vertreten. Sowjet-Botschafter Wjatscheslaw Kotschemassow: „Ein Beispiel des Versöhnlertums zum Schaden der nationalen Interessen ihres eigenen Landes und der Verbündeten im Warschauer Vertrag ist der Verzicht von Gorbatschow und Schewardnadse auf die Forderung nach einem Friedensvertrag und einem neutralen Status des vereinigten Deutschland." (23)

Auf seinem Schreibtisch steht das Telefon mit der Direktleitung zum Chef der sowjetischen Truppen. Ihr Oberbefehlshaber, Armeegeneral Boris Snetkov, wartet nur auf einen Wink. Er ist bereit, seine Soldaten auch ohne Befehl aus Moskau marschieren zu lassen: „Für den Fall von Grenzzwischenfällen gab es Weisungen, da der Vier-Mächte-Status von Berlin verletzt worden wäre. Wir hätten auch ohne Rücksprache mit unserer Regierung in Moskau eingreifen können, hätte uns die Regierung der DDR um Unterstützung bei der Grenzsicherung gebeten." (24) Mit der „Bitte um Hilfe" gibt es seit dem Einmarsch der Warschauer-Pakt-Staaten 1968 in der Tschechoslowakei einschlägige Erfahrungen. Ein Telefonat von Botschafter Kotschemassow hätte genügt, um den Freudentaumel am 9. November 1989 in ein Blutbad münden zu lassen. Armeegeneral Snetkov: „Unsere Truppen in der DDR standen in erhöhter Alarmbereitschaft." (25)

Dieser Zusammenhang ist in der Geschichtsschreibung zum Mauerfall bisher kaum zu finden. Ebenso wenig, wie die Tatsache, daß die inzwischen in „Westgruppe der sowjetischen Streitkräfte in Deutschland" umbenannten Elitetruppen der Sowjets auch noch im Laufe des Jahres 1990 mit modernstem militärischen Material aufgerüstet wurden. Davon können sich die Tourers von der BRIXMIS noch bis drei Tage vor deren Abzug direkt vor Ort überzeugen. Deshalb verweisen sie in ihrem Jahresbericht 1990, der im Februar 1991 vorgelegt wird, darauf, daß eine weitere Überwachung der Sowjets aus begründeten Sicherheitsinteressen auch künftig unbedingt erforderlich sei.

Das können aber weder sie noch die Amerikaner oder Franzosen leisten, denn im Herbst 1990 ist in den Alliierten Militärmissionen in Ost und West Kofferpacken angesagt.

Der stille Abschied

„Propusk, poschaluista!" Der russische Posten an der Glienicker Brücke zwischen Potsdam und West-Berlin verlangt von dem Fahrer des Wagens der BRIXMIS ungerührt den Ausweis. Der Mann ist sauer. Qualmende Trabis quälen sich links an der von rot-weißen Hütchen abgeteilten Kontrollspur vorbei, Fußgänger eilen über die Brücke zum 118er Bus nach Wannsee. Nur die Angehörigen der Alliierten Militärmissionen müssen sich noch ausweisen. So lange bleibt der stabile Schlagbaum mit seinem hüfthohen Gegenlager aus Beton geschlossen.

Jahrzehntelang hat die Brücke den Männern aus den Missionen ganz allein gehört. Im Frühjahr 1990 spazieren die Potsdamer über die grüne Stahlkonstruktion gemächlich nach West-Berlin. Eine leichte Brise von der Havel bauscht die DDR- und die rote Sowjetfahne mit Hammer und Sichel an den Kontrollpunkten auf der Ost-Seite der „Brücke der Einheit".

Das Verhältnis zwischen Sowjets, Amerikanern, Briten und Franzosen ist entspannt. Trotzdem will sich keine Seite in den letzten Wochen der Missionen noch vorwerfen lassen, gegen die bisher funktionierenden Abkommen zu verstoßen. Deshalb hat der russische Wachposten an der Brücke den Befehl, so wie immer zu kontrollieren.

Ansonsten ist freundschaftlicher Umgang angesagt. Die Alliierten haben die nach dem Einmarsch der Sowjetunion in Afghanistan befohlenen Beschränkungen aufgehoben. Der amerikanische Oberbefehlshaber besucht seinen sowjetischen Kollegen in dessen Hauptquartier in Wünsdorf. Eine Gegeneinladung erfolgt. Zum ersten Mal seit 1985 genießen die Amerikaner am 21. Februar 1989 bei einem Empfang im sowjetischen Offiziersklub in Potsdam wieder Kaviar und Krimsekt, und am 3. Juni ist eine große gemeinsame Party zum Geburtstag der Queen in der britischen Mission am Heiligen See. Der letzte Eintrag im Gästebuch der französischen Militärmission verzeichnet am 21. Dezember 1990 eine „Französisch-sowjetische Soirée zum Jahresende". (26)

Dennoch geht der Alltag in den Missionen weiter. Die alliierten Vorposten sind damit beschäftigt, den von Michail Gorbatschow angekündigten Truppenabbau bei den Sowjets zu beobachten. Noch vor der Vereinbarung über den endgültigen und kompletten Rückzug der Sowjets aus der DDR ziehen bereits seit Mai 1989 zwei Divisionen ab. Die „Gruppe der Sowjetischen Streitkräfte in Deutschland" wird in „Westgruppe der Sowjetischen Streitkräfte in Deutschland" umbenannt. Die Alliierten bekommen zum letzten Mal neue Ausweise.

Bei ihren Kontrollfahrten bemerken sie neue Ausrüstungen bei den verbleibenden Truppen der Westgruppe. Die BRIXMIS-Offiziere registrieren aufmerksam modernstes und bestes Material. Sie melden ihrem Hauptquartier, daß die Sowjets trotz des Teilabzugs damit eine größere militärische Stärke als jemals zuvor erlangen. Sie empfehlen, dies bei künftigen Verhandlungen über ein ausgeglichenes Kräfteverhältnis zwischen den Truppen zu berücksichtigen. (27)

Aufmerksam wird auch die Übergabe von wichtigen Ausrüstungen der NVA an die Sowjets beobachtet. Das geht bis Mai 1990, dann werden die Routinefahrten der Militärmissionen zu den NVA-Standorten aus dem Tour-Programm gestrichen.

Für die westlichen Militärs ist es zu dieser Zeit überall in den zerfallenden Ostblock-Staaten wichtig, bislang streng gehütete militärische Geheimnisse zu lüften. Dazu läuft bereits seit Monaten ein spezielles Beschaffungsprogramm, daß die CIA finanziert. Was dabei einzukaufen ist, geht unter anderem auch auf Hinweise der Militärmissionen im Osten zurück, die sich über Jahre über den jeweils neuesten Stand der Technik vor Ort informieren konnten.

So interessiert sich das Pentagon nach der deutschen Einheit besonders für Schiff/Schiff-Raketen STYX, Luft/Schiff-Raketen, Panzerabwehrraketen, Radiostörsender aus NVA-Beständen. Muster diverser Panzer und verschiedener Kampfjets werden ebenso in die Vereinigten Staaten gebracht, wie Prüfgeräte für Bremsschirme und URAL-Autoreifen, um die Mischung des Gummis zu analysieren. (28)

Aus Rumänien wandert die modernste Version des Luftabwehrsystems „Schilka" über den großen Teich, in anderen ehemaligen Staaten des Warschauer Pakts werden fahrbare Raketenkomplexe und Radarsysteme eingekauft. Deren technisches Niveau gibt den Maßstab für die Entwicklung des amerikanischen Tarnkappenbombers „Stealth" vor, der von der gegnerischen Radarüberwachung nicht mehr erfaßt werden kann. (29)

So haben die in jahrelanger Kleinarbeit zusammengetragenen Erkenntnisse der Alliierten Militärmissionen auch im nachhinein noch einen beträchtlichen militärischen Nutzen für die USA und die NATO-Staaten.

Trotzdem herrscht in den letzten Wochen in den Potsdamer Militärmissionen eine eher resignierte Stimmung. Durch Absprachen über Flugbeschränkungen der Sowjets wird die Arbeit immer weniger. Dennoch fürchten die Missions-Offiziere, daß die militärische Konfrontation auch nach dem Zerfall des Warschauer Pakts nicht beendet ist. Sie halten auch künftig die Kontrolle und Überwachung der Gegenseite für notwendig. Die BRIXMIS schlägt das sogar in ihrem Jahresbericht für 1990 vor, doch niemand reagiert mehr darauf.

Besonders große Sorgen macht den Alliierten in diesen Wochen die zerfallende Moral der sowjetischen Soldaten und Offiziere.

Diese Stimmung prägt auch das Verhalten der sowjetischen Offiziere im Westen. Sie wissen nicht, wie es mit ihnen weitergeht. Klar ist ihnen aber, daß ihr Lebensstandard in der Heimat beträchtlich sinken wird. Deshalb wird noch wahllos eingekauft, was sich transportieren läßt. Harte D-Mark fließen auf die Transferkonten in Moskau, um auch nach der Rückkehr an die begehrten Devisen-Waren in den „Berioska"-Shops heranzukommen. Persönliche Beziehungen sollen helfen, bald nicht irgendwo auf einem einsamen Posten im Fernen Osten zu landen. Für die Aufklärungsarbeit bleibt da wenig Zeit. Die Geheimdienstzentrale der GRU in Potsdam und Berlin-Karlshorst arbeitet zwar noch, aber auch dort ist sich in diesen Wochen wohl jeder selbst der Nächste.

Am 28. September 1990 unterzeichnen die Bundesrepublik und die Sowjetunion den Vertrag über die „Bedingungen des befristeten Aufenthalts und die Modalitäten des Abzugs der sowjetischen Truppen auf dem Gebiet der Bundesrepublik Deutschland“. (30) Danach wird der letzte sowjetische Soldat Deutschland am 31. August 1994 verlassen.

Der Abschied der Militärmissionen kommt schon früher, denn mit der Unterzeichnung des Zwei-plus-Vier-Vertrags am 12. September 1990 wird gleichzeitig vereinbart, daß die Außenminister der Vier Mächte am 1. Oktober 1990 in New York das Ende der Vier-Mächte-Verantwortung für Deutschland durch eine gemeinsame Erklärung aussetzen.

Das ist ein diplomatischer Trick. Der Vertrag tritt nämlich erst nach seiner Ratifizierung in Kraft. Sie erfolgt durch die Westmächte bis zum 13. Dezember 1990, durch den Obersten Sowjet aber erst am 4. März 1991. Ab 15. März 1991 ist damit das Besetzungsregime in Deutschland offiziell beendet. Mit der Erklärung der Außenminister vom 1. Oktober ist es aber faktisch bereits zwei Tage vor der deutschen Einheit nicht mehr wirksam.

Deshalb werden nun auch die Militärmissionen aufgelöst. Am 29. September verabschieden sich die Sowjets am Kontrollpunkt Glienicker Brücke. Um kurz vor der Einheitsfeier keine Unruhen auszulösen, laden sie die Amerikaner, Briten und Franzosen erst abends um 22 Uhr zu einem militärischen Abschiedszeremoniell. Nach guter, alter DDR-Gewohnheit schläft Potsdam um diese Zeit.

Am 1. Oktober 1990 werden die Stars und Stripes von der amerikanischen Militärmission in Neufahrland eingeholt. Die Mission ist damit geschlossen.

Mit zehn Autos fahren die Briten am 2. Oktober 1990 in einen Wald bei Berlin und feiern mit einem Picknick das Ende der BRIXMIS.

Die Franzosen lassen sich noch weniger Zeit. Sie räumen am 30. Juni 1990 ihr Gelände in Potsdam.

Für die letzten Wochen im vereinigten Deutschland werden die sowjetischen Missionsangehörigen im Westen der Bonner Botschaft der UdSSR unterstellt. Damit behalten sie zumindest ihren diplomatischen Status. Die Offiziere und Soldaten ziehen planmäßig zum Jahreswechsel 1990/91 ab. Als letzte verläßt die sowjetische Militärmission in Baden-Baden am 1. Januar 1991 Deutschland. (31)

Übrig bleiben nun nur noch ein paar Liegenschaften in bester Lage in Ost und West.

Die Grundstücke der drei westlichen Militärmissionen in Potsdam übernimmt am 4. Januar 1991 das Bundesvermögensamt. In die herrschaftliche Villa der Amerikaner in Neufahrland zieht zunächst eine brandenburgische Behörde, später wird es an den früheren Besitzer aus dem Hause Hohenzollern zurückgegeben. Inzwischen wird ein solventer Käufer gesucht.

Das ehemalige britische Gelände am Heiligen See erwirbt 1998 der Modeschöpfer Wolfgang Joop. Als „Villa Wunderkind" wird die einstige BRIXMIS sein Potsdamer Firmensitz. Das benachbarte, früher französische Grundstück ist derweil zur Residenz des ecuadorianischen Botschafters geworden.

Die früheren Häuser der sowjetischen Militärmission in Bürde in Westfalen nutzt weiterhin die britische Rhein-Armee als Wohnungen. Das Gelände in Frankfurt-Niederrad wird noch bis 1992 von der US-Army verwaltet, danach entstehen in der begehrten Stadtlage Wohnungen. In Baden-Baden geht das von den Franzosen den Sowjets überlassene Areal in der Zeppelinstraße zunächst auch an das Bundesvermögensamt. Anfang der neunziger Jahre wird es an private Interessenten für den Wohnungsbau verkauft.

Die ehemaligen Missionsangehörigen in den USA, Großbritannien und Frankreich haben sich nach ihrer Rückkehr in die Heimat in Veteranen-Vereinen zusammengefunden und halten immer noch Kontakt zueinander. Aus der Ferne verfolgen sie die Entwicklung in Deutschland und machen gelegentlich gemeinsame Ausflüge zu ihren einstigen Einsatzorten im Osten.

Die Spuren der sowjetischen Offiziere im Westen haben sich weitestgehend verloren. Einige von ihnen sollen inzwischen im militär-diplomatischen Dienst Rußlands oder als NATO-Militärbeobachter tätig sein.

Die gegenseitige Militärspionage ist mit dem Ende der Militärmissionen in Deutschland jedoch nicht beendet worden. Heute liegt sie wieder direkt in den Händen der Geheimdienste.

Bevor jedoch dabei wieder alles seinen gewohnten Gang ging, hatte zumindest der Westen unmittelbar nach der Schließung der amerikanischen, britischen und französischen Militärmission in Ost-Deutschland die dadurch eröffnete Informationslücke zu füllen. Fast vier Jahre standen noch sowjetische Truppen im vereinigten Deutschland. Ihre Überwachung und Beobachtung übernahmen nach der Einheit deshalb streng geheime deutsche Sondereinheiten. Das ging nicht immer ohne Probleme ab.

Geheimoperation „Giraffe"

Die letzten Schüsse im kalten Krieg fallen etliche Monate nach der Einheit im Osten Deutschlands in der Nähe eines sowjetischen Kasernengeländes. Wann und wo, ist bis heute streng geheim. Trotzdem hat der ehemalige BRIXMIS-Offizier Tony Geragthy davon Wind bekommen. Schließlich haben die Männer, die in den Schußwechsel gerieten, genau den Job weitergeführt, den er und seine Kollegen aus den USA und aus Frankreich bis 1990 erledigt hatten: Die Beobachtung der sowjetischen Truppen in Ostdeutschland. Dabei wollten sie auch Einblick in einen Bunker nehmen, den die Sowjets noch in Betrieb hielten. Der Posten machte ohne zu zögern kurzen Prozeß und ließ seine Kalaschnikow losbellen. (32)

Bis zum 31. August 1994 steht die Westgruppe der sowjetischen Streitkräfte noch in Deutschland. Sie ist mit modernstem Kriegsgerät ausgerüstet, doch die Mauern um ihre Kasernen sind durchlässig geworden. Keine Stasi kann „die Freunde“ mehr hermetisch abschirmen. Die Moral der Truppe sinkt von Tag zu Tag. Jeder will noch so viel wie nur möglich von den bunten West-Waren erhaschen. Wie es zu Hause weitergeht, weiß niemand. Vorsorge für die Zeit nach der Stationierung im goldenen Westen ist angesagt. Dazu werden nicht nur die einstmals in die DDR exportierten „Lada“-Autos aufgekauft – für sie gibt es zu Hause noch eher Ersatzteile als für die begehrteren West-Wagen –, sondern auch finanzielle Reserven angelegt. Zu DDR-Zeiten bekamen einfache Soldaten nur einen Rubel Sold pro Tag und bis zu 25 DDR-Mark im Monat. (33) Offiziere wurden etwa wie ihre DDR-Genossen bezahlt, es gab monatlich um die 1500 Mark für mittlere Dienstgrade. Deshalb blühten auch schon damals die Schwarzmarktgeschäfte, und wenn der Sold nach der deutschen Einheit auch erhöht worden sein mag, blieb Geld doch stets Mangelware. Was lag da näher, als nun das an den Mann zu bringen, was auf das Interesse plötzlich auftauchender Kunden aus dem Westen traf – die Militärtechnik. Der Tausch einer Makarow-Pistole gegen einen Toaster oder eines Funksenders gegen eine Stereo-Anlage ist zu dieser Zeit durchaus kein ungewöhnliches Geschäft für Military-Freaks. Doch ihre Wünsche sind recht harmlos, gegen die der Profis.

Den westlichen Geheimdiensten wird sehr schnell klar, daß sie nicht nur die bisher von den Militärmissionen erledigte Überwachung der Sowjets sichern müssen. Ihre Truppen an der „Ostfront“ haben die einzigartige Chance, nun auch bisher geheimes Militärmaterial abzugreifen.

Dazu wird eine gemeinsame Operation vom Bundesnachrichtendienst (BND) und dem amerikanischen Militärgeheimdienst Defense Intelligence Agency (DIA) – BND-Tarnname „Hortensie II“ – gestartet. Sie trägt den Codenamen „Giraffe“. In einem bis heute als „top secret“ geltenden „Memorandum of Understanding“, unterzeichnet am 7. Mai 1991, legen die Geheimdienstler vertraglich die Modalitäten ihres staatlich geplanten Raubzugs fest. Auch die britischen und französischen Partnerdienste, beim BND als „Farn“ und „Wicke“ geführt, sollen davon profitieren.

Eine gemeinsame Operationszentrale entsteht in einer Villa im Föhrenweg 19 bis 21 in Berlin-Dahlem. Sie firmiert offiziell als Dependance des „Bundesamtes für Wehrtechnik und Beschaffung“, intern wird sie als Dienststelle 12 YA geführt. Im Keller und im ersten Stock arbeiten die DIA-Männer. Es sind vor allem die Fachleute aus der inzwischen aufgelösten US-Militärmission in Potsdam. Sie bringen auch die umfangreiche Datenbank der Militärmission in das Projekt ein. Wegen ihres Know-hows übernimmt „Hortensie II“ die Führung der gesamten Aktion.

Der BND stellt dazu etwa 30 Leute, die im zweiten Stock und unter dem Dach im Föhrenweg sitzen. Ihr Chef vor Ort ist Oberleutnant Ernst Assinger. Im Pullacher BND-Hauptquartier koordinieren Oberst Karl Gigl, der Chef der Sowjet-Aufklärung, Wolbert Smidt, Deckname „Sandmann“ und Volker Foertsch, Deckname „Fleming“ und Leiter der operativen Beschaffung, die Aktion. Der BND gründet etliche Briefkastenfirmen, um die heiße Ware unauffällig aufkaufen zu können und durchforstet die Akten der Osteuropa-Aussiedler in Zirndorf bei Nürnberg nach potentiellen Helfern mit russischen Sprachkenntnissen. Er sorgt auch für die Ausstattung der neu geworbenen Agenten aus der Westgruppe der Sowjetischen Streitkräfte in Deutschland mit Mini-Kameras, kleinen Kopiergeräten und Video-Technik. Außerdem werden bei den Sowjets beliebte Tauschwaren – darunter zahlreiche „Ladas“ in den von den Sowjets gewünschten Farben – beschafft.

Wer von den sowjetischen Lieferanten Bares bevorzugt, wird prompt von der extra für 12 YA in der Dahlemer Villa eingerichteten Zahlstelle bedient. Die Amerikaner erstatten die Kosten nach einem genau ausgehandelten Schlüssel an den BND. Aufwendungen für russische Militärtechnik, die direkt über den großen Teich geht, tragen sie vollständig. (34)

Mit der Geheimoperation „Giraffe" läuft so Anfang 1991 die „größte nachrichtendienstliche Beschaffungsaktion des Westens seit Ende des Zweiten Weltkrieges" an, meint ein Geheimdienst-Insider. (35)

Davon darf niemand erfahren, denn gerade zu jener Zeit bemühen sich die deutschen Politiker, partnerschaftliche Beziehungen zu Rußland herzustellen. Am 9. November 1990 haben Bundeskanzler Helmut Kohl und Staatspräsident Michail Gorbatschow im Gobelinsaal des Palais Schaumburg den „Vertrag über gute Nachbarschaft, Partnerschaft und Zusammenarbeit" unterzeichnet. Danach fahren die Männer-Freunde in Kohls Privathaus nach Oggersheim und genießen pfälzischen Saumagen. Die beiden sind sich einig, daß alles getan werden soll, damit sich „die sowjetischen Soldaten und ihre Familien in der verbleibenden Zeit ihres Hierseins wohl fühlen." (36)

Die neue deutsch-sowjetische Freundschaft soll keinesfalls gestört werden. Das könnte nicht nur Glasnost und Perestroika in der Sowjetunion in den Rücken fallen, sondern auch die Einhaltung des Vertrags über den Truppenabzug gefährden. Deshalb wird über die dunklen Geschäfte der Dienststelle 12 YA bis heute eisern geschwiegen.

Das ist kompliziert, denn deren umfangreiche Deals ließen sich schon damals nur schwer verbergen. Und auch die Methoden blieben nicht unbeobachtet.

Um an die begehrte Militärtechnik zu kommen, suchen die Agenten Kontakt zu frustrierten Sowjetoffizieren, die auf den letzten Drücker noch Geld machen wollen. Ein beliebter Treffpunkt dazu sind beispielsweise die Gebrauchtwagenmärkte, die vor den russischen Kasernen wie Pilze aus dem Boden schießen. Auch Kneipen und Läden werden zur direkten Kontaktaufnahmen genutzt, denn inzwischen ist das Reglement nicht mehr so streng wie zu DDR- Zeiten. Noch aus der Arbeit der Militärmissionen wissen die Geheimdienstler, wo sich welche Standorte befinden. Dort setzt dann gezielt die Suche nach den entsprechenden Spezialisten ein.

Dennoch läuft die ganze Sache nicht problemlos. Obwohl den „Giraffe"-Einkäufern Wunschlisten des Pentagon und der Bundeswehr vorliegen, werden immer wieder auch Dinge beschafft, die längst bekannt sind. In anderen Fällen steht das Geld nicht rechtzeitig bereit, so daß die bereits angeheuerten Verkäufer inzwischen aus Ostdeutschland zurück in die Heimat versetzt worden sind oder es versacken sogar lukrative Angebote von Sowjet-Offizieren auf dem Dienstweg zwischen 12 YA in Berlin und der BND-Zentrale in Pullach. Und dann gibt es noch die ganz gewöhnliche geheimdienstliche Stümperei: So tragen zum Beispiel alle vom BND in Berlin eingesetzten Dienstwagen ein Hannoveraner Kennzeichen. Das bleibt natürlich auch der sowjetischen Abwehr nicht verborgen, und bald werden in den Wachstuben warnende Plakate ausgehängt: „Bei Fahrzeugen mit Kennzeichen H müssen Sie davon ausgehen, daß es sich um BND-Mitarbeiter handelt. In solchen Fällen ist der KGB sofort zu alarmieren." (37)

Auch die sowjetischen GRU-Abwehroffiziere bleiben nicht untätig. Sie verhaften unter anderem Major Wladimir Lawrentjew, der seit 1991 für den BND spioniert. 1995 wird er vom Obersten Gericht in Moskau zu zehn Jahren Haft verurteilt. Wegen „offensichtlich schwerwiegender operativer Sicherheitsmängel" (38) geht die BND-Quelle V-77848 mit dem Decknamen „Küstennebel" ebenfalls hoch. Es ist ein Offizier der 40. Funktechnischen Brigade in Samara. Über sein weiteres Schicksal ist bis heute nichts bekannt.

Andere nach der deutschen Einheit angeworbene Spione unter den Sowjets werden vom Geheimdienst „umgedreht“. Das dürfte mit einem Mann geschehen sein, den der BND unter dem Decknamen „Rübezahl“ führt. Er wird 1993 auf einem Automarkt angesprochen. Wenig später liefert „Rübezahl“ seinem Verbindungsführer beim Bundesnachrichtendienst, den er nur unter dem Decknamen Robert Dannau mit dem Dienstgrad eines Hauptmanns kennt, streng geheime Chiffre-Unterlagen. Auch etliche andere wertvolle Dokumente gehen an den 44jährigen BND-Hauptmann, bis „Rübezahl“ in die Heimat zurückversetzt wird. Aus Moskau kommen dann weitere brisante Informationen, mit denen unter anderem BND-Mann Volker Foertsch als „KGB-Maulwurf“ denunziert wird. Später stellt sich heraus, daß der Sowjet-Geheimdienst hinter dieser Desinformationskampagne steckt. (39)

In dieser letzten Schlacht des kalten Kriegs haben aber auch die „Giraffe“-Agenten Opfer zu verzeichnen. In der Nähe eines sowjetischen Sperrgebiets erschießt ein Posten einen DIA-Nachrichtenoffizier im Range eines Majors. Vier BND-Agenten erwischt der KGB auf frischer Tat und setzt sie fest. (40)

Dennoch hat sich die Aktion für die Geheimdienstler gelohnt. Neben den vielen schriftlichen Unterlagen ist für sie besonders die „Hardware“ interessant.

Der größte Erfolg dabei dürfte die Beschaffung der einzigen in der DDR stationierten mobilen Frühwarnanlage für strategische Raketen gewesen sein. (41) Sie ist in der Lage, einen ungewöhnlich weiten Radius im Luftraum zu überwachen. Das Rechnerherz dieses Systems befand sich in einer sowjetischen Luftwaffeneinheit bei Rerik. Ein Sowjet-Major und ein Funkspezialist schafften die entscheidenden elektronischen Teile zunächst ins Baltikum. In Vilnius wurden sie an den BND übergeben und von dort per Diplomatengepäck an 12 YA in Berlin-Dahlem geschickt.

Von höchster Priorität ist für den Westen auch der Kampfhubschrauber Mil Mi-24, NATO-Bezeichnung „Hind“. Er gilt als der kampfstärkste Hubschrauber der Welt. Die Maschine ist seit 1973/74 in Dienst und wurde auch nach Algerien, Libyen und in den Irak verkauft. Dadurch sind viele technische Details, wie die beiden Turbinentriebwerke Isotow TW 3-117, bekannt. Sie verleihen „Hind" die außerordentliche Wendigkeit. Aber es gibt auch noch Geheimes zu entdecken. So wurde in einige Exemplare des Mil Mi-24 das Kampfstoffspürgerät ASP eingebaut. Die Amerikaner kennen es bisher nur vom Hörensagen durch Informationen ihrer Militärmission. Das Gerät saugt über dem Gefechtsfeld Luft an und analysiert sie auf atomare, chemische und biologische Verseuchung. Die Daten werden dann direkt an den nächsten Gefechtsstand gesendet. In der ehemaligen DDR beschaffen die „Giraffe"-Agenten drei solcher Geräte für Spottpreise zwischen 10 000 und höchstens 15 000 D-Mark, die an den BND, die DIA und den britischen MI 6 gehen. Fündig werden sie in Werneuchen und auf einem Flugplatz in Mahlwinkel bei Magdeburg. Dort wird dann auch gleich noch ein Freund-Feind-Identifizierungssystem vom Typ IFF abgestaubt. Das letzte Modell dieses Geräts mit strategischer Bedeutung hatte der Westen 1986 zu Gesicht bekommen.

Direkt aus dem zentralen Materiallager der Westgruppe in Frankfurt (Oder) wandern zwei vollständige Panzer-Motoren des T-80 in den Westen. Dort will man die Speziallegierungen untersuchen. Übergeben werden die tonnenschweren Teile auf einem Schrottplatz gegen 100 000 Mark in bar. Dann gehen sie nach Berlin und in Containern über den großen Teich.

Ein kompletter Bord-Computer der MiG-29 wird ebenfalls vorsorglich eingesackt. Die Bundesluftwaffe hat zwar ein paar MiG-29 von der NVA übernommen, aber die sind zum Auseinandernehmen wohl noch zu schade. Chiffriergeräte vom Typ Machovik, Zielerfassungssysteme der Artillerie, Funkpeilgeräte und manch anderes ergänzen die Beute.

Für die BND-Auswerter bringt das alles völlig neue Erkenntnisse: „Das Material, das einfach sensationell war, hat ganze Auswertungen total umgekrempelt und gezeigt, daß unser Lagebild über die russische Armee in vielen Bereichen überhaupt nicht gestimmt hat.“ (42)

Darüber können die Veteranen aus den westlichen Militärmissionen nur müde lächeln. Auch sie haben durch die Operation „Giraffe“ einige Teile in die Hand bekommen, die sie vorher noch nicht so genau kannten, aber die ganz großen Überraschungen gab es für sie nicht.

„Wenn die deutschen Kollegen jetzt darüber staunen, daß von manchen russischen Jagdgeschwadern mit vier oder fünf Dutzend Maschinen nur zehn oder fünfzehn Prozent einsatzbereit waren, dann ist das für uns nichts Neues. Wir haben die Maschinen doch jeden Tag fotografiert, um zu sehen, was fliegt und was im Shelter steht“, erinnert ein ehemaliger Missionsoffizier. „Und das haben die Russen im Westen genauso gemacht. Nur wer genug vom anderen weiß, überlegt erst einmal gründlich, bevor er irgendwelche Dummheiten macht. Dafür haben wir hier in der Zone und die Towarischi drüben im Westen über vierzig Jahre lang den Kopf hingehalten. Und wir alle haben einen verdammt guten Job gemacht.“ (43)

QUELLEN UND ANMERKUNGEN

PROLOG
AUF VORPOSTEN IM FEINDESLAND

1 Alle Zitate aus Gesprächen des Autors

2 nach Mußgnug, Dorothee: „Alliierte Militärmissionen in Deutschland 1946 – 1990, Berlin 2001, Seite 21

3 zitiert nach ebenda

4 siehe Abkommen über die Errichtung der Militärverbindungsmissionen zwischen dem sowjetischen Oberkommandierenden der Besatzungszone in Deutschland und den Oberkommandierenden der amerikanischen, britischen und französischen Besatzungszone, ebenda, Anhang

5 ebenda, Seite 22 ff. und 82 ff.

6 „Die Russen kommen nach Hubbelrath“ in „Der Tagesspiegel“, Berlin, 4. 2. 1970

7 Darstellung nach Mußgnug, „Alliierte Militärmissionen...“, a. o. O., Seite 30 ff.

8 Brandt, Willy: „Erinnerungen“, Berlin 1997, Seite 132

9 Gespräch des Autors mit einem Informanten

1. KAPITEL
DIE VIER MÄCHTE IN BERLIN

1 nach Gerhard Keiderling: „Die Vier Mächte in Berlin“ in „Berlinsche Monatsschrift“, Berlin, Heft 3/2001

2 Klimov, Gregory: „Berliner Kreml“, Köln, Berlin 1951, Seite 159

3 Kowalczuk, Ilko-Sascha und Wolle, Stefan: „Roter Stern über Deutschland – Sowjetische Truppen in der DDR“, Berlin 2001, Seite 52 f.

4 ebenda

5 Keiderling, „Die Vier Mächte...“, a. o. O.

6 nach ebenda

7 nach Kowalczuk/Wolle, „Roter Stern...“, a. o. O., Seite 56

8 BGBI 1955 II. Seite 305 – 320

9 nach Keiderling, „Die Vier Mächte...“, a. o. O. und Mußgnug, Dorothee: „Alliierte Militärmissionen in Deutschland 1946 – 1990“, Berlin 2001, Seite 33 f.

10 Keiderling, „Die Vier Mächte...“, a. O. O.
11 Zitat und Darstellung nach Keiderling, „Die Vier Mächte...“, a. o. O.
12 ebenda
13 Zitat und Darstellung nach Mußgnug, „Alliierte Militärmissionen...“, a. o. O., Seite 50
14 ebenda
15 ebenda, Seite 51
16 ebenda
17 nach Keiderling, „Die Vier Mächte...“, a. o. O. und Mußgnug: „Alliierte Militärmissionen...“, a. o. O., Seite 49 ff. Berlin 2001, Seite 33 f.
18 ebenda
19 ebenda
20 Darstellung nach Gerhard Keiderling: „Heißes Pflaster im kalten Krieg“ (Teil 1) in „Berlinsche Monatsschrift“, Berlin, Heft 10/1999
21 unter Nutzung von Mußgnug, „Alliierte Militärmissionen...“, a. o. O., Seite 12 ff.
22 nach ebenda, Seite 17
23 nach ebenda, Seite 17 ff.
24 Gespräch des Autors mit einem Informanten
25 nach Mußgnug, „Alliierte Militärmissionen...“, a. o. O., Seite 37 ff.
26 BStU: VVS-MfS-JHS Nr. 352/88: „Ausgewählte aktuelle Aspekte der Vermittlung eines realen, aufgabenbezogenen und handlungsorientierenden Feindbildes an die IM im Rahmen der Aufklärungs- und Sicherheitsarbeit gegenüber den westlichen Militärverbindungsmissionen“, Diplomarbeit von Ebersbach, Dietmar, Oberleutnant HA VIII/5, Seite 92
27 BStU: MfS-JHS VVS o001-453/89: „Die Erhöhung der Wirksamkeit der operativen Beobachtung in der Einsatzrichtung MVM unter den neuen politisch-operativen Lagebedingungen“ Diplomarbeit von Wienigk, Hans-Joachim (Major BV Cottbus) und Bochmann, Jürgen (Hauptmann, HA VIII/5), Seite 10
28 OSS = „Office of Strategic Services“ – „Büro für strategische Dienste“
29 nach Bailey, George, Kondraschow, Sergej A. und Murphy David E.: „Die unsichtbare Front – Der Krieg der Geheimdienste im geteilten Berlin“, Berlin 1997, Seite 13 ff.
30 Smersch = „Smert Spionam“ – „Tod den Spionen“
31 nach Bailey u. a., Die unsichtbare Front...“, a. o. O., seite 34 ff.
32 Felfe, Heinz: „Im Dienst des Gegners“, Berlin 1988, Seite 172
33 ebenda

34 ebenda, Seite 173

35 Darstellung nach Bailey u. a., „Die unsichtbare Front...“, a. o. O., Seite 322 ff.

36 Darstellung nach ebenda, Seite 360 ff.

37 siehe Kapitel 2

38 nach AlliiertenMuseum Berlin (Hrsg.): „Gegenwart und Rückblick – 50 Zeitzeugnisse zur Geschichte der Westmächte und Berlin 1945 – 1994“, Katalog Nr. 3, Berlin o. D., Seite 80

39 Zitat und Darstellung nach Mußgnug, „Alliierte Militärmissionen...“, a. o. O., Seite 35

40 ebenda, Seite 36

41 Zitat nach ebenda

42 Zitat und Darstellung ebenda, Seite 37

43 Zitat nach ebenda, Seite 38

44 ebenda

45 ebenda

46 ebenda

47 ebenda

48 ebenda, Seite 38 f.

49 ebenda, Seite 39

50 Darstellung nach ebenda, Seite 40

51 nach Badstübner, Rolf: „Vom ‚Reich‘ zum doppelten Deutschland“, Berlin 1999, Seite 436

52 Gespräch des Autors mit einem Informanten

53 Darstellung nach Mußgnug, „Alliierte Militärmissionen...“, a. o. O., Seite 41 f.

54 nach ebenda, Seite 44

55 siehe unten

56 nach Mußgnug, „Alliierte Militärmissionen...“, a. o. O., Seite 45

57 siehe unten

58 nach Mußgnug, „Alliierte Militärmissionen...“, a. o. O., Seite 45 ff. und Gespräch des Autors mit einem Informanten

59 „Beamte der USA-Mission kauften HO-Optiken engros“ in „BZ am Abend“, Berlin (Ost), 15. 2. 1955

60 ebenda

61 nach „Amerikanische Richtigstellung“ in „Der Tag“, Frankfurt am Main, 16. 2. 1955

62 ebenda

63 „Beamte der USA-Mission...“, a. o. O.

64 Zitat nach Mußgnug, „Alliierte Militärmissionen...“, a. o. O., Seite 51
65 ebenda, Seite 52
66 Zitat und Darstellung nach ebenda, Seite 54
67 ebenda
68 ebenda, Seite 62 und Seite 60 ff.
69 ebenda, Seite 63
70 ebenda
71 ebenda
72 ebenda
73 ebenda
74 ebenda, Seite 64
75 ebenda
76 ebenda
77 ebenda
78 siehe Kapitel 5
79 Zitat nach Mußgnug, „Alliierte Militärmissionen...“, a. o. O., Seite 65
80 ebenda, Seite 69
81 ebenda
82 ebenda, Seite 70
83 „Über den gemeinsamen Rechtskurs von Strauß und Wehner“ in „Neues Deutschland“, Berlin, 30. 11. 1966
84 „Geheimflug nach Moskau leitet Ulbricht-Sturz ein“, „Sächsische Zeitung“, Dresden, 8. 9. 1992
85 Zitat und Darstellung nach Bahr, Egon: „Zu meiner Zeit“, München 1996, Seite 357
86 ebenda
87 Seidel, Karl: „Berlin-Bonner Balance“, Berlin 2002, Seite 111
88 ebenda
89 Bahr, „Zu meiner Zeit“, a. O. O., Seite 352 f.
90 Seidel, „Berlin-Bonner Balance“, a. o. O., Seite 103
91 Zitat nach ebenda, Seite 102
92 Bahr, „Zu meiner Zeit“, a. O. O., Seite 356
93 Seidel, „Berlin-Bonner Balance“, a. o. O., Seite 103
94 Bahr, „Zu meiner Zeit“, a. O. O., Seite 347
95 ebenda
96 ebenda, Seite 354
97 Falin, Valentin: „Politische Erinnerungen“, München 1993, Seite 166
98 ebenda, Seite 177

99 BStU MfS HA VIII, Nr. 1523: „Protokoll über die Beratungen mit den sowjetischen Genossen“ am 5. 7. 1969, zitiert nach Mußgnug, „Alliierte Militärmissionen...“, a. o. O., Seite 118

100 Zitat nach Mußgnug, „Alliierte Militärmissionen...“, a. o. O., Seite 57

101 BStU MfS HA VIII, Nr, 1523, a. o. O., Seite 119

102 ebenda, Seite 120, Fußnote

103 ebenda, Seite 119

104 nach BStU: GVS-MfS 008 Nr. 324/60: „Dienstanweisung Nr. 2/60 – Betrifft: Westliche Militärverbindungsmissionen“ vom 20. 2. 1960

105 ebenda

106 BStU: GVS-MfS 007 Nr. 791/62: „Betr.: Dienstanweisung 2/60 über westliche Militärverbindungsmissionen“, ohne Datum, (1962)

107 BStU MfS HA VIII, Nr. 2039: „Protokoll über die Arbeitsberatung mit dem stellvertretenden Leiter der Verwaltung der Besonderen Abteilung des Komitees für Staatssicherheit der UdSSR für die GSSD“ am 24. 9. 1984, zitiert nach Mußgnug, „Alliierte Militärmissionen...“, a. o. O., Seite 121

108 Zitat und Darstellung nach Mußgnug, „Alliierte Militärmissionen...“, a. o. O., Seite 120 f.

109 ebenda

110 BStU: MfS-JHS VVS o001-453/89: „Die Erhöhung der Wirksamkeit der operativen Beobachtung in der Einsatzrichtung MVM ...“, a. o. O., Seite 22

2. KAPITEL
DIE RUSSEN IM WESTEN

1 Zitat und Darstellung nach: „Dunkles Geheimnis um Sowjet-Mission“ in „BZ“, Berlin, 11. 10. 1956 und „Ein Mann muß auf die Liebe verzichten“ in „BZ“, Berlin, 18. 10. 1956

2 ebenda

3 Zitat und Darstellung nach: „Militärmissionen – Besonderes Verhalten“ in „Der Spiegel“, Hamburg, Nr. 14/66 vom 31. 3. 1966

4 Darstellung nach: „Unfälle – Lieber Freund“ in „Der Spiegel“, Hamburg, Nr. 18/73 vom 30. 4. 1973

5 „Militärmissionen – Besonderes Verhalten“, a. o. O.

6 ebenda

7 Zitat und Darstellung nach: „Wenn Iwan ins Manöver zieht ...“ in „BILD“, Hamburg, 11. 9. 1974

8 Darstellung nach: „Franzosen rügen Sowjet-General“ in „Berliner Morgenpost“, Berlin, 15. 10. 1975
9 Darstellung nach: „Die Spione der Roten Armee“ in „Quick“, Hamburg, Nr. 16/87 vom 8. 4. 1987
10 Gespräch mit sowjetischem Informanten
11 „Russen-Spione vor unserem Atomlager“ in „BILD“, Hamburg, 11. 9. 1975
12 Gespräch mit sowjetischem Informanten
13 GRU = Glawnoje Raswedywatelnoje Upralenije = Nachrichtendienstliche Hauptverwaltung des Generalstabes der sowjetischen Streitkräfte
14 NKWD/MWD = Narodnyi Komissariat Wnutrennych Del / Ministerstwo Wnutrennych Del = Volkskommissariat / Ministerium für Inneres
15 KGB = Komitet Gussudarstwennoj Besopasnosti = Komitee für Staatssicherheit
16 nach: „Von Potsdam nach Workuta“, Ausstellung über das ehemalige KGB-Gefängnis in Potsdam, 5. 10. bis 9. 11. 1997, Ausstellungsmaterial
17 Kabus, Andreas: „Auftrag Windrose – Der militärische Geheimdienst der DDR“, Berlin 1993, Seite 106
18 Gespräch mit sowjetischem Informanten
19 ebenda
20 „Polizei stoppte Auto der sowjetischen Militärmission“ in „Die Welt“, Hamburg, 18. 10. 1974 und „Rote Spione gestellt“ in „Berliner Morgenpost“, Berlin, 18. 10. 1974
21 Gespräch mit sowjetischem Informanten
22 „Dienststelle Marienthal“ in „Berliner Morgenpost“, Berlin, 25. 3. 2001, Beilage „Berliner Illustrierte Zeitung“
23 ebenda
24 nach Kabus, „Auftrag Windrose“, a. o. O., Seite 108
25 „Dienststelle Marienthal“, a. o. O.
26 ebenda
27 nach „Kathedralen des kalten Krieges“ in „Frankfurter Allgemeine Zeitung“, Frankfurt am Main, 18. 8. 2001
28 nach Kabus, „Auftrag Windrose“, a. o. O., Seite 165 f.
29 Gespräch mit sowjetischem Informanten, sowie Kabus, „Auftrag Windrose“, a. o. O., Seite 166 f.
30 „Dienststelle Marienthal“, a. o. O.
31 ebenda

32 „Kathedralen des kalten Krieges“, a. o. O.
33 Gespräch mit sowjetischem Informanten
34 ebenda
35 ebenda
36 nach Kabus, „Auftrag Windrose“, a. o. O., Seite 143
37 ebenda, Seite 142
38 BStU: MfS-HA VIII Nr. 519: „Rolle, Stellung und Aufgaben der drei westlichen Militärverbindungsmissionen im System der gegnerischen Spionage unter den Bedingungen der Friedensoffensive der Sowjetunion und der anderen sozialistischen Staaten“, Informationsmaterial für die Öffentlichkeitsarbeit
39 Gespräch mit sowjetischem Informanten
40 ebenda
41 zitiert nach: Mußgnug, Dorothee: „Alliierte Militärmissionen in Deutschland 1946 – 1990“, Berlin 2001, Seite 43
42 Archiv Auswärtiges Amt, B 86, Bd. 1365, zit. nach Mußgnug, „Allliierte Militärmissionen ...“, a. o. O., Seite 89
43 Gespräch mit sowjetischem Informanten
44 Wolf, Markus: „Spionagechef im geheimen Krieg – Erinnerungen“, München 1998, Seite 123
45 Großmann, Werner: „Bonn im Blick – Die DDR-Aufklärung aus der Sicht ihres letzten Chefs“, Berlin 2001, Seite 42
46 CEPS = Central Europe Pipeline System
47 nach Vielain, Heinz und Schell, Manfred: „Verrat in Bonn“, Berlin 1978, Seite 203 f.
48 Gespräch mit sowjetischem Informanten
49 zit. nach Vielain/Schell, „Verrat ...“, a. o. O., Seite 204
50 Gespräch mit sowjetischem Informanten
51 zit. nach Vielain/Schell, „Verrat ...“, a. o. O., Seite 204
52 PPC = Petroleum Planing Committee
53 zit. nach Vielain/Schell, „Verrat ...“, a. o. O., Seite 209
54 ebenda, Seite 211
55 „Seit der ‚Entspannung‘ wird es immer schlimmer: Moskaus Spione überziehen die Bundesrepublik mit einem dichtem Netz“ in „Quick“, Hamburg, 17. 1. 1974
56 ebenda
57 ebenda
58 ebenda
59 „Verbindungsfahrten der sowjetischen Militärmission“ in „Das Parlament“, Bonn, 2. 2. 1974

60 ebenda
61 ebenda
62 ebenda
63 ebenda
64 nach Mußgnug, „Alliierte Militärmissionen ...“, a. o. O., Seite 86 f.
65 nach ebenda, Seite 87
66 Zitat und Darstellung nach ebenda, Seite 88
67 ebenda
68 „Schnell am Abzugshebel“ in „Frankfurter Allgemeine Zeitung“, Frankfurt am Main, 27. 3. 1985
69 ebenda
70 Dieses und die folgenden Zitate aus dem „Merkblatt Sowjetische Militärmissionen“ nach Mußgnug, „Alliierte Militärmissionen ...“, a. o. O., Seite 93
71 ebenda
72 Zitat und Darstellung nach Mußgnug, „Alliierte Militärmissionen ...“, a. o. O., Seite 88 f.
73 Zitat nach Mußgnug, „Alliierte Militärmissionen ...“, a. o. O., Seite 89
74 ebenda
75 nach Mußgnug, „Alliierte Militärmissionen ...“, a. o. O., Seite 93 f.
76 ebenda
77 zit. nach ebenda
78 ebenda
79 BGBI 1961 II, Seite 1221
80 zit. nach Mußgnug, „Alliierte Militärmissionen ...“, a. o. O., Seite 94
81 ebenda
82 ebenda, Seite 95
83 „Wie mit einem Gummiband“ in „Der Spiegel“, Hamburg, 8. 1. 1949
84 „Vergeltung für Potsdam – Posten vor Sowjet-Mission“ in „BZ“, Berlin, 4. 12. 1957
85 „Argusaugen im ‚feindlichen‘ Hinterland: Die Militärmission – Doch ihre Bewacher stehen immer dabei“ in „Berliner Morgenpost“, Berlin, 11. 8. 1963
86 ebenda
87 „Hammer und Sichel am Main“ in „Der Tag“, Frankfurt am Main, 12. 5. 1954
88 Darstellung nach: „In sowjetischer Holzkiste über die DDR-Grenze“ in „Der Tagesspiegel“, Berlin, 30. 9. 1981 und Gespräch mit ehemaligem Stasi-Mitarbeiter

89 „Fülles Flucht: Unser Kommissar ist schuld" in „BILD", Hamburg, 23. 1. 1979

90 nach „In sowjetischer Holzkiste ...", a. o. O.

91 nach: „Nur kühle Höflichkeit für Baden-Badens ‚rote Kolonie'" in „Berliner Morgenpost", Berlin, 18. 5. 1984

92 Großmann, „Bonn im Blick ...", a. o. O., Seite 87 f.

93 Zitat und Darstellung nach: Tiedge, Hansjoachim: „Der Überläufer – Eine Lebensbeichte", Berlin 2000, S. 181

94 ebenda

95 ebenda

96 ebenda

97 Darstellung nach Tiedge, „Der Überläufer ...", a. o. O., Seite 181 f.

3. KAPITEL
AMERIKANER, BRITEN UND FRANZOSEN IM OSTEN

1 Die folgende Darstellung nach „Geheimoperation Fürstenberg" in „Der Spiegel", Hamburg, Nr. 3/2000 vom 17. 1. 2000 und Gespräch des Autors mit Matthias Uhl am 27. 2. 2000

2 ebenda

3 ebenda

4 ebenda

5 ebenda

6 ebenda

7 nach Flemming, Thomas und Koch, Hagen: „Die Berliner Mauer – Geschichte eines politischen Bauwerks", Berlin 1999 und „Die Glienicker Brücke", Ausstellung im Bundesvermögensamt Potsdam, Dezember 2001

8 Geraghty, Tony: „BRIXMIS – The Untold Exploits of Britain's most Daring Cold War Spy Mission", London 1997, Seite 15

9 „BRIXMIS Tourer Prayer" im Internet: http://www.brixmis.co.uk./prayer.htm

10 Mußgnug, Dorothee: „Alliierte Militärmissionen in Deutschland 1946 – 1990", Berlin 2001

11 BStU MfS ZAIG Nr. 15187 und BStU MfS ZAIG Nr. 15189, zit. nach Mußgnug, Militärmissionen, a. o. O., Seite 115 (Fußnote)

12 ebenda

13 nach Mußgnug, Militärmissionen, a. o. O., Seite 147 ff.

14 ebenda, Seite 149

15 ebenda

16 ebenda

17 ebenda, Seite 124

18 ebenda, Seite 166 f.

19 ebenda, Seite 57

20 ebenda

21 Labrenz-Weiß, Hanna: „Die Hauptabteilung II: Spionageabwehr" Der Bundesbeauftragte für die Unterlagen des Staatssicherheitsdienstes der ehemaligen Deutschen Demokratischen Republik", MfS-Handbuch, Teil III/7, Berlin 2001 (2. durchgesehene Auflage), Seite 16 f.

22 „Top-Agenten packen aus" in „BZ", Berlin, 18. 9. 1996

23 Meinel, Reinhard und Wernicke, Thomas (Hrsg.): „Mit tschekistischem Gruß – Berichte der Bezirksverwaltung für Staatssicherheit Potsdam 1989", Potsdam 1990, Seite 54

24 ebenda, Seite 62

25 Gespräch des Autors mit einem Stasi-Informanten, 28. 2. 2002

26 BStU MfS ZAIG Nr. 15189, zit. nach Mußgnug, Militärmissionen, Seite 116

27 BStU MfS GVS 324/60, Dienstanweisung 2/60: „Schwerpunkte der Feindtätigkeit der westlichen Militärmissionen"

28 ebenda

29 nach Mußgnug, Militärmissionen, a. o. O., Seite 125

30 Meinel/Wernicke, Tschekistischer Gruß, a. o. O., Seite 149

31 „Wohin fahren die gefleckten Mercedes? Oder: Einige Fakten zur schmutzigen Praxis der westlichen Militärverbindungsmissionen" in „Neues Deutschland", Berlin, 13. 1. 1989

32 Der Landesbeauftragte für die Unterlagen des Staatssicherheitsdienstes der ehemaligen DDR Berlin und Sachsen: „Der Beitrag des Arbeitsgebietes I der DDR-Kriminalpolizei zur polizeilichen Überwachung und Repression", Anlage: „Einschätzung einiger operativ bedeutsamer Seiten der Wirksamkeit der kriminalpolizeilich-operativen Tätigkeit des Arbeitsgebietes I der Kriminalpolizei und des gegenwärtigen Entwicklungsstandes der politisch- operativen Sicherung der Kriminalisten dieses Arbeitsgebietes sowie des politisch-operativen Zusammenwirkens", GVS MfS o012-359/89 vom 14. 4. 1989 Die Abkürzungen: „SW" = Sozialistisches Wirtschaftssystem, „NSW" = Nichtsozialistisches Wirtschaftssystem, „VPKA" = Volkspolizei-Kreisamt, „BDVP/PdVP" = Bezirksverwaltung der Volkspolizei/Präsidium der Volkspolizei

33 BStU MfS 008 VVS 10/77, zit. nach Mußgnug, Militärmissionen, a. o. O., Seite 110
34 BStU MFS-ZAIG Nr. 15190, zit. nach ebenda, Seite 116
35 nach Mußgnug, Militärmissionen, a. o. O., Seite 116
36 Müller, Bodo: „Faszination Freiheit – Die spektakulärsten Fluchtgeschichten", Berlin 2000, Seite 208
37 AlliiertenMuseum Berlin (Hrsg.): „Gegenwart und Rückblick – 50 Zeitzeugnisse zur Geschichte der Westmächte und Berlin 1945 – 1994", Katalog Nr. 3, Berlin o. D., Seite 38
38 Museum am Checkpoint Charlie, Dauerausstellung, März 2002
39 „Eine Prise Bond, ein wenig Dick & Doof" in „Berliner Morgenpost", Berlin, 11. 3. 2001
40 AlliiertenMuseum, Katalog, a. o. O., Seite 121 f.
41 „Eine Prise Bond ..." a. o. O.
42 ebenda
43 „Top-Agenten packen aus", „BZ", Berlin, 18. 9. 1996
44 ebenda
45 „Eine Prise Bond ....", a. o. O.
46 ebenda
47 „Eine Prise Bond ..." a. o. O.
48 nach Mußgnug, Militärmissionen, a. o. O., Seite 101
49 „Top-Agenten ...", a. o. O.
50 „Eine Prise Bond ...", a. o. O.
51 nach Mußgnug, Militärmissionen, a. o. O., Seite 200
52 ebenda
53 ebenda, Seite 199 f.
54 „Eine Prise Bond ...", a. o. O.
55 „BRIXMIS – The later Years", Internet: http://www.brixmis.co.uk/later.htm
56 ebenda
57 nach Mußgnug, Militärmissionen, a. o. O., Seite 100
58 „Eine Prise Bond...", a. o. O.
59 Mußgnug, Militärmissionen, a. o. O., Seite 211
60 BRIXMIS im Internet, a. o. O.
61 nach: „Eine Prise Bond ...", a. o. O.
62 „Aufgeflogen: Der Spion vor dem Kasernentor" und „Amt für Nationale Sicherheit: Spionageabwehr entdeckte Aufklärungssystem der USA" in „Neues Deutschland", Berlin, 25. 11. 1989
63 Eichner, Klaus und Dobbert, Andreas: „Headquarters Germany", Berlin 2001, (2. Auflage), Seite 251 f.

64 „Amt für Nationale Sicherheit: Spionageabwehr entdeckte ...“, a. o. O.
65 Eichner/Dobbert, Headquarters, a. o. O., Seite 251
66 „Spionagegerät enttarnt“ in „National-Zeitung“, Berlin, 11. 1. 1990
67 nach Mußgnug, Militärmissionen, a. o. O., Seite 224
68 nach Eichner/Dobbert, Headquarters, a. o. O., Seite 216; nach dieser Quelle gehören zu SIGINT: COMINT: Communications Intelligence (Erfassung des Funk- und Fernmeldeverkehrs) ELINT: Electronic Intelligence (Erfassung elektromagnetischer Abstrahlungen von Geräten, besonders Waffen und Waffenleitsystemen) FISINT: Foreign Instrumentation Signals Intelligence (Signalkennungen fremder Instrumente) RADINT: Radar Intelligence (Aufklärung fremder Radarsysteme) LASINT: Laser Intelligence (Laser-Aufklärung) IMINT: Imagery Intelligence (Bildaufklärung, Schwerpunkt Satellitenfotos) ACOUSTINT: Acoustical Intelligence (Auswertung von Schallaufnahmen)
69 nach ebenda, Seite 250
70 nach ebenda, Seite 248
71 nach ebenda, Seite 149
72 nach ebenda, Seite 209 f.
73 Bergner, Paul: „Befehl ‚Filigran‘- Die Bunker der DDR-Führung für den Ernstfall“, Basdorf 2000 (2. Auflage), Seite 50 f.
74 ADDO/MA = Associate Deputy Director of Operations for Military Affairs
75 nach Eichner/Dobbert, Headquarters, a. o. O., Seite 211
76 AlliiertenMuseum, Katalog, a. o. O., Seite 115 f.
77 nach Geraghty, BRIXMIS, a. o. O., Seiten 72 f. und 92 f.
78 Nitz, Jürgen (Hrsg.): „Lauschangriff“, Berlin 1995, Seite 21 ff.
79 Kowalczuk, Ilko-Sascha und Wolle, Stefan: „Roter Stern über Deutschland – Sowjetische Truppen in der DDR“, Berlin 2001, Seite 114
80 Mußgnug, Militärmissionen, a. o. O., Seite 131
81 nach ebenda, Seite 129
82 Bergner, Paul: „Die Waldsiedlung – Ein Sachbuch über ‚Wandlitz‘“ Basdorf 2001 (4. Auflage), Seite 17
83 ebenda, Seite 104
84 ebenda
85 Bergner, Befehl Filigran, a. o. O., Seite 124
86 ebenda, Seite 123
87 ebenda, Seite 19
88 ebenda

89 ebenda, Seite 19

90 Bahrmann, Hannes und Fritsch, Peter-Michael: „Sumpf – Privilegien, Amtsmißbrauch, Schiebergeschäfte“, Berlin 1990, Seite 80

91 Schalck-Golodkowski, Alexander: „Deutsch-deutsche Erinnerungen“, Reinbek b. Hamburg 2000, Seite 202 f.

92 Gerhard Schürer, Gerhard Beil, Alexander Schalck, Herta König, Werner Polze, Geheime Kommandosache b 5 – 1111/89 vom 28. 9. 1989, Archiv des Autors

93 Darstellung und Zitat nach Geheimer Kommandosache, a. o. O.

94 ebenda

95 Schalck-Golodkowski, Erinnerungen, a. o. O., Seite 203

96 Ministerium für Außenwirtschaft, Bereich Kommerzielle Koordinierung: „Entwicklung der Lieferungen und Leistungen militär-technischer Ausrüstungen“, Berlin 26. 1. 1990, Archiv des Autors

97 ebenda

98 Bahrmann, Hannes und Links, Christoph: „Chronik der Wende – Die DDR zwischen 7. Oktober und 18. Dezember 1989“, Berlin 1994, Seite 158 f.

99 Bahrmann/Fritsch, Sumpf, a. o. O., Seite 80

100 Ministerium für Außenwirtschaft, a. o. O.

101 Darstellung und Zitat nach Bahrmann/Fritsch, Sumpf, a. o. O., Seite 86

102 ebenda

103 nach ebenda, Seite 86 f.

104 Darstellung und Zitat nach Schalck-Golodkowski, Erinnerungen, a. o. O., Seite 338

105 ebenda, Seite 204

106 nach Mußgnug, Militärmissionen, a. o. O., Seite 144

107 ebenda, Seite 164

108 ebenda

109 ebenda

110 Gespräch des Autors, 15. 11. 1989

111 Darstellung und Zitat nach Mußgnug, Militärmissionen, a. o. O., Seite 164 f.

112 „National Anthem Booms Out, U.S.Flag Hoisted in Potsdam“ in USMLM im Internet: http://www.usmlm,org/home/potsdam/potsdamriot65htr

113 ebenda

114 Darstellung nach Mußgnug, Militärmissionen, a. O. O., Seite 196

115 „Flagge vom Capitol weht über US-Militärmission in Potsdam“ in „Der Tagesspiegel“, Berlin, 7. 10. 1965

116 „Antiamerikanische Demonstrationen in Potsdam“ in „Der Tagesspiegel“, Berlin, 17. 12. 1965

4. KAPITEL
AM RANDE DES KRIEGES

1 Flemming, Thomas und Koch, Hagen: „Die Berliner Mauer – Geschichte eines politischen Bauwerks“, Berlin 1999, Seite 35

2 Darstellung nach Flemming/Koch, Berliner Mauer, a. o. O., Seite 36 f. Eine abweichende Darstellung findet sich bei Bailey, George, Kondraschow, Sergej A. und Murphy David E.: „Die unsichtbare Front – Der Krieg der Geheimdienste im geteilten Berlin“, Berlin 1997. Dort wird als Tag des umstrittenen Grenzübertritts der 23. 10. 1961 angegeben. Den Autoren zufolge habe L. dann eine Stunde am Checkpoint Charlie gewartet und sei dann nach Aufforderung durch die Militärpolizei wieder in den amerikanischen Sektor zurückgekehrt. Weitere Publikationen zu diesem Vorgang stützen die hier gegebene Darstellung.

3 nach Bailey u. a., Unsichtbare Front, a. o. O., Seite 501

4 nach Bering, Henrik: „Outpost Berlin – The History of the American Military Forces in Berlin, 1945 – 1994, Chicago 1995, Seite 167

5 Bailey u. a., Unsichtbare Front, a. o. O., Seite 502

6 ebenda

7 ebenda

8 ebenda

9 Kroll, Hans: „Lebenserinnerungen eines Botschafters“, Köln 1967, Seite 510

10 Bailey u. a., Unsichtbare Front, a. o. O., Seite 502

11 Wyden, Peter: „Die Mauer war unser Schicksal“, Berlin 1995. Die gesamte Darstellung folgt Flemming/Koch, Berliner Mauer, a. o. O., Seite 34 ff. und Bailey u. a., Unsichtbare Front, a. o. O., Seite 500 ff.

12 „Kein Vergessen, sondern Gedenken an den Absturz – Denkmal für amerikanische Piloten eingeweiht“ in „Thüringer Allgemeine“, Erfurt, 17. 8. 1998

13 Gespräch des Autors, 24. 4. 2002

14 Schulltke, Dietmar: „‚Keiner kommt durch‘ – Die Geschichte der innerdeutschen Grenze 1945 – 1990, Berlin 2002, Seite 194

15 „Neue Fakten zum Abschuß eines US-Jets bei Vogelsberg – Zeitzeuge: Offensichtlich totaler Ausfall aller Navigationsgeräte“ in „Thüringer Allgemeine“, Erfurt, 23. 12. 1995
16 „Chronik der Verteidigung des Luftraums der DDR“, Internet: home.snafu.de/veith/LW-Chronik-htm
17 Mußgnug, Dorothee: „Alliierte Militärmissionen in Deutschland 1946 – 1990, Berlin 2001, Seite 192
18 ebenda
19 Chronik Luftverteidigung, a. o. O.
20 Gespräch des Autors, 28. 1. 1975
21 Mußgnug, Militärmissionen, a. o. O., Seite 194
22 ebenda, Seite 195
23 ebenda und „Politische Ereignisse und fliegerische Zwischenfälle im kalten Krieg“, Internet: home.snafu.de/veith/krieg.htm
24 ebenda, Seite 124
25 Chronik Luftverteidigung, a. o. O. und Politische Ereignisse..., a. o. O.
26 Mußgnug, Militärmissionen, a. o. O., Seite 143
27 nach ebenda, Seite 131 ff.
28 ebenda, Seite 143
29 Chronik Luftverteidigung, a. o. O.
30 Zitat und Darstellung nach Chronik Luftverteidigung, a. o. O.
31 Chronik Luftverteidigung, a. o. O und Politische Ereignisse..., a. o. O.
32 ebenda
33 Gespräch des Autors 17. 5. 1968
34 Chronik Luftverteidigung, a. o. O. und Politische Ereignisse..., a. o. O.
35 nach Biographie Mariotti, ständige Ausstellung des AlliiertenMuseum Berlin, Berlin Mai 2002
36 ebenda
37 Gespräch des Autors 21. 5. 2002
38 Einsatzpläne der Bezirksverwaltung des MfS Halle, zit. nach Mußgnug, Militärmissionen, a. o. O., Seite 209
39 ebenda
40 ebenda
41 ebenda
42 ebenda
43 ebenda
44 nach „Les Forces Francaises Stationnées à Berlin“, Internet: http://www.lesanciensdesffb.com/FFSB/ffsb.htn

45 Darstellung nach Mußgnug, Militärmissionen, a. o. O., Seite 209
46 zit. nach ebenda, Seite 210
47 ebenda
48 ebenda
49 AlliiertenMuseum Berlin (Hrsg.): „Gegenwart und Rückblick – 50 Zeitzeugnisse zur Geschichte der Westmächte und Berlin 1945 – 1994“, Katalog Nr. 3, Berlin o. D., Seite 126
50 ebenda, Seite 126 ff.
51 siehe Mußgnug, Militärmissionen, Seite 208 f.
52 Angabe in der ständigen Ausstellung des AlliiertenMuseum, Mai 2002
53 BStU MfS HA VIII Nr. 1655/3, zit. nach Mußgnug, Militärmissionen, a. o. O., Seite 210
54 „Le Matin“: „Paris glaubt an ‚Nadelstiche‘ aus Ost-Berlin“ in „Berliner Morgenpost“, Berlin, 1. 4. 1984
55 ebenda
56 ebenda
57 Darstellung nach Mußgnug, Militärmissionen, a. o. O., Seite 202
58 Darstellung und Zitat nach ebenda, Seite 219
59 Darstellung und Zitat nach ebenda, Seite 211
60 ebenda
61 ebenda
62 ebenda
63 „Jeden Tag durch den Eisernen Vorhang“ in „Berliner Morgenpost“, Berlin, 8. 8. 1994
64 ebenda
65 ebenda
66 ebenda
67 Beobachtung des Autors, 9. 11. 1989
68 nach Mußgnug, Militärmissionen, a. o. O., Seite 106
69 nach ebenda, Seite 215
70 nach ebenda, Seite 105
71 Darstellung und Zitat nach ebenda, Seite 104
72 Geraghty, Tony: „BRIXMIS – The Untold Exploits of Britain's most Daring Cold War Spy Mission“, London 1997, Seite 44
73 „Sowjets festgehalten“ in „Berliner Morgenpost“, Berlin, 6. 8. 1976
74 „Gerammt, mißhandelt, beschossen“ in „BZ“, Berlin, 28. 3. 1985
75 „Verdächtige Russen“ in „Berliner Morgenpost“, Berlin, 18. 2. 1977
76 „Gerammt, mißhandelt, beschossen“ in „BZ“, Berlin, 28. 3. 1985

77 „Eine Szene wie aus einem guten Spionage-Thriller“ in „Volksblatt“, Berlin, 15. 3. 1987
78 Mußgnug, Militärmissionen, a. o. O., Seite 215
79 „Verfolgungsjagd zwischen Sowjets und Amerikanern“ in „Berliner Morgenpost“, Berlin, 12. 8. 1976
80 „Russen rammen US-Auto: Oberst verletzt“ in „BILD“, Hamburg 17. 7. 1985
81 Mußgnug, Militärmissionen, a. o. O., Seite 215
82 „Pentagon rückt von Darstellung ab“ in „Berliner Morgenpost“, Berlin, 24. 7. 1985
83 Keßler, Heinz: „Zur Sache und zur Person – Erinnerungen“, Berlin 1996, Seite 212
84 ebenda, Seite 213
85 ebenda, Seite 212
86 „Wohin fahren die gefleckten Mercedes? Oder: Einige Fakten zur schmutzigen Praxis der westlichen Militärverbindungsmissionen“ in „Neues Deutschland“, Berlin, 13. 1. 1989
87 Mußgnug, Militärmissionen, a. o. O., Seite 128
88 „US-Hauptquartier schlägt zurück“ in „Berliner Montags-Echo“, Berlin, 15. 9. 1952
89 „Schicksalsbrücke zwischen Ost und West“ in „BILD“, Hamburg, 26. 3. 1985
90 „Abschied in Tempelhof: Tränen, Bach und ein Anruf von Reagan“ in „BILD“, Hamburg, 26. 3. 1985
91 Mußgnug, Militärmissionen, a. o. O., Seite 213
92 ebenda
93 „Help me, help me – der Major krallte die Hände in den Sand“ in „BILD“, Hamburg, 27. 3. 1985
94 „Schnell am Abzugshebel“ in „Frankfurter Allgemeine Zeitung“, Frankfurt am Main, 27. 3. 1985
95 Help me, help me – der Major krallte die Hände in den Sand“ in „BILD“, Hamburg, 27. 3. 1985
96 BStU MfS ZAIG Nr. 17389, zit. nach Mußgnug, Militärmissionen, a. o. O., Seite 212
97 „TASS: Zum Zwischenfall mit USA-Armeeangehörigen“ in „Neues Deutschland“, Berlin, 27. 3. 1985
98 ebenda
99 nach Mußgnug, Militärmissionen, a. o. O., Seite 212
100 „Spionage: kalter Krieg und heiße Parties“ in „Berliner Morgenpost“, Berlin, 3. 7. 1994

101 Mußgnug, Militärmissionen, a. o. O., Seite 212
102 Darstellung und Zitat nach „‚Für Nicholsons Tod gibt es keine Rechtfertigung'" in „Die Welt", Hamburg, 29. 3. 1985
103 „Was geschah wirklich auf der Fernstraße 5" in „BILD", Hamburg, 26. 3. 1985
104 Mußgnug, Militärmissionen, a. o. O., Seite 213
105 „‚Für Nicholsons Tod gibt es keine Rechtfertigung'" in „Die Welt", Hamburg, 29. 3. 1985
106 „Sowjets auf Erkundungsfahrt: wenn der Westen schießen würde" in „BILD" Hamburg, 27. 3. 1985
107 nach Mußgnug, Militärmissionen, a. o. O., Seite 213
108 „Mord ohne Reue" in „Berliner Morgenpost", Berlin, 11. 5. 1985
109 Mußgnug, Militärmissionen, a. o. O., Seite 213
110 Darstellung und Zitat nach ebenda, Seite 215
111 ebenda, Seite 215
112 nach ebenda, Seite 214
113 „Sowjets sollen nicht mehr scharf schießen" in „Berliner Morgenpost", Berlin 13. 4. 1986
114 „Angehörige der US-Militärmission in der DDR von Sowjets beschossen" in „Der Tagesspiegel", Berlin, 19. 9. 1987 und „US-Soldat bei Neuruppin von Sowjets angeschossen" in „Berliner Morgenpost", Berlin, 19. 9. 1987
115 „US-Soldat bei Neuruppin von Sowjets angeschossen" in „Berliner Morgenpost", Berlin, 19. 9. 1987
116 ebenda
117 „Moskau leistet Abbitte für Tod des US-Majors" in „Berliner Morgenpost", Berlin, 15. 6. 1988
118 Offiziell trugen die von Leo Trotzki gegründeten sowjetischen Streitkräfte nur bis 1946 den Namen „Rote Armee". Im westlichen Sprachgebrauch ist er aber bis zum Ende der sowjetischen Besatzung in Deutschland üblich.
119 „Wohin fahren die gefleckten Mercedes? Oder: Einige Fakten zur schmutzigen Praxis der westlichen Militärverbindungsmissionen" in „Neues Deutschland", Berlin, 13. 1. 1989
120 ebenda

5. KAPITEL
STASI AN DER FRONT

1 nach Geraghty, Tony: „BRIXMIS – The Untold Exploits of Britain's most Daring Cold War Spy Mission", London 1997, Seite 79 f.

2 Mußgnug, Dorothee: „Alliierte Militärmissionen in Deutschland 1946 – 1990“, Berlin 2001, Seite 157

3 nach ebenda

4 BStU: GVS-MfS 008 Nr. 324/60: „Dienstanweisung Nr. 2/60 – Betrifft: Westliche Militärverbindungsmissionen“ vom 20. 2. 1960

5 ebenda

6 ebenda

7 ebenda

8 ebenda

9 ebenda

10 BStU: VVS-MfS-JHS Nr. 352/88: „Ausgewählte aktuelle Aspekte der Vermittlung eines realen, aufgabenbezogenen und handlungsorientierenden Feindbildes an die IM im Rahmen der Aufklärungs- und Sicherheitsarbeit gegenüber den westlichen Militärverbindungsmissionen“, Diplomarbeit von Ebersbach, Dietmar, Oberleutnant HA VIII/5

11 ebenda

12 BStU: GVS-MfS 007 Nr. 791/62: „Betr.: Dienstanweisung 2/60 über westliche Militärverbindungsmissionen“, ohne Datum, (1962)

13 BStU: MfS Rechtsstelle 590, HA VIII am 11. 8. 1988, zit. nach Mußgnug: „Alliierte Militärmissionen ...“, a. o. O., Seite 111

14 Przybylski, Peter: „Tatort Politbüro – die Akte Honecker“, Berlin 1991, Seite 395

15 Darstellung nach Mußgnug: „Alliierte Militärmissionen ...“, a. o. O., Seite 178 f.

16 nach ebenda, Seite 178

17 ebenda, Seite 154

18 nach ebenda, Seite 177

19 „Ein wirklich gepfefferter Grenzzwischenfall“ in „Märkische Allgemeine“, Potsdam, 8./9. 6. 2002

20 ebenda

21 nach Wenzke, Rüdiger: „Wehrpflicht und Wehrdienst in der DDR – Aspekte ihrer historischen Entwicklung“ Internet: http://www.uni-muenster.de/PeaCon/wuf/wf-94/941070lm.htr

22 Darstellung und Zitat nach Mußgnug: „Alliierte Militärmissionen ...“, a. o. O., Seite 170 f.

23 ebenda

24 nach ebenda, Seite 173 f.

25 Darstellung und Zitat nach ebenda, Seite 177 f.

26 ebenda, Seite 178

27 ebenda
28 nach ebenda, Seite 175
29 Grimmer, Reinhard, Irmler, Werner, Opitz, Willi und Schwanitz, Wolfgang (Hrsg.): „Die Sicherheit – Zur Abwehrarbeit des MfS" (2 Bände), Berlin 2002, Bd. 2, Seite 386
30 Müller-Enbergs, Helmut (Hrsg.): „Inoffizielle Mitarbeiter des Ministeriums für Staatssicherheit – Richtlinien und Durchführungsbestimmungen", Berlin 1996 (2. Auflage), Seite 249
31 Gespräch des Autors mit einem Informanten, 18. 5. 2002
32 BStU: MfS-HA VIII Nr. 519: „Rolle, Stellung und Aufgaben der drei westlichen Militärverbindungsmissionen im System der gegnerischen Spionage unter den Bedingungen der Friedensoffensive der Sowjetunion und der anderen sozialistischen Staaten", Informationsmaterial für die Öffentlichkeitsarbeit
33 Grimmer u. a.: „Die Sicherheit ...", a. o. O., Bd, 2, Seite 386 f.
34 Mußgnug: „Alliierte Militärmissionen ...", a. o. O.,Seite 113
35 BStU: MfS Ha VIII, Nr. 1918: „Terminkontrolle 1. Halbjahr 1976" vom 8. 7. 1976
36 „Les Forces Francaises stationnées à Berlin" Internet: http://www.lesanciensdesffb.com/FFSB/ffsb.htrr
37 BStU: VVS-MfS-JHS Nr. 352/88: „Ausgewählte aktuelle Aspekte der Vermittlung eines realen, aufgabenbezogenen und handlungsorientierenden Feindbildes ..." a. o. O., Seite 19
38 ebenda, Seite 18
39 ebenda, Anlage I
40 ebenda
41 ebenda
42 ebenda
43 ebenda
44 ebenda
45 ebenda
46 ebenda
47 ebenda
48 ebenda
49 ebenda, Seite 34
50 ebenda, Seite 36
51 BStU: MfS HA VIII, Nr. 1523, zit. nach Mußgnug: „Alliierte Militärmissionen ...", a. o. O., Seite 117
52 ebenda, Seite 118
53 BStU: MfS HA VIII Nr. 1524, zit. nach ebenda

54 BStU: VVS-MfS-JHS Nr. 352/88: „Ausgewählte aktuelle Aspekte der Vermittlung eines realen, aufgabenbezogenen und handlungsorientierenden Feindbildes ...“, a. o. O., Seite 16

55 ebenda, Anlage III

56 ebenda

57 ebenda, Seite 21

58 ebenda

59 ebenda, Seite 26

60 ebenda, Seite 27

61 ebenda, Anlage V

62 ebenda, Anlage VII

63 ebenda, Anlage VIII

64 BStU: MfS-JHS MF GVS 77/72: „Funktion, Aufbau und Wirkungsweise des Kontroll- und Sicherungssystems zur politisch-operativen Abwehrarbeit gegenüber den westlichen MVM unter besonderer Beachtung der Qualifizierung des Einsatzes der IM/GMS sowie der Zusammenarbeit bzw. des Zusammenwirkens mit anderen Diensteinheiten des MfS und anderer Schutz- und Sicherheitsorgane“, Diplomarbeit von Stein, Helmut, Major KD Havelberg, Seite 26

65 Gespräch des Autors mit einem Informanten, 26. 10. 1996

66 „Stasi hatte West-Alliierte stets im Auge“ in „Berliner Morgenpost“, Berlin, 30. 4. 1994

67 Meinel, Reinhard und Wernicke, Thomas (Hrsg.): „Mit tschekistischem Gruß – Berichte der Bezirksverwaltung für Staatssicherheit Potsdam 1989“, Potsdam 1990, Seite 12

68 BStU: MfS HA VIII, Nr. 1918, zit nach Mußgnug: „Alliierte Militärmissionen ...“, a. o. O., Seite 111

69 BStU: MfS-JHS MF GVS 77/72: „Funktion, Aufbau und Wirkungsweise des Kontroll- und Sicherungssystems ...“, a. o. O.

70 ebenda, Seite 3

71 ebenda, Seite 5

72 ebenda, Seite 6

73 ebenda, Seite 8

74 nach ebenda, Anlage II

75 ebenda

76 ebenda, Seite 15

77 nach ebenda, Anlage II

78 ebenda, Seite 15

79 ebenda, Seite 18

80 BStU: MfS HA VIII, Nr. 1918, zit nach Mußgnug: „Alliierte Militärmissionen ...“, a. o. O., Seite 112. Abkürzungen im Zitat: IM/GMS = Inoffizieller Mitarbeiter/Gesellschaftlicher Mitarbeiter Sicherheit, DVP = Deutsche Volkspolizei, VEG = Volkseigenes Gut, LPG = Landwirtschaftliche Produktionsgenossenschaft, DR = Deutsche Reichsbahn

81 „Stasi hatte West-Alliierte stets im Auge“ in „Berliner Morgenpost“, Berlin, 30. 4. 1994

82 ebenda, SPW = Schützenpanzerwagen

83 Grimmer u. a.: „Die Sicherheit ...“, a. o. O., Bd, 1, Seite 422

84 BStU: MfS ZAIG, Bd. 2051, Bl. 1: „Information über die Mitnahme eines Angehörigen der Sowjetarmee in einem Westberliner Personenkraftwagen am 17.7. 1972“

85 Grimmer u. a.: „Die Sicherheit ...“, a. o. O., Bd, 2, Seite 385

86 ebenda, Seite 386

87 Gespräch des Autors mit einem Informanten, 26. 10. 1996

88 ebenda

89 Priess, Heinz: „Spaniens Himmel und keine Sterne“, Berlin 1996, Seite 283

90 nach Labrenz-Weiß, Hanna: „Die Hauptabteilung II: Spionageabwehr“ Der Bundesbeauftragte für die Unterlagen des Staatssicherheitsdienstes der ehemaligen Deutschen Demokratischen Republik“, MfS-Handbuch, Teil III/7, Berlin 2001 (2. durchgesehene Auflage), Seite 41

91 nach Perl, Angelika und Kainz, Peter: „Der Laubfrosch hat die Farbe gewechselt – Geheimes Radio im kalten Krieg“, Sendemanuskript, Internet: http://www.radiobremen.de/rb2-archiv/feature/2001/20010819.shtm

92 Priess, Heinz: „Spaniens Himmel ...“, a. o. O., Seite 283

93 BStU: MfS HA VIII, Nr. 1523, zit. nach Mußgnug: „Alliierte Militärmissionen ...“, a. o. O., Seite 121

94 ebenda

95 ebenda

96 ebenda

97 BStU: MfS HA VIII, Nr. 2039, zit. nach ebenda, Seite 122

98 nach Eichner, Klaus und Dobbert, Andreas: „Headquarters Germany“, Berlin 2001, (2. Auflage), Seite 192 f. und Nitz, Jürgen (Hrsg.): „Lauschangriff“, Berlin 1995, Seite 41 f.

99 nach Eichner/Dobbert: „Headquarters ...“, a. o. O., Seite 190

100 BStU: MfS-JHS VVS o001-453/89: „Die Erhöhung der Wirksamkeit der operativen Beobachtung in der Einsatzrichtung MVM unter den neuen politisch-operativen Lagebedingungen" Diplomarbeit von Wienigk, Hans-Joachim (Major BV Cottbus) und Bochmann, Jürgen (Hauptmann, HA VIII/5), Seite 81

101 ebenda

102 ebenda

103 ebenda, Seite 84

104 ebenda, Seite 80

105 ebenda, Seite 77

106 ebenda, Seite 85

107 nach Nitz: „Lauschangriff", a. o. O., Seite 42

108 BStU: MfS-JHS VVS o001-453/89: „Die Erhöhung der Wirksamkeit der operativen Beobachtung in der Einsatzrichtung MVM ...", Seite 83

109 nach Eichner/Dobbert: „Headquarters ...", a. o. O., Seite 116 f.

110 Mußgnug: „Alliierte Militärmissionen ...", a. o. O., Seite 217

111 BStU: MfS-JHS VVS o001-453/89: „Die Erhöhung der Wirksamkeit der operativen Beobachtung in der Einsatzrichtung MVM ...", Seite 10

112 ebenda

113 Die gesamte Darstellung der geplanten militärischen Aktivitäten um Berlin folgt dem Artikel: „Als die DDR West-Berlin überfallen wollte" in „Der Tagesspiegel", Berlin, 26. 5. 2002, der auf dem Buch von Friedrich Jeschonek, Dieter Riedel und William Durie „Die Alliierten in Berlin" (Berlin-Verlag Arno Spitz 2002) beruht.

114 ebenda

115 AlliiertenMuseum Berlin (Hrsg.): „Gegenwart und Rückblick – 50 Zeitzeugnisse zur Geschichte der Westmächte und Berlin 1945 – 1994", Katalog Nr. 3, Berlin o. D., Seite 123 f.

116 „Als die DDR West-Berlin überfallen wollte", a. o. O.

117 Gespräch des Autors mit Informanten

118 Gespräch des Autors mit Informanten

EPILOG
ZWEI PLUS VIER GLEICH EINS

1 Gespräch des Autors mit einem Informanten

2 Gorbatschow, Michail: „Wie es war – Die deutsche Wiedervereinigung", Berlin 1999, Seite 101

3 ebenda, Seite 101 f.
4 Meckel, Markus: „Selbstbewußt in die Deutsche Einheit – Rückblicke und Reflexionen“, Berlin 2001, Seite 140
5 ebenda
6 ebenda
7 ebenda
8 ebenda, Seite 141
9 ebenda, Seite 138
10 ebenda, Seite 143
11 ebenda
12 „Mit dem Mauerfall ist die DDR-Krise vorbei“ in „Die Welt“, Hamburg/Berlin, 18. 11. 2000
13 ebenda
14 ebenda
15 Gorbatschow, „Wie es war“, a. o. O., Seite 95
16 ebenda, Seite 96
17 ebenda, Seite 100
18 „Wie es wirklich war“, in „Welt am Sonntag“, Hamburg/Berlin , 14. 11. 1999
19 ebenda
20 ebenda
21 Text bei Gorbatschow, „Wie es war“, a. o. O., Anhang
22 Wegen der Koalitionskrise in der letzten DDR-Regierung trat Markus Meckel am 20. August 1990 als Außenminister zurück
23 Kotschemassow, Wjatscheslaw: „Meine letzte Mission“, Berlin 1994, Seite 252
24 „Zum ersten Mal enthüllt ein Sowjet-General – Als die Mauer aufging, standen unsere Panzer zum Einsatz bereit“ in „BILD“, Berlin (NBL), 8. 11. 2001
25 ebenda
26 nach Mußgnug, Dorothee: „Alliierte Militärmissionen in Deutschland 1946 – 1990, Berlin 2001, Seite 223 ff. und Exponate der ständigen Ausstellung des AlliiertenMuseum Berlin
27 nach Mußgnug, „Alliierte Militärmissionen...“, a. o. O., Seite 223 f.
28 nach Koop, Volker: „Abgewickelt – Auf den Spuren der Nationalen Volksarmee“, Bonn 1995, Seite 161
29 nach Bahrmann, Hannes und Fritsch, Peter-Michael: „Sumpf – Privilegien, Amtsmißbrauch, Schiebergeschäfte“, Berlin 1990, Seite 85
30 BGBI 1990/II, Seite 1258
31 nach Mußgnug, „Alliierte Militärmissionen...“, a. o. O., Seite 225 ff.

32 Geraghty, Tony: „BRIXMIS – The Untold Exploits of Britain's most Daring Cold War Spy Mission", London 1997, Seite 283

33 Kowalczuk, Ilko-Sascha und Wolle, Stefan: „Roter Stern über Deutschland – Sowjetische Truppen in der DDR", Berlin 2001, Seite 137

34 Darstellung nach „Suche Panzer, biete Lada" in „Der Spiegel", Hamburg, Nr. 49/1997 vom 1. 12. 1997

35 „Mit dem Mauerfall ist die DDR-Krise vorbei", a. o. O.

36 „Suche Panzer, biete Lada", a. o. O.

37 „Mit dem Mauerfall ist die DDR-Krise vorbei", a. o. O.

38 Zitat und Darstellung nach „Suche Panzer, biete Lada", a. o. O.

39 siehe „Rübezahls Schatten" in „Der Spiegel", Hamburg, Nr. 21/1998 vom 18. 5. 1998

40 nach „Codename ‚Giraffe'" in „Die Welt", Hamburg/Berlin, 6. 11. 1999

41 Die folgende Darstellung nach ebenda

42 ebenda

43 Gespräch des Autors mit einem Informanten

LITERATUR

AlliiertenMuseum Berlin (Hrsg.): „Gegenwart und Rückblick – 50 Zeitzeugnisse zur Geschichte der Westmächte und Berlin 1945 – 1994“, Katalog Nr. 3, Berlin o. D.

Autze, Rajan: „Treibgut des Krieges – Flüchtlinge und Vertriebene in Berlin 1945“, Berlin 2001

Badstübner, Rolf: „Vom ‚Reich‘ zum doppelten Deutschland“, Berlin 1999

Bahr, Egon: „Zu meiner Zeit“, München 1996

Bahrmann, Hannes und Links, Christoph: „Chronik der Wende – Die DDR zwischen 7. Oktober und 18. Dezember 1989“, Berlin 1994

Bahrmann, Hannes und Links, Christoph: „Chronik der Wende – Stationen der Einheit, die letzten Monate der DDR“, Berlin 1995

Bahrmann, Hannes und Fritsch, Peter-Michael: „Sumpf – Privilegien, Amtsmißbrauch, Schiebergeschäfte“, Berlin 1990

Bailey, George, Kondraschow, Sergej A. und Murphy David E.: „Die unsichtbare Front – Der Krieg der Geheimdienste im geteilten Berlin“, Berlin 1997

Bergner, Paul: „Befehl ‚Filigran‘- Die Bunker der DDR-Führung für den Ernstfall“, Basdorf 2000 (2. Auflage)

Bergner, Paul: „Die Waldsiedlung – Ein Sachbuch über ‚Wandlitz‘“ Basdorf 2001 (4. Auflage)

Bering, Henrik: „Outpost Berlin – The History of the American Military Forces in Berlin, 1945 – 1994, Chicago 1995

Brandt, Willy: „Erinnerungen“, Berlin 1997

Eichner, Klaus und Dobbert, Andreas: „Headquarters Germany“, Berlin 2001 (2. Auflage)

Falin, Valentin: „Politische Erinnerungen“, München 1993

Felfe, Heinz: „Im Dienst des Gegners“, Berlin 1988

Fischer, Alexander (Hrsg.): „Teheran, Jalta, Potsdam. Die sowjetischen Protokolle von den Kriegskonferenzen der ‚Großen Drei‘“, Köln 1968

Flemming, Thomas und Koch, Hagen: „Die Berliner Mauer – Geschichte eines politischen Bauwerks“, Berlin 1999

Geraghty, Tony: „BRIXMIS – The Untold Exploits of Britain’s most Daring Cold War Spy Mission“, London 1997

Gieseke, Jens: „Mielke-Konzern – Die Geschichte der Stasi 1945 – 1990“, Stuttgart und München 2001 (2. Auflage)

Gieseke, Jens (Hrsg.): „Wer war wer im Ministerium für Staatssicherheit – Kurzbiografien des MfS-Leitungspersonals 1950 bis 1989“, Der Bundesbeauftragte für die Unterlagen des Staatssicherheitsdienstes der ehemaligen Deutschen Demokratischen Republik, MfS-Handbuch, Teil V/4, Berlin 1998

Gorbatschow, Michail: „Wie es war – Die deutsche Wiedervereinigung“, Berlin 1999

Grimmer, Reinhard, Irmler, Werner, Opitz, Willi und Schwanitz, Wolfgang (Hrsg.): „Die Sicherheit – Zur Abwehrarbeit des MfS“ (2 Bände), Berlin 2002

Großmann, Werner: „Bonn im Blick – Die DDR-Aufklärung aus der Sicht ihres letzten Chefs“, Berlin 2001

Grube, Frank und Richter, Gerhard: „Flucht und Vertreibung. Deutschland zwischen 1944 und 1947“, Hamburg 1980

Kabus, Andreas: „Auftrag Windrose – Der militärische Geheimdienst der DDR“, Berlin 1993

Keßler, Heinz: „Zur Sache und zur Person – Erinnerungen“, Berlin 1996

Klimov, Gregory: „Berliner Kreml“, Köln, Berlin 1951

Koop, Volker: „Abgewickelt – Auf den Spuren der Nationalen Volksarmee“, Bonn 1995

Kotschemassow, Wjatscheslaw: „Meine letzte Mission“, Berlin 1994

Kowalczuk, Ilko-Sascha und Wolle, Stefan: „Roter Stern über Deutschland – Sowjetische Truppen in der DDR“, Berlin 2001

Krieger, Wolfgang und Weber, Jürgen (Hrsg.): „Spionage für den Frieden – Nachrichtendienste in Deutschland während des kalten Krieges“, München und Landsberg Lech 1997

Kroll, Hans: „Lebenserinnerungen eines Botschafters“, Köln 1967

Kuhlmann, Bernd: „Züge durch Mauer und Stacheldraht“, Berlin 1998

Labrenz-Weiß, Hanna: „Die Hauptabteilung II: Spionageabwehr“ Der Bundesbeauftragte für die Unterlagen des Staatssicherheitsdienstes der ehemaligen Deutschen Demokratischen Republik“, MfS-Handbuch, Teil III/7, Berlin 2001 (2. durchgesehene Auflage)

Meckel, Markus: „Selbstbewußt in die Deutsche Einheit – Rückblicke und Reflexionen“, Berlin 2001

Meinel, Reinhard und Wernicke, Thomas (Hrsg.): „Mit tschekistischem Gruß – Berichte der Bezirksverwaltung für Staatssicherheit Potsdam 1989“, Potsdam 1990

Müller, Bodo: „Faszination Freiheit – Die spektakulärsten Fluchtgeschichten“, Berlin 2000

Müller-Enbergs, Helmut (Hrsg.): „Inoffizielle Mitarbeiter des Ministeriums für Staatssicherheit – Richtlinien und Durchführungsbestimmungen“, Berlin 1996 (2. Auflage)
Mußgnug, Dorothee: „Alliierte Militärmissionen in Deutschland 1946 – 1990“, Berlin 2001
Naimark, Norman M.: „Die Russen in Deutschland – Die sowjetische Besatzungszone 1945 – 1949“, Berlin 1999
Nitz, Jürgen (Hrsg.): „Lauschangriff“, Berlin 1995
Priess, Heinz: „Spaniens Himmel und keine Sterne“, Berlin 1996
Przybylski, Peter: „Tatort Politbüro – die Akte Honecker“, Berlin 1991
Schalck-Golodkowski, Alexander: „Deutsch-deutsche Erinnerungen“, Reinbek b. Hamburg 2000
Schultke, Dietmar: „‚Keiner kommt durch‘ – Die Geschichte der innerdeutschen Grenze 1945 – 1990“, Berlin 2000 (2. Auflage)
Seidel, Karl: „Berlin-Bonner Balance“, Berlin 2002
Tiedge, Hansjoachim: „Der Überläufer – Eine Lebensbeichte“, Berlin 2000
Varwick, Johannes und Wichard, Woyke: „NATO 2000 – Transatlantische Sicherheit im Wandel“, Opladen 1999
Vielain, Heinz und Schell, Manfred: „Verrat in Bonn“, Berlin 1978
Wagner, Helmut: „Schöne Grüße aus Pullach – Operationen des BND gegen die DDR“, Berlin 2001
Wolf, Markus: „Spionagechef im geheimen Krieg – Erinnerungen“, München 1998
Wyden, Peter: „Die Mauer war unser Schicksal“, Berlin 1995

Personenregister